تصميم المناهج وقيم التقدم

في العالم العربي

تصميم المناهج وقيم التقدم في العالم العربي

د. حـــسـن شحاتـة

الناشر
الدار المصرية اللبنانية

شحاتة ، حسن .

تصميم المناهج وقيم التقدم في العالم العربي / حسن شحاتة

. ــ ط3 . ــ القاهرة : الدار المصرية اللبنانية ، 2012.

360 ص ؛ 24 سم .

تدمك : 6 ــ 317 ــ 427 ــ 977

1 ــ المناهج .

أ ــ العنوان   375

رقم الإيداع : 2007 / 24190

©

الدار المصرية اللبنانية

16 عبد الخالق ثروت القاهرة .

تليفون: 23910250   202 +

فاكس: 23909618   202 + ــ ص.ب 2022

E-mail:info@almasriah.com

www.almasriah.com

الطبعة الأولى : ذو الحجة 1428هـ ــ يناير 2008م

الطبعة الثانية : ربيع أول 1430هـ ــ مارس 2009م

الطبعة الثالثة : ذو الحجة 1433هـ ــ أكتوبر 2012م

بسم الـلـه الرحمن الرحيم

(إِنَّ الـلـه لاَ يُغَيِّرُ مَا بِقَوْمٍ حَتَّى يُغَيِّرُواْ مَا بِأَنْفُسِهِمْ)

صدق الـلـه العظيم

(سورة الرعد : 11)

المحتــويات

* * *

تقـــديم

هذا هو كتاب " تصميم المناهج وقيم التقدم فى العالم العربى". وهو وليد نظرة متعمقة للإنسان العربى صانع مستقبله بيديه بادئاً من اليوم وليس غداً أو بعد غد. وجاءت لحمة هذا الكتاب وســداه فى إطار مقولة نتبناها هى : " فلنسخِّر كل ما هو عالمى لخدمة كل ما هو عربى".

وفصول هذا الكتاب تجسد الفجوة بين التنظير والتطبيق الميدانى. والتى جاءت فى إطار قيم التقدم من حيث مفاهيمه الأساسية، وتصميم المناهج الدراسية وأنماطها، والمقاييس المعيارية للمناهج ونواتج التعلم، وتنمية التفكير وصناعة المبدعين، ثم قيم الديمقراطية وقيم المواطنة، ومطلوبات مجتمع المعرفة والتكنولوجيا وسوق العمل المتغيرة، إضافة إلى رؤى التعليم الإلكترونى، وصورة الذات وصورة الآخر، وتربية الأعماق وتنمية الأخلاق. وفصول هذا الكتاب وهى تنسج خيوطها فكراً وثقافة تدرك تماماً أن عصرنا عصر يلهث فيه قادمه يكاد يلحق بسابقه، وتتهاوى فيه النظم والأفكار على مرأى من بدايتها، وتتقادم فيه الأشياء وهى فى أوج جدتها. ولكن الطريق يصنعه المشى ومقياس نجاح هذا العمل العلمى التعليمى الثقافى يتحدد بقدرة الزملاء فى تقديمه إلى طلاب المستقبل عبر إطار من الحوار والتناقش والتعلم بالتعاقد وبحل المشكلات وباستخدام المكتبة باعتبارها مركز مصادر التعلم، وباستخدام الإنترنت والكتاب الإلكترونى لصناعة معلم مفكر مثقف مبدع قادر على تشكيل منتج تعليمى جديد لمجتمع عربى جديد.

المؤلف

الفصل الأول
مفاهيم أساسية فى المنهج

1 - تطور مفاهيم المنهج.

2 - أساسيات بناء المنهج.

3 - نظرة تاريخية لتخطيط المنهج.

4 - طبيعة عملية التخطيط وعناصرها.

5 - مراحل تخطيط المنهج.

6 - القوى المؤثرة على المنهج.

مفاهيم أساسية فى المنهج

يتناول هذا الفصل مفاهيم المنهج، واعتبارات أساسية فى بناء مواقف وفرص التعلم لإعداد المنهج الجيد والمفاهيم المرتبطة به. ويهدف هذا الفصل إلى التخطيط لخبرات تربوية، ويعرف التربية على أنها جهد مقصود، ومنظم ومستدام لقيادة المعارف والمفاهيم والمهارات والاتجاهات والعادات. وتتم العملية التربوية فى أماكن مختلفة ومن خلال جهود المؤسسات والأفراد. فعلى سبيل المثال تعدّ المدارس والجامعات من أهم مصادر التربية. وهناك أيضاً مصادر أخرى للتربية منها المؤسسات الدينية والمتاحف والراديو والتليفزيون والإنترنت والمنزل. ومع ازدياد الحاجة للتربية فى المستقبل القريب سيزداد عدد المشتركين فى التخطيط للخبرات التربوية فى مختلف الأماكن. إن ثراء الخبرة التربوية يعتمد إلى حد كبير على مدى جودة الفرص التعليمية التى يتم التخطيط لها قبل أن تقدم للطالب.

كما يستهدف هذا الفصل تقديم خبرات لدارسى المناهج من الطلاب ومنفذيها من المعلمين ويتبنى مسلمة معينة هى أن التربية المدرسية "Schooling" ليست مرادفاً للعملية التربوية "Education"، فالتربية المدرسية - على الرغم من أهميتها - ما هى إلا عنصر من عناصر التربية. وبناءً على تلك المسلمة فإن المنهج المقترح يختلف عن غيره من المناهج فى نقطتين أساسيتين: الأولى: فى كتابة النص حيث صُمم لمساعدة الأفراد والمجموعات على تخطيط الخبرات التربوية فى مختلف الأماكن، والثانية توضح مدى ارتباط المنهج المقدم لمجموعة من المتعلمين فى موقف ما بغيره من الخبرات التربوية المقدمة للمجموعة نفسها فى مواقف تعليمية أخرى.

أولاً- تطور مفاهيم المنهج:

تعرَّف التربية على أنها جهد منظم ومقصود، ومن هنا ظهرت الحاجة إلى التخطيط لمثل هذا الجهد. فبشكل عام يرجع مصطلح " المنهج " إلى تلك الخطة المقترحة. ويُعرّف المنهج هنا بطريقة تعكس طبيعة العملية التعليمية وتبين كذلك كيفية تخطيط المنهج واستخدامه.

● عرف المنهج الدراسى بأنه: مقرر الدراسة، ومخرجات التعلم المقصودة، وفرص التعلم المخطط لها، وخبرات التعلم الحقيقية. فلقد عرف المنهج على أنه مجموعة من الفرص التعليمية المخطط لها أو المقصودة والتى يتعرض لها المتعلم سواء مع الأشخاص أو الأشياء المحيطة به لكى يكتسب بعض المعارف والقيم. ويتم التنظيم لتلك العملية من حيث الزمان والمكان.

● المنهج تم تعريفه على أنه: (1) مجموعة منظمة من المعارف المتراكمة، (2) أنماط عديدة من الفكر الإنسانى، (3) خبرات إنسانية، (4) خبرات موجهة، (5) بيئة تعليمية مخطط لها، (6) عملية ومحتوى معرفى ووجدانى، (7) خطة تعليمية، (8) غايات ومخرجات تعليمية، (9) نظام إنتاج تكنولوجى.

● المنهج كمادة دراسية: جرى العرف على اعتبار المنهج مرادفاً للمادة الدراسية، ففى كثير من المدارس يشير مصطلح المنهج إلى مجموعة من المقررات الدراسية المقدمة للطلاب. وبالرغم من المجهودات المبذولة لتغيير هذه النظرة التقليدية للمنهج إلا أن مفهوم المنهج كمرادف للمادة الدراسية ما زال سائداً. وظهر مفهوم المنهج كمادة دراسية فى العديد من النظريات التربوية التى تناولت تخطيط المنهج متبعة صيغة شائعة قامت على ما يلى من خطوات:

- الاعتماد على الخبراء لتحديد المواد الواجب تدريسها.

- استخدام بعض المعايير: الصعوبة، والتسلسل، واهتمامات الطالب.

- تخطيط واستخدام طرق التدريس الملائمة لضمان تمكن الطلاب من المادة الدراسية المقدمة لهم.

ومع تقدم النظريات التربوية تم التحرر من هذه النظرة التقليدية التى تقيد المنهج بمجال معين من مجالات المعرفة، واتسع مفهوم المنهج أكثر فأكثر.

- **المنهج كخبرة تربوية:** قدم علماء التربية مفهوم المنهج على أنه خبرة تربوية تقدم للطالب تحوى مادة دراسية معينة. حيث عرف المنهج المدرسى على أنه مجموعة من الخبرات التعليمية التى يتعرض لها الطلاب تحت إشراف المعلم وتوجيهه.

واستمر التباين بين المنهج المخطط ومنهج الخبرات. ومن خلال زيارة العديد من الصفوف الدراسية تم التوصل إلى الأنماط التالية: المنهج الرسمى (الذى يُحدد من قِبَل الدولة والإدارة المدرسية)، والمنهج المدركPerceived Curriculum الذى يحاول المدرسون تنفيذه، والمنهج الملاحظ observed Curriculum الذى ينفذ بالفعل داخل الفصل، والمنهج الخبرى Experiential Curriculum ما يدركه الطلاب ويحصلُونه بالفعل. ويدل هذا التباين بين المنهج الرسمى والمدرك والمنهج الخبرى والملاحظ على انفصال الوسائل والغايات فى العملية التربوية. إن الغايات فى التربية هى استجابات للتساؤل التالى: ما الذى يجب أن يُدَرَّس ؟ بينما الوسائل فى التربية تجيب عن كيفية إتمام عملية التدريس. فعندما تنفصل الغايات عن الوسائل نجد أن المنهج الذى يجربه الطالب يختلف تماماً عن الخطة التى أُعدت لذلك المنهج.

وهنا يتم التأكيد على المنهج كخطة أكثر منه كسجل أو كملاحظة للفرص التعليمية التى يمر بها الطالب، ويؤيد هذا كثير من العلماء فى رفض مفهوم المنهج كمرادف للمادة الدراسية. ومن هنا يجب أن يقوم مخطط المنهج على كل العناصر التى تشتمل عليها الخبرات المقدمة للطلاب وبهذا تتناغم الوسائل والغايات وتبدو متسقة مع بعضها البعض.

ويفرض علينا هذا المفهوم أن نخطط لكلٍّ من الوسائل والغايات وننظر للمنهج كخطة مُعدة مسبقاً من قِبَل الخبراء. ومع ذلك، يحتاج الخبراء فى بعض مراحل تصميم المنهج إلى دراسة الأهداف والمواقف التدريسية والتقويم وكذلك التخطيط لها بشكل منفصل على الرغم من تشابك العلاقات بينها.

- **المنهج كأهداف:** قامت الجهود الأولية لتطوير المنهج على الاعتقاد بأن الغايات والأهداف هى الأساس الذى تقوم عليه عملية تخطيط المنهج. وبتطبيق مبادئ المنهج العلمى على ميدان تخطيط المناهج أصبحت أهداف المنهج القائمة على المهارات والمعرفة التى يحتاجها المتعلمون الكبار أكثر تحديداً. وعرف المنهج على أنه سلسلة من الخبرات التى يتحتم على المتعلمين الصغار والكبار القيام بها بإتقان.

وقُدِّم نموذج لتنظيم المنهج من خلال دراسة للعلاقات بين المدرسة والجامعة امتدت لثمانى سنوات ، حيث جرت العادة على إدراج كلمة " التدريس " تحت مظلة المنهج، على الرغم من شيوع استخدام كلمتى التدريس والمنهج ليشيرا إلى تصميمات المنهج واستراتيجيات التدريس. ومع ذلك، فإن مقررات طرق التدريس ظلت منفصلة تماماً عن مقررات المنهج سواء فى تعليم المدرسين أو فى الشهادات الممنوحة لهم. وأيّد العديد من الكتّاب ذلك الفصل بين كل من المنهج والتدريس، وأكدوا أن المنهج يتكون فقط من الأهداف أو الغايات، بينما اعتبروا التدريس وسيلة من وسائل تحقيق تلك الأهداف أو الغايات واتضحت هذه النظرة للمنهج من خلال أن مفهوم المنهج لا ينصب على ما سيفعله الطلاب فى الموقف التعليمى بل ينصب على ما سيتعلمونه ، أو ما يجب أن يفعلوه نتيجة ممارستهم لنشاط ما. إن مفهوم المنهج يشير إلى ما ينتج عن النشاط وليس إلى ما يحدث فى النشاط، ويشير أيضاً إلى عملية التعلم من حيث العلاقة المتوقعة لا العلاقة التقريرية. إذاً فمفهوم

المنهج يتعامل مع مخرجات العملية التدريسية التى يصل إليها الطلاب من خلال ما مروا به من خبرات. ولقد أثر مفهوم المنهج كأهداف على ميدان التربية حيث مهد بظهور التعليم القائم على الكفاءات والذى بدوره قدم نموذجاً قام عليه التعليم المهنى.

● **المنهج كفرص تعليمية مخططة:** فيما سبق ناقشنا ثلاثة مفاهيم للمنهج: مفهوم المنهج كمادة دراسية، ومفهوم المنهج كخبرات، ومفهوم المنهج كأهداف. ولقد أدَّت هذه المفاهيم أدواراً مهمة فى ميدان التعليم - فالمادة الدراسية زودت التعليم بأساس معرفى، وكان للخبرات بالغ الأثر فى تعليم الطلاب، بينما اتضحت أهمية تحديد الأهداف فى عملية تخطيط المنهج إلى حد كبير. ومع ذلك، لا يمكننا الاقتصار على أحد هذه المفاهيم أثناء تعريفنا لمصطلح المنهج.

فالتعريف الجيد للمنهج يجب أن يشمل المادة التعليمية والخبرة والأهداف، وإضافة إلى ذلك يجب أن يحوى خطة للمنهج ومن جانب آخر، يجب أن تشتمل خطة المنهج على خطط فرعية لفرص التعلم المتوقعة. وتركز خطة المنهج على الغايات والأهداف وتحوى أيضاً تصميم المنهج، والتنفيذ ؛ أى التدريس، والتقويم. وفيما يخص الوسائل والغايات فإن خطة المنهج ستراعى عدم الفصل بينها.

وسيتسع هنا تعريف المنهج ليشمل الطلاب فى جميع المراحل التعليمية، كما سيتم التأكيد على أهمية دورهم فى مرحلتى التخطيط والتنفيذ. وبرزت أهمية هذا الدور فى قول بعضهم: سأعطى الآن اهتماماً أشد لذلك الدور النشط الذى يقوم به الطالب من عملية التعلم. وسأهتم أيضاً بأنشطة الطالب اللاصفية والتى يمكن أن تساعدنا فى تطوير المنهج ويفضل أن يشارك الطالب فى تخطيط المنهج وتقويمه من حين لآخر.

وهنا لابد من التأكيد على أهمية تدريب الطلاب على كل من التفكير التأملى والتفكير الناقد. وانتقاد المؤسسات التعليمية وما لها من تأثير سلبى على الطلاب

حيث إن هذه المؤسسات ومنها المدارس تحول الطلاب إلى كائنات سلبية تحدق فى المعلم على الدوام بدلاً من الاستماع والتفكر الناقد فيما يقوله المعلم. وهنا لابد من وضع تعريف أوسع للمنهج يؤكد على أهمية حث الطلاب على الانفتاح على العالم من حولهم والبحث عن المعرفة بأنفسهم.

وبناءً على ما سبق عرفنا المنهج هنا على أنه خطة تزود الطلاب بمجموعة من الفرص التعليمية الثرية. ومن الملاحظ أن هذه الفرص التعليمية يمكنها أن تشمل منهج المادة الدراسية، أو المنهج القائم على الكفاءات، أو ذلك المنهج القائم على الخبرات التعليمية. ويشمل هذا التعريف المنهج المفتوح الذى نجده فى المدارس الابتدائية فى بريطانيا ، حيث يعتمد الطالب على نفسه فى عملية التعلم.

وأثناء تطبيق هذا التعريف يجب أن ينظر المعلم لكلمة " خطة " على أنها مرشدة لا مقيدة له، فالفنان حين يرسم منظراً طبيعيًّا أو ينحت تمثالاً يطغى خياله وإبداعه على ما يقوم به. وكذلك المعلم يجب أن يتحرر من قيود تلك الخطة المقترحة وينفذها بما يتناسب مع طبيعة طلابه والظروف المحيطة بهم.

ويتطلب التخطيط للفرص التعليمية اتخاذ بعض القرارات الخاصة بالمنهج ومنها: ماذا سيدرس الطلاب؟ لماذا سيدرس الطلاب هذا وليس ذاك؟ ما القواعد التى ستحكم عملية تدريس المادة العلمية المختارة ؟ كيف يمكن لأجزاء المنهج أن تتكامل مع بعضها البعض؟ هل هناك نظرية ترشدنا أثناء عملية اتخاذ القرار فيما يخص ما سبق من تساؤلات؟ لقد عرفت نظرية المنهج على أساس الربط بين تلك الخبرة البسيطة، المحسوسة وغير المنظمة للطفل من جانب، وبين خبرة البالغين المجردة، المنظمة والمعقدة من جانب آخر.

وعلى الرغم من معقولية تلك النظرية إلا أنه فى ذلك الوقت لم يكن هناك نظرية شاملة للمنهج متفقاً عليها من قِبَلِ علماء التربية. ولكن الافتقار إلى ذلك

النوع من النظريات لا يعنى أن عملية تخطيط المنهج تسير بشكل فوضوى، فهناك اعتبارات رئيسة ترشد مخططى المناهج أثناء اتخاذهم للقرارات السابق الإشارة إليها. وفيما يلى سنتعرض لهذه الاعتبارات والتى تخص: التدريس، وتاريخ بناء المناهج، وأساسات بناء المناهج، وعناصر المنهج، والعلاقة بين المتعلم والمنهج.

● **العلاقة بين المنهج، والتعليم، والتدريس:**

عرفنا المنهج على أنه خطة تزود الطلاب بمجموعة من الفرص التعليمية، ولا يكون لهذه الخطة تأثير إلا عندما تنفذ على أرض الواقع. ومن هنا فإن هذه الفرص التعليمية تظل مجرد فرص لحين اندماج الطلاب فيها. ولذلك نعرف التعليم على أنه الاندماج الحقيقى للطلاب فى أنشطة تعليمية مخطط لها مسبقاً. وبناءً على ذلك التعريف يمكننا القول إن التعليم هو عملية تنفيذ خطة المنهج المقترحة.

ويرتبط مصطلح المنهج بمصطلح التدريس إلى درجة كبيرة، فبدون المنهج أو خطة المنهج لا يمكننا تفعيل عملية التدريس، وكذلك بدون التدريس يصبح المنهج لا قيمة له.

ويستخدم أحياناً مصطلحا التدريس والتعليم Teaching & Instruction بشكل متبادل، ولكننا هنا ميزنا بين المصطلحين. فالتعليم هو اندماج الطالب فى خبرة مخطط لها مسبقاً دون الحاجة إلى تواجد المعلم. أما التدريس فهو مُهمة تتطلب تواجد المعلم فى الموقف التعليمى. ومن هنا قد نسمع عن برامج تعلم ذاتية كقراءة كتاب، أو مشاهدة فيلم أو أسطوانة كمبيوتر ولكننا لا نسمع أبداً عن برامج تدريس ذاتى.

وبناءً على ذلك، نعرف التدريس على أنه " عملية تفاعل يتم من خلالها نقل المعلومات والمعارف من شخص لآخر بهدف تيسير عملية التعلم ". فالتعلم هنا يهدف إلى تغيير سلوك المتعلم. ومن الملاحظ، أن التعريف السابق يمكننا من إدراج أكثر من فرد تحت مُسمى شخص، كالآباء والمدرسين والأقران والقيادات الدينية

والسياسية. إن الفهم الجيد لتلك الفروق بين المنهج والتعليم والتدريس قد يسهم فى تفعيل القرارات التى يتخذها مخططو المناهج أثناء عملية التخطيط. وبهذا تصبح خطة المنهج أكثر فاعلية فى تطوير عملية التعليم والتدريس.

ثانياً- أساسيات بناء المنهج:

يعد الطلاب، والمجتمع، والمعرفة من أهم القوى المؤثرة على عملية تخطيط المنهج. فعلى سبيل المثال، إن قيم المجتمع وسلوكياته تسهم بشكل مباشر فى صياغة أهداف المنهج. وتؤثر أيضاً اهتمامات وحاجات وقدرات الطلاب فى تخطيط المنهج. أما المعرفة فإنها تنظم بطريقة معينة بحيث يضمن المخططون الوصول لأكبر قدر من الفاعلية أثناء استخدامها فى المستقبل.

وهنا نطرح تساؤلين على درجة كبيرة من الأهمية:

(1) ما مدى الاهتمام الذى يجب أن نعطيه لكل من المجتمع والطلاب والمعرفة أثناء عملية التخطيط ؟

(2) إلى أى مدى تتحكم قيمنا فى قراراتنا التى نتخذها تجاه المنهج الذى نخططه ؟

● المجتمع، والطلاب، والمعرفة كأسس للمنهج:

مما سبق نلاحظ أن درجة الاهتمام بكل من المجتمع والطلاب والمعرفة قد اختلفت من وقت لآخر، حيث كان الاهتمام موجهاً إلى المعرفة فقط، ثم إلى الاهتمام بالطلاب. كذلك التأكيد على دور التربية فى إعداد الأفراد للحياة وللمستقبل.

ولكن الواقع يشير إلى مدى خطورة الاعتماد على مصدر واحد كأساس لتخطيط المنهج. فمن الملاحظ أن المنهج الذى يعتمد فقط على تزويد الطالب بأكبر قدر من المعرفة لا يراعى حاجات الطلاب واهتماماتهم، ومن هنا يعد مثل هذا المنهج عديم الفائدة بالنسبة لهم. وكذلك يراعى المنهج حاجات الطلاب واهتماماتهم ولم يزودهم

بالمعرفة التى تساعدهم على مواكبة العصر فإنه يعد أيضاً عديم الفائدة بالنسبة لهم. أما المنهج الذى يراعى حاجات المجتمع الحالية فإنه يحد من فرص الطلاب فى الاعتماد على أنفسهم للتوصل لأفكار ومعارف جديدة.

ويعد إعطاء قدر من الاهتمام المناسب لكل من هذه العناصر الثلاثة من أهم أسرار التخطيط الفعال للمنهج، حيث تعتمد خطة المنهج الجيدة على هذه العناصر مجتمعة. ويختلف قدر الاهتمام المعطى لكل منهما باختلاف الفرص التعليمية التى يمر بها الطلاب. فمثلاً ينصب الاهتمام فى حصة عن الإسعافات الأولية على المعرفة المراد تعلمها، ويتم اختيار تلك المعرفة فى ظل ما يحتاجه المجتمع، أما المادة التعليمية فيقوم المخطط بالتعديل فيها بحيث تتناسب مع مستوى الطلاب وقدراتهم. أما عند تعليم الكبار فن الرسم، فيجب أن يراعى المخطط حاجات المتعلم واهتماماته وقدراته، وفى ذات الوقت يختار المعرفة بحيث تشمل معلومات عن الألوان وأساليب خلطها. وأثناء تصميم مقرر الفيزياء، يراعى المخطط تنظيم المعارف المقدمة، وكذلك يأخذ فى اعتباره حاجات الطلاب واهتماماتهم.

- **قيم وأساسيات المنهج:**

يتخذ المخططون للمنهج قراراتهم بناء على الأهمية النسبية لكل مصدر من مصادر تخطيط المنهج السابق ذكرها (وهى المجتمع، الطلاب والمعرفة). وتعتمد أيضاً عملية اتخاذ القرارات على إجاباتهم للتساؤلات التالية: ما المجتمع الصالح ؟ ما الحياة الصالحة ؟ ما الإنسان الصالح ؟

إن الإجابة على مثل هذه التساؤلات تتطلب من المخططين أن يضعوا نصب أعينهم قيم المجتمع وعاداته. فصياغة الأهداف مثلاً تعتمد على تحديد قيم المجتمع، فعلى سبيل المثال إذا ما كان الهدف هو تنشئة المتعلم اجتماعيًا، فيتطلب هذا تعريفاً واضحاً للتنشئة الاجتماعية بناء على القيم السائدة فى المجتمع.

ويجب على المسئولين عن المنهج أن يتخلصوا من ذلك الفكر الخاطئ الذي ينظر للطالب كأداة يجب استغلالها، فالطالب كائن حي وليس أداة نحركها كيفما نشاء ، ومن هنا يجب أن ننظر للطالب على أنه كائن متميز ومتفرد يتطلب منا معاملة متميزة تليق بأهميته. وكلما ازداد اقتناع مخططي المناهج بأهمية الطالب وقيمته ازدادت مسئوليتهم تجاه إعداد منهج يكون على درجة كبيرة من الفاعلية ليساعد الطالب على النمو المستمر.

إن هناك ثلاثة مفاهيم لوصف العلاقات القائمة بين الفرص التعليمية، وهذه المفاهيم هي: التسلسل، الاستمرارية، والتكامل. ويرجع المفهوم الأول إلى تنظيم الخبرات التعليمية بشكل متدرج، فالتعلم الناتج من خبرة تعليمية معينة يعدّ على درجة كبيرة من الأهمية لما سيأتي بعده من خبرة تعليمية أخرى. ومما سبق يتضح أن التسلسل ضروري للتعرف على العلاقة الهرمية بين كلٍّ من الأهداف والخبرات التعليمية.

ويستخدم مصطلح " التسلسل " أيضاً ليعبر عن تكرار الخبرات التعليمية، ولا نعني هنا تكرار المادة العلمية، ولكننا نعني الرجوع لنفس المفهوم أو الفكرة في مستوى تعليمي متقدم. فمثلاً يتعرض الطلاب في الجامعة لمهارة كتابة الفقرة، ويتم تقديم المهارة نفسها لطلاب المرحلة الثانوية ولكن بشكل أبسط من المقدم لطلاب الجامعة. ونجد أيضاً في منهج الرياضيات نظريات تقدم في المراحل الابتدائية ، ثم يعاد تقديمها بمزيد من التفاصيل في المراحل التعليمية المتقدمة. ومن هنا نبعت فكرة المنهج الحلزوني Spiral Curriculum .

ويرتبط مفهوم الاستمرارية بمفهوم التسلسل إلى حد كبير فالطالب يتقدم في تعلمه بشكل مستمر من خلال المرور بخبرات تعليمية متسلسلة في مراحل مختلفة من حياته. فبينما يعد مفهوم التسلسل من المفاهيم التي تقع خارج سيطرة المتعلم نظراً لتحكم مخططي المناهج في تنظيمه، يعد مفهوم الاستمرارية من المفاهيم التي

يستطيع المتعلم أن يتحكم فيها. ومن الملاحظ أن كلاً مـن مفهـوم التسلسل ومفهوم الاستمرارية يؤثران على بعضهما البعض، فالتنظيم المتسلسل لخبرات التعلم يعـزز مـن استمرارية التعلم لـدى الطالب.

أما مفهوم التكامل فإنه يتحقق حينما يستطيع الطالب أن يـربط بـين مـا يتعلمـه فى مختلـف المواد الدراسية، وهكذا يستفيد الطالب مـما تعلمـه فى حصة اللغـة بحيـث يطبقـه فى الدراسـات الاجتماعية. ومن الجدير بالذكر أن جودة التعليم تزداد كلما ازدادت قدرة الطلاب على الربط بين ما يتعلمونه من مواد دراسية. وكـما يحـدث فى مفهـوم الاستمرارية فإن مفهوم التكامـل يـتم داخـل المتعلم ذاته، فعلى الرغم من مسئولية المخططين عن إعداد خبرات تعليمية تيسر عملية التكامل، إلا أن الطالب هو المسئول الأول والأخير عن إتمام تلك العملية بنجاح.

وتركزت الجهود فيما مضى حول تيسير عملية التكامل مـن خـلال المنهج المدرسى. أما الآن – وبعد أن أدرك علماء التربية أنها تعود للمتعلم – فقـد أصبحت عمليـة التكامـل تتم مـن خـلال مشاهدة البرامج التليفزيونية أو مواقع الإنترنت أو مـن خـلال المدرسة، وكذلك مـن خـلال الأقران وأفراد المجتمع. فلكل مصدر من المصادر السابقة تأثيره الواضح على تعلم الطالب. ويقـوم الطالب إما بعملية التكامل بين هذه المصادر المتنوعة أو يتقبل ما يتعلمه من بعض المصادر ويرفض بعضها الآخر.

ويؤثر نمط التفاعل داخل النظام التعليمى فى قدرة الطالب على الدمج ما بين الخبرات المقدمة إليه. فمثلاً هل يوجد تواصل بين المنزل والمدرسة والمجتمع والأقران والبرامج التليفزيونية والإنترنت؟ هل يوجد وسائل لتبادل التغذية الراجعة بين أجزاء النظام التعليمى ؟ ومن هنا يتضح أن قـدرة الطالب على القيام بعملية تكامل المعارف يعتمد بشكل أساسى على جـودة التواصل داخـل النظـام التعليمى.

ويجب أن تراعى عناصر النظام التعليمى مدى ملاءمة ما تقدمه لثقافة وقيم المجتمع. ومـن هنا نجد أنفسنا بصدد الإجابة عن التساؤلات الآتية: إلى أى مدى تتماثل المؤسسات التعليمية المختلفة فى نظرتها للثقافة السائدة فى المجتمع ؟ هل تتفق المؤسسات فى تلك النظرة أم تختلف ؟ فمثلاً هل تتفق المدرسة مع البرامج التليفزيونية فى اتجاهاتها نحو الأغانى الهابطة ؟ إذا كانت الإجابة بـنعم فهـل يتفق ذلك مع ثقافة المجتمع نحو تلك القضية ؟ فكلما ازداد التوافق بين مختلف المؤسسات التعليمية ازدادت قدرة الطالب على تحقيق مفهوم التكامل بنجاح أكبر.

ويتم النمط الثالث من التفاعل حينما تتدخل إحدى مؤسسات أو المجموعات التعليمية إما بالنقـد أو التفسير أو التعزيز لعملية التعلم، ويسمى هذا النمط بنمط الوساطة Mediation. فعلى سبيل المثال، قـد يتدخل الوالدان فى عملية تعلم الطفل أثناء مشاهدته للتليفزيون وذلك بالحد مـن عـدد البـرامج التـى يشاهدها، أو تقليل عدد ساعات المشاهدة، أو تفسير ما يشاهده الطفل. وقد يقوم الوالدان أيضاً بمصاحبة الطفل لحديقة الحيوان – مثلاً – وذلك لتعزيز ما تلقاه من معلومات أثناء مشاهدته للتليفزيون.

ويسهم التفاعل الجيد بين عناصر النظام التعليمى فى تنمية أداء الطالب وتقدمـه. ولكـن الواقع يشير إلى الافتقار لقنوات الاتصال بـين هـذه العناصـر. إن فاعليـة المدرسـة فى أداء مهمتها تـزداد كلـما ازدادت العلاقة بين المدرسة والمؤسسات الأخرى. كما أن هنـاك ضرورة لتطوير السياسـات التربويـة فى كافة المؤسسات التعليمية.

إن توفير كافة الفرص تمكـن الطالـب مـن تطوير نفسـه. وتعد المدرسة أحـد أهـم المصـادر المسئولة عن تلك المهمة الجديدة. ومن هنا تتضح مهمة التربويين تجاه تنسيق مصادر التـعلم فى مختلف الأماكن. ويحتاج التربويون أيضاً للتواصل مع الطلاب على نحو مستمر.

ويعد الوصول لاستقلالية المـتعلم مـن أهـم أهـداف المدرسة وعملية تخطيط المنهج، فمن قديم الأزل والتربية تسعى لتحقيق هذا الهدف. وعلى الـرغم مـن شيوع

هذا الهدف فى كثير من الكتابات التربوية، إلا أن الواقع يشير إلى عـدم تحققه. ومـن هنـا تـزداد الحاجة لتحقيق هذا الهدف على أرض الواقع.

وبازدياد معدل التغيرات الاجتماعية والاقتصادية والتكنولوجية يومـاً بعـد يـوم، يتوقـف بقـاء البشرية على مدى قدرة الأفراد على مواكبة تلك التغيرات. وهنا تتجلى أهمية التعليم بالنسبة لكـل فرد من أفراد المجتمع. إضافة إلى ذلك، فى ظل تلك التغيرات تـزداد مسـئولية الطالـب تجاه عمليـة التعلم بحيث يتحول من مجرد مستقبل إلى فرد مستقبل ومرسل معا. إن الوصول لاستقلالية المتعلم قد أصبح من أهم المشكلات التى تواجه العملية التعليمية فى الأعوام القادمة. فليست القضية الآن أن يعلم الفرد الآخرين، بل أن يعلم نفسه، حيث إن الهدف الأساسى من التعليم هـو تحريـر الفـرد من الزمان والمكان وفتح آفاق جديدة له تمكنه من خلق نفسه ومجتمعه من جديد.

فى ظل هذا العالم سريع التغير، لا نستطيع أن نعطى طلابنا كـل المهارات والمعـارف التـى قـد يحتاجون إليها فى المستقبل، فنحن لا نستطيع التنبؤ. وفى مثل هذه الحالة نعلمهم فقط القدرة على التغير والتجدد ومواكبة كل جديد من حولهم؛ أى نعلمهم الاستقلالية. ولكى يحقق النظام التعليمى هذا الهدف الرئيسى، يجب علينا أن نعد الطلاب لتحمل تلك المسئولية الملقاة على عاتقهم. وهنا نجد أنفسنا أمام ثلاثة مداخل لتحقيق هذا الهدف، وهى: (1) زيادة مسئولية الطلاب نحو تعلمهـم، (2) تزويدهم بفرص تعلم إضافية، (3) توسيع قاعدة التعلم لتحوى خبرات أكثر وأشمل.

ولكى نزيد من مسئولية الطالب تجاه عملية التعلم، فإننا ننصح بإعداد خبرات تعليميـة تـزود الطالب بالمتعة والإثارة. ونؤكد على أهمية تـوفير نمـط مـن التعليم الإنسـانى الـذى يسـعى لإسـعاد الطالب وتعليمه فى الوقت ذاته.

وفى محاولاتهم لإعطاء أكبر قـدر مـن المسـئولية للطلاب، نـادى علمـاء التربيـة فـى جمعية تطوير المنهج بمشاركة الطلاب الفعالة فى تخطيط المنهج مع المعلم. فمنـذ زمـن

والمدارس تسعى لتطوير تلك المشاركة وزيادة فاعليتها وذلك من خلال تمكين الطلاب من وضع الأهداف وتخطيط الأنشطة وتقويم النتائج التي يصلون إليها، ويتم ذلك كله تحت إشراف المعلم وتوجيهاته. ومن الملاحظ أن هذا النمط من المشاركة لا يتحقق على أرض الواقع، وقد يرجع ذلك إلى قلة ثقة المخططين في قدرة الطالب على القيام بهذه المهمة. إن غالبية المدارس، والمدرسين، وكذلك القائمين على تخطيط المنهج لا تثق في قدرات الطالب وإمكاناته. فنجد أن الاعتقاد السائد دائماً هو أن الطالب حتماً سيرتكب العديد من الأخطاء أثناء القيام بمهمة التخطيط. ومن هنا لم يُعط الطالب ما يستحقه من ثقة في جدارته وتميزه.

وبناء على ما سبق ذكره، يتضح فشل مخططي المناهج في الاستفادة من قدرات الطلاب في عملية التخطيط للمنهج. وأدى ذلك إلى وجود تضاد كبير بين المنهج المخطط والمنهج المنفذ. ومن الشواهد على وجود هذا التضاد ظهور ما يسمى بالمنهج الخفي Hidden Curriculum والذي يساعد الطلاب على اجتياز العديد من الحواجز الناتجة عن المنهج الرسمي أو المنهج المخطط.

إن المنهج الخفي أكثر تأثيراً من المنهج الرسمي إنه يؤثر إلى حد كبير على الطلاب، فلا يوجد حضانة، أو مدرسة ثانوية، أو حتى كلية بدون ذلك المنهج الخفي. فعلى الرغم من وجود منهج ذي طبيعة خاصة ليتناسب مع الظروف التي وُضع لها، إلا أن المناهج الخفية تؤثر تأثيراً بالغ الأهمية على العملية التعليمية ككل. وتكون نقاط التشابه ونقاط الاختلاف في هذه المناهج على قدر سواء من الأهمية.

لقد أدى اختلاف أنظمة المدارس في تقويم الطلاب إلى زيادة اهتمام الطلاب بتلك الأنظمة. ففي المدارس الثانوية والكليات يزداد اهتمام الطلاب بالأساليب والاستراتيجيات التي تساعدهم على تحقيق النجاح في المنهج الرسمي. ومن هنا أصبح الوصول لأعلى الدرجات وكسب رضا المعلم من أهم أهداف الطلاب.

ويتعين على مخططى المناهج هنا أن يأخذوا هذه الأهداف فى الاعتبار أثناء تخطيطهم للمنهج.

إن عملية تخطيط المنهج لن تُسفر أبداً عن منهجين، أحدهما للمدرسة والآخر للطالب. ولكى نصل إلى استقلالية المتعلم يجب علينا أن نواجه هذه الازدواجية من خلال تمكين الطلاب من المشاركة المبكرة، والشاملة فى عملية تخطيط المنهج.

وترتبط نواتج الخبرات التى يمر بها الطالب فى المدرسة أو فى أى موقف تعليمى بكلٍّ من المنهج المُخطط والمنهج الخفى. إضافة إلى ذلك، قد نحصل على مخرجات تعلم غير متوقعة وغير مخطط لها مسبقاً.

هذه المخرجات تتحدد فى مقولة أنه من الخرافات الشائعة فى ميدان التربية أن الفرد يتعلم فقط الشىء الذى يدرسه فى الوقت الحالى. إن التعلم المصاحب Collateral Learning الذى يشمل تكوين الاتجاهات يكون أحياناً أهم بكثير من المادة العلمية التى يتلقاها المتعلم. فهذه الاتجاهات هى التى تفيده كثيراً فى المستقبل البعيد.

وتعد الرغبة فى التعلم مدى الحياة واحدة من أهم إن لم تكن بالفعل أهم المخرجات المصاحبة لعملية التعلم. فبدون هذه الرغبة يعجز الطالب عن مواكبة التغيرات التى ستطرأ على العالم فى المستقبل.

يجب أن نوضح هنا أثر المناخ الاجتماعى فى المرحلة الابتدائية على كلٍّ من المخرجات المخطط لها مسبقاً والمخرجات المصاحبة لعملية التعلم. ولا تتأثر استقلالية المتعلم بالمؤسسات التعليمية فقط ، بل تتأثر أيضاً بالدور الذى يؤديه المجتمع. ونظراً لأهمية التعليم بالنسبة لكل فرد، فإننا بحاجة لتعزيز دور المدارس والجامعات والمجتمع ككل فى العملية التربوية. وهنا تتضح أهمية البنية الاجتماعية

التى تربط بين التعليم والنظام الاجتماعى والسياسى والاقتصادى. وبهذا يتحقق على أرض الواقع ما يسمى بمجتمع التعلم الذى يسهم بفاعلية فى عملية تخطيط المنهج.

ثالثاً- نظرة تاريخية لتخطيط المنهج:

لا نقدم هنا صيغة واحدة مبسطة لتخطيط المنهج الدراسى، بل عدة مفاهيم لتخطيط المنهج، كما نشرح بعض المبادئ والممارسات المتعلقة بعملية التخطيط وكيفية تطويرها وتطبيقها فى مختلف المواقف كما ننظر إلى المنهج على أنه مخطط مفاهيمى قابل للتغير بحسب الظروف المحيطة به سواء فى المدرسة أو فى المجتمع ككل، إضافة إلى ذلك نقدم مخطط المنهج على أنه نظام أو مجموعة من العمليات التى تتم فى مواقف تعليمية حقيقة.

وتسهم معرفة تاريخ تخطيط المناهج فى فعالية عملية التخطيط، كما أنها تجنب مخططى المناهج تكرار أخطاء السابقين. وازدادت أهمية تلك المعرفة عندما لاحظ علماء التربية أن تاريخ المنهج يسير بشكل دائرى يؤثر فيه كل عنصر بالآخر ويتأثر به وليس خطيًّا.

وعلى الرغم من أن تاريخ التربية يعود إلى بداية حياة الإنسان على الأرض إلا أن تطبيق العلم فى ميدان التربية بدأ مبكراً أيضاً ويرينا هذا التاريخ التغيرات الاجتماعية التى طرأت على التربية. ويزودنا بنظرة تاريخية سريعة على ثلاثة موضوعات تخص المنهج: إجراءات تخطيط المنهج، المتعلم وطبيعة المنهج، ومحتوى المنهج.

1- إجراءات تخطيط المنهج:

كان النظام الاختيارى التعددى للتعليم هو السائد وبعده تم تبنى وجهة نظر تنادى باستخدام " النظام الأفضل One best system"؛ أى استخدام نظام واحد

يعد هو الأفضل مقارنة بغيره من الأنظمة. وطبقت أفكار ومبادئ المدخل العلمى وطور المنهج ووضع له أهداف مشتقة مباشرة من بيئة التعلم الحقيقية للكبار. واستمر تأثير ذلك المدخل على المنهج بدرجات متفاوتة، فأحياناً نجده على درجة عالية من الشدة، وأحياناً أخرى نجده أقل شدة.

وفى فترة تالية تم تحديد ثلاثة مؤثرات رئيسة كانت السبب فى رفض استخدام الأفكار السابقة أثناء عملية تطوير المنهج. يرجع المؤثر الأول إلى وجهة النظر الفلسفية التجريبية والتى رفضت المدخل العلمى، وأكدت على خطية العلاقة بين الوسائل والغايات، وقدمت الغايات على الوسائل. أما بالنسبة للمؤثر الثانى فهو نظرية الجشطالت فى علم النفس والتى حذفت ذلك التوجه الفلسفى التجريبى إلى حد كبير. أما المؤثر الثالث والأخير فهو ذلك الإحباط الشديد الذى أصاب مديرى المدارس ، حيث وجدوا أنفسهم مطالبين بمناهج تخاطب حاجات الطلاب وذلك لقيادة حملة البناء الاجتماعى التى ظهرت فى الثلاثينيات من القرن العشرين.

ولقد ساهم اشتراك مخططى المناهج فى جمعية التعلم التقدمى فى وضع مناهج وثيقة الصلة بحاجات الطلاب وأهدافهم واهتماماتهم. إن مخططى المنهج فى تلك الفترة لم يستخدموا خطوات المنهج التحليلى أثناء عملية التخطيط.

ومع ذلك، فقد اضطر العلماء للرجوع إلى المدخل التحليلى للمنهج أثناء دراسة استمرت ثمانى سنوات، حيث احتاجت مجموعة التقويم - والتى ترأسها تايلور Tyler - لتعريف أدق يخص الغايات. وأثناء عمله، طور نموذجه عن المنهج، وقام بتحديد أربعة أسئلة تتطلبها عملية تقويم المنهج هى:

- ما الأهداف التعليمية التى يجب أن تسعى المدرسة لتحقيقها ؟

- ما الخبرات التعليمية التى يجب أن يمر بها الطالب لتحقيق تلك الأهداف؟

- كيف يمكن تنظيم هذه الخبرات التعليمية للوصول لأكبر درجة من الفاعلية ؟

- كيف يمكننا التأكد من تحقق تلك الأهداف ؟

ومن هنا يتضح أن نموذج تايلور للمنهج يمثل عودة لخطوات المدخل التحليلى، كما قد شغلت المعلمين والمسئولين عن المناهج لفترة كبيرة. كما أن الابتعاد عن نموذج تايلور يعد ابتعاداً عن الثقافة الأمريكية ذاتها.

إن مدخل تايلور يمثل عودة للخطوات الآلية التى استخدمت فى العشرينيات، والتى ركزت على أهداف المتعلمين الكبار كأساس لاختيار وتنظيم خبرات المتعلمين الصغار. إن تلك النزعة الآلية لم تتواجد فى الأدبيات التى تخص المنهج فيما بعد.

وبدخول فترة الخمسينيات ظهر مشتركون جدد على ساحة تخطيط المناهج. لقد أسقط المنهج العلمى الآباء والأمهات من حساباته أثناء عملية التخطيط ؛ لأنهم غير متخصصين فى هذا الميدان. أما بعد ذلك بدأ الآباء والأمهات وبعض المواطنين فى المساهمة فى عملية تخطيط المناهج. ويعد إطلاق أول سفينة فضاء روسية فى أواخر الخمسينيات وبداية حملة التعليم القومية من أهم الأسباب وراء الدعم الذى خصص لتطوير المناهج. وقام الأكاديميون بإعداد البرامج ، حيث ركزوا إلى حد كبير على المادة العلمية مهملين حاجات المتعلمين واهتماماتهم. وكانت النتيجة ظهور برامج قومية مثال " الرياضيات الحديثة " وخلال تلك الفترة تبنى بعض كتّاب المنهج نموذج تايلور. فعلى سبيل المثال، اتبع نموذج تابا Taba ذو السبع خطوات نموذج تايلور كالآتى:

- تشخيص الحاجات.

- صياغة الأهداف.

- اختيار المحتوى.

- تنظيم المحتوى.

- تنظيم الخبرات التعليمية.

- اختيار الخبرات التعليمية.

- تحديد ما يجب تقويمه والوسائل والطرق التى سيتم بها هذا التقويم.

وفى السبعينيات، قام مصممو المناهج بتبنى فكر تايلور فيما يخص تخطيط المناهج. فعلى سبيل المثال، وضع نموذج بناء على نموذج تايلور كما يلى:

- يتم تحقيق الأهداف من خلال أداء الطلاب.

- يتم تصميم أدوات التقويم لقياس مدى تحقق الأهداف.

- يتم أخذ مجموعة متنوعة من الاستراتيجيات فى الاعتبار.

- يتم اتخاذ القرارات بحيث تتماشى مع المدخلات.

وتوصل أيضاً لنموذج آخر من أربع خطوات كالتالى:

- تحديد الأهداف.

- التقييم القبلى.

- التدريس.

- التقويم.

وأثمرت الحركة العلمية فى بدايات القرن العشرين عن أعمال كثيرة تتعلق بميدان المناهج. وعلى الرغم من سيادة تلك الأعمال فى ميدان التربية، إلا أن ذلك لم يمنع ظهور وجهات نظر أخرى تخص عملية تطوير المنهج. فعلى سبيل المثال، يرى ماكدونالد Macdonald أن التأكيد على التدريس وتصميم البرامج التعليمية أهم بكثير من التأكيد على الأهداف. ويستطرد ذاكراً أن مثل هذا الاهتمام بالتدريس وتصميم البرامج يحقق ثلاثة أهداف: التنشئة الاجتماعية، والتطوير، والتحرر. وتم التوصل إلى مدخل مقترح لتصميم المنهج ، حيث ينظر إلى المنهج والتدريس كوحدة عضوية متداخلة الأجزاء. ويظل كل من المنهج والتدريس فى

تفاعل مباشر ومستمر أما بالنسبة للوسائل والغايات، فإن هذا المدخل يراها متداخلة ومتكاملة إلى حد كبير، وذلك عكس ما أقره تايلور من علاقة خطية بين كلٍّ من الوسائل والغايات.

وهناك ثلاث توصيات بناء على المدخل العلمى لتطوير المنهج. دارت التوصية الأولى حول ضرورة النظر إلى المنهج من ناحية مهنية أكثر منها سياسية. وركزت التوصية الثانية على تأثر العديد من المنظمات المجتمعية والاقتصادية والسياسية بالتغيرات التى تطرأ على المنهج أثناء عملية تطويره. وأشارت التوصية الثالثة إلى إمكانية تطبيق خطوات المنهج العلمى أثناء عملية تطوير المنهج.

وهناك سؤال يطرح نفسه الآن: ما الذى توصلنا إليه بعد هذا العرض التاريخى المختصر للخطوات المستخدمة فى تطوير المناهج ؟ على الرغم من استمرار سيادة المدخل العلمى أو المدخل التحليلى، إلا أن وجهات النظر الأخرى المتعلقة بكيفية بناء أو تصميم المناهج ما زالت متواجدة. ويستلزم هذا أن يدرك مدخل معين لتطوير المنهج يتم اعتماده على مستوى عالمى. ومن هنا يمكن لمطورى المناهج أن يستخدموا عدة مداخل وذلك بناء على طبيعة البرامج المراد تطويرها. ويقدم هنا عدة مداخل للمساعدة على فهم كيفية تطبيقها، وكذلك التوقيت المناسب لتطبيقها.

2- المتعلم وطبيعة المنهج:

من مئات السنين والمدرسة تتوقع من الطلاب أن يكونوا على درجة واحدة من الكفاءة فقد تم رفض تغيير المنهج لطلاب المدارس الثانوية. ولقى هذا الرفض تحركاً شديداً من كافة فئات المجتمع. لقد هاجر للولايات المتحدة أكثر من 23مليون فرد فى الفترة ما بين 1880 إلى 1919، ومن هنا كان على المدارس أن تستوعب كل تلك الأعداد فى فصولها، وهنا ظهرت الحاجة إلى تطوير المناهج وفى الوقت ذاته،

زودت التطورات فى مجال علم نفس الطفل عملية تطوير المناهج بالأساس العلمى اللازم لها.

لقد نشر عالم النفس ستانلى هال Stanley Hall مقالة " المدرسة النموذجية وعلم نفس الطفل " والفكرة الرئيسة هى الاختلاف بين نمطين من أنماط المدرسة؛ النمط الأول : يشكل الطالب ليلائم المدرسة وطبيعتها. أما النمط الثانى : فيجعل المدرسة فى خدمة الطالب ، حيث تتشكل المدرسة لتلائم طبيعة الطالب وحاجاته واهتماماته. ولاقت أفكار ستانلى هال قبولاً شديداً بين علماء التربية، وبدأوا فى تطوير مناهج التعليم الثانوى لتتلائم مع حاجات الطلاب واهتماماتهم. وكان لكتابات ديوى وأفكاره عن التعليم القائم على العمل تأثيراً كبيراً على تلك الحركة. ووضع العديد من الخطط لتطوير المناهج بحيث تراعى الفروق الفردية بين الطلاب. فعلى سبيل المثال، قامت بعض المدارس بتقسيم المنهج لقسمين؛ بحيث يشمل القسم الأول : القراءة والكتابة والحساب والعلوم والدراسات الاجتماعية، أما الجزء الآخر فيحتوى على بعض الأنشطة الإبداعية التى تحث الطالب على التعبير عن الذات، واستكشاف ما لديه من اهتمامات وطاقات كامنة: ومن الجدير بالذكر أن ذلك المنهج يراعى معدلات التعلم الخاصة بكل طالب.

إنَّ العلاقة وطيدة ما بين تلبية حاجات الطلاب وتخطيط المنهج، وكذلك ضرورة تطوير المنهج ليتلائم مع متطلبات الملتحقين الجدد بالمدرسة. وضرورة الأخذ بآراء من يطبقون المنهج - أى المعلمين.

واحتلت قضية تعديل المنهج ليتلائم مع حاجات الطلاب وفروقهم الفردية مكان الصدارة فى التعليم الأمريكى. وأعلنت المحاكم الأمريكية حق كل فرد فى مجانية التعليم. أما بالنسبة للأفراد ذوى الاحتياجات الخاصة فلقد نالوا ذلك الحق أيضاً. وإضافة إلى ذلك، قام المسئولون عن التربية الخاصة بتطوير البرامج الفردية المقدمة للمعاقين بكافة فئاتهم.

وفى ضوء ذلك التغير الذى طرأ على دور المدرسة حيث أصبحت تكيف نفسها لتلائم حاجات المتعلم واهتماماته جاءت الإشارة إلى قضية مهمة وهى التقويم المستمر للمنهج للتأكد من ملائمته لكافة الفئات والمستويات، فعملية التقويم هذه تجنبنا الفشل. إن مصممى المناهج أثناء عملية تعديل المنهج ليتناسب مع كافة الطلاب وليتلائم مع حاجاتهم الفردية قد يفشلون فى الإجابة عن سؤال فى غاية الأهمية وهو : ما المعارف التى يجب أن يتشارك فيها جميع أفراد المجتمع ؟ ولماذا ؟

3- محتوى المنهج:

تأثرت التغيرات التى طرأت على محتوى المنهج بالإجراءات المستخدمة فى تصميم المنهج، وأثرت عليها فى الوقت ذاته، وأثرت أيضاً آراء التربويين فى العلاقة بين المتعلم والمنهج على محتوى المنهج. وأخيراً تأثرت التغيرات التى طرأت على المحتوى بالتغيرات المجتمعية. إن المحتوى يدور حول بعض المواد الدراسية التى تنقل المعرفة البشرية من جيل لآخر. وأثناء تبنى أفكار المدخل العلمى أو المدخل التحليلى قدمت بعض المهارات التى يحتاجها الكبار فى المحتوى مع التأكيد على أهمية تنظيم المحتوى فى شكل مواد دراسية ولو كان ذلك على حساب أعداد الطلاب لتحقيق حاجات الكبار.

وتؤثر نظرة التربويين لدور المتعلم على محتوى المنهج إلى حد كبير. فمنذ مئات السنين والمدرسة تلزم الطالب بالتغير ليتلائم مع طبيعتها. وكما اتضح أن هذه النظرة قد تغيرت تماماً وأصبحت المدرسة مطالبة بالتكيف مع حاجات الطالب واهتماماته وقدراته. وتجلى هذا المبدأ واضحاً فى محتوى المنهج وذلك بفضل مجهودات جمعية التعليم التقدمى. وكان للتغيرات المجتمعية أشد الأثر على محتوى المنهج. مع ازدياد درجة التعقيد فى حياة المجتمع، قل التأثير التربوى لبعض المؤسسات المجتمعية ومنها المنزل ودُور العبادة، ومن هنا ازدادت الأعباء على

المدارس. فعلى سبيل المثال، فى الماضى كان الآباء وبعض أفراد المجتمع يعلِّمون الشباب مهنة ما، وكان أيضاً للمنزل والمسجد وللكنيسة والمجتمع دور فى زرع القيم الأخلاقية فى نفوس الشباب. أما الآن وقد تلاشى دور مثل هذه المؤسسات، أصبحت المدرسة هى المسئول الأول والأخير عن تعلم الطلاب وزرع القيم الأخلاقية فى نفوسهم.

وبناء على ذلك، اتسع محتوى المنهج ليلبى حاجات الطلاب وليشمل بعض القضايا المجتمعية التى تهمهم. وأعلنت جمعية التعليم القومى أن دور المدرسة هو إعداد الفرد ليتعلم مدى الحياة، ووضعت الجمعية أيضاً سبعة أهداف هى: (1) الصحة، (2) التمكن من العمليات الأساسية، (3) الوظيفة، (4) المواطنة، (5) الاستخدام الأمثل لوقت الفراغ، (6) الشخصية الأخلاقية، (7) صلاح الفرد فى منزله، ثم أعادت إدارة السياسات التعليمية التأكيد على الأهداف السابق ذكرها. وتم تحديد بعض الحاجات التربوية خلال الخمس والعشرين سنة القادمة ، حيث أعلن عن حاجة المجتمع للتقدم نحو أساسات جديدة. وتضمنت الحاجات التربوية التفاهم عبر الثقافات، والتعاطف، والعلاقات الإنسانية، والتعارف بين الثقافات. ولا تقتصر مهمة المدرسة على ذلك فقط، بل يجب أن تقوم أيضاً بإعداد برامج تعليمية لأكبر عدد من الأفراد. وامتدت خدمات المدرسة لتشمل الطلاب ذوى الحاجات أيضاً. وإضافة إلى ذلك، تقدم المدارس خدماتها للمتعلمين الكبار فى كافة المراحل التعليمية. وظل دور المدرسة نفسها مطالب بتوحيد قوى مجتمع قد انقسم على نفسه منذ أمدٍ بعيد.

وبعد هذا العرض التاريخى المختصر لمحتوى المنهج نجد أنفسنا بصدد الإجابة على عدة تساؤلات منها: هل ازداد العبء فعلاً على المدرسة بازدياد المسئوليات الملقاة على عاتقها ؟ إذا كانت الإجابة بنعم، فما المؤسسات الأخرى التى يمكن أن

تشاركها فى تحمل تلك المسئوليات ؟ وكيف يمكن لكل هذه المؤسسات أن تعمل معاً للوصول إلى نظام تعليمى شامل ؟

رابعاً- طبيعة عمليات التخطيط وعناصرها:

تتطلب عملية تخطيط المنهج اتخاذ العديد من القرارات. وقد ناقشنا بعض الاعتبارات الرئيسة التى يراعيها مخططو المناهج أثناء اتخاذهم للقرارات الخاصة بهذه العملية. أما فى الجـزء الحالى فإننا نصف طبيعة تلك القرارات وأيضاً العمليات التى تُتبع للوصول لتلك القرارات.

عناصر خطة المنهج :

عرّفنا المنهج على أنه خطة تزود الطالـب بمجموعـة مـن الفرص التعليمية. وبنـاء علـى هذا التعريف يتضح أن المنهج يتضمن بعض الفرص التعليمية المخطط لها مسبقاً والتى تسعى لتحقيق مجموعة معينة من الأهداف فى إحدى مراحل التعليم. وعادة ما تشمل خطة المنهج مجموعة مـن الخطط الفرعية لبعض أجزاء المنهج. فقد يضع العاملون على المنهج خطة فرعية لمجموعة معينـة من الأهداف أو لميدان ما من ميادين الدراسة. وعموماً فإن هذه الخطط الفرعية عادة مـا تكـون فى شكل برامج دراسية أو قوائم مـن الأنشـطة، أو جـداول، أو مقررات دراسية أو كتـب، أو وحـدات دراسية أو حقائب تعليمية. ومن هنا يتضح أن الخطة الشاملة للمنهج نادراً ما تكتـب فى وثيقـة واحدة فقط. وتعد الخطة التى يضعها المعلم لتحقيـق أهـداف معينـة أثنـاء عملـه مـع الفصل، أو المجموعات الصغيرة، أو الأفراد جزءاً لا يتجزأ من الخطة الشاملة للمنهج.

وهناك مجموعة من العوامل أو العناصر يجب أن نأخـذها فى الاعتبار أثنـاء عمليـة تطوير المنهج. ويمثل الشكل التالى العلاقة بين هذه العناصر المتضمنة فى نظام المنهج .

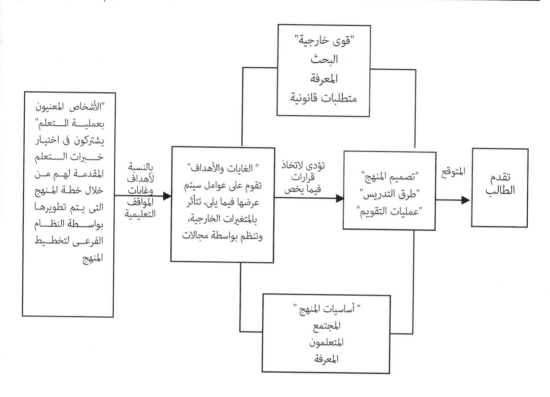

شكل (1) – عناصر منظومة المنهج

ويبدأ نظام المنهج بسؤال رئيسى وهو: ما نوع الفرص التعليمية التى يحتاجها أو يريدها الأفراد المعنيون بعملية التعلم ؟ وتيسر الإجابة على هذا السؤال عملية صياغة الأهداف والغايات. ويتضح من الشكل السابق أن طبيعة الفرص التعليمية تعتمد على الأهداف والغايات إلى حد كبير. ويبين الشكل أيضاً أن هناك مجموعة من الاعتبارات الرئيسة التى تتدخل فى صياغة الأهداف والغايات. ومن المفترض أن أهداف وغايات الطالب تتفق مع أهداف وغايات نظام المنهج. ويضمن هذا الاتفاق نجاح عملية التعلم. أما فى حالة عدم تحقق مثل هذا الاتفاق بين أهداف وغايات كلٍّ من الطالب ونظام المنهج، فإن عملية التعلم تصبح أكثر صعوبة. ونقترح تقسيم الغايات والأهداف إلى أربعة مجالات: نمو الذات Personal Development ، الكفاءة الاجتماعية Social Competence ، مهارات التعلم المستمر Continued Learning Skills ، والتخصص Specialization .

وتزودنا الأهداف والغايات المتفق عليها من قِبَل مخططي المنهج بقاعدة أساسية ترتكز عليها عملية اختيار تصميم المنهج، وطرق التدريس التي سننفذ بها المنهج، ووسائل تقويم المنهج. ويوضح الشكل التالي عملية تخطيط المنهج:

الأهداف والغايات

" تخطيط المنهج "

اتخـاذ مخططـي المنهج للقـرارات الخاصة بعملية التخطيط. وتـؤثر بعض المؤسسـات السياسية والاجتماعيـة عـلى القرارات النهائية لعملية تصميم المنهج.

" تنفيذ المنهج "

" التدريس "

اتخاذ القرارات تجاه طرق التـدريس التـي يستخدمها المعلـم. وتشمل خطة المنهج طـرق تـدريس بديلـة وبعـض المقترحات التي تخص المصادر، الوسائل، والتنظيم. وبهذا نحقق المرونة والحرية اللازمة لكل مـن الطالب والمعلم.

" تقويم المنهج "

اتخـاذ القرارات الخاصة بتقويم تقدم الطالـب. وإضافة إلى ذلـك، تتخذ القرارات الخاصة بتقويم خطة المنهـج. وتسهم البيانات الناتجـة عـن عمليـات التقـويم في تخطيط المنهج.

شكل (2) عمليات تخطيط المنهج

ويستخدم تصميم المنهج كإطار مرجعي يزودنا بالعديد من فرص التعلم. إن اختيارنا لتصميم المنهج يعتمد بشكل أساسي على الغايات والأهداف المراد تحقيقها، وطبيعة كل من المتعلم والمجتمع.

ويتضح مـن الشـكل أن عمليـة تخطيـط المنهـج تقتضي اتخـاذ بعض القرارات الخاصة بطرق ونماذج التدريس المستخدمة. ويفترض في خطة المنهج الجيدة أن تتصف بالمرونة، وتزود المعلمين بمجموعـة مـن المقترحـات المتعلقـة بطرق التدريس. ويتضح أيضاً في الشـكل أن هنـاك نمطيـن مـن تقويـم المنهـج. ويحتاج مخططو المنهج إلى اتخاذ بعض القرارات الخاصة بتقويم تعلم الطالـب مـن جهـة، وتقويم خطـة المنهج

من جهة أخرى. ويزودنا كل من النمطين السابقين ذكرهما بالبيانات اللازمة لتحسين جودة الخبرات التعليمية المقدمة للطلاب.

وعلى الرغم من تسلسل الأنشطة كما فى الشكل إلا أن التخطيط الجيد للمنهج لا يكون خطيًا أبداً، فقد يبدأ من أى نقطة فى الخطة. فعلى سبيل المثال، قد يعدل مخططو المناهج فى هدف أو أكثر من هدف أثناء تصميم المنهج، أو قد يعدل التصميم ذاته أثناء مرور الطالب بالخبرات التعليمية. فالخطة الجيدة للمنهج ليست قرآنًا يُتلى، بل هى تصور مقترح يستطيع القائمون على المنهج التعديل فيه حسب حاجة المتعلم.

ونود أن نشير هنا أن معظم نماذج تخطيط المنهج المتبعة فى مدارس الولايات المتحدة التى تسعى للتطوير المستمر لمناهجها تقوم على الجهود التعاونية فى الولايات والمقاطعات والمدارس العامة. ولقد أصبحت هذه الجهود غير فعالة وغير مستمرة. إنه خلف باب الفصل المدرسى، يمكن رصد ما يدور فى أول أربع سنين من التدريس فى المدرسة - تلك السنين التى يُفترض أن يتوافر فيها تخطيط فعال وتعاونى. لقد اتضح من خلال تتبعنا لخطط المنهج فى المدرسة أن كل فصل يعمل كوحدة منفصلة تماماً عن غيره من الفصول، ويتخذ من الكتاب المدرسى، وخبرات المدرسين مُرشداً.

وهذا ما يدعو إلى مراجعة جودة التخطيط والتدريس فى الفصول الدراسية بكافة مستوياتها. وجاءت دراسات لاحقة لتتناول الموضوع نفسه وتوصلت هذه الدراسات إلى ملحوظتين، أولاهما ذات جانب سلبى، وثانيتهما ذات جانب إيجابى. أما الأولى فهى أن العديد من المدارس تعوقه جدولة الوقت والروتين عن تحقيق بعض الأهداف والعمليات الخاصة بالتخطيط، ومن هنا تحولت عملية التخطيط إلى سلسلة من القرارات التى تتخذ بخصوص بعض المشاكل، وفى الوقت ذاته تقلص الجهد المبذول لربط المشكلات والمهمات الحالية بالأهداف طويلة المدى. أما بالنسبة

للملحوظة الثانية، فلقد أظهرت أهمية التخطيط الشامل من قِبَل المدرسة – والذى أشركت فيه المجتمع والطالب – وكذلك أوضحت أثره على العملية التعليمية. ولكى يتحقق هذا الأثر، يجب أن تُبنى عملية التخطيط على تصور واضح وملائم للأدوار التى تقوم بها الغايات والأهداف، والتغذية الراجعة وكذلك التقويم.

هذا كل ما يخص عمليات تخطيط المنهج الدراسى. أما عناصر التخطيط (الغايات ، الأهداف، والمجالات) فقد تبين بمراجعة الممارسات الماضية والحالية الخاصة بتخطيط المنهج، قصور فى التركيز على الغايات والأهداف باعتبارهما حجرى الأساس لتلك العملية. ويعد الفشل فى ربط أجزاء المنهج المختلفة بأهداف المنهج قصيرة المدى وكذلك طويلة المدى من أهم المشكلات التى تواجه مخططى المناهج. فمثلاً، إذا كان للمنهج هدف طويل المدى مثل " تطوير البرامج التعليمية التى تسهم فى نمو استقلالية المتعلم "، فإن خطط المنهج التى تعكس هذا الهدف يجب أن تشمل تصميم المنهج، وطرق التدريس ووسائل التقويم. ولكن الأمر فى حقيقته ليس كذلك، فغالباً ما تُوضع خطط المنهج لفترات قصيرة المدى، ونادراً ما يشمل التقويم أهدافاً عريضة.

ومن المشكلات الشائعة أيضاً أن خطة المنهج عادة ما تتحول لتصبح مجرد مقرر دراسى أو نظام تعليمى يهدف لتحقيق أهداف معينة (غالباً ما تكون معرفية) فى مادة دراسية معينة. ومن هنا أصبحت الأهداف توضع فى ضوء المادة الدراسية وليس العكس. لقد ساهم الاعتقاد الخاطئ بأن عناصر المنهج هى مجموعة من المواد الدراسية فى التركيز على الأهداف المعرفية وإهمال الأهداف الوجدانية والمهارية.

ويستخدم مصطلح مجال المنهج بمعنى مجموعة من فرص التعلم المخطط لها مسبقاً والتى تسعى لتحقيق مجموعة محددة من الغايات العامة والفرعية.

وفيما يلى نشرح مفهوم مجال المنهج. يتضمن مجال مهارات التعلم المستمر العديد من الأهداف التعليمية الخاصة بالمهارات والعمليات التى تتطلبها عملية التعلم فى الحاضر والمستقبل، ويحوى هذا المجال ما يلى من فرص تعليمية متنوعة:

- تدريس القراءة ومهارات التعلم الأولية.

- التعليم المبرمج فيما يخص استخدام الكتاب ومختلف مصادر المعرفة.

- تعليم الكمبيوتر.

- تعليم القراءة الفردية سواء فى المدرسة أو فى المكتبات.

- استخدام مهارات العمل فى مجموعات.

- استخدام التليفزيون فى المدرسة والمنزل.

- إجراء المقابلات مع الأقران فى المدرسة، والمجتمع لاكتساب المعرفة.

- إتقان مختلف المهارات وذلك تحت إشراف وتوجيه المعلم.

ويشمل مجال المنهج مجموعة من الفرص التعليمية التى لا تتقيد بالمواد الدراسية، أو العوامل الأخرى التى عادة ما تؤثر سلباً على صياغة الأهداف خاصةً وتخطيط المنهج عامةً. وعادة ما يكون مجال المنهج بمثابة مرشد يساعد مخططى المنهج على التأكد من مدى تحقق الأهداف وانعكاسها فى خطة المنهج.

ونقترح تقسيم الأهداف فى هيئة مجالات كما يلى: النمو الشخصى Personal Development، الكفاءة الاجتماعية Social Competence ، مهارات التعلم المستمر Continued Learning Skills ، والتخصص Specialization . ولقد توصلت لجنة السياسات التعليمية إلى تقسيم مشابه، وهو كما يلى:

- أهداف تخص تحقيق الذات.

- أهداف تخص العلاقات الإنسانية.

- أهداف تخص الكفاءة الاقتصادية.

- أهداف تخص المسئولية المدنية.

وأسفرت نتائج الدراسات التى أجريت على التعليم العام فى جامعة شيكاغو عن الإطار المفاهيمى التالى:

1- الأبعاد العقلية:

- امتلاك المعرفة: مجموعة من المعارف، والمفاهيم.

- نقل المعرفة: مهارات اكتساب المعرفة ونقلها.

- إبداع (خلق) المعرفة: الخيال، العادات.

- الرغبة فى المعرفة: حب التعلم.

2- الأبعاد الاجتماعية:

- رجل ورجل: التعاون فى المعاملات اليومية.

- رجل وولاية: الحقوق المدنية والواجبات.

- رجل ودولة: الولاء للوطن.

- رجل وعالم: العلاقات بين البشر.

3- الأبعاد الشخصية:

- الجسدية: الصحة الجسدية والنمو.

- العاطفية: الصحة العقلية والثبات النفسى.

- الأخلاقية: التعامل الأخلاقى.

- الفنى: الثقافة والفن.

4- الأبعاد الإنتاجية:

- اختيار الوظيفة: المعرفة والتوجيه.

- الإعداد الوظيفى: التدريب.

- البيت والعائلة: أعمال المنزل، خدمة الذات، العائلة.

- المستهلك: المشتريات الشخصية، البيع، والاستثمار.

إننا نأخذ على هذه المجالات عدم ملائمتها للمنهج؛ لأنها لم تعطِ الاهتمام الكافى لمهارات التعلم المستمر. وعلاوة على ذلك، فقد أهملت تلك المجالات التخصصات الأخرى. أما المجالات المنشودة فإنها تشتمل على أهداف تخص التعلم المستمر، وأخرى تخص مختلف الاهتمامات والوظائف وميادين العلم.

● **النمو الشخصى Personal Development:**

يسعى التعليم عموماً إلى مساعدة الأفراد على النمو. أما المدرسة فإنها تسعى لتحقيق هدف أقل عمومية هو مساعدة الطالب على تحقيق أهداف شخصية، وحل مشاكله، وفوق هذا وذاك بناء مفهومه عن الذات. ولقد صيغت هذه الأهداف فى الجمل التالية: " تمكين الفرد من اكتشاف قدراته الكامنة"، "مساعدة الفرد على تطوير مفهومه عن ذاته"، "مساعدة الطالب على تحقيق ذاته، والبحث عن استقلاليته". ويسهم النجاح الأكاديمى فى المدرسة فى نمو الطالب ككل.

ويحتوى هذا المجال على مجموعة متنوعة من الفرص التعليمية: المهارات الأساسية للاتصال، الفرص المتصلة بما يسمى أهداف التعليم العام، التقييم والنمو، خدمات الإرشاد والتوجيه، والتعليم الصحى، المواد الدراسية التى تنمى مهارات الاكتشاف، والأنشطة والفرص التى تمكن الطالب من اكتشاف قدراته واهتماماته. وتؤدى التربية الفنية دوراً مهمًّا فى النمو الشخصى، فهى خبرة أساسية يجب أن يمرّ بها الطالب حتى يتمكن من إصدار الأحكام والقرارات؛ فالتربية الفنية تمهد الطريق لاكتساب المفاهيم والمثل العليا. إن الفن هو الوسيلة التى من خلالها نحس بما ينتجه العلم من أفكار.

● الكفاءة الاجتماعية Social Competence :

أعطت أهداف التعليم الاهتمام الكافي لتعليم المواطنة Citizenship، والعلاقات الإنسانية. وتعد تنمية الكفاءة الاجتماعية من أهم أهداف التعليم في المجتمعات التي تقوم على الديمقراطية وتقدرها.

ويشمل هذا المجال مجموعة من الاحتمالات وهي: المجالات المختلفة للمعرفة في الدراسات الاجتماعية والعلوم الإنسانية، اللغات، التفاعل الاجتماعي مشاركة الطلاب في المجموعات والمؤسسات، بعض الدراسات، وأنشطة تنمية مهارات حل المشكلات القائمة في المجتمع.

ومن الجدير بالذكر هنا، أن الإدراك المحدود المبذول لتحقيق الأهداف الخاصة بهذا المجال يؤثر سلباً على المجال السابق ذكره ويؤدى إلى التداخل معه. فمثلاً إذا ما حصرنا هذا المجال على التنشئة الاجتماعية فقط، سيمنعهم ذلك التحرر من الزمان والمكان، والتكيف مع مستحدثات العصر.

● مهارات التعلم المستمر Continued Learning Skills :

ما زالت بعض المدارس تؤمن بذلك المفهوم الخاطئ الذى يفترض أن اكتساب الطالب لمزيد من المعارف يؤهله لاكتساب المزيد والمزيد في المستقبل. ومن هنا أهملت تلك المدارس مهارات التعلم المستمر التى تؤهل الطالب للتعلم بفاعلية حتى بعد انتهائه من المدرسة. ولقد أثبت هذا المفهوم فشله في ظل التغيرات السريعة التى طرأت على عالمنا. ومن هنا نبعت حاجة الفرد لمدرسة تؤهله للتعلم مدى الحياة للوصول إلى الجودة في المستقبل.

ويحتوى مجال مهارات التعلم المستمر على خطط معيارية في تدريس القراءة، والاستماع والتحدث. ويشتمل أيضاً على مهارات متقدمة مثل: إجراء المقابلات،

المناقشة، التفاعـل مـع الآخريـن، استخدام الكمبيوتر والإنترنت، تحليـل القضـايا، اختيار البـدائل، تجريب الأفكار، حل المشكلات، استخدام مصادر التعلم المستمر، تقييم الأفكار والمصادر، التعميم، ومهارات أخرى.

● **التخصص** Specialization :

يمكن التعليم طلابه من اختيار التخصصـات التـى تتناسـب وميولهم واتجاهاتهم وقدراتهم. فمثلاً ينمى كثير من الطلاب فى المرحلة الابتدائية مهاراتهم فى الرسم والموسيقى والرياضة ومجالات أخرى، وعادة ما يفيدهم ذلك فى اختيار مجال تخصصهم فى المستقبل. وبهذا يتضح أن هـذا المجال يشمل فرص التعلم التى يختارها الطالب بناء على اهتماماته وخبراته.

إن الاهتمام بالتعليم مـن أجل الوظيفـة كبيـر. ويتضـمن هـذا التعليم إعـداد بـرامج خاصة ليدرسـها الطالب خلال العام الـدراسى سـواء فى المدرسـة أو الجامعـة. فالمـدارس والجامعـات ليسـت مسئولة فقط عن تنمية مهارات حل المشكلات لدى الطالب ، وزيادة وعيه الاجتماعى، بل هى أيضاً مطالبة بإعداده لوظيفة يفيد بها مجتمعه فى المستقبل.

وتناول علماء التربية بعض هذه البرامج بالنقد، وأكدوا أن بعضها ضعيف المسـتوى للغاية ولا يسـهم فى تحقيق أهداف التعليم من أجل الحصـول عـلى وظيفـة فى المجتمع. ولهذا ينـادى علـماء التربية بالتخطيط الجيد لمثل هذه البرامج ومراعاة تقييمها فى ظل حاجات الطلاب واهتماماتهم.

الخلاصة أننا تناولنا أربعـة مجالات فى النمو الشخصى، والكفـاءة الاجتماعيـة، ومهارات التـعلم المستمر، والتخصص وهى تمثل تصنيفاً لأهداف التعليم الأساسية. وتتسم هذه المجالات بشمولية ومن الجدير بالذكر، أن هذا التصنيف لا يُلزم مخططى المنهج بوضع خطة لكل مجال مـن المجـالات السـابق ذكرها.

● مكان (موضع) المنهج:

يوضح تنوع مجالات الدراسة فى كل من المجالات الأربعة مدى التقدم فى عملية التعلم. إن لم تتعاون المؤسسات التعليمية فى تحقيق الأهداف التعليمية ستعجز تماماً عن تحقيق حاجات الطلاب ؛ فالتعليم فى المستقبل سيتم من خلال العديد من المؤسسات التعليمية، وسيستفيد من مختلف مصادر العلم. وذكر تايلور أربعة مصادر قد تسهم فى تحقيق أهداف ومتطلبات العملية التعليمية، وهى:

- فئات الكبار ممن يرحبون بمساعدة الصغار على التعلم.

- مؤسسات المجتمع التى تخدم التعليم مثل : المتاحف والنوادى والمكتبات والكنائس والمساجد.

- المنظمات والمؤسسات التى توفر فرصاً للعمل.

- الأنظمة التكنولوجية مثل : التليفزيون والراديو والفيديو والكمبيوتر.

ولصياغة الأهداف والغايات يتعين أولاً تحديد الغايات المراد تحقيقها فى المجتمع ككل، فمن الخطأ أن يكون لكل مؤسسة أهدافها المنفصلة تماماً عن أهداف المجتمع والمؤسسات الأخرى. ومن هنا نتبين الحاجة إلى التعاون فى عملية التخطيط لضمان:

- تحقيق الأهداف العامة والخاصة.

- حصول الطلاب على فرص تعليمية ملائمة تمكنهم من تحقيق الأهداف.

خامساً- مراحل تخطيط المنهج:

تشتمل عملية تخطيط المنهج على أربع مراحل أساسية:

(1)   تحديد الغايات والمجالات والأهداف من خلال تحليل البيانات.

(2)   تصميم خطة أو خطط المنهج فى ضوء الغايات والمجالات والأهداف.

(3) تنفيذ المنهج (التدريس).

(4) التخطيط لوسائل تقويم المنهج.

وتفصيل ذلك كما يلى:

الخطوة الأولى: الأخذ فى الاعتبار بعض العوامل الرئيسة التى تتعلق بالغاية الأساسية والمجال:

يستفيد مخططو المناهج من البيانات الخاصة بالغايات الاجتماعية والحاجات، وعمليات التـعلم والمتعلمين ومتطلبات المعرفة أثناء صياغة الأهداف وتحديد المجالات. وكذلك يحتاج مخططو المناهج هذه البيانات أثناء تصميم المنهج. فمثلاً قد تحدد إدارة مدرسة ما هدفها الرئيسى كالتالى: مساعدة الطلاب على اكتشاف وتحديد مواهبهم واهتماماتهم والتى يمكن بدورها أن تصبح أساساً للتعلم النـاجح والبحث عن وظيفة فى المستقبل. ومن هنا يتعين على هذه المدرسة أن تجيب عن الأسئلة التالية: ما أهم اهتمامات الطلاب ؟ ما الاهتمامات الأخرى الملائمة لهذه الفئة مـن الطـلاب ؟ هـل يوجـد لـدى الطلاب اهتمامات معينة غير مرغوب فيها من المجتمع ؟ من بين هذه الاهتمامات الحاليـة لـدى الطـلاب، هـل يوجد اهتمامات يمكن تنميتها من خلال المدرسة والمجتمع ؟ يجب أن يأخذ المخططون هـذه الأسـئلة فى الاعتبار ؛ لأنها فى غاية الأهمية بالنسبة لعملية التخطيط.

الخطوة الثانية: تحديد الغايات الفرعية للمجال: يتطلب التصميم صياغة الأهداف علـى المسـتوى الثانى ؛ أى الانتقال من الأهداف العريضة إلى الأهداف الفرعية. ولا تحتاج الأهداف الفرعية أن تُصاغ فى هيئة أهداف قصيرة المدى ، بل يمكن أن تكون جُملاً تتسم بطول المدى. فعلى سـبيل المثال، قد تحـدد إدارة مدرسة ابتدائية هدفها الرئيسى كالتالى: مساعدة الطلاب على اكتساب مهارات التعلم المستمر. وهنا تصوغ المدرسة أهدافها الفرعية بحيث تتعلق بالقراءة، والاستماع، والتساؤل، وتنظيم المعلومات، وغيرها من المهارات. وبقدر البيانات التى تجمعها إدارة المدرسة عن مهارات التـعلم لـدى الطـلاب تـزداد دقـة الأهداف الفرعية.

وليزداد الأمر وضوحاً نضرب مثالاً آخر على إدارة مدرسة ثانوية تعطى الأولوية لهدف آخر وهو: تنمية مهارات التعلم الذاتي لدى الطلاب. وهنا يتعين على هذه المدرسة أن تدرس حاجات الطلاب في هذا المجال لتتمكن من صياغة الأهداف الفرعية الخاصة بالتعلم الذاتي، والدافعية تجاه هذا النمط من التعلم، واختيار المنهج الملائم وأنماط التقويم الذاتي المستخدمة.

الخطوة الثالثة : تحديد أنماط الفرص التعليمية: وتحتوى هذه الخطوة على مزيج من العصف الذهني التخيلي والتقييم الواقعي لما يحدث في العملية التعليمية. فمثلاً إذا كان هدف المدرسة هو تنمية اهتمامات الطلاب وحاجاتهم، فإن هذه المدرسة ستحتاج للتوفيق بين آمال الطلاب وأحلامهم من جهة، والأنشطة التي يمكن تحقيقها على أرض الواقع من جهة أخرى.

ويحتاج المخططون في هذه المرحلة إلى تصنيف الفرص التعليمية لتيسير اختبار التصميم الملائم للمنهج. فقد تتخذ الفرص التعليمية نمط المقررات القائمة على الاكتشاف. وتكون هذه المقررات قصيرة المدى، وتدور حول ميادين الفن، والموسيقى، واللغات الأجنبية، والعلوم الاجتماعية. وكذلك قد تتخذ الفرص التعليمية نمط مشروعات الدراسة المستقلة التي تقوم على اهتمامات الطلاب فيما يخص مادة دراسية معينة. ويتبقى لدينا نمط آخر من الفرص التعليمية وهو ذلك النمط القائم على الأنشطة التي يشارك في وضعها الطلاب.

الخطوة الرابعة : وضع التصميمات الملائمة للمنهج: بعد تحديد المجال، وصياغة الأهداف الفرعية، واختيار الفرص التعليمية، تأتي الخطوة الرابعة لتركز على اختيار بدائل التصميم. فعندما ترغب إدارة مدرسة ثانوية في تطوير مجال ما في التخصص فإنها تكتب قائمة بالعديد من الأهداف الفرعية الخاصة باهتمامات الطلاب والتي يتعين على منهج المدرسة أن يُنميها. ومن هنا، فالتعرف على

التصميمات البديلة يفيد فى تصنيف الفرص التعليمية إلى تصميمات متعددة بدلاً من الاقتصار على تصميم واحد.

وقد يسعى الطلاب للتخصص فى مادة أو أكثر بعد الانتهاء من دراستهم فى المدرسة الثانوية. فقد يتجهون للتخصص فى اللغة القومية، أو اللغات الأجنبية، أو الرياضيات أو العلوم، أو الدراسات الاجتماعية. ويُعرّف تصميم المادة الدراسية / المواد الدراسية المدى والتتابع Scope & Sequence لمثل هذه الفرص التعليمية.

أما إذا اختار الطلاب الفنون كمجالٍ للتخصص، فإن تصميم الاهتمامات والحاجات والاهتمامات سيحدد المدى والتتابع للفرص التعليمية التى يمر بها الطلاب أثناء دراستهم للأداء الموسيقى.

وقد تسعى مجموعة أخرى من طلاب الثانوى لاكتساب مهارات البحث عن وظيفة ويحتاج الطلاب فى هذه الحالة لمهارات التدريب المهنى بشكل مكثف ومن هنا، يكون تصميم الكفاءات / التكنولوجيا من أنسب التصميمات لهذا التخصص.

ومن الجدير بالذكر أن مجال التخصص الواحد قد يتطلب استخدام أكثر من تصميم. فمثلاً، مجال الكفاءة الاجتماعية قد يتضمن أكثر من تصميم واحد. وكذلك مجال مهارات التعلم المستمر قد يتماشى فى الغرض والمدى مع تصميم السمات الإنسانية / العمليات

ونود هنا أن نؤكد أن المجالات الأربع السابق ذكرها ليست إلزاماً على مخططى المناهج، فقد يضع المخططون غيرها. ولكن ما يعد إلزاماً بالفعل هو ما سبق ذكره من خطوات وإضافة إلى ذلك، يتعين على مخططى المناهج أن يكونوا على دراية كافية بالتصميمات البديلة. فبدون هذه الخطوات والمعرفة بالتصميمات البديلة يصبح التصميم قاصراً وغير ملائم لما وُضع له.

الخطوة الخامسة : تحديد مواصفات التصميم المبدئى: تُعد هذه الخطوة تطويراً للخطوة السابقة ففى الخطوة السابقة تُكتب قائمة بأنماط الفرص التعليمية مثل

وحدات الدراسة، وتسلسل المهارات، وتصنيف الأنشطة، والمقررات أو المواد، وخبرات المجتمع، والدراسة الذاتية. وعند اختيار التصميمات، تصبح الفرص التعليمية أكثر تحديداً وتخطيطاً. فقد تشمل مثلاً خطة مجال الكفاءة الاجتماعية تصميمين رئيسيين على الأقل. وستدلنا مواصفات التصميم على المحتوى وطرق التدريس الملائمة لهذا المجال

وتجيب مواصفات التصميم المبدئى عن الأسئلة التالية:

- من المتعلمون ؟
- ما الغايات الفرعية والأهداف ؟
- ما أنماط الخبرات التعليمية التى يمرّ بها الطلاب ؟
- ما مكان الخبرات التعليمية ؟
- ما الأدوار التى سيؤديها الطلاب والمدرسون ؟
- ما أبعاد الزمان والمكان ؟
- ما المعايير التى سيتم استخدامها فى التقييم ؟

الخطوة السادسة: تحديد متطلبات التنفيذ: نتناول هنا بعض متطلبات عملية التنفيذ. تخيل معنا أن مدرسة إعدادية قامت بتصميم مجموعة من الوحدات الدراسية حول مادة علمية معينة لفريقين من الطلبة ، بحيث يتكون كل فريق من (120) طالباً ، فإن متطلبات التنفيذ ستشمل إعداد فريق من المدرسين أو القادة - خصوصاً فى تخصصى الفنون اللغوية والدراسات الاجتماعية - ليقوموا بوضع خطط مفصلة لوحدات الدراسة، ويتخذوا القرارات الخاصة بالتدريس والمواد التى سيتم استخدامها.

وفى بعض الأحيان قد تكون متطلبات التنفيذ أكثر صعوبة مما ذكرنا فمثلاً، قد يحتوى التصميم الخاص بمجال التنمية الشخصية Personal Development على

تدريس موضوعات تخص الثقافة الإسلامية وتعاطى المخدرات ويتطلب تنفيذ هذا التصميم التواصل الشامل مع الآباء ووكالات المجتمع ومؤسساته.

سادساً- القوى المؤثرة على المنهج:

تتأثر عملية تخطيط المنهج بعدد من الأفراد والمجموعات. فمثلاً تتأثر عملية التخطيط بالصورة المثالية التى يتخذها مخططو المناهج عن المجتمع والفرد.وتختلف نظرة الأفراد والمجموعات داخل المجتمع الواحد تجاه صفات المواطن والمجتمع المثالى. ولهذا تختلف وجهات نظرهم فى الخطة المثالية للمنهج.

وفيما يلى نستعرض تأثير كل من الطلاب، والنقاد، والمهنيين:

- **الطلاب:**

تؤثر اهتمامات الطلاب وحاجاتهم على طبيعة الفرص التعليمية المقدمة لهم. فعدم ملائمة المنهج للطلاب يؤدى إلى تسربهم سواء من المدرسة أو الجامعة. ويعتمد تأثير الطلاب على مدى تحكمهم فى المصادر وحياتهم الوظيفية. ومن القوى التى تؤثر على الطلاب، ومن ثم المنهج، رغبتهم فى التقدم فى النظام التعليمى.

وتؤثر الجامعات والكليات فى صورتها الحالية- سلباً على تخطيط المنهج، فهى لا تراعى فى برامجها اهتمامات الطالب وحاجاته. ومن هنا فهى لا تنمى استقلالية المتعلم. ولكى تُحسن الجامعات والكليات من هذه الصورة السلبية يجب عليها أن تُجرى بعض التغييرات على مناهجها الحالية، وتعلم الكبار، وتغير من نظام القبول السائد فيها. ومن المتوقع أن عمليات تخطيط المنهج ستعتمد بشكل أساسى على مفهوم الخبرات المستمرة أكثر من اعتمادها على الدرجات. وكذلك تستفيد عملية تخطيط المنهج من التغذية الراجعة التى نحصل عليها من مختلف المصادر. وتُعدّ آراء الطلاب وأولياء الأمور من أهم المصادر التى تزودنا بالتغذية الراجعة.

وعلى الرغم من أهمية مشاركة أولياء الأمور فى عملية تخطيط المنهج، إلا أن ذلك لا يتحقق على أرض الواقع. ومن هنا ضعُفت ثقة المواطنين فى المدارس العامة. ولكى تستعيد المدارس تلك الثقة، يجب أن يسترد المواطنون حقهم فى صياغة الأهداف التعليمية وتحديد وسائل تحقيقها.

● النقاد :

يتخذ مخططو المناهج القرارات الخاصة بالمنهج فى ضوء ما يعتنقونه من أفكار ومفاهيم وقيم. ونظراً لاختلاف المفاهيم والأفكار والقيم من شخص لآخر فى المجتمع الواحد، ظهر النقاد ليعبروا عن وجهات النظر المختلفة وليقترحوا التعديلات اللازمة على البرامج التعليمية. ويتواجد مثل هؤلاء النقاد فى كل مجتمع ديمقراطى يسمح بحرية التعبير عن الرأى والرأى الآخر. وعادة ما يركز النقاد على الأولويات فى التعليم، وعلى طرق التدريس كذلك. فمثلاً، حينما تبنى مجلس التعليم الأساسى مدخل المنهج القائم على المادة الدراسية، عارض النقاد ذلك المدخل بشدة. ولأن هؤلاء النقاد يمثلون شريحة عريضة فى المجتمع، كان لمعارضهم تأثير كبير فى حركة التربية.

ويعترض النقاد أيضاً على الدعم الذى تقدمه المدرسة لنمط معين من المجتمع. إن للتربية دوراً كبيراً فى إخفاء أو إعطاء التبريرات للطبيعة النفعية التى يتسم بها الاقتصاد القومى ويضيف النقاد أن المشكلة الرئيسية لا تكمن فى النظام التعليمى، بل فى النظام الاقتصادى والاجتماعى الذى يعكسه النظام التعليمى.

وتعتمد مجموعة أخرى من الانتقادات الموجهة للنظام التعليمى على أعمال كل من روسو وفرويد، حيث يؤمن النقاد أن الخيرية التى تولد بها الطبيعة البشرية – حين لا تُقيد بعوامل خارجية – ستؤدى دوماً إلى اتخاذ القرارات السليمة. ويؤكد كثيرون على أهمية الحرية الشخصية فى اتخاذ القرارات الخاصة بالعملية التعليمية.

وقد لاقت أفكار النقاد قبولاً بين أفراد المجتمع، وأدى ذلـك لظهـور الكثيـر مـن المـدارس التـى نشرت مبادئ الحرية فى التعليم بين طلابها. ومن الجدير بالذكر أن هـذه المـدارس لم تنجح تمامـاً فى تطبيق الحرية بشكل سليم، مما أوقعها فى مشكلات عديدة من الفوضى داخل الفصول الدراسية. إن المشكلة تتحدد فى أنه " لقد أدت وجهة النظر التى تؤكد على تعلـم الطالـب مـن الخبـرات المبـاشرة التى يمر بها إلى بعض الغموض فى دور المعلم ".

ومما سبق تتضح أهمية الأخذ بآراء النقاد أثناء عملية التخطيط للمنهج. فهذه الآراء قد تفيـد كثيراً عندما يحاول المخططون دراستها جيداً وفهم القيم والمعتقدات التى تبناها النقاد أثناء صياغة تلك الأفكار والآراء. فمخطط المنهج لا يقرأ هذه الآراء بغرض رفضها أو البحـث عـما يؤيد موقفـه وأفكاره، بل يقرأها بموضوعية متناهية لكى يصل بعملية تخطيط المنهج إلى الجودة المنشودة.

● المهنيون:

يـؤدى المدرسـون والإداريـون دوراً مهمـاً فى تشـكيل المنهـج المقـدم للمـدارس وغيرهـا مـن المؤسسات. وإضافة إلى ذلك، تؤثر مجموعات معينة من التربويين على عملية تخطيط المنهج إلى حد كبير. وفيما يلى يرد ذكر هذه المجموعات بشىء من التفصيل:

● نقابات المعلمين Teacher Unions :

توصلت مدينة نيويورك لأول اتفاقية مع المدرسين، وتبعتها 33 ولاية حيث أقرت هذه الولايات قوانين خاصة كان لها أكبر الأثر على العملية التعليمية. وتبدو أهمية هذه القوانين فى نقل المزيد من السلطة على المنهج من المدارس العامة إلى المستويات العليا فى الحكومة. ولذلك كان الآباء والمـدارس من أوائل الخاسرين فى هذه التغيرات التى طرأت على العملية التعليمية.

- **مجموعات الاهتمام المهنى Professional Interest Group :**

لم يقتصر هذا النمط من المجموعات على المدرسين فقط، بل امتد ليشمل الإداريين والاستشاريين، وأخصائى المكتبات والمتخصصين فى مواد دراسية معينة. وتهدف هذه المجموعات لتنمية أعضائها مهنياً، وتؤثر بشكل غير مباشر على تخطيط المنهج.

- **المطورون المهنيون (أو المصلحون المهنيون) Professional Reformers:**

تعمل العديد من المجموعات على تطوير المنهج فى وقتنا الحالى. فمثلاً قام أساتذة الجامعة بتطوير المنهج وقد قامت الحكومة الفيدرالية بتمويل جهود العديد من الأساتذة وذلك من خلال حركة التعليم الابتدائى والثانوى. ولم يقتصر التمويل على حركة تطوير المواد الدراسية، بل امتد ليشمل البحث ومراكز التطوير والمعامل التعليمية. وهدفت هذه المراكز والمعامل إلى تحديد الممارسات الجيدة من خلال إجراء البحوث. وكذلك عملت هذه المراكز والمعامل على تطوير البرامج والمواد التعليمية، ومن ثم نشرها.

- **مُنتجو المواد التعليمية:**

يتأثر المنهج بالمواد التعليمية إلى حد كبير. ولهذا أرسلت الجمعية القومية للعلوم ببعض الملاحظين على الفصول ليتأكدوا من مدى استخدام المواد التعليمية وطرق التدريس التى أوصت بها الجمعية. ولُوحظ أيضاً التركيز الشديد على الكتاب المدرسى، حيث يحاول المعلم أن يَصُبَّ المعلومات والمعارف التى يحويها الكتاب المدرسى داخل رءوس الطلاب.

ولقد تأثر محتوى الكتب الدراسية بمشاريع المنهج القومى إلى حدٍّ كبير. فعلى سبيل المثال، أُجريت بعض التعديلات على محتوى الكتب الخاصة بالعلوم

البيولوجية. ولقد تأذى الناشرون من مثل هذه التعديلات التى أضرت بمصالحهم كثيراً، مما دفعهم لرفض هذه الآراء المعارضة.

ويتأثر محتوى المنهج كذلك بالاختبارات المعيارية Standardized Tests فمثلاً، يؤثر استخدام امتحانات القدرات كمعايير للتخرج على أداء المعلم. وكذلك يتأثر أداء المعلم بنتائج تلك الامتحانات. فعندما يصبح الهدف هو نجاح الطالب فى الامتحانات، فإن المعلم سيُدّرس من أجل الامتحان. ومن هنا تتضاءل فائدة الفرص التعليمية التى يمر بها الطالب من خلال المنهج.

ويتأثر المنهج كذلك ببرامج الكمبيوتر التعليمية. ولقد تسببت عدم معرفة بعض التربويين ببرامج الكمبيوتر فى التأخر الشديد فى إنتاج برامج كمبيوتر تعليمية لكل مادة دراسية.

- **الإجازة (أى الشهادة بأن مُعلماً يفى بمتطلبات مهنته)** Accreditation

تهدف الإجازة إلى ضمان مستوى مقبول من التعليم. إن الإجازة فى الأصل هى علاقة بين المدرسة والكلية، بها تتيسر عملية القبول فى الجامعات. ولقد قلّ تأثير جمعيات الإجازة الإقليمية على المدارس الثانوية، وذلك نظراً لظهور المعايير فى الولايات المختلفة. وتُعدّ معايير الولايات وسيلة أساسية لتطوير عمليات التخطيط التعليمى على المستوى المحلى. وتتعامل مجموعة تخطيط المنهج المحلى مع متطلبات الإجازة لأى مؤسسة ترغب فى إعطاء الإجازة لمدارسها. وعادة ما تشمل خطط الإجازة الخطوات اللازمة لتجريب تلك الخطط .

* * *

الفصل الثاني

أنماط تصميمات المنهج

1 - تصميم قائم على المادة الدراسية / المقررات .

2 - تصميم قائم على الكفاءات / التكنولوجيا .

3 - تصميم قائم على السمات الشخصية / العمليات .

4 - تصميم قائم على الوظائف الاجتماعية / الأنشطة .

5 - تصميم قائم على حاجات الأفراد واهتماماتهم .

6 - تصميم قائم على التربية الإنسانية .

أنماط تصميمات المنهج

ينظر لتصميمات المنهج على أنها الجانب الإبداعى لخطة المنهج. فأثناء وضع خطة فى مجال الكفاءة الاجتماعية يحتاج المخططون لاختيار تصميم للخبرات التعليمية التى سيمر بها الطلاب ومن ضمن البدائل التى يتعين عليهم الاختيار من بينها: (1) تصميم لمادة دراسية يتضمن بعض الدراسات فى العلوم الاجتماعية والدراسات الإنسانية، (2) مدى وتتابع الخطة، (3) تحليل المهارات الأساسية للكفاءة الاجتماعية، (4) اختيار مجموعة من الطلاب ذوى اهتمامات ومشاكل خاصة بالكفاءة الاجتماعية فى الفصل والمدرسة والمجتمع، (5) وكل ما سبق من أنماط.

ويجيب تصميم المنهج على الأسئلة الآتية:

- من الفئة المستهدفة ؟
- ما الأهداف أو الغايات الفرعية ؟
- ما أنماط خبرات التعلم التى سيمر بها الطالب ؟
- أين سيكون مكان هذه الخبرات ؟
- ما الأدوار التى سيؤديها الطلاب والمدرسون ؟
- ما أبعاد الزمان والمكان ؟
- ما معايير التقويم المستخدمة ؟

● **المرونة فى التصميم (مرونة التصميم):**

تمنح بعض تصميمات المنهج المعلم مرونة أثناء اختيار المواد التعليمية والأنشطة، فى حين أن بعضها الآخر لا توفر للمعلم نفس القدر من تلك المرونة. وكذلك تراعى بعـض هـذه التصـميمات الفـروق الفرديـة بـين المتعلمـين، بينمـا لا يراعـى

البعض الآخر هذه الفروق. وتظهر مرونة خطة المنهج في الجوانب التالية: تصميمات المنهج، وطرق التدريس، ووسائل التقويم.

- **تبنى (أو استخدام) التصميمات المطورة خارجيًا:**

ربط النظرية والتطبيق في تخطيط المنهج نتيجة تبنى المدرسين ومجموعات التخطيط بعض الخطط دون دراسة مسبقة. وتتضح مثل هذه الممارسات الخاطئة في اتباع الكتاب المدرسي باعتباره تصميم المنهج لمادة ما.

- **تنفيذ المنهج:**

عرّفنا التدريس على أنه تنفيذ خطة المنهج؛ أي المشاركة الفعالة للمتعلمين في الفرص التعليمية المقدمة لهم. ومن هنا يتضح أن عملية تخطيط المنهج تتطلب اتخاذ بعض القرارات الخاصة بطرق التدريس المستخدمة ويُراعى في خطة المنهج أن توفر مساحة كافية من الحرية لكل من المعلم والمتعلم أثناء عملية التنفيذ ، إذاً فالخطة الجيدة للمنهج لا تُلزم المعلم بطرق ومواد تدريس معينة، بل تكتفى باقتراح مجموعة متنوعة من طرق ونماذج التدريس.

- **تقويم المنهج:**

يشتمل نظام المنهج على خطة لتقويم المنهج في ضوء الأهداف والغايات المراد تحقيقها. ويستخدم التقويم هنا بنوعيه البنائي منه والنهائي، حيث يزود التقويم البنائي مخططى المنهج بالتغذية الراجعة اللازمة لإجراء التعديلات أثناء عمليتى التخطيط والتنفيذ. أما التقويم النهائي فيأتي في النهاية ليقيّم خطة المنهج ككل، وبهذا يزود مخططى المناهج بتغذية راجعة تسهم في اتخاذ قرارات بشأن إعادة أو تعديل الخطة.

ولا تُعد عملية اختيار تصميم للمنهج من العمليات السهلة، فتصميم المنهج يحتوى على عـدد من المسلمات التى تخص: (1) غايات وأهداف التعليم، (2) مصادر الأهداف، (3) خصائص المتعلمين، (4) طبيعة عملية التعلم، (5) طبيعة المجتمع المستهدف، و(6) طبيعة المعرفة. ويؤثر التصميم المُختار على استراتيجيات التدريس، وأدوار كلٍّ من المعلم والمتعلم، والمواد التدريسية، واستراتيجيات التقويم. ومن هنا فإننا نصف عملية اختيار تصميم المنهج بأنها مهمة صعبة تتطلب معرفة عـدة تصميمات، وتحتاج أيضاً لفهم كل ما تتضمنه هذه التصميمات.

ويتعين على مخططى المناهج أن يُشركوا المجتمع، والطلاب والمعنيين بالمنهج فى حوار حول الأساسات الفلسفية للمسلمات والقيم التى ساعدت المخططين على اتخاذ القرارات. ولأن عملية اختيار تصميمات المنهج من العمليات المستمرة، فإن استمرار هذا النوع من الحوارات يُعد ضرورة مُلحة.

ويتخذ مخططو المناهج القرارات الخاصة باستخدام تصميم أو أكثر من تصميمات للمنهج فى ضوء تحديد الغايات والأهداف. ونعنى بالتصميم هنا شكل أو إطار، أو نمط الفرص التعليمية التى يمر بها الطالب. إذا فنمط الفرص التعليمية ومداها يحدد تصميم المنهج. فمثلاً، عندما نرى مجموعة من الطلاب يتبعون الكتاب المدرسى أو مقرر مادة دراسية ما، فإن هذا التصميم يكون قائماً على المادة الدراسية. ومن الجدير بالـذكر، أننا نستطيع استخدام تصميمات بديلة فى خطة المنهج.

ويتوافر لدى التربويين مجموعة من التصميمات ليختاروا من بينها. وتختلف هذه التصميمات ليس فقط فى الشكل ولكن فى المسلمات أيضاً إن تنوع القضايا فى ميدان المنهج سلاح ذو حدين، فقد يكون هذا التنوع مصدراً من المصادر الديناميكية المثيرة التى تسهم فى اختيار تصميمات جيدة للمنهج، وقد يكون هذا التنوع سبباً فى تشوش مخططى المناهج وعدم قدرتهم على إدارة الموقف والتحكم فيه.

ولا يقتصر المخططون للمنهج على تلك التصميمات المتنوعة، فقد يصلون لتصميمات أخرى أكثر ابتكاراً. فالهدف من هذه التصميمات أن تُثير فكر المخططين وتحفزهم على ابتكار تصميمات أخرى لا أن تقيدهم وتحصرهم فالاقتصار على تصميم واحد يؤدى إلى فشل عملية الاختيار وبالتالى فشل المنهج ككل في تحقيق أهدافه .

ويصمم المخططون الفرص التعليمية بناء على المجالات والأهداف؛ أى أنهم يوظفون عملية التصميم. ومن هنا يتضح أن خطة المنهج الشاملة قد تشمل أكثر من تصميم. فلقد أثبتت التجربة العملية خطأ نظريات المنهج التى تُنادى باستخدام تصميم واحد فقط للفرص التعليمية التى تقدمها المدرسة. ولهذا ننصح مخططى المناهج باستخدام أكثر من تصميم في برامجهم التعليمية.

وعادة ما تتواجد فجوة بين الغايات العامة للمنهج والممارسات الصفية. وتنتج هذه الفجوة عن المحاولات المستمرة لتحقيق جميع الأهداف باستخدام تصميم واحد أو تصميمين للمنهج. فمثلاً، لكى نحقق هدفاً خاصًا بمحو أمية المواطنين فإننا نحتاج لتصميم الكفاءات / التكنولوجيا أكثر من احتياجنا لتصميم المادة الدراسية / المقررات. ومما سبق يتضح لمخططى المناهج حاجتهم الملحة لمعرفة كل تصميمات المنهج لكى يختاروا من بينها ما يناسب طبيعة الموقف الذى بين أيديهم.

وتحوى الأدبيات الخاصة بميدان المناهج العديد من تصميمات المنهج. فعلى سبيل المثال، هناك المنهج الإنسانى، والاجتماعى، والتكنولوجى، والأكاديمى. وكذلك، هناك خمسة توجهات للمنهج: تطوير العمليات المعرفية، والمنهج كتكنولوجيا، وتحقيق الذات، والخبرات التعليمية المتممة للمنهج، والبناء الاجتماعى والمذهب العقلى الأكاديمى. ويُلاحظ هنا وجود تشابهات وكذلك اختلافات بين هذه التصميمات.

وتعتمد الفروق بين التصميمات الخمسة على مصدر الغايات والأهداف. فمثلاً، تُعدّ المادة الدراسية هى مصدر البيانات التى يعتمد عليها تصميم المادة الدراسية / المقررات. ويلخص الجدول التالى التصميمات، والمصادر الأساسية للغايات والأهداف، والطرق المعتادة لتنظيم التدريس.

جدول (1) تصميمات المنهج

تصميمات المنهج	المصدر الأساسى للبيانات الخاصة بالغايات والأهداف	الطرق المعتادة لتنظيم التدريس
1- المادة الدراسية/ المقررات.	1- المادة الدراسية المُراد تعلمها.	1- بواسطة المواد (مثلاً مادة الكيمياء).
2- الكفاءات/ التكنولوجيا.	2- كفاءات يُراد اكتسابها.	2- من خلال تصميمات التدريس (مثلاً الموديولات).
3- السمات الإنسانية / العمليات.	3- السمات الإنسانية للطلاب التى يُراد تطويرها وتنميتها.	3- من خلال عمليات مخطط لها (مثلاً تدريبات خاصة بتوضيح بعض القيم).
4- الوظائف الاجتماعية/ الأنشطة.	4- حاجات المجتمع.	4- من خلال الأنشطة المجتمعية أو من خلال ما سبق ذكره فى 1، 2، 3 (مثلاً التصويت فى قضية ما فى المجتمع).
5- حاجات واهتمامات الأفراد / الأنشطة.	5- حاجات واهتمامات المتعلمين.	5- من خلال أنشطة التعلم الذاتى أو من خلال ما سبق ذكره فى 1، 2، 3 (مثلاً تعلم الرسم).

ومن الجدير بالذكر أننا لم نجعل المنهج الإنساني مقصوراً على تصميم معين. ونظراً لأهمية هذا المنهج فإننا سنناقشه بمزيد من التفصيل بعد تناولنا للتصميمات الخمسة.

ويمكن عرض التصميمات الخمسة للمنهج كما يلي:

أولاً- تصميم قائم على المادة الدراسية / المقررات:

من المفاهيم الشائعة عن المنهج أنه مجموعة من المواد يُدرسها المعلم لطلابه. ومن هنا شاع استخدام تصميم المنهج القائم على المواد الدراسية. وسنتناول فيما يلي خصائص هذا التصميم، ووجهات النظر الدائرة حوله، وتطبيقاته، وإمكاناته وجوانب قصوره.

• خصائصه:

تُعد النظامية Orderliness من أهم ما يميز تصميم المواد الدراسية / المقررات عن غيره من التصميمات، حيث تُقسّم خطة المنهج إلى مواد دراسية والتي بدورها تُقسّم تبعاً للدرجات المدرسية والحصص.

إن تتبع الجهود المبذولة في ميدان المنهج يؤكد أن وضع تعريف للمنهج كان البداية الحقيقية لحركة تطوير المنهج. لقد فسرت نظرية التعليم والمنهج باعتبار أن المنهج هو المسئول عن توارث الحكمة بين الأجيال. وكذلك فإن النموذج التحليلي يتضمن العناصر التالية:

الطالب وما لديه من نشاط ذاتي وحب للتعلم؛ ومقرر الدراسة الذي نظمه الكبار آخذين في الاعتبار بعض الأولويات، والتسلسل والمدى؛ ويوجد لدينا أيضاً مواد التدريس؛ والمعلم الذي يشجع الطلبة ويقوم بعملية التدريس؛ والامتحانات التي تُقيّم تلك العملية؛ وأخيرًا هناك البناء التنظيمي والذي يتحرك بداخله العديد من الأفراد. إن ما ذكره قد لـخّص بالفعل عملية صناعة (تصميم) المنهج.

ويتميز تصميم المادة الدراسية / المقررات أيضاً بالبناء النظامى للمادة نفسها، حيث يتكون بناء أى مادة دراسية من مجموعة من التعميمات الأساسية والتى بدورها تجعل من هذه المادة كمًّا متكاملاً. ومن هنا يتضح أن المواد الدراسية التقليدية كالرياضيات، والكيمياء، والفيزياء ما هى إلا مواد منظمة لها تصميمها الخاص بها. وفى هذه الحالة تقتصر مهمة مخططى المنهج المدرسى على تحديد ما سيستخدمونه من هذا التصميم الخاص بالمادة، وأيضاً كيف ومتى سيستخدمونه.

ويختلط الأمر فى هذا التصميم بشأن المادة الدراسية حيث يوجد ثلاثة استخدامات لمصطلح "المادة". فى الاستخدام الأول، يتم اختيار مرحلة معينة من المادة الدراسية، وهنا قد يحدث تدخلات تفسد من البنية المعتادة لهذه المادة. فمثلاً تحتاج الجهود المبذولة فى اختيار وتبسيط جوانب من مادتى الرياضيات والفيزياء إلى خطط لتلك المقررات ذات مدى وتتابع خاص بها. وبالنسبة للاستخدام الثانى، فيتم تعديلات فى محتوى المواد التى تشتمل على أكثر من مادة دراسية أخرى مثل مادة الدراسات الاجتماعية التى تحوى بداخلها علم الإنسان والتاريخ. وثالثاً، فإن كثيراً من المقررات المتعارف عليها لا تساعد الطالب على حل المشكلات التى تقابله فى حياته اليومية. وأيضاً ظهرت مواد بينية ذات محتوى خاص مثل تربية المستهلك، تربية السائق، تعليم الاستخدام الصحيح للعقار الطبى، التربية البيئية، التربية الخاصة بالحياة العائلية، التربية الخاصة بالأعمال المنزلية، التربية الصحية، التربية الفنية، التربية البدنية، والتربية الجنسية.

وعلى الرغم من وجود نظام معين أو بناء خاص يميز تصميمات المقررات المتعارف عليه وكذلك المواد المشتقة منها، إلا أن الكثير من هذه المواد لا تمتلك تصميماً معيناً حيث يُستخدم فى التخطيط لها أى تصميم من تلك المذكورة مسبقاً. ومن الناحية العملية، فإن اختلاف هذه المواد وتنوع جودة تصميماتها يجعل التصميم الكلى يبدو مشوشاً ولا شكل له وخصوصاً عند استخدام نفس الجدول والتنظيم التدريسى لكل

عناصر المنهج. ولا يُعدُّ ذلك انتقاداً لتصميم المادة الدراسية / المقررات بقدر ما هو تعليق على نقاط الهجوم الموجهة له.

- **قضية تصميم المادة الدراسية / المقررات:**

عند الاطلاع على الأدبيات الخاصة بميدان المناهج نجد أنها امتلأت بالكثير من الكتابات التى إما تؤيد أو تعارض تنظيم المنهج القائم على المواد الدراسية. وتعد مناقشة ما يلائم الموقف التعليمى من أهم المناقشات وأكثرها تأثيرًا فى مجال المناهج. ويرى من تزعم هذه القضية أن المعارف تُنظم فى مقررات يمكن للمدرسة أن تستخدمها كمواد دراسية، وأن استخدام هذه المواد وما يصاحبها من تنظيم تدريسى ونظام لتقويم تقدم الطالب يُعدُّ من أسهل الطرق لوضع منهج مدرسى. فالعملية تكمن فى اختيار وتدريس مادة دراسية واختبار معارف الطالب، ويتم ذلك من خلال مدرسين على قدر كبير من المعرفة، ومن خلال الاختبارات المكتوبة أيضاً. وتفترض المناقشات الدائرة حول هذه القضية أن المدارس، الكليات، والمدرسين، وأولياء الأمور والمواطنين كلهم يؤيد تماماً المنهج القائم على المادة الدراسية وتُدعم هذه الخطة التنظيمية. وفى الواقع، يسعى متزعمو هذه القضية للإبقاء على الوضع الراهن كما هو، ونحن لا يمكننا قبول وجهة نظر كهذه. فالقضية يجب أن ترتكز على أهمية ومدلولات تصميم المادة الدراسية.

وتُشتق مدلولات هذا التصميم من أهمية دور المعرفة فى المنهج، فلن يوجد المنهج بدون محتوى معرفى يستخدم فى الخبرات التعليمية المقدمة للطلاب. وتعد أنماط وقدر المعرفة المقدمة ومدى ملائمتها للاستخدام المدرسى من أهم ما يجب تحديده فى المنهج. وبما أن المعرفة تُنظم فى مقررات، فإنه من البديهى أن المقررات هى المصدر الأساسى لمحتوى المنهج.

ويُغير باستمرار واضعو نظريات المنهج ممن يؤيدون تصميمات المادة الدراسية/ المقررات المعارف والمواد الدراسية التي يشتمل عليها المنهج، ومن هنا يتضح أن المقررات الدراسية والمواد الدراسية تتمتع ببناء داخلي مرن يُمكنها من استقبال الجديد من المعارف وحذف القديم منها. ويساعد الهيكل الأساسي لهذه المواد الطلاب على اختبار ما يكتسبونه من معارف، وإجابة ما لديهم من تساؤلات والاستفسار عن كل ما يجهلونه، واستخدام ما يمتلكون من معرفة؛ أي تُمكنهم من تنمية قدراتهم العقلية.

ويؤكد مصممو المادة الدراسية / المقررات أن المنهج يشمل مجموعة من المعارف، وأن مهمة المصممين أن يقوموا باتخاذ القرارات التالية: ما المراحل والأجزاء المراد تدريسها من هذه المجموعة من المعارف ؟ لمن تُدرّس هذه المعارف ؟ متى تُدرّس ؟ كيف تُدرّس ؟ ومن هنا وضع وحدة في المنهج وأنشأ نظاماً تعليميًا أثر كثيراً على تخطيط منهج المرحلة الثانوية بالثبات والشمولية واتضح أن محتوى التعليم يتسم بالثبات، وأيضاً أن الإطار الذي يحوي المحتوى يتصف بالثبات في عناصره الأساسية. وفي الحديث عن منهج المدارس العامة، تم تحديد اثنتى عشرة مادة أساسية للمدارس بشكل عام هي: اللغة، الرياضيات، الرسوم البيانية، العلوم، الدين، التربية المدنية، السياسة، التجارة، الصناعة، والصحة. ووصفت هذه المواد بأنها المحتوى الأساسي لتعليم المواطن العادي.

وفي حديث عن المنهج الوظيفي للشباب تم التأكيد على أهمية دور المواد الدراسية وضرورة اختيار المحتوى الملائم. والدعوة إلى اختيار محتوى المنهج بناء على وظائف المنهج. وكذلك اقتراح خطة للمنهج تتشابه مع مفهوم المجالات. ومن وظائف المنهج: التكامل، والاكتشاف، والإضافة، والتخصص. وتحمل وجهة النظر هذه مفهوماً مختلفاً عن وظائف المواد الدراسية. في الواقع، لقد قدمت هذه

النظرية العديد من المبررات للمواد الدراسية الحالية، ودعت كذلك لإيجاد مواد جديدة تخدم وظيفة " التخصص ".

لقد طرأت العديد من التطورات الأساسية على مدخل المادة الدراسية / المقررات وذلك من خلال مشروعات المنهج القومي. إن التقدم المذهل في تصميم مناهج تنمى القدرات العقلية ساعد في نظرة المشروعات القومية إلى السلوك العقلي على أنه عملية نشطة من البحث وحل المشكلات.

وفي تقريره ذكرت الغايات والأغراض الأساسية لمشروعات المنهج القومى حيث يجب تحديد منهج المادة الدراسية من خلال فهمنا للمبادئ التى تُبنى عليها تلك المادة الدراسية. فعندما يتعلم الطلاب البِنْية الأساسية لمقرر ما، فإنهم يفهمون كيف ترتبط الأشياء ببعضها البعض. وهناك العديد من المميزات في تعلم البِنْية الأساسية لمقرر ما، ومنها أولا أن ذلك يجعل المادة الدراسية أكثر قابلية للفهم. وثانى هذه المميزات، أن تعلم البِنْية ينمى قدرات الطالب على التذكر، فالطالب يتعلم كيفية إضافة التفاصيل والمعلومات الجديدة على تلك البِنْية. وثالث هذه المميزات أن فهم المبادئ والأفكار الرئيسية ييسر عملية انتقال أثر التجريب لمواقف أخرى. ويتضح من ذلك التطور أن التوجه الجديد في البناء المعرفى يتصف بالديناميكية.

ومما سبق يتضح أن أنصار هذا التصميم (المادة الدراسية / المقررات) يؤمنون بأن المعرفة هى الأساس للمنهج، وأن المعرفة تُنظم في صورة مقررات، وأن المواد الدراسية التى تشتق من هذه المقررات هى الهيكل الأساسى للمنهج. وإضافة إلى ذلك، يرى أنصار هذا التصميم أن مدخل البناء المعرفى يُعدُّ من أهم الأدوات التى تمكننا من اختيار المحتوى وطرق التدريس.

• **تطبيقات ونقاط قصور:**

ظلت المعرفة التى تظهر فى تنظيمات المواد الدراسية هى التصميم المهيمن على تخطيط المنهج. فعلى الرغم من نقاط القصور التى يعانى منها هذا التصميم، إلا أنه استمر فى ميدان تخطيط المنهج كواحد من أهم التصميمات. وبفهم نقاط القصور هذه يتمكن مخططو المناهج من استخدام تصميم المادة الدراسية / المقررات الاستخدام الأمثل.

وفيما سبق اتضحت بعض المواد التى تم إضافتها للمنهج بهدف مقابلة بعض الحاجات الخاصة، ومن هذه المواد: تعليم القيادة، التربية الخاصة بتعاطى العقاقير، والتربية الفنية. وعلى الرغم من عدم وجود قاعدة أساسية فى المقررات الأصلية لترتكز عليها مثل هذه المواد السابق ذكرها، إلا أن متطلبات التخرج ودخول الكليات، وتوزيع الوقت فى المدارس الابتدائية، وجداول المدارس الثانوية، جعلت من هذه المواد بمثابة منهج. ومن هنا، أصبح كل ما يُضاف - حتى ولو لم يكن مرتبطاً بالمقررات التقليدية - يُصنّف كمادة دراسية. وعند إتمام عملية التصنيف، تصبح المادة أكثر ثباتاً وجموداً، ويصبح المنهج أقل مرونة.

ولهذا يتطلب الأمر من مخططى المناهج أن يتأكدوا من وجود أصول للمادة الدراسية فى المقررات التعليمية. ولا نعنى بهذا الاستهانة بالمواد التى لا يوجد لها أصول فى المقررات الدراسية، بل نوصى فى هذه الحالة بالأخذ فى الاعتبار التصميمات البديلة للمنهج. فعلى سبيل المثال، يمكننا استخدام تصميم الكفاءات / التكنولوجيا مع المواد السابق ذكرها (تعليم القيادة، التربية الفنية، وغيرها). أما التربية الخاصة بتعاطى العقاقير فيمكننا أن نستخدم معها إما تصميم السمات الإنسانية / العمليات أو تصميم الوظائف الاجتماعية / الأنشطة.

مع ازدياد المعارف يوماً بعد يوم، أصبح من الصعب أن يُلّم الفرد ولو بجزء صغير منها وخاصة بعد ظهور الثورة الكمبيوترية وما تمـد به الأفراد مـن كـم هائـل

من المعرفة. ومن هنا تضاءلت أهمية الحفظ بالنسبة للفرد وازدادت أهمية الفهم إلى حد كبير. فبدون هذه المعرفة لن يتمكن الأفراد من تحديد ما يريدون أن يكتسبوه وكيف يستفيدون مما اكتسبوه. ولذلك فنحن بحاجة لاختيار المحتوى بعناية شديدة ليتضح بناء المقرر الدراسى.

ومع ذلك فلقد وجد القائمون على تطوير برامج المنهج القومى أن الاختيار الجيد للمحتوى والمواد التعليمية لا يضمن فاعلية التدريس. ومن الجدير بالذكر أن التدريس الجيد للمنهج الذى يتبنى تصميم المادة الدراسية / المقررات يكون على درجة كبيرة من الصعوبة. فمن السهل أن تختار المواد التى سيقرأها الطلاب ويحفظونها ويستدعونها فى الاختبارات، ولكنه من الصعب أن نزودهم بالخبرات التى توضح لهم المبادئ والمفاهيم الأساسية. وكذلك يَصعُب علينا أن نساعدهم على فهم هذه الخبرات، وأن نُقيّم تقدمهم فى فهم بِنْية المقرر المدرسى. ومن هنا يتضح حاجة المعلمين إلى الفهم العميق لبِنْية المقررات الدراسية، وأيضاً حاجاتهم إلى المساعدة فى عملية تنفيذ منهج المادة الدراسية / المقررات.

ويُعدُّ عدم الارتباط بين المادة الدراسية ومشكلات الطلبة واهتماماتهم من أهم نقاط القصور التى يعانى منها تصميم منهج المادة الدراسية / المقررات. فقد ذكر أن إطار المنهج التقليدى من أكبر العقبات التى تُعرقل تطوير البرامج فى المدارس الثانوية. وعانت المدرسة من نفس هذا القصور حتى بعد مرور عقدين من الزمان حيث بدأ المخططون محاولاتهم لحل تلك المشكلة. وحيث نادى برونر Bruner بتحويل الاهتمام من بِنْية المواد الدراسية إلى مشكلات أخرى أكثر أهمية، حيث يؤكد أن التركيز على دراسة المقررات ليس هو كل شىء فى العملية التعليمية. ومن الملاحظ أن نظرة كهذه تحط من شأن الاهتمام بكل غايات التعليم وأهدافه. ومع ذلك تذكرنا بأهمية الربط بين المواد الدراسية واهتمامات الطلبة، حيث يتعين علينا

أن نساعدهم على الإحساس بمدى ملائمة ما يدرسونه من مواد مع عالم اليوم. وقد اشتملت بعض المشروعات القومية على بعض النقاط الأساسية لتصميمات أخرى، وذلك على الرغم من انتمائها لتصميم المادة الدراسية / المقررات. فمثلاً، ربط منهج العلوم البيولوجية بين دراسة العلوم البيولوجية والمشكلات البيئية المعاصرة.

وأخيراً، يُعدّ الانفصال بين المواد التعليمية فى هذا التصميم من أحد نقاط قصوره، ويؤكد أن مثل هذا الانفصال يقلل من جودة مناهجنا الحالية. إننا نقدم لأطفالنا بعض المواد المنفصلة عن حياتهم الواقعية. فمثلاً نُدرّس لهم الجبر، وماذا بعده ؟ ثم نُدرّس لهم الهندسة، وماذا بعد ؟ ثم العلوم، وماذا بعد؟ ثم التاريخ، وماذا بعد ؟ ثم تأتى اللغات التى قلما يتقنها الطلاب. وتأتى بعد ذلك الطامة الكبرى ألا وهى الأدب حيث يدرس الطلاب المسرحيات. وهنا نتساءل هل هذه هى الحياة الحقيقية التى يعيشونها من حولهم ؟

إن المحاولات للوصول لمناهج المواد البينية مستمرة. وشمل هذا الدمج مختلف المواد، فمثلاً اللغات مع الدراسات الاجتماعية. ومع ذلك، يعانى مدخل المواد البينية من بعض نواحى القصور والتى من بينها أنه قد يفشل هذا المدخل فى الوصول بنا إلى معرفة منظمة نظراً لوجود العديد من التفاصيل غير المهمة والتى تكون فى صورة تعميمات تفتقر إلى الذكاء فى وضعها.

وفى هذه الفترة ظهر المنهج المحورى Core Curriculum ليحاول الربط بين اهتمامات الطلاب ومشكلاتهم الحياتية وبين المنهج الفعلى. فمثلاً، الحياة فى المجتمع يمكنها أن تكون محوراً لعلوم، وفنون الصف الأول الثانوى. وتعرض المنهج المحورى لكثير من الانتقادات كانت السبب فى اختفائه وظهور مشروعات المنهج القومى.

وهنا سؤال يطرح نفسه: ما وضع مداخل المواد البينية فى وقتنا الحالى ؟ إن التعليم القائم على المواد البينية ما زال حياً كما أن المواد البينية تُعدّ سلاحاً يُعين الأمم والمؤسسات على البقاء فى ظل الظروف السياسية المعقدة. فعلى سبيل المثال، ساعدنا علم الأحياء البينى على اكتشاف أن D.D.T يمثل كارثة بيولوجية واجتماعية على الرغم من كونه انتصاراً كيميائياً فى دنيا العلم.

ولتوضيح مدخل المواد البينية نذكر هنا برنامجاً للعلوم تم تطويره فى جامعة فلوريدا. لقد رأى المسئولون عن تطوير المناهج عدم قدرة الطلاب على إنشاء العلاقات بين كل من البيئة المحيطة والمقررات الدراسية التى يدرسونها، وكذلك التداخل الكبير بين مقرر وآخر، والإهمال الكبير للتفاعل بين العلوم والمجتمع. ومن هنا شعر المسئولون بأهمية تطوير برنامجا لمعالجة نواحى القصور السابق ذكرها. وتوصل المسئولون لخمسة مفاهيم أساسية لتخطى الحواجز بين المواد: النظامية، التغير، التوازن، النماذج، والتكنولوجيا. ولاقى هذا البرنامج نجاحاً كبيراً، حيث علّق الطلاب عليه قائلين: لقد نجحنا فى تعلم العلوم المختلفة، وإضافة إلى ذلك تمكنا من إنشاء العلاقات بين مجتمعنا وما نتلقاه من علم.

تلك بعض التطورات التى طرأت على تصميم منهج المادة الدراسية / المقررات. ونسأل هنا: ماذا عن المستقبل ؟ لقد لقى هذا التصميم هجوماً كثيراً من النقاد. وعلى الرغم من ذلك لن نجد أبداً برنامجاً دراسياً يخلو من تصميم المقررات التعليمية.

ثانياً- تصميم قائم على الكفاءات / التكنولوجيا:

يُعدّ هذا التصميم من أكثر التصميمات قلة فى الاحتمالات. قد تُحدد كفاءات هذا التصميم بناء على الكفاءات التى سبق وأن حُدّدت فى خطوات تحليل النشاط، أو تحليل العمل المستخدم فى التعليم المهنى، أو المنهج القائم على الكفاءة أو الأداء، وكذلك الخطط التدريسية.

● خصائصه:

ترتبط الأنشطة القائمة على أداء الطلاب وخطط المنهج بالعديد من نظريات المنهج والممارسات التى ركزت بشكل واضح على الأداء. وعادة ما تتوقع خطط المنهج نمطاً معيناً من أداء الطالب، أما بالنسبة للتصميم الحالى فهو يتوقع إقامة علاقة مباشرة بين الأهداف وأنشطة التعلم والأداء. وتفترض بعض التصميمات أن تكون العلاقة المباشرة بين هذه العناصر أقل قوة مما يفترضه هذا التصميم وإضافة إلى ذلك، تفترض بعض التصميمات الأخرى أن الأداء النهائى للطالب ما هو إلا نتاج للخبرات التعليمية التى من خلالها يُصوغ الطالب أهدافه ومعاييره الخاصة به.

ويقوم تصميم منهج الكفاءات / التكنولوجيا على مدخل تحليلى تسلسلى لتطوير المنهج، يسير كما يلى:

– تحديد المهام أو الوظائف التى يجب الإعداد لها مُسبقاً.

– تحديد ما يحتاج الفرد معرفته وأداءه ليقوم بهذه الوظائف أو المهام.

– تنظيم المهام والوظائف فى مقررات دراسية ملائمة.

– تنظيم المعارف والمهارات لكل مهمة أو وظيفة فى تسلسل هرمى.

– تحديد ما يحتاج الفرد معرفته لإتقان المهارات والمعارف التى يدرسها.

وتزودنا نتائج تحليل المهام بالمدخلات التى نحتاجها فى نظام التصميم التعليمى. وتسعى مثل هذه الأنظمة التعليمية للتركيز على الكيفية التى سيتعلم بها الفرد وليس ما سيتعلمه الفرد. ومن هنا تهدف هذه الأنظمة لتزويد الأفراد بالوسائل الفعالة التى تُيسّر عملية التعلم ونقل المعرفة. ولذلك تُعدّ التكنولوجيا جزءاً مهماً فى هذا التصميم.

ومن الملاحظ أن فى هذا التصميم تُسمى الأداءات المستهدفة بالكفاءات أو الأهداف السلوكية أو الأدائية. ونجد أيضاً أن الأنشطة التعليمية فى هذا التصميم يُخطط لها بعناية لتحقق الأهداف المنشودة. وكذلك يُراعى فى هذا التصميم قياس

أداء المتعلمين أثناء الانتقال من هدفٍ لآخر. فمثلاً، أثناء تعلم الكتابة على الكمبيوتر يجب أن يُظهر الطلاب مدى معرفتهم بلوحة المفاتيح قبل انتقالهم للأهداف التعليمية التالية. وأيضاً أثناء تعلم الدراسات الاجتماعية، نتوقع من الطلاب أن يتعلموا قراءة الخرائط قبل أن ينتقلوا لمهارة التعرف على الأماكن الجغرافية. ومن هنا يتضح أن هذا التصميم يتميز بالتسلسل فى تعلم المهارات، والمهام، والأنشطة.

- **قضية التصميمات القائمة على الكفاءات / التكنولوجيا:**

يُعدّ بوبيت Bobbitt أول من تناول تصميم الكفاءات / التكنولوجيا باستخدام مدخل تحليل النشاط فى تخطيط المنهج. ووصف نظريته موضحاً أن:

كلمة المنهج هى كلمة لاتينية تعنى " حلبة السباق "؛ أى المكان الذى يدور فيه مجموعة متلاحقة من الأحداث والأفعال. وإذا ما طُبقت كلمة "منهج" على ميدان التعليم فإنها تعنى سلسلة من الأشياء التى يجب على الأطفال والشباب أن يقوموا بها ويجربوها، ويكون ذلك من خلال تنمية قدراتهم على القيام بهذه الأفعال.

ولتطوير هذه النظرية تم التمييز بين خبرة التدريب المباشر وغير المباشر. ويزعم بوبيت أن المنهج لا يهدف إلى تحقيق غاياته من خلال التدريب غير المباشر، وأننا نكتشف المنهج القائم على التدريب المباشر من خلال نقاط الضعف التى يُظهرها الطلاب بعد المرور بخبرة التدريب غير المباشر. ويؤكد أن خطوات تحليل النشاط يَصْلُح تطبيقه أيضاً على مواد مثل التربية المدنية، والأخلاقية، والمهنية والترويحية، والوالدية.

وهنا تثار قضية مهمة بالنسبة للمنهج القائم على تحليل النشاط وهى الافتقار إلى علاقة وثيقة بين المنهج المقدم للطلاب وحاجاتهم واهتماماتهم. فكلما كانت نقاط ضعف الطلاب هى محور العملية التعليمية، تمكنت المدارس من تحقيق أهدافها.

وقدم بوبيت فى تقريره عن تطوير المنهج تصنيفاً لمئات الأهداف تبعاً لميادين المواد التعليمية، ومع ذلك حذر من البدء بالمادة الدراسية فى هذا التصنيف. حيث تُعدّ صياغة الأهداف هى الخطوة الأولى والأساسية فى عملية التصميم. وأن صياغة الأهداف تتم من خلال تحليل حاجات الطلاب ونقاط قصورهم. وستمكن هذه الخطوة المدرسة من توجيه اهتمامهم بشكل سليم.

إنه يجب أن تُوضع القدرات فى قائمة مطبوعة لتصبح أكثر تحديداً، وحتى لا تكون عُرضة للتغيير أو للنسيان. فبهذه القائمة يتمكن المسئولون من رؤية القدرات كلها أمامهم أثناء العمل. وتساعد القائمة على توضيح العلاقات بين القدرات.

وهناك المزيد من التفاصيل حول تحليل النشاط منها أن يُشتق المحتوى من الغايات والأنشطة؛ فالأنشطة لن تُنفذ دون غايات تحكمها وتوجهها، وكذلك الغايات لن تُحقق دون أنشطة. ذلك أن تحليل النشاط امتداد لتحليل الوظيفة والذى يمكن أن يتم من خلال: (1) التنبؤ، (2) إجراء المقابلات، (3) العمل فى الوظيفة، (4) الاستبيانات. ولقد وصف ما يُسمى "بتحليل الصعوبة" فيما يلى: يكون التحليل على قدر كبير من الأهمية أثناء تحديد الأنشطة التى يقوم عليها التدريس. وللقيام بهذا التحليل يمكننا استخدام ما يُسمى بتحليل الوظيفة فى مواقف معينة. ويُعيننا تحليل الصعوبة على تحديد الواجبات والمعلومات التى سيدور حولها المنهج. فبدون هذا التحليل سنضل طريقنا أثناء عملية بناء المنهج.

إن هناك بعض قواعد بناء المنهج والتى تركز إلى حد كبير على تعريف الأهداف، والغايات والأنشطة. بإعطاء الأولوية فى عملية تخطيط المنهج للخطوات التحليلية التى تركز على تدريس الطلاب كيفية أداء الأنشطة، وتركز أيضاً على الغايات التى يحددها تحليل حاجات الطلاب واهتماماتهم. وبهذا سيصبح المنهج أكثر نجاحاً وفاعلية وملاءمة للطلاب.

لقد أثرت نظريات المنهج السابق ذكرها على عمليات تطوير المنهج، وذلك من خلال تأكيد هذه النظريات على الأهداف والخطوات التحليلية التي استخدمت في عملية التصميم. ولقد وضعت هذه النظريات الأهداف التعليمية في مكانة أعلى من المادة التعليمية ذاتها، ودعت أيضاً لوضع خطة منهج تدور حول أنشطة الحياة اليومية للكبار. ومع ذلك لم توضح هذه النظريات كيفية الربط بين التدريس وكل نشاط أو كل هدف. وبعد عقود من الزمان، كان التحرك نحو استخدام الأهداف السلوكية مرتبطا بالأهداف، والتدريس والأداء.

إن تصميم الأنظمة التعليمية - والذي يُسمى أيضاً بتكنولوجيا التعليم - يربط بين الأهداف، والتدريس، والأداء من خلال عدة خطوات هي: (1) تنظيم الأهداف العامة والفرعية ووضعها في إطار زمني، (2) اختيار الأنشطة التعليمية لتعزيز عملية تحقيق الأهداف في الفترة الزمنية المحددة، (3) إجراء تقييم قبلي لتحديد مستوى المتعلمين في البداية، (4) التدريس، (5) تقييم الإنجاز باستخدام اختبار معياري المرجع Criterion-referenced .

وفي الواقع، يوجد تأكيد على تعريف الأهداف كخطوة أولى لتطوير المنهج. وينظر للأهداف على أنها وسيلة تمكننا من معرفة ما سيفعله الطلاب وليس ما سيدرسونه أو يجربونه. ومن الجدير بالذكر أن تصور الأداء يتميز بالعمومية أكثر، ولقد تم النظر للأهداف على أنها موجهات عامة للتدريس. وكذلك تكنولوجيا التعليم هي الوسيلة التي تربط الممارسات الصفية بعضها ببعض. وأن الاختبار المعياري المحك يرتبط ارتباطاً وثيقاً بالأهداف مما يمكننا من تقييم جودة التعليم والتعلم في ضوء تلك الأهداف. ومما سبق يتضح أن تصميم الكفاءات / التكنولوجيا - بمعاييره واختباراته - يحدد دور كل من المعلم والمتعلم.

• **تطبيق التصميم ونقاط القصور:**

ازداد معدل استخدام تصميم الكفاءات / التكنولوجيا. وكان التربويون المهنيون أول من تبنى هذا التصميم مستخدمين تحليل المهمة لتحديد المهارات أو الكفاءات المراد تعلمها. فعلى سبيل المثال، قام المركز القومي لأبحاث التعليم المهني في جامعة أوهايو بإصدار بعض المديولات والأدلة الخاصة بكيفية استخدام ما يخص هذا التصميم.

وبتجدد استخدام نموذج الأنظمة التدريسية انتعش مدخل الكفاءات إلى حد كبير. واتضحت قيمة تكنولوجيا التعليم في برامج التربية العسكرية. ولم يقتصر التعليم القائم على الكفاءات على التعليم المهني فقط بل امتد ليشمل البرامج التعليمية الأخرى من مرحلة ما قبل المدرسة حتى المرحلة الثانوية.

واتسع نطاق تطبيق هذا التصميم ليشمل تدريس مبادئ القراءة، والحساب، ومهارات أخرى في المراحل الابتدائية والإعدادية والثانوية. فلقد شاع استخدام هذا التصميم في البرامج العلاجية المقدمة لكل المراحل. وأدى شيوع هذا التصميم إلى سوء استخدامه حيث حاولت الجهود تطبيقه على كل غايات العملية التعليمية.

ويُستخدم تصميم الكفاءات / التكنولوجيا في العديد من المؤسسات الأكاديمية. فمثلاً، يقوم برنامج طب الأسنان في جامعة فلوريدا على الكفاءات، حيث قام المسئولون في الجامعة بتطوير بعض الموديولات القائمة على تحليل المهام واستخدام برامج كمبيوتر متقدمة. واستُخدمت الاختبارات معيارية المحك أثناء فترة تطبيق البرنامج. ومن الجدير بالذكر أن الاتجاه المسيطر على تدريب المعلمين هو التعليم القائم على الأداء. فمثلاً تم تدريب مدرس التربية الخاصة على المدخل القائم على الكفاءات إلى حد كبير.

ونتمكن من تطبيق تصميم الكفاءات / التكنولوجيا عندما نحدد السلوكيات المراد تعلمها وذلك من خلال تحليل المهمة. وهناك ثلاثة أنماط من تحليل المهمة:

تحليل الموضوع Topic Analysis ، تحليل الوظيفة Job Analysis ، وتحليل المهارات Skills Analysis. إن تحليل الموضوع هو عبارة عن تحليل تفصيلي لمهام عقلية مثل حل المعادلات التربيعية. أما تحليل الوظيفة فيرجع للمهام التي تتطلب مهارات عقلية- عضلية أو مهارات جسدية. ويركز تحليل الوظيفة على ما يتم خلال أداء المهمة. ومن أمثلة تحليل الوظيفة إصلاح السيارة. أما بالنسبة لتحليل المهارات فإنه يتضمن تحليل المهام العقلية – العضلية أيضاً، ولكننا هنا نركز على كيفية أداء المهمة. وبعض الإجراءات التي يتعين علينا اتباعها أثناء استخدام كل نمط من أنماط تحليل المهمة.

وبعد الانتهاء من تحليل المهمة نحتاج لإعداد نظام تعليمي وكذلك اختبارات معيارية المرجع Criterion-referenced . وهناك بعض نواحي القصور التي يعاني منها تصميم الكفاءات. فمثلاً، ذكر النقاد شكوى المعلمين والمتعلمين من الملل الذي يصيبهم أثناء تنفيذ هذا التصميم. ومن الجدير بالذكر هنا أن هذه الشكوى ليست مقصورة على تصميم الكفاءات وحده ، بل امتدت لتشمل بقية التصميمات أيضاً. ولكننا أيضاً نود أن نشير هنا لحقيقة ما هي أن الروتين الذي يصاحب البرامج القائمة على الكفاءات عادة ما يكون السبب الرئيسي في الملل الذي يصيب بعض التلاميذ من ذوي أساليب التعلم الخاصة.

وذكر النقاد نقطة أخرى من نقاط قصور هذا التصميم هي عدم تمكنه من التعامل مع العملية التعليمية ككل. وتتميز العملية التعليمية بطبيعة مزدوجة: إعانة الطلاب على تعلم السلوكيات وكذلك تنمية سماتهم الشخصية. ويساعد تصميم الكفاءات/ التكنولوجيا الطلاب على اكتساب السلوكيات المختلفة، ولكنه لا يُمكّنهم من تنمية سماتهم الشخصية. فمثلاً، يساعد هذا التصميم المعلمين على إكساب مهارة استخدام الوسائل السمعية - بصرية، ولكنه لا يُسهم في تنمية سمة

"الاهتمام بالآخرين" لديهم. ونلاحظ هنا أن هذا القصور لا يمثل مشكلة إذا ما نظرنا لهذا التصميم على أنه أداة تمكن المتعلمين من تحقيق بعض - وليس كل - الأهداف التعليمية. وبكلمات أخرى، يمثل القصور السابق ذكره مشكلة إذا ما حاول المصممون تحقيق كل الأهداف التعليمية من خلاله؛ أى أن نجاح هذا التصميم يعتمد بشكل أساسى على استخدام ما يناسبه من أهداف تعليمية.

ثالثاً - تصميم قائم على السمات الشخصية / العمليات:

سبق أن ذكرنا تصميمين شاع استخدامهما فى ميدان المناهج وذلك نظراً لسهولة تعريفهما ووصفهما. أما فيما يلى ذلك فهناك تصميم يقل استخدامه فى ميدان المناهج نظراً لصعوبة تعريفه وتنفيذه. وعلى الرغم من ذلك، يُعد تصميم السمات الشخصية / العمليات من التصميمات المهمة فى مجال تصميم المناهج الدراسية.

خصائص هذا التصميم:

تؤثر عملية تطبيق تصميمات المنهج على نمو السمات الشخصية. وإضافة إلى ذلك، يتطلب تنفيذ خطط المنهج بعض العمليات. إذا ما الذى يُميّز هذا التصميم عن غيره من التصميمات؟ يتميز هذا التصميم بخاصيتين: (1) إن الهدف الرئيسى لهذا التصميم هو نمو بعض السمات الشخصية المحددة مُسبقاً، (2) يتم اختيار عمليات التنفيذ بعناية شديدة وذلك لتحقيق الهدف الرئيسى.

فبينما يهتم تصميم الكفاءات / التكنولوجيا بتعلم سلوكيات معينة، يركز تصميم السمات الشخصية / العمليات على تنمية السمات الشخصية. وتتضح طبيعة السمات الشخصية من خلال قائمة تتضمن بعض هذه السمات. ويذكر أحدهم مجموعة من السمات الشخصية كما يلى: 1- العمل بفعالية مع الآخرين، 2- الاتصال الفعال، 3-القيادة الناجحة، 4- الانقياد للقادة، 5- الملاحظة، 6- التعلم الذاتى، 7- اتخاذ القرارات، 8- إصدار الأحكام الصحيحة،

9- الاختراع (الابتكار)، 10- التنبؤ، 11- التخطيط، 12- الصبر على الغموض، 13- القيام بـردود الفعـل المناسبة، 14- مراقبة الآثار المترتبة على ما يقوم به الفرد من أفعال.

وركز هنا على ما يلى من سمات: (1) الإبداع، (2) المبادأة، (3) الثقة بالنفس، (4) إحساس الفرد بمشاعره وعواطفه.

وتختلف هذه القائمة عن قائمة الكفاءات فى نقطتين أساسيتين: (1) إن تعلـم هـذه السـمات يتطلب أفعالاً تدمج ما بين العناصر العقلية والوجدانية والسلوكية. ومن الملاحظ أن هذه النقطة لا تتـوافر فى الأنشـطة التعليميـة التقليديـة، (2) إن الهـدف الـرئيسى الخـاص بتنميـة هـذه السـمات الشخصية يتضمن العديد من القيم والأحكام، وذلك على عكس ما يتم أثناء تنمية الكفاءات التى لا ترتبط ارتباطاً وثيقاً بالقيم Value – Free.

وتُعدّ الثقة بالنفس وإحساس الفرد بمشاعره وعواطفه على نحـو كبيـر مـن الأهميـة لتنميـة السمات الشخصية الأخرى. ولتوضيح كيفية استخدام هذا التصميم، سنستخدم تحليلاً للثقة بالنفس. فالثقة بالنفس فى مفهوم ما تعنى ما يلى:

— معرفة قائمة على الخبرة تُمكن الفرد من العمـل مـع الآخـرين، والقيـام بـدور قيـادى، وبهـا أيضاً يستطيع أن يستجلب الفرد معونة الآخرين ودعمهم له.

— معرفة قائمة على الخبرة تُمكن الفرد من القيام بأفعال يُصلح بها أنشطة تمت على عكس المتوقع.

— معرفة قائمة على الخبرة تُمكن الفرد من اتخاذ القرارات بشكل سليم.

— معرفة قائمة على الخبرة تُمكن الفرد من مواكبة المواقف الجديدة.

— معرفة قائمة على الخبرة تُمكن الفرد من القيام بأشياء معينة بشكل أفضل من الآخرين.

– معرفة قائمة على الخبرة تُمكن الفرد من تجديد كفاءاته والقيام بأشياء جديدة.

– معرفة قائمة على الخبرة تُمكن الفرد من إتقان مهارات كانت تبدو لأول وهلة غاية فى الصعوبة.

ويدعو ما سبق للدخول فى قلب هذا التصميم. فمن الملاحظ أن القائمة السابقة ركزت على وصف المعرفة بأنها قائمة على الخبرة. فتنمية السمات المرغوبة تتطلب توافر خبرات ملائمة. ومن هنا يتطلب الأمر تنظيم بعض العمليات التعليمية التى تمكن الطلاب من المرور بتلك الخبرات. وتزداد فاعلية تلك الخبرات كلما ازدادت فرص الطلاب لتحليل الخبرات وربطها بالسمات. وكذلك تنمو السمات الشخصية كلما ازدادت فرص الطلاب لملاحظة نماذج تتمثل فيها السمات المرغوبة.

ونود هنا أن نشير لبعض تصميمات المنهج التى انتشرت فى الماضى ونقارنها بالتصميم الذى بين أيدينا. فمثلاً، قامت مشروعات المنهج القومى على هدفين غاية فى الأهمية: (أ) مساعدة الطلاب على فهم بِنْية المقرر الدراسى، وكذلك تمكين الطلاب من اكتشاف الطريقة الملائمة للاستفسار والتساؤل فى مقررات الدراسة، (ب) توفير الخبرات التعليمية للطلاب بحيث يتمكنون من تنمية سمات حل المشكلات. فمثلاً، لقد تم تنظيم العلوم فى مدارس المرحلة الابتدائية حول عمليات الملاحظة، التصنيف، التفسير، والتجريب. واستُخدمت مواد تعليمية من كافة العلوم الأخرى وذلك لتطوير العمليات السابق ذكرها.

وهناك أربعة مجالات للمنهج: (1) تحليل الخبرات، (2) اكتساب المهارات الأساسية، (3) استكشاف الميراث الثقافى، (4) التخصص والإبداع، واقترح التصميم التالى للمجال الأول: سيقضى الطالب فى المدرسة ست ساعات فى الأسبوع ضمن مجموعة تسمى " بمجموعة التحليل ". وستحوى المجموعة عشرة

طلاب ينتمون لنفس الفئة العمرية، بالإضافة إلى معلم موهوب يعمل مع الطلاب كمستشار لهم. وسيناقش الطلاب في هذه المجموعة عدة موضوعات عن الأخلاق، المجتمع، الحياة، أو خبرات أخرى. ولن يتحدد محتوى المنهج مُسبقاً في هذه المجموعة. وسيكون استكشاف الأفكار والأسئلة هو الركيزة التي تستند إليها الخبرة الأولية التي يمر بها الطلاب.

ومن هنا يتضح أن هدف هذه المجموعة هو مساعدة الطلاب على الوصول لمعاني الخبرات بأنفسهم، والمشاركة في حوارات عديدة، واتخاذ القرارات بشأن ما يقابلهم من خلافات وصراعات.

وعند تناول المحتوى كعملية اتجه الحديث إلى تصميم العمليات ومدى الاهتمام الذي يوجه لتلك العمليات التي تشتمل عليها حياة الإنسان. وتمت المقارنة بين المحتوى والعملية حيث أكد على أن: الاختلافات بين المحتوى والعملية تكمن في الفرق ما بين مداخل التعلم السلبية والإيجابية. فكلما كانت العملية هي محور الاهتمام، ازداد التأكيد على طرق اكتساب المعرفة واستخدامها. ومن هنا تتضح الحاجة للتمييز ما بين معرفة الشيء ومعرفة ما يصلُح له هذا الشيء. إذا فالمعرفة أصبحت وسيلة لا غاية في حد ذاتها.

ومن الجدير بالذكر أنه لم يتم تحديد نموذج معين لتصميم المنهج، بل البحث للوصول إلى تطوير وإنتاج تصميمات عدة. ومع ذلك، لقد وضعت ثلاثة نماذج كنقطة بداية، يصلُح اثنان منهما للدخول في تصميماتنا الحالية، إما الثالث فلقد اتخذ من عمليات التعلم قاعدة أساسية لتنظيم المنهج. إن الموقف التعليمي يتكون من ثلاث عمليات تفاعلية: (1) يستقبل الطالب المعلومات،(2) يستخدمها، (3) يطبقها، مع التوصية بالاستفادة مما يلي أثناء اختيار الفرص التعليمية في المنهج:

– تتميز بعض أشكال المعرفة بقابليتها للتطبيق عموماً، بينما لا تتميز الأشكال الأخرى بنفس الخاصية. وهنا نوصى بأن يقتصر المنهج على تلك الأشكال القابلة للتطبيق كلما كان ذلك ممكناً.

– يجب استخدام العمليات التى تعود علينا بالنفع كمصدر أساسى. فالعمليات ليست فقط وسيلة لغاية بل هى وسيلة وغاية فى ذات الوقت.

– تعريض المتعلم لعدة عمليات لن يخدم أغراضنا، فنحن بحاجة لأكثر من ذلك. فيجب أن يُدرك الطالب طبيعة العملية أولاً، ثم يدرك كيف تمت بهذا الشكل ثانياً. وكذلك عليه أن يعرف أين كانت فى الماضى وأين ستكون فى المستقبل. ويتعين عليه أن يعرف أيضاً كيفية استخدامها فى مواقف عديدة وتعديلها لتلائم مختلف الظروف، وتقييم نتائجها.

وينادى بأن تكون المدرسة مركزاً من مراكز الاستفسار والتساؤل لتساعد الطلاب على تنمية سماتهم التى ستؤهلهم للتعلم مدى الحياة. إن المدرسة كمركز من مراكز الاستفسار والتساؤل يجب أن تكون مؤسسة تتسم بالجدية فى عملها وندعو المعلمين والمتعلمين للبحث فى معانى الدراسات ومادتها العلمية وذلك ليتعلم الطلاب حقاً كيف يتعلمون.

إن هدف التعليم هو تنمية الأفراد ليصبحوا أكثر توجُهاً نحو العمليات، أى ليصبحوا أفراداً قادرين على التعامل مع المواقف بسهولة وبشكل ملائم. فمثل هؤلاء الأفراد هم المساهمون الحقيقيون فى تنمية المجتمع. وهناك ثمانى مهارات للعمليات: الإدراك، الاتصال، حب الآخرين، اتخاذ القرار، المعرفة، التنظيم، الإبداع، والتقدير.

وتعطى بعض تصميمات المنهج القائمة على السمات الإنسانية / العمليات أهمية خاصة لدور حل المشكلات فى المقررات الدراسية. وتركز التصميمات الأخرى على عمليات التقييم كعنصر أساسى فى تصميم المنهج. وتشترك جميع

التصميمات فى تأكيدها على تنمية السمات الإنسانية، وكذلك على العمليات كعناصر دينامية للمنهج. بينما تختلف هذه التصميمات فى تعريفها للعمليات.

● **قضية التصميمات القائمة على السمات الإنسانية / العمليات:**

ترتكز تصميمات المنهج الخاصة بمهارات العمليات على واحدة أو أكثر مما يلى:

(1) تُعدّ تنمية السمات الإنسانية مثل مهارات التعلم المستمر والاهتمامات من أهم غايات المدرسة. ومن هنا يتعين على خطة المنهج أن تركز على هذه المهارات والاهتمامات إلى درجة كبيرة.

(2) يجب أن يُخطط المنهج ويُنظم فى ضوء المهارات والعمليات الحياتية.

(3) يُراعى تدريس المهارات المعرفية والوجدانية على حد سواء.

لقد كان جون جاردنر John Gardner من أهم مؤيدى التعلم المستمر، حيث نادى بفكرة التعليم من أجل تنمية الذات: نحن نهدف لتعليم كل ما هو جديد ويكون له أكبر الأثر على تنمية أداء شبابنا وقدرتهم على الفهم. ويتجه اهتمامنا فى الوقت الحالى إلى تدريس وسائل التحليل وحل المشكلات. ومن هنا يتعين على المواد الدراسية أن تركز على تدريس المهارات العقلية التى تفيد الطالب فى مواجهته للمواقف الجديدة فتجعله أكثر تفتحاً وموضوعية وقابلية للتفكير الناقد.

ويُحذر وايت هيد White head من الأفكار الخاملة التى يستقبلها العقل دون استخدامها أو اختبارها فى مواقف جديدة. فهذه الأفكار الخاملة لا تجعل العملية التعليمية عديمة الفائدة فحسب بل تجعلها ضارة أيضاً. ولذلك يحاول تصميم السمات الإنسانية / العمليات التغلب على هذه الأفكار أثناء مرور الطلاب بالعمليات.

ويفيد تصميم السمات الإنسانية / العمليات في تدريس الجانب الوجداني إلى حد كبير. وهناك أهمية أن تعطى المدرسة عناية خاصة لاهتمامات الطلاب وحاجاتهم، وكذلك أن توظف المدرسة البرامج التي تُصمم خصيصاً لمساعدة الطلاب على تنمية مهاراتهم واتجاهاتهم وفهمهم. فمن المأمول دائماً أن يهتم مصممو المنهج بالجانب الإنساني من العملية التعليمية. ومن المتعارف عليه أن تصميم السمات الإنسانية / العمليات يقوم بهذا الغرض خير قيام.

• تطبيقات التصميم ونواحي قصوره:

يمكن عرض مجموعة متنوعة من تطبيقات هذا التصميم. تشير لاحتياج الأطفال والشباب إلى المساعدة على تعلم السلوكيات المصحوبة بعملية اتخاذ القرار. ومن هنا تنادى المدارس بأن تزود طلابها بمواقف يتعلمون فيها عمليات اتخاذ القرار ويقيّمُونها.

ولذلك يجب على المعلمين أن يوفروا لطلابهم فرصاً تعليمية لينتقلوا بهم:

— من موقف عدم اتخاذ القرار إلى مواقف اتخاذ القرار.

— من القرارات المندفعة (المتسرعة) إلى القرارات التأملية (القائمة على التأمل والتفكير).

— من القرارات التقليدية إلى القرارات الابتكارية (الإبداعية).

— من القرارات التي تتطلب القليل من البحث إلى تلك التي تتطلب الكثير من البحث.

— من القرارات التي تركز على الذات إلى تلك التي تركز على الآخرين.

وتتضح من خلال هذه الاقتراحات حث المعلمين على إعطاء قدر أكبر من المسئولية للأطفال أثناء عملية التعلم.

ويتم أيضاً الاهتمام بمهارات العمليات فى معظم الخطط الخاصة بمجموعات الإرشاد. فمثلاً، يُعدّ مفهومنا عن المجموعات الأم (المجموعات الأصلية أو الأساسية) فى المدرسة الإعدادية - مقارنة بمجموعات ويلز للتحليل من المفاهيم الوصفية، يتضح أن الأطفال يُعاملون فى هذه المجموعات بطرق شتى. ففى بعض الأوقات نجد المناقشات هى الأسلوب الأمثل فى هذه المجموعات، وتُسبَق المناقشات عادة بتحليل القضية التى يتم مناقشتها. ويتم هذا التحليل من خلال شرح التلميذ أو المعلم، أو مشاهدة فيلم، أو استخدام وسيلة تعليمية، أو الاستعانة بأفراد آخرين. وتُقسّم هذه المجموعة الكبيرة إلى مجموعات صغيرة لتحليل القضية بشىء من التفصيل. وتُقدم التقارير من المجموعات الصغيرة إلى المجموعة الكبيرة لتخبرها بما تم عمله. ومن الجدير بالذكر أن القضايا تتحدد فى ضوء احتياجات الطلاب واهتماماتهم.

ويمكن أن نشرح كيفية تدريس خصائص الشجاعة من خلال تدريس مهارات القراءة الناقدة. فبعد أن يقرأ الطلاب قطعة أدبية معينة، يسألهم المعلم أن يختاروا أكثر الأفعال شجاعة من بين عدة أفعال مذكورة فى القائمة ويبرروا اختياراتهم.

ويمكن توضيح الشرح المفصل لنموذج التدريب على التساؤل والاستفسار. من خلال الإيمان بقدرة الطلاب على أن يستوعبوا عملية الاستفسار والتساؤل من خلال التدريس المباشر. ويحتوى النموذج المقترح على خمس خطوات كما يلى: (1) مواجهة المشكلة، (2) تجميع البيانات: التحقق منها، (3) تجميع البيانات: تجريبها، (4) شرحها، (5) تحليل عملية الاستفسار.

ويستخدم تصميم السمات الإنسانية / العمليات مع عدة مداخل للتعليم القيمى Values Education . إن التربية الأخلاقية مدخل للتعليم القيمى. ويُحاط

الطلبة فى هذا المدخل بالقيم التى يُراد اكتسابها، والغايات التى تساعدهم على النجاح فى التعامل مع الآخرين. ولا يقتصر المدخل القيمى على التربية الأخلاقية فقط بل يشمل أيضاً تعليم الأفراد كيفية انتقاء القيم المناسبة لهم خلال رحلتهم فى الحياة.

وهناك سبع عمليات فرعية يتطلبها شرح القيم للطلاب: (1) الانتقاء من بين البدائل، (2) الاختيار بعد التفكير فى النتائج، (3) الاختيار بحرية، (4) تقدير الفرد لاختياراته وإثابة نفسه عليها، (5) التدعيم العام لاختيارات الفرد، (6) تصرف الفرد على أساس اختياراته، (7) تكرار الفرد لهذه القرارات فيما بعد إن ظهرت صحتها.

ومن الجدير بالذكر وجود نقاط قصور عديدة تَحُدّ من استخدام تصميم السمات الإنسانية / العمليات. فمثلاً تُعدّ عمليات التخطيط الخاصة بتنمية السمات الإنسانية من المهام الصعبة، فحتى وقتنا الحالى لم نتوصل على خطوات منظمة تيسر القيام بهذه العمليات. ويتأثر نمو السمة الإنسانية بالخبرات الكلية التى يمر بها الفرد، ومن هنا يَصْعُب تقييم أثر أى خبرة تعليمية على نمو سمة من السمات الإنسانية. وبكلمات أخر، إن استخدام تصميم العمليات لا يعنى بالضرورة نمو السمات الإنسانية المرغوبة. ولا يوجد دليل على تأثر الطلبة عموماً بالتدريس القيمى. ومع ذلك، فلقد تم التوصل إلى تأثير التدريس القيمى على السلوك الصفى للطلاب.

ويُعدّ الافتقار إلى الدعم العام من النقاط الأخرى التى تَحُدّ من استخدام هذا التصميم. فبالرغم من اقتناع الآباء بأهمية السمات الإنسانية، إلا أنهم لن يعتنوا بها أكثر من اعتنائهم بتعلم السلوك. وإضافة إلى ذلك، لا يوجد اتفاق عام على السمات التى يجب تنميتها، ولا على الكيفية التى ستُنمى بها هذه السمات.

وبالرغم من نقاط القصور السابق ذكرها، إلا أن تصميم السمات الإنسانية/ العمليات يُعدّ من التصميمات المهمة التي تتيح الفرصة للسمات الإنسانية لكي تنمو وتتطور. وقد تنمو هذه السمات من خلال استخدام تصميمات أخرى، ولكن يجدر بنا أن نذكر هنا أن هذه التصميمات الأخرى لا تؤكد على تنمية السمات كهدف رئيسي لها. ومن هنا ننادي بتطوير هذا التصميم من خلال أبحاث تهتم بكيفية تطبيقه بشكل سليم.

رابعاً- تصميم قائم على الوظائف الاجتماعية / الأنشطة :

ركزت التصميمات السابقة على: دور المعرفة، السلوكيات المراد تعلّمها، والسمات الإنسانية المراد تنميتها، وننتقل الآن إلى التصميمات التي تركز على المجتمع كمؤثر أساسي على عملية تطوير المنهج.

• خصائص هذا التصميم:

يُعدّ الاهتمام بالمجتمع ومشاكله من أهم خصائص هذا التصميم. ومن الجدير بالذكر أن بعض التصميمات الأخرى قد تقوم أيضاً على المجتمع. فعلى سبيل المثال، يزودنا تحليل الحاجات الاجتماعية ببعض الكفاءات التي تُستخدم في تصميم الكفاءات / التكنولوجيا. ففى البرامج القائمة على الكفاءات، نقوم بقياس المهارات الأساسية المطلوبة من قِبَل المجتمع. ومن الأمثلة الأخرى على اعتماد بعض التصميمات على المجتمع أن سمة القدرة على القيادة بفاعلية والتي ينميها تصميم السمات / العمليات ما هي إلا سمة مستمدة من حاجات المجتمع الفعلية. وتتحقق الغايات في تصميم الوظائف الاجتماعية / الأنشطة من خلال الاشتراك في أنشطة اجتماعية. وقد تتحقق هذه الغايات أيضاً من خلال دراسة المقررات الدراسية أو من خلال المدخل الخطي للكفاءات.

ويحتوى هذا التصميم على ثلاثة موضوعات هى: (1) الحياة الاجتماعية أو مداخل المواقف الحياتية القائمة على الاعتقاد بأن تصميم المنهج يجب أن يتبع الوظائف أو المجالات الحياتية، (2) المداخل التى تنظم المنهج حول بعض المشكلات الحياتية للمجتمع، (3) السلوك الاجتماعى أو النظريات التى تُرجح نمو المجتمع إلى اشتراك كل من المدرسة والطالب فى تحقيق أهداف المنهج.

وتُظهر تصميمات المنهج القائمة على الحياة الاجتماعى أو مداخل المواقف الحياتية نمطاً مُستمداً من الدراسات الحياتية. وقد أكدت الدراسات حول مفهوم جماعة الحياة وجود مراكز رئيسة تخص أنشطة الأفراد وخطط ومشكلات المجموعة. ونشير لهذه المراكز بمسمى الوظائف الاجتماعية. وتتميز هذه المراكز بالاستمرارية بالنسبة لجميع المجموعات المنظمة. وتكون هذه المراكز أو الوظائف الاجتماعية بمثابة محاور تتجمع حولها أنشطة الحياة الحقيقية وتنتظم. ومن هنا يكون من الطبيعى أن يستخدم المنهج الذى يهدف لإشراك الطلاب فى أنشطة الحياة اليومية الوظائف الاجتماعية كعنصر أساسى لتخطيط المنهج.

لقد استخدم المقرر الدراسى لولاية فرجينيا القائمة التالية للوظائف الاجتماعية: حماية الحياة، العقارات، والموارد الطبيعية، وإنتاج البضائع وتوزيع الخدمات، واستهلاك البضائع، والاتصال ونقل البضائع والأفراد، والترويح، والتعبير عن الدوافع الجمالية، والتعبير عن الدوافع الدينية، والتعليم، والحرية، وتكامل الفرد، والاستكشاف.

ومن الجدير بالذكر أن برامج التربية الوالدية والاستهلاكية قد طُبقت فى المدارس الثانوية، مما يؤكد شيوع هذا التصميم إلى حد كبير.

ونظراً لقيام هذا التصميم على مشكلات المجتمع فإنه يركز على الوظائف والنواحى التى تمثل أهمية كبرى بالنسبة للمجتمع. وهناك بعض مشكلات الأفراد التى تهتم بها المدرسة وكذلك المجتمع، ومنها: الطعام، الملبس، المسكن، الترويح،

الصحة، المواطنة، الأخلاق، الدين، والعمل. كما أن هناك قائمة من الاهتمامات الحياتية التى يجب أن نأخذها فى الاعتبار فى برامج التربية المجتمعية. ومن الاهتمامات المجتمعية التى ذكرت فى هذا الإطار ما يلى: نقل الأفكار والمشاعر، إرضاء الرغبات الجنسية، إثراء الحياة العائلية، التكيف مع التغيير، والتحكم فى البيئة. وفى مقدمة هذه القائمة موضوعات الطاقة، واستخدام الأرض، والاستهلاك، والصحة، والإجهاض، والمساواة بين الأجناس المختلفة. وإضافة إلى تلك المشكلات السابق ذكرها، يجب أن نتوقع المزيد من المشكلات التى قد تطرأ بشكل مفاجئ على المجتمع. ولقد عرّفت الجمعية القومية للعلوم بعض المشكلات القومية والدولية التى قد تظهر فى المجتمع مستقبلاً. وستؤثر معظم المشكلات التى تم التنبؤ بها على المجتمعات المحلية. ومن هذه المشكلات مشكلة اغتراب رجال الشرطة عن عامة الشعب، وزيادة العنف فى المناطق الحضرية، وازدياد التلوث، وافتقاد التماسك السياسى والاجتماعى، وازدياد البطالة، وازدياد تعاطى الشباب للكحوليات. وتقوم بعض المدارس الثانوية والكليات بدراسة هذه المشكلات المستقبلية.

ومن أوضح الأمثلة على اشتراك المدرسة فى حل مشكلات المجتمع، ما قامت به المدرسة الثانوية فى هولت فيل فى الاباما. فلقد درس الطلاب وأعضاء المدرسة مشكلة اللحم المُعلب الفاسد الذى انتشر فى مجتمعهم فى وقت من الأوقات. قامت المدرسة بالتعاون مع المزارعين ببناء مكان للذبح وتأجير مخزن لحفظه. وبهذا اشتركت المدرسة فى تحسين ظروف المعيشة فى المجتمع.

ويُعدّ مفهوم إعادة البناء الاجتماعى من المفاهيم التى تطورت كفلسفة تعليمية أكثر منها كتصميم للمنهج. ونادى بعض التربويين بأن تسعى المدارس لتطوير المجتمع وتحسين ظروفه. ولذلك فقد استخدم التربويون المدرسة كوسيلة لإعادة

إصلاح المجتمع وبنائه من جديد. وعادة ما يرفض المجتمع حملات الإصلاح التى تقوم بها المدارس ويقاومها. ومن هنا نلاحظ قلة عدد المدارس التى تتزعم عمليات الإصلاح.

ومن المداخل الأخرى التى تساعد على إحداث التغييرات فى المجتمع التنشئة السياسية للطلاب. وهناك برنامج لتنمية هذه الأهداف حيث يجب أن نعطى الطلاب فرصة للمرور بمواقف حياتية حقيقية وذلك لتنمية مهارات السلوك الاجتماعى. فتعلمهم للأدوار الاجتماعية يتوقف على مشاركتهم فى مواقف اجتماعية حقيقية مثل تعامل الطلاب مع الوكالات الخاصة بمشكلة الفقر، والمستشفيات، وبيوت المسنين، والمؤسسات الحكومية. فاتصال الطلاب بهذه البيئات المختلفة يُكسبهم لغة وخبرات متنوعة تساعدهم على التعامل مع شتى المشكلات الاجتماعية. وتساعد المدرسة طلابها على تكوين مفاهيم خاصة بالحياة الاجتماعية، وكذلك تعينهم على تنمية المداخل المتنوعة التى تمكنهم من تطوير البيئة من حولهم وتحسينها.

يتضح مما سبق أن تصميمات المنهج القائمة على المجتمع تركز بشكل رئيسى على الأنشطة الاجتماعية أو الوظائف الاجتماعية. وتمثل هذه الأنشطة مركزاً تدور حوله العملية التدريسية. أو قد تستخدم الأنشطة فى اختيار محتوى المادة الدراسية أو الوحدة الدراسية. وتكون هذه العناصر عامة وغير مقيدة بوقت ما فى الإطار العام لهذا التصميم، أما فى برنامج العمل نفسه فتأخذ بمعيار المشكلات الواقعية التى يشترك الطلاب فيها فعلياً وبفاعلية.

● **قضية التصميم القائم على الوظائف الاجتماعية / الأنشطة:**

تدور المناقشات حول هذا التصميم فى محورين؛ أولاهما خاص بمدى ملائمة التصميمات لاحتياجات الطلاب واهتماماتهم، وثانيهما، خاص بمدى مساهمة هذه التصميمات فى التطوير المستمر للمجتمع وذلك من خلال تلبية احتياجاته.

• **مدى الملائمة بالنسبة للطلاب:**

يبرر بعض التربويين أهمية الوظائف الاجتماعية ذاكرين أن الأنشطة المقدمة للطلاب فى المدرسة يجب أن تُنظم بطريقة تمكنهم من التعامل مع المواقف الحياتية فيما بعد بسهولة ويُسر. كما يؤكدون أهمية اختيار المحتوى والمواقف التعليمية فى ظل خبرات الطلاب الحقيقية.

وبمناقشة قضية اشتراك الطلاب فى الأنشطة الاجتماعية تم التأكيد على أهمية الحرية بالنسبة لهم أثناء التعبير عن الآراء. حيث أننا أمام تطور سريع فى البرامج التى تسعى لإشراك الطلاب فى المجتمع وقد حددت بعض الأهداف الاجتماعية مثل: البحث عن الكرامة والحرية، التعبير عن وجهة النظر، تحمل المسئولية. وضرورة سعى المدارس لتحسين خدماتها الاجتماعية والحصول على الإجازة فى ذلك الجانب.

• **حاجات المجتمع:**

ظهرت الحركة الخاصة بمدرسة المجتمع Community School لتحسين أحوال المجتمع وظروفه. وركزت على أهداف هذه المدرسة ومدى تأثير التعليم على تطوير الحياة فى المجتمع، وكذلك تنمية مهارات الأفراد وقدراتهم على التعامل بفاعلية أكثر مع الآخرين.

وقد استخدم مفهوم التربية المجتمعية بشكل أوسع ليشمل التعليم القائم على الحياة. والهدف الرئيسى للتعليم يجب أن يدور حول تحسين جودة الحياة الإنسانية. والخروج من بوتقة التركيز على جودة الحياة فى المجتمع الحالى فقط إلى المجتمع الإنسانى ككل.

إن التعليم ما هو إلا مرآة تعكس صورة المستقبل كما يراها المجتمع. فإذا ما كانت هذه الصورة غير واضحة فسيفسر ذلك على نظام تعليمى يخدع طلابه. وفى نقد المنهج تتضح المشكلات التى تصاحب الصور الخاطئة للمستقبل. فمثلاً، يحتاج الطلاب أن يتعلموا كيفية اصطياد السمك بالشبكة بدلاً من إعطائه لهم بدون بذل أى مجهود. وقد تنفع فكرة تعليم الطلاب لمجابهة المستقبل فى حالة أن يكون المستقبل كالوقت الحالى. ولكن الواقع يشير إلى اختلاف المستقبل كثيراً عن وقتنا الحالى. ومن هنا يجب أن نتنبأ بما سيحدث فى المستقبل من تغيرات وتطورات لنكون على أتم استعداد لها. وعليه يجب أن يُخطط للعملية التعليمية بحيث تكون ملائمة لكل الأعمار، وبحيث تشمل كل ما يجب أن يتعلمه الأفراد ويكونون قادرين على فعله وذلك لمسايرة الحياة فى الوقت الحالى وفى المستقبل معاً.

وينقسم المستقبل إلى قسمين: المستقبل الذى نتجه نحوه بالفعل، والمستقبل الذى نأمله. وتؤثر طبيعة التعليم التى يوفرها مجتمعنا فى الوقت الحالى على جودة مستقبلنا. ومن هنا، يجب أن نعد شبابنا للحياة فى المستقبل وكذلك يجب أن يساعدهم التعليم على صنع هذا المستقبل. إن العملية التعليمية تُشتق من صورة المستقبل، وكذلك يساعدنا التعليم على اشتقاق صورة للمستقبل. وهنا نؤكد على أهمية دور التعليم فى اشتقاق هذه الصورة، فالتعليم هو المؤسسة التى تساعدنا على تخطيط التغيرات المرغوبة فى عصر ملىء بالأزمات.

ويقترن هذا النمط من المناهج الاجتماعية بالفلسفة التربوية الخاصة بإعادة البناء Reconstructionism . فبالرغم من دعوة الأنشطة الاجتماعية والمداخل القائمة على المجتمع إلى التطور الاجتماعى، إلا أنهم لا ينادون المدارس بتزعم حركات الإصلاح كما فعلت الفلسفة التربوية الخاصة بإعادة البناء. وفسّرت الكتابات الخاصة بزعيم هذه الفلسفة - ثيود براميلد Theodore Brameld - حيث

إن هذه الفلسفة لم تُنتج تصميماً للمنهج ولكنها خرجت فقط بوجهة نظر. وعلى الرغم من ذلك، فلقد اقترحت التفسيرات الحالية للمنهج الاجتماعى بعض التصميمات. وبزعم أن السياق الاجتماعى الحالى جعل وجهة نظر مؤيدى هذه الفلسفة أكثر ملائمة من أى وقت مضى، وأن تنمية المهارات فى عملية السلوك الاجتماعى تُعدّ على قدر كبير من الأهمية للوصول إلى مجتمع صحى، ديمقراطى ومتقدم. ومن الأمثلة ذلك المشروع الذى طُبق فى الصف الثامن والذى اشترك فيه الطلاب فى انتخابات محلية، وكذلك مشروع آخر نتج عنه تحسينات فى كافتيريا المدرسة. ويوصى بعدم الاقتصار على تعليم الطلاب كيف يتخذون القرارات بل يجب أن نتعدى ذلك إلى الاستخدام الأمثل للقوة الكامنة فى عملية التعلم. فنحن لا نهدف للوصول إلى مواطن كثير التحدث بل نهدف للوصول إلى مواطن يمثل شُعلة من النشاط.

ويذكر أهم زعماء مدخل إعادة البناء فى التعليم أن المدارس فى البرازيل تُوصف بأنها منظمات ظالمة. لقد شارك فرير البرازيليين الفقراء حياتهم وشهد ما يسمى بثقافة الصمت الناتج عن الظلم. فلقد لاحظ جهلهم وكسلهم الناتج عن الموقف السياسى والاجتماعى والاقتصادى المحيط بهم. وأكد فرير أن النظام التعليمى كان هو الأداة الرئيسية للحفاظ على ثقافة الصمت التى عانوا منها كثيراً. وأشار فرير إلى أن الرجل المثقف فى ذلك المجتمع كان يتكيف مع العالم بدلاً من أن يُكيفه لصالحه. وشجع الطُّغاه فى ذلك المجتمع مثل هذا المفهوم لأنه يجعل المواطن يرضى بالأمر الواقع بدلاً من الثورة عليه. ونظراً لعلم فرير بأن المؤسسات التعليمية فى البرازيل غير قابلة للتغير، فلقد قرر توجيه كل مجهوداته للفقراء وبرامج تعليم الكبار وذلك للتحرر من الظلم الواقع عليهم. ونجح فرير بالفعل فى حركته الثورية، وكانت النتيجة أن قامت الحكومة بنفيه خارج البرازيل.

وأكمل مسيرة فرير كل من أليش Illich فى كتابه "المجتمع واللامدرسة"، وريمر Reimer فى " لقد ماتت المدرسة " حيث قاما بثورة تعليمية شاملة. وقد تكون أفكار كل من أليش وريمر غير مقبولة لدى المسئولين فى المدارس وأولياء الأمور حيث أعلن أن الثورة على النظام الاجتماعى تبدأ باستعادة الأفراد لمسئوليتهم تجاه تربية وتعليم أطفالهم. وقد لا تؤثر هذه الأفكار على منهج المدارس العامة، ولكنها بالفعل تشتق من المشاكل الحقيقية للأفراد. فمناهج العمل الاجتماعى قد تقودنا للدراسة والبحث الذى قد ينتج عنه الاستغناء عن المدارس فى صورتها الحالية. واقترحت شبكات بديلة للعمل فى تصميمات المنهج.

● **تطبيقات التصميم ومظاهر قصوره:**

يتسم تصميم الوظائف الاجتماعية / الأنشطة بشيوع استخدامه وتطبيقه. ويؤثر هذا التصميم على اختيار المادة الدراسية فى البرامج المنظمة القائمة على المواد، وأيضاً يؤثر على اختيار الأنشطة فى البرامج الأقل تنظيماً.

ولقد استُخدمت بعض التطبيقات لفترات زمنية طويلة فمثلاً لقد جرت العادة على استخدام الوحدات الدراسية البينية فى المدارس الابتدائية والإعدادية نظراً لارتباط هذه الوحدات بالوظائف الاجتماعية والأنشطة والمواقف الحياتية. فلقد قامت البرامج المحورية فى المدارس الإعدادية والثانوية على تحليل المشكلات الاجتماعية. والبرامج المحورية Core Programs تقوم على فئات من الخبرات الإنسانية التى تشمل المشكلات الشخصية، والاهتمامات، واحتياجات الطلاب والمشاكل التى تواجه المجتمع المعاصر. ونادت حركة " التعليم لكل الشباب الأمريكى " بأن يكون التعليم موحداً فى بعض المجالات مثل: المسئولية المدنية والكفاءة، وفهم عمليات النظام الاقتصادى والعلاقات الإنسانية بداخله، والعلاقات الأسرية، وتقدير الجمال، والتعامل بذكاء أثناء عملية الاستهلاك، والتمكن من استخدام اللغة. وبشكل مشابه، يُستخدم تصميم الوظائف الاجتماعية/ الأنشطة فى المقررات البينية فى الكليات.

وتستخدم الدراسات الاجتماعية هذا التصميم لتنظيم وحداتها الدراسية فى جميع المراحل. وتقوم مقررات كاملة فى كل من التعليم الثانوى والجامعى على الوظائف الاجتماعية وخصوصاً فى مجالات الاقتصاد، والعلوم السياسية، وعلم الاجتماع.

وتشمل التطبيقات الحالية لتصميم الوظائف الاجتماعية / الأنشطة "المجتمع كفصل دراسى". وتزعم برنامج فى فيلادلفيا الحركة تجاه البرامج المدرسية التى تعتمد على التسهيلات التى يقدمها المجتمع، ومن هنا ظهر مصطلح "مدارس بلا جدران". وتم التأكيد على أهمية المدينة كجانب رئيسى من المنهج. حيث تُعدّ معرفة الطلاب لمدينتهم والأماكن الموجودة فيها والأفراد الذين يعيشون معهم على درجة كبيرة من الأهمية. فيجب عليهم أن يعرفوها كما هى، ويتفهموا ما تستطيع أن تقدمه لهم ، ويحترموا مكانتها وسط بقية المدن . ويجب عليهم أيضاً أن يغيروها للأفضل لا أن يدمروها. ومن هنا بدأ مفهوم "مدارس بلا جدران" فى الظهور فى ميدان المناهج.

إن منهج ما وراء المدرسة أو التعلم من خلال الفعل. يرجع هذا النمط من التعلم إلى أنشطة منظم ومخطط لها جيداً بحيث تزود الطلاب بفرص التعلم من خلال العمل. إن مثل هذه الخبرات تتم فى العالم الحقيقى. وهناك خمسة أنماط من نماذج تعلم الطالب فى المجتمع: التطوع فى خدمات مجتمعية، الاشتراك فى أنشطة مجتمعية، استخدام المجتمع كمعمل حقيقى لبعض المقررات الحالية، المشاركة فى فصل دراسى مجتمعى، تنمية المهارات من خلال الخبرة المباشرة. وهكذا يتضح دور المجتمع فى تعليم الأفراد.

ويمكننا أيضاً استخدام تصميم الوظائف الاجتماعية / الأنشطة فى خبرات تعليمية مُنظمة من قِبَل وكالات ومؤسسات لا مدرسية. فعلى سبيل المثال، قامت

الجمعية القومية للشباب بتقديم خدمات تعليمية لمدة عام كامل للمتعلمين الصغار. ولا تهدف هذه الخدمات لمناقشة المشكلات التى يواجهها المجتمع بل لإيجاد حلول لها. إن خدمات التعلم ليست مفهوماً يتعلم المرء من خلاله ثم يمارس ما تعلمه لينميه. فالتعلم هنا يستلزم أداء، والأداء يتطلب اهتماماً، والاهتمام يتطلب مساهمة ومشاركة. إذًا فخدمات التعلم تشمل أربعة جوانب غاية فى الأهمية: التعلم، الأداء، الاهتمام، والمشاركة.

يتضح مما سبق قصور هذا التصميم حيث يُستخدم لجزء واحد فقط من المنهج. وبالرغم من التركيز على المشاكل الاجتماعية للحياة، إلا أنه استخدم وحدات فى مهارات أساسية، وخبرات فى الفنون، وفرص تعليمية غير متعارف عليها فى المدينة. وأكد العلماء ممن قادوا الثورة التربوية الاجتماعية على أهمية فرص التعلم التى تساعد الأفراد على تنمية كفاءتهم فى تعلم المهارات المختلفة.

وتصلُح نظرية هذا التصميم للتطبيق على بعض مجالات المنهج خاصة تلك المجالات الخاصة بالكفاءات الاجتماعية. ولكى تُمكّن طلابنا من تكوين علاقات ناجحة وسعيدة وبناءة مع أقرانهم فى المجتمع، يجب علينا أن نهتم بدراسة المشكلات والأنشطة الاجتماعية كلما أمكن ذلك.

خامساً- تصميم قائم على حاجات الأفراد واهتماماتهم:

تبتعد حركة الإصلاح عن المناهج التقليدية وتتجه شيئاً فشيئاً نحو البرامج التى تقوم على حاجات الطلاب واهتماماتهم. وفى القرن الثامن عشر استخدم روسو هذا المدخل أثناء تدريسه إميل. وفى أوائل القرن التاسع عشر استخدمه بيستالوزى Pestalozzi فى سويسرا. واستُخدم أيضاً المنهج من قِبَل ديوى فى معمله فى الفترة ما بين 1896 - 1904 إن جميع التصميمات السابق ذكرها ما عدا تصميم المواد الدراسية قد توجهت نحو الطفل. أما الآن فنجد أننا توجهنا إلى تلك التصميمات التي

تستخدم مباشرة حاجات المتعلم واهتماماته كقاعدة أساسية لها. إن مختلف المسميات مـن تربيـة تقدمية، وتربية بديلة، وتربية إنسانية، تعكس ما بذل من مجهودات فى ميدان التربية. ففى كتابـه " التربية والخبرة "، ذكر ديوى إننا بحاجة إلى نظرية تدور حول الخبرة وتحمل توجها إيجابياً نحـو اختيار وتنظيم مواد وطرق التعليم الملائمة، وذلك لتطوير العمـل فى المـدارس بشكل عـام. ويؤكد ديوى أيضاً أن الخبرات الحالية لدى التلاميذ هى الركيزة الأساسية التى يجب أن تقوم عليها عمليـة التدريس. وجاء أتباع ديوى ليطوروا بعض البرامج القائمـة عـلى الطفـل، ولكـنهم لم يعطوا الاهـتمام الكافى لما ركز عليه ديوى فى فلسفته من نمو الطفل وتطوره. ومع ذلك يمكننا أن نقول إن تأثير ديوى على حركة تطوير المنهج من خلال مشاركة الطلاب فيه بفاعلية كان كبيراً إلى حد ما.

إنه فى عام 1919، أُسست جمعية التربية التقدمية والتى استهدفت التنمية الشاملة للفرد مـن خلال دراسة علمية لخصائصه وحاجاته العقليـة، والجسـدية، والروحيـة، والاجتماعيـة. وفيـما يـلى نستعرض مبادئ هذه الجمعية والتى اتفقت تماماً مع فلسفة ديوى التربوية:

— إعطاء الحرية ليتمكن الفرد من النمو بشكل طبيعى.

— اهتمامات الفرد هى المحرك الرئيسى لكل أفعاله.

— يكون المدرس داخل الفصل مرشداً للطلاب.

— الاهتمام بالدراسة العلمية لنمو الفرد وتطوره.

— الاهتمام بكل ما يؤثر على نمو الطفل الجسدى.

— التعاون بين المدرسة والمنزل وذلك لتلبية احتياجات الطفل.

— تتزعم المدرسة التقدمية الحركات التعليمية السائدة فى الميدان.

وقد يكون التأخر فى استخدام التربية القائمة على المتعلم ناتجاً عن توجه مخططو المناهج لتفسير حاجات واهتمامات التصميم على أنها قائمة على الحاجات والاهتمامات الشائعة لدى الطلاب لا على الحاجات والاهتمامات المراد تلبيتها. وانعكس هذا التفسير على خطط المنهج إلى حد كبير. وبفضل البحث فى هذا المجال، تمكن مخططو المنهج من تطوير التصميمات القائمة على المتعلم. لقد ساهمت نظريات التعلم المعاصرة وكذلك عدم رضا كل من الآباء والطلاب عن الممارسات التعليمية التقليدية على توجه المنهج والعملية التدريسية إلى التصميمات التى تركز بشكل رئيسى على حاجة الطالب واهتماماته.

• خصائص التصميم:

يتميز هذا التصميم بما يلى من خصائص:

– تُبنى خطة المنهج على معرفة احتياجات الطالب واهتماماته. وأيضاً تتضمن الخطة تشخيص لاحتياجات واهتمامات الفئة العمرية المستهدفة.

– تتميز خطة المنهج بالمرونة لتتمشى مع حاجات الأفراد واهتماماتهم . وقد يقوم الطالب بتطوير خطة المنهج فى بعض التصميمات تحت إشراف المخططين وتوجيهاتهم.

– يتم استشارة الطالب فى بعض النقاط الخاصة بالمنهج والعمليات التعليمية.

وعادة ما تستخدم التصميمات القائمة على حاجات الأفراد واهتماماتهم / الأنشطة مدخل أنشطة الطالب التعليمية. ومع ذلك، نجد أننا قد نستخدم مداخل أخرى، فمثلاً عندما نجد طالباً مهتماً بدراسة مادة ما، فإننا نستخدم مدخل المقررات الدراسية. وفى مثال آخر، قد نجد طالباً مهتماً بتعلم مهارة ما، وهنا تستخدم موديول قائم على تصميم النظام التعليمى.

وتمثلت الخصائص الثلاثة السابق ذكرها فى مدرسة ديوى فى جامعة شيكاغو والتى تأسست فى الفترة ما بين 1896 إلى 1904. وتهدف هذه المدرسة - على المستوى النظرى والعملى - إلى تنمية الطفل من خلال إعطائه أكبر قدر من المسئولية أثناء المشاركة فى الحياة الاجتماعية. وتوصف المدرسة بأنها قائمة على المجتمع وليست قائمة على الطفل أو المادة الدراسية. ومع ذلك فلقد أكد أنها تركز على اهتمامات وحاجات الأطفال.

وتبنى كيلباتريك Kilpatrick – أحد العلماء الذين فسروا فلسفة ديوى - طريقة المشروع Project Method ومن ناحية أخرى وصف تصميم منهج المدارس التجريبية كما يلى: تقدم لنا مثل هذه البرامج أربعة أنماط من مشاريع الأطفال: اللعب، الرحلات، القصص، الخبرات المباشرة. وترجع " مشاريع القصص " Story Projects فى أنها تهدف إلى الاستمتاع بالقصة فى كافة أنماطها الشفوية، والمصورة والسماعية. وتهدف "مشاريع الخبرات المباشرة" Hand Project إلى التعبير عن الأفكار فى شكلها الحسى. وتضمن وصف منهج المدرسة التجريبية بعض التفاصيل عن مختلف المشاريع السابق ذكرها.

وكانت معظم تطبيقات مدخل الحاجات والاهتمامات / الأنشطة فى المدارس الابتدائية، فلقد تعطل استخدام هذا المدخل فى المدارس الثانوية وذلك بسبب التركيز على مدخل المادة الدراسية / المقررات. ومع ذلك فلقد سعت إحدى الجمعيات لإدخال التعليم التقدمى فى المدارس الثانوية من خلال دراسة استمرت ثمانى سنوات. وتمت تعديلات كثيرة على منهج المدارس التجريبية وذلك أثناء عمل المدرسين على تلبية حاجات واهتمامات الطلاب. وزالت الحواجز بين المواد عندما قام المعلمون بمحاولاتهم لضمّ المواد الدراسية لبعضها البعض وذلك لمناقشة ما يعرضه الطلاب من مشكلات اجتماعية. وهناك من المدارس التى حاولت أن تدرس برامج من خلال قضاياها هى:

- نحن نخطط لحياتنا.

- نحن نلعب، نأكل، نستريح.

- نحن نستمع، نتكلم، نقرأ، نكتب.

- نحن بحاجة للموسيقى كل يوم.

- نحن نستخدم الفنون أثناء بحثنا عن كل ما هو جميل.

- نحن نتعامل مع الكم والفضاء المحيط.

- نحن نستكشف العالم من حولنا.

- نحن نسعى لنعيش مع الآخرين فى سلام.

- نحن نعمل لنتكامل مع مجتمعنا.

ومن الملاحظ أن تصميم مدرسة على هذا النسق لم يكن خطة ثابتة بل كان مُعيناً على التخطيط. ومن هنا لم يتكون من وحدات معينة، ولم يقتصر على مرحلة ما، ولم يُعط له وقت محدد.

وكانت كذلك مدرسة سمرهيل فى إنجلترا من المدارس القائمة على الطفل والتى لاقت اهتماماً كبيراً فى الأدبيات الخاصة بميدان المنهج. وكانت هذه المدرسة بمثابة نموذجاً أولياً استرشد به العديد من المدارس الحالية والتى أُنشئت فى الولايات المتحدة. وأعلن مديرها أن هذه المدرسة تستهدف التكيف مع طلابها لا العكس، وأنها تؤمن بقدرات الطفل ومواهبه الكامنة. وفيما يلى تعليق يُقيّم به أفكار هذه المدرسة: " إن سمر هيل لا تُعدّ مدرسة بل عقيدة ومبدأ، ولذلك نجد أن عدد المؤمنين بها فى ازدياد مستمر. فقد يجد أولياء الأمور العاديين ممن يُرسلون أولادهم إليها أكبر الفائدة وأعظم الأثر ". ولقد طبقت هذه المدرسة تصميم الحاجات والاهتمامات كما يجب أن يكون.

ونجد فيما يُسمى بالمدارس الحرة أو البديلة Free or Alternative School أن الآباء والمدرسين والطلاب هم الذين يُنظمونها وذلك بخلاف ما يحدث فى المدارس العامة. فهى تتعامل مع نمط واحد فقط من المدارس. فمثلاً مدرسة حرة تركز بشكل رئيسى على حاجات الطلاب واهتماماتهم. ومن الجدير بالذكر أن تصميم المنهج فى المدارس الحرة والبديلة قد يتخذ الجانب التقليدى كما نجده فى المدارس العامة وقد يكون حرًّا وغير منظم كما نجده فى مدرسة سمر هيل. وتعود العلاقة بين تصميم الحاجات والاهتمامات والمدارس الحرة أو البديلة إلى نشأة هذه المدارس. فهذه المدارس أنشئت لتلبية حاجات الطلاب ومراعاة اهتماماتهم وذلك بعد أن عجزت المدارس العامة عن الوفاء بهذه المهمة.

- **قضية تصميم الحاجات والاهتمامات / الأنشطة:**

إن دراستنا لكل من الجانب العملى والنظرى لتصميم الحاجات والاهتمامات/ الأنشطة تفرض مناقشة ثلاث قضايا: (1) تعدَّ الفرص التعليمية القائمة على الحاجات والاهتمامات أكثر ملائمة بالنسبة للطلاب، (2) يوفر تصميم الحاجات والاهتمامات قدراً كبيراً من الدافعية للطلاب مما يدفعهم لمزيد من النجاح، (3) ييسر هذا التصميم عملية الإنجاز لدى الطلاب.

فى القضية الأولى تشير عملية اختيار فرص التعلم بناء على حاجات الطلاب واهتماماتهم إلى مدى الارتباط بين التصميم وتلك الفرص. أما القضية الثانية فنجد أن الدافعية تكون داخلية ونابعة من الفرد ذاته ومن هنا قد لا يستجيب الطلاب لتلك الدافعية النابعة من مصادر خارجية. ولقد أكد ديوى على أهمية التعلم الطبيعى للطفل، وكذلك أهمية قيام المنهج على مبدأ الدافعية. وبعد مرور عدة سنوات، تناول نفس المصطلح الخاص بالتعلم الطبيعى Natural Learning وذكر أن: غالباً ما تحكم المدرسة على طلابها بالكسل والفشل، وكأن هذه الصفات من

الخصائص الطبيعية التى يتميز بها الطلاب. وعلى النقيض من ذلك، تعد هذه الصفات صفات وقائية يتخذها الطلاب للتعبير عن عدم رغبتهم فى استثمار طاقاتهم فى فرص تعليمية فُرضت عليهم. فعندما تساعد المدرسة طلابها على اكتشاف قدراتهم الكامنة ومواهبهم فإنها تمهد لهم طريق النجاح. أما بالنسبة للقضية الثالثة، فيُعدّ تيسير الإنجاز لدى الطالب من خطط واستراتيجيات التفريد. ومن الجدير بالذكر، أننا لا نعلم أى التصميمات التى تركز على الحاجات والاهتمامات هى الأفضل، ولكنه بالتأكيد توجد قناعة بأهمية البحث والملاحظة فى تشخيص حاجات الأفراد واهتماماتهم وذلك للوصول إلى جودة التعليم.

• تطبيقات التصميم ونقاط قصوره:

ذكرنا فيما سبق عدة تطبيقات لتصميم الحاجات والاهتمامات / الأنشطة وتعد نقطة التصور الرئيسة فى هذا التصميم هى إهماله للغايات الاجتماعية. ومن هنا يتناسب هذا التصميم مع مجال النمو الشخصى وبعض مهارات التعلم المستمر.

ويعد تصنيف الطلاب إلى مجموعات ضمن برامج يعتبرها المخططون ملائمة لحاجات التلاميذ واحتياجاتهم من أهم المداخل لتلبية حاجات المتعلمين واهتماماتهم. ومن مداخل تفريد التعليم ما يلى: النظام الانتقائى فى التعليم الثانوى والجامعى، والمناهج المتعددة فى الجامعات. وتقدم مثل هذه المجهودات من خلال مجموعة متعددة من البرامج التى تُدرس للموهوبين، والمتسربين، وذوى الحاجات الخاصة، والمتخلفين عقلياً، والأقليات، والمعاقين جسدياً، والمتأخرين دراسياً. وتضمنت هذه البرامج خططاً للمنهج ركزت على حاجات الطلاب واهتماماتهم.

ويوفر هذا التصميم الكثير من الاختبارات للطلاب، ومن هنا شاع استخدامه. فعلى سبيل المثال، تزود المدرسة الإعدادية طلابها بالعديد من الأنشطة الخاصة بالاهتمامات، والمقررات التى تنمى الاستكشاف لدى الطلاب، والتجارب

التى تهدف إلى تمكين الطالب من تنمية اهتماماته وتعميقها. ولقد امتد نظام المقررات الانتقائية فى المدارس الثانوية والجامعات ، وذلك من خلال مقررات صغيرة مخطط لها مع الطلاب لتراعى اهتماماتهم واحتياجاتهم.

إن التعليم المستمر يهدف إلى إكساب الأفراد خبرات أكثر فى الحياة والعمل وذلك لإعطائهم الدافعية للتعلم. إن مفهوم التعلم المستمر يشمل عدة برامج منفصلة ومفاهيم ظهرت فى وقتنا الحالى. ومن هذه البرامج ما يلى: تعليم الكبار، التدريب المهنى، الدراسة المستقلة، التربية الوالدية، التعليم من أجل تنمية الفرد لذاته، التعليم العلاجى، وتعليم المجموعات من ذوى الاحتياجات الخاصة. ومن المهم التخطيط الصحيح لهذه البرامج بواسطة معلمين وتربويين أكفاء.

وتهتم خطط المنهج التى تركز على مفهوم الاختبارات بما يلى من خصائص تتعلق بتصميم الحاجات / الأنشطة: (1) تقوم الاختبارات على معرفة الطالب بالخصائص، (2) ييسر نظام الجدولة عملية تحديد الاختبارات، ويتوافر أيضاً خدمات إرشادية لمعاونة الطلاب، (3) يشترك الطلاب فى تخطيط وتقويم الاختبارات بشكل عام ولأنفسهم بشكل خاص.

أما بالنسبة للتطبيقات المستقبلية، فنحن لا نتشكك فى استمرار ما يسمى "بالمدارس الحرة والبديلة". ونعتقد أيضاً أن مفهوم " شبكات العمل " سيتم تطويره تحت رعاية المدارس العامة، ومن خلال إدارة قائمة على الكمبيوتر. وقد تستخدم كذلك المدارس والجامعات المفتوحة تصميم الحاجات والاهتمامات فى تزويد الطلاب بالبرامج التى يحتاجون إليها.

وفى الستينيات وأوائل السبعينيات ظهر "الفصل المفتوح" كتطبيق لتصميم الحاجات والاهتمامات. ويجمع "الفصل المفتوح" بين أفكار التعليم التقدمى والمدارس التجريبية الابتدائية والتكنولوجيا الحديثة. ففى الفصل المفتوح يتوافر للطالب العديد من مراكز التعلم التى تعينهم على الاكتشاف الموجه والمشاركة

الفعالة. وبانتشار الفصول المفتوحة تنوعت الممارسات التدريسية فى الفصل إلى حد كبير.

وتُعدّ الدراسة المستقلة – التى تجمع بين اختيارات المنهج والاستراتيجية التدريسية – تطبيقاً لتصميم الحاجات والاهتمامات / الأنشطة. فالدراسة المستقلة هى نوع من الأنشطة الموجهة ذاتياً والتى تنبع فيها الدافعية من داخل الفرد ذاته. إنها نشاط تعليمى توجهه غايات الفرد وأهدافه. ويستخدم هذا النمط من الدراسات خدمات المعلمين والمهنيين كمصادر للمتعلم.

يتضح مما سبق شيوع مبدأ الحاجات والاهتمامات أكثر من التصميم ذاته. ففى جميع التصميمات السابق ذكرها يجد المخططون أنفسهم يستعينون بهذا المبدأ لاتخاذ القرارات التى تخص البرنامج المقدم للطالب.

سادساً- تصميم قائم على التربية الإنسانية:

وصفنا فيما سبق خمسة تصميمات من حيث الجانب النظرى والتطبيقى. وتُعرّف التربية الإنسانية على أنها نمط آخر من تصميمات المنهج. ولا تقتصر التربية الإنسانية على تصميم بعينه بل تمتد لتشمل كافة التصميمات الأخرى.

ونبذة تاريخية عن التربية الإنسانية توضح أنه فى فترة العشرينيات والثلاثينيات ساد الاهتمام بالتربية الإنسانية من خلال ما يسمى " بالطفل ككل " Whole Child . وتعرقلت الحركة بسبب الحرب العالمية الثانية. ثم تجدد الاهتمام بالتربية الإنسانية فى فترة السبعينيات من القرن العشرين.

وفى عام 1977 صدر كتاب " الإحساس، القيم، وفن النمو: وجهات نظر فى الجانب الوجدانى" ليتناول التربية الإنسانية. وكذلك صدر التقرير الخاص بمجموعة التربية الإنسانية والذى كان بعنوان : " التربية الإنسانية: الأهداف والتقييم". وعرفت هذه المجموعة التربية الإنسانية على أنها " ذلك النمط من

التربية التي تعطي اهتماماً خاصاً للحرية والقيم والكرامة والتكامل الإنساني وذلك أثناء كل من التعلم والتعليم". وحددت سبعة أهداف للتربية الإنسانية:

(1) الاهتمام بحاجات الفرد وأغراضه وتنمية خبراته والبرامج التي تطور من قدراته.

(2) تنمية الشعور بتحقيق الذات.

(3) تنمية المهارات الأساسية التي يحتاجها الفرد لكي يعيش في مجتمع متعدد الثقافات. وتشمل هذه المهارات ما يخص الجوانب التالية: الأكاديمية، والشخصية، والوجدانية، والاقتصادية.

(4) إعطاء المسئولية للطلاب ليتخذوا القرارات الخاصة بعملية تعلمهم وليشتركوا في جميع مراحل تنفيذ العملية التعليمية.

(5) إدراك أهمية المشاعر الإنسانية والقيم كعوامل مكملة للعمليات التعليمية.

(6) تنمية بيئة التعلم المثيرة، التي تدعم الطالب وتحرره من كل أنواع التهديد.

(7) تنمية اتجاهات الطلاب الإيجابية نحو الآخرين، وكذلك تنمية مهارة حل المشكلات والصراعات.

وقد تتحقق بعض هذه الأهداف من خلال التصميمات الخمسة السابق ذكرها ويتحقق البعض الآخر من خلال تصميمات معينة. فمثلاً، قد تتحقق بعض الأهداف من خلال تصميمي السمات الإنسانية / العمليات والحاجات / الأنشطة وليس من خلال المادة الدراسية / المقررات أو الكفاءات / التكنولوجيا.

ونعتقد هنا أن هذه الأهداف السابق ذكرها تكفي لاتخاذ ما يلزم من أفعال. ولتحقيق هذه الأهداف على الوجه الأمثل يجب أن تقوم عمليات التصميم والتنفيذ على مثل هذه الأهداف.

- **موجهات لتصميمات المنهج:**

المنهج خطة تزود الأفراد بفرص تعليمية ملائمة. ولتطوير هذه الخطة يجب أن نراعى الأغراض والأهداف الرئيسية للتعليم، ونحدد الغايات العامة والفرعية، ونختار تصميم المنهج، ثم نكتب خطة. وتصاحب هذه الأنشطة بعض البيانات الخاصة بالطلاب والمجتمع وطبيعة المادة التعليمية. ويؤثر التصميم الذى يتم اختياره على العملية التدريسية بشكل مباشر. فمثلاً إذا ما استخدمنا تصميم المادة الدراسية / المقررات فإنه يؤدى إلى فجوة بين الأهداف التعليمية والممارسات التدريسية وذلك لأن هذا التصميم يسعى لتغطية جميع أهداف ومجالات العملية التعليمية. ومن هنا يتضح عدم ملائمة تصميم واحد فقط لخطة المنهج الخاصة بمؤسسة تعليمية ما والتى تخدم فئات متعددة. ولذلك يجب على مخططى المناهج أن ينتقوا تصميمات ملائمة لأهداف المنهج ومجالاته. وهنا يتضح أن مجال التصميم يشمل اتخاذ عدة قرارات من قِبَل كل من هو مسئول عن خطة المنهج الخاصة بموقف تعليمى معين.

ويسهم الجدول التالى فى عملية اختيار التصميم المنهجى الملائم. ولاستخدام هذا الجدول فى التخطيط، يبدأ العاملون على المنهج بالنظر إلى طبيعة الغايات والأهداف المراد تحقيقها. وترتبط هذه الأهداف والغايات بما هو مذكور فى العمود الأول من الجدول. فلنفترض أن هدفا ما يركز على معاونة الطلاب على تنمية قدرتهم على حل المشكلات التى تدور حول العلاقات الإنسانية، ومن هنا يكون تصميم السمات الإنسانية هو الأقرب لتحقيق هذا الهدف. وكذلك إذا ما وجدنا أهدافاً أخرى تتصل بالمجتمع أو حاجات الفرد واهتماماته، فإن تضمين الوظائف الاجتماعية والحاجات هما اللذان يناسبان لتحقيق تلك الأهداف.

جدول (2) اختيار تصميمات المنهج

إذا ما استهدف مخططو المناهج	التصميم الذى قد يستخدم	تنظيم التدريس
- تزويد الطالب بالمعرفة المنظمة، مثلاً المعرفة بالعلوم البيولوجية.	- المادة الدراسية / المقررات.	- حول مقررات المعرفة.
- تنمية كفاءات أو مهارات خاصة، مثل القدرة على الكتابة بالكمبيوتر.	- الكفاءات / التكنولوجيا.	- من خلال نظام تعليمى قائم على تحليل المهمة.
- تنمية السمات الإنسانية، مثل معرفة الفرد بكيفية التعلم، القدرة على حل المشكلات، القدرة على تحليل الفرد لما لديه من قيم.	- السمات الإنسانية/ العمليات.	- من خلال عمليات مخطط لها تتضمن تجارب وخبرات مرتبطة بالسمات المرغوب فيها.
- ربط التعليم بالمجتمع، مثل مساعدة الطلاب على التعامل مع المواقف الحياتية وتنمية المجتمع المحلى وإعادة بناء المجتمع.	- الوظائف الاجتماعية / الأنشطة.	- من خلال إشراك المتعلم فى أنشطة اجتماعية ودراسات تخص مشكلات المجتمع.
- تلبية حاجات واهتمامات الطلاب مثل تعلم الرسم وإقامة العلاقات الطيبة مع الأقران.	- الحاجات والاهتمامات/ الأنشطة.	- من خلال إشراك المتعلم فى أنشطة جماعية أو فردية تخص حاجاته واهتماماته.

ولاختيار تصميم المنهج الملائم يجب أن يكون مخططو المناهج على دراية كافية بتصميمات المنهج وعملية التصميم. ومن الجدير بالذكر، أن عدم معرفة المخططون بالمجهودات السابقة والحالية المبذولة فى ميدان تصميم المنهج يؤدى إلى تكرار الأخطاء التى ارتُكبت فى الماضى. فهم بحاجة إلى العلم بكافة التجديدات والتطورات التى ظهرت فى هذا الميدان. وعلاوة إلى ذلك، يحتاج المخططون إلى معرفة النظريات التى لم يتم تجريبها بعد والنظريات التى قُتلت بحثاً. ولذلك يساعد هذا العرض المخططين على فهم وتصنيف وتقييم نظريات تصميم المنهج.

ولا يقتصر تصميم المنهج على معرفة المجهودات التى تمت فى الماضى والحاضر، بل يجب أن يتلائم مع الأهداف والغايات والمحاولات المحددة مسبقاً. إن التصميم يعطى خطة المنهج إطاراً للتخطيط والتنفيذ والتقويم، وكذلك يُمكن المخططون من تنظيم الخبرات التعليمية. ومع تحديد الغايات وتنظيم المجالات حول غايات محددة، يبدأ المخططون فى وضع الخبرات التعليمية الملائمة لتلك الأهداف والمجالات.

لقد تناولنا فى هذا الفصل خصائص وتطبيقات تتعلق بكل تصميم من التصميمات الخمس على حدة. ويُعدّ كل تصميم تصنيفاً من النظريات التى تركز على مبادئ معينة منظمة لهذا التصميم. ويتعين على مخططى المناهج أن يكونوا على دراية كافية بهذه التصميمات وذلك لاتخاذ قرارات صائبة فيما يخص عملية التخطيط.

ويتم كتابة خطة المنهج بمجرد اختيار التصميم الملائم. ومن المؤكد أن طبيعة الخطة تختلف باختلاف التصميم. فمثلاً تشتمل خطة المنهج التى صيغت فى ضوء تصميم الكفاءات / التكنولوجيا على أهداف تعليمية وخطط لتقييم الطلاب قبلياً ووصف للمواد التعليمية التى ستستخدم وتحديد تسلسل استخدامهم، والوسائل التى ستستخدم فى تقويم الأهداف. وقد تكون الخطة فى صورة موديول. وعلى النقيض من ذلك، تشتمل الخطة التى صيغت فى ضوء تصميم السمات على تحديد للسمات الإنسانية المراد تنميتها، وطرق تقييم مستوى النمو لدى الطلاب فيما يخص تلك السمات وذلك من خلال أساليب الملاحظة، وتحديد الخبرات التى ستقدم وطرق تقويم جودة تلك الخبرات.

ويتعين على خطة المنهج أن تحوى وصفاً للمتعلمين وذلك بغض النظر عن التصميم المتبع، وكذلك يجب أن تشتمل على الأغراض والأهداف والمجالات وأنماط الخبرات التعليمية والزمان والمكان وإجراءات التقييم وأدوار المشاركين.

ويعد اختيار التصميم الملائم لخبرات التعلم المرتبطة بغايات ومجالات معينة فى المنهج من أهم الخطوات المؤدية على خطة جيدة. وتأتى خطوة التنفيذ – أى التدريس – لتقوم الخطة وتختبر مدى نجاحها.

• اقتراحات إضافية لدراسات أخرى:

– دراسة " الاتجاه نحو التعلم الذاتى " ويتناول نبذة عن العمليات التى نجدها فى التعلم الذاتى وتطوير المدارس. وبعض النظريات والممارسات مع إعطاء الاقتراحات الخاصة بتطوير برامج التعليم الذاتى.

– دراسة " الممارسات المنهجية " ويتناول دراسة حالة خاصة بتصميم المناهج فى نظام المدارس كبيرة الأعداد. ويشتمل الوصف على بعض البيانات الخاصة بالعينة، والعمليات المرتبطة باتخاذ القرار فى المؤسسات الاجتماعية والتعليمية.

– دراسة " خمسة أبعاد أساسية فى تصميم المنهج : دليل المعلم ". ويزود بطريقة لبحث تصميمات المنهج وكيفية اختيارها.

– دراسة " تصميم مقرر: دليل تطوير المنهج للمعلم " ويرشد المعلم أثناء تطوير المقرر فى المرحلتين الثانوية والجامعية. ومن المبادئ التى يجب أن يشتمل عليها المقرر: (1) الأساس المنطقى، (2) مخرجات التعلم، (3) الخريطة المفاهيمية، (4) الخطة التعليمية، (5) والخطة التقويمية.

– دراسة " استراتيجيات تطوير المنهج " ويقدم مقالات من التربويين ممن يقومون بوصف مداخلهم لتطوير المنهج.

– دراسة " منهج لمدارس أفضل " ويتناول قضايا: البناء الاجتماعى، دراسة الطفل، التعليم الأكاديمى. وتحليل مشاريع المنهج الحالية ، وذلك من خلال أربع خطط للمنهج.

– دراسة " التربية الإنسانية: وجهات نظر وحقائق ". ويحتوى على تحليل التربية الإنسانية وعلاقتها بالنمو الإنسانى والاجتماعى والإدارة التعليمية. من خلال آراء عدد كبير من رائدى التربية الإنسانية .

*   *   *

الفصل الثالث

المقاييس المعيارية للمناهج ونواتج التعلم

1 - أهمية المقاييس المعيارية .

2 - مقاييس خاصة بالمتعلم .

3 - مقاييس خاصة بوثيقة المنهج .

4 - إشكاليات تطبيق المقاييس المعيارية .

المقاييس المعيارية للمناهج ونواتج التعلم
وإشكاليات تطبيقها

أولاً- أهمية المقاييس المعيارية:

تواجه التربية على مستوى العالم تحديات كثيرة متعددة ومتسارعة، وذلك نتيجة التغيرات الهائلة فى المعارف والمعلومات وفى التكنولوجيا، وتتطلب هذه التحديات مراجعة شاملة لمنظومة التعليم فى معظم دول العالم المتقدمة والنامية، وقد أدى ذلك إلى إيجاد مداخل وآليات حديثة لتطوير وتحديث التعليم باعتبار أن التعليم هو قاطرة التقدم والتنمية المجتمعية، وهو محرر الأمن القومى للمجتمع. وقد تنامى الاهتمام بوضع مقاييس ومعايير للمناهج الدراسية، لتحديد ما يجب أن يعرفه كل طالب، وما يجب أن يكون قادراً على أدائه نتيجة دراسته لكل مادة من المواد الدراسية، بمعنى أنها تحدد نواتج التعلم المطلوبة.

إنَّ الأخذ بمبدأ وضع وتحديد المقاييس والمعيارية للمواد الدراسية يسهم فى تحقيق مجموعة أهداف مهمة لعل من أبرزها أنها تؤكد على أن جميع التلاميذ قادرون على التعلم فى مستويات عليا، وأن التميز يجب أن يكون للجميع، كما أن المقاييس تمنح دوراً فعالاً للمعلمين فى مجالات مهنتهم، وتمنحهم القيادة فى تخطيط العملية التعليمية وإدارتها وتقييم نتائجها، وهى تمكن المعلمين من متابعة تعلم التلاميذ، والإبداع فى أساليب تقييم النتائج والمخرجات، وتعتبر هذه المقاييس وسيلة فاعلة وركيزة أساسية لعمليات تطوير وتحسين التعليم، وتساعد على التنسيق والترابط بين جهود تطوير التعليم المختلفة، فى تطوير المناهج، وإعداد مواد تعليمية، وتدريب المعلمين، وتطوير نظم الامتحانات، وتنعكس نتائج توافر مقاييس معيارية للمنهج،

وللمتعلم، وللمواد الدراسية المختلفة على الأنشطة التعليمية داخل الفصل الدراسي، فتزداد مساحة التعلم النشط وتكثر الأساليب الإبداعية في التعليم والتعلم، وفضلاً عما سبق فإن العمل في ضوء المقاييس المعيارية لكل من المنهج والمتعلم والمواد الدراسية ستكون له آثار إيجابية على المناخ التعليمي داخل المدرسة، حيث تتجسد قيم العدالة، والمحاسبية، والشفافية، وتمتد هذه الآثار خارج المدرسة إلى أولياء الأمور والرأي العام.

وتهدف هذه المقاييس إلى تحقيق الجودة الشاملة في التعليم، وذلك باعتبارها محددة لمستويات الجودة المنشودة في منظومة التعليم والتعلم بكل عناصرها. وتنهض فلسفة بناء المقاييس القومية للتعليم على مجموعة من المبادئ والمفاهيم الرئيسة تعكس محاور الرؤية المستقبلية للتعليم، وتشكل في الوقت نفسه الأساس الفكري، وهي: التزام المقاييس والمعايير بالمواثيق الدولية والقومية الخاصة بحقوق الطفل والمرأة والإنسان عموماً، وخدمة المحاسبية والعدالة الاجتماعية، وتكافؤ الفرص، والحرية، وإحداث تحول تعليمي يرتقي بقدرة المجتمع على المشاركة وغرس مقومات المواطنة الصالحة والانتماء والديمقراطية لدى المتعلم، وترسيخ قيم العمل الجماعي والتنوع والتسامح وتقبل الآخر، وتعزيز قدرة المجتمع على تنمية أجيال مستقبلية قادرة على التعامل مع النظم المعقدة، والتكنولوجيا المتقدمة، والمنافسة في عالم متغير، ومواكبة التطورات الحديثة في عالم متغير يعتمد على صنع المعرفة، والتكنولوجيا، وعلى تعدد مصادر التعلم وتنمية المهارات اللازمة للتعامل مع مجتمع المعرفة، وتؤدي المقاييس والمعايير إلى استحداث نمط من الإدارة يرسخ مفاهيم القيادة ومجتمع التعلم، وتعمل على تحقيق الجودة الشاملة، كما أنها تساعد في توفير مناخ يكفل حق التعليم المتميز لجميع التلاميذ والتنمية المهنية المستديمة للممارسين التربويين، واعتماد المعايير على مقاربة تعليمية مبتكرة، تعزز نموذج

التعلم النشط ذاتى التوجه، وتعزز المتعلم على توظيف المعرفة ودعم قيم الإنتاج، وتدعم قدرة المشاركين فى العملية التعليمية على حل المشكلات، واتخاذ القرار، والتفكير الناقد والإبداعى، وتسهم المعايير فى بناء قاعدة معرفية عريضة لدى المتعلم تتسم بالتكامل والفاعلية، وتحقق الالتزام بالتميز فى التعلم والقدرة على المتابعة، والتقويم الأصيل، وتساعد المقاييس والمعايير قدرة الأنساق التربوية على التجديد، والتطوير المستمر.

وقد انتهى الأساس الفكرى للمقاييس المعيارية إلى تحديد خصائص ومواصفات، وهى: أن تكون شاملة حيث تتناول الجوانب المختلفة المتداخلة للعملية التعليمية والتربوية والسلوكية، وتحقق مبدأ الجودة الشاملة، وأن تكون موضوعية حيث تركز على الأمور المهمة فى المنظومة التعليمية بلا تحيز، وتنأى عن الأمور والتفصيلات التى لا تخدم الصالح العام، وأن تكون مرنة حتى يمكن تطبيقها على قطاعات مختلفة، وفقاً للظروف البيئية والجغرافية والاقتصادية المتباينة، وأن تكون مجتمعية أى تعكس تنامى المجتمع وخدمته، وتلتقى مع احتياجاته، وظروفه، وقضاياه، وأن تكون مستمرة ومتطورة حتى يمكن تطبيقها لفترات زمنية ممتدة، وتكون قابلة للتعديل، ومجابهة المتغيرات والتطورات العلمية والتكنولوجية، وأن تكون قابلة للقياس حتى يمكن مقارنة المخرجات المختلفة للتعليم بالمعايير المقننة؛ للوقوف على جودة هذه المخرجات، وأن تحقق مبدأ المشاركة، بأن تبنى على أساس اشتراك الأطراف المتعددة والمستفيدين فى المجتمع فى إعدادها من ناحية، وتقويم نتائجها من ناحية أخرى، وأن تكون أخلاقية بأن تستند إلى الجانب الأخلاقى، وتخدم القوانين السائدة، وتراعى عادات المجتمع وسلوكياته، وأن تكون داعمة فلا تمثل هدفاً فى حد ذاتها، وإنما تكون آلية لدعم العملية التعليمية والنهوض بها، وأخيراً أن تكون وطنية بأن تخدم أهداف الوطن وقضاياه، وتضع أولوياته ومصلحته العليا فى المقام الأول.

ويمكن عرض المقاييس المعيارية للمنهج الدراسى من خلال المحاور التالية:

ثانياً- مقاييس خاصة بالمتعلم :

فرضت المتغيرات العالمية الاقتصادية والسياسية والاجتماعية والتنموية فى عصر العولمة تحديات كثيرة على مختلف الأنظمة التعليمية، مما يستلزم التعامل مع هذه المتغيرات المتسارعة بفعالية ووعى، وفى محاولة لفهم معطيات حاضرنا والتكيف معها، ومن ثم التهيؤ لمواجهة تحديات المستقبل. وتتطلب تلك المتغيرات مواطناً عصرياً متفتح الذهن، لديه الحافز والقدرة على التفكير الخلاق والإبداع والابتكار والتميز بمواصفات عصرية، مع التأكيد على الذاتية والهوية، والتراث الحضارى، وتأكيد الولاء والانتماء للوطن. المتعلم كإنسان، وفرد فى المجتمع، ويتضمن ذلك المهارات والقدرات المستقبلية التى تعينه على مواجهة المستقبل بصورة إيجابية، والمعارف والمهارات الشخصية والاجتماعية، والعادات والقيم والاتجاهات التى يجب أن يكتسبها المتعلم، والتى تمكنه من التعامل بطريقة سليمة فى حياته الشخصية والأسرية والمجتمعية، وفى عمله، وفى كافة مجالات حياته الحاضرة والمتوقعة. كما أنه لم يعد سوق العمل الآن وفى المستقبل يتطلب من الأفراد مجرد المزيد من التعليم فقط، ولكنه يفرض نوعاً مختلفاً منه، فهو يتطلب تعليماً وتعلماً ينمى فى الأفراد التفكير الناقد، والقدرة على التعلم فى أثناء العمل، والعمل فى فريق، والقدرة على تطبيق المعرفة بفاعلية. وقد أصبحت المشكلات التى تؤثر على المتعلمين اليوم أكثر اتساعاً من قدرة المدرسة وحدها على حلها، لذا تأتى الحاجة إلى مشاركة جميع القطاعات فى تحمل مسئولية تعليم وتعلم الشباب، وإعدادهم لمستقبل سريع التغير، قائم على التنافس، وإتقان العمل، وضمان الجودة الشاملة فى كافة المجالات. وترتيباً على ما سبق يمكن القول إن مهمة التعليم قبل الجامعى، تتمركز حول مساعدة المتعلم على اكتساب معلومات ومهارات واتجاهات تمكنه من تأدية دوره بنجاح فى حياته

الأسرية والمشاركة فى الحياة العامة فى مجتمعه، والنجاح فى استكمال تعليمه العالى أو الجامعى، كما تمكنه أيضاً من الانخراط بنجاح فى سوق العمل، إذ أراد ذلك.

وتوجه المقاييس المعيارية للمتعلم كل عناصر العملية التعليمية فهى: الأساس لوضع الخطط الدراسية، وهى الهدف للمناهج الدراسية، وهى المتحكم فى أساليب وطرق التعليم والتعلم، كما أنها الموجه للأنشطة التربوية، والمرشد للمواد التعليمية، والمحدد لأساليب التقييم، والمحور للإدارة المتميزة، والدافع للمشاركة المجتمعية. وهذه المقاييس أو المعايير نقدمها للمعلمين والموجهين ومديرى المدارس، وأولياء الأمور، والرأى العام، حيث يستفيدون منها جميعاً كل فى مجال عمله، وحدود مسئولياته، فى إطار العمل على الارتقاء بمستوى التعليم.

وهناك أربعة مجالات رئيسة تصف فى جملتها ما يجب توافره فى المتعلم عند إنهائه مراحل التعليم قبل الجامعى، ليتمكن من أن ينجح فى حياته الخاصة والأسرية، وأن يكمل تعليمه الجامعى أو العالى إذا أراد ذلك، أو أن يلتحق بسوق العمل إذا اختار هذا الاتجاه. وفى كل مجال مقاييس معيارية يجب أن يصل إليها المتعلم، لكل مستوى معيارى مجموعة من المؤشرات التى تدل على تحقيق المتعلم للمعيار. وهذه المجالات هى:

المجال الأول - المهارات الأساسية:

1- البنية المعرفية:

المقياس المعيارى: يكون لدى المتعلم بنية معرفية أساسية توفر له قدراً مناسباً من المعلومات والحقائق والنظريات فى شتى مجالات الحياة المعاصرة.

المؤشرات:

● يقرأ ويكتب ويستمع ويتحدث بلغة عربية سليمة، تمكنه من البحث واستخدام المعلومات من مصادر مختلفة، واستخدامها فى حل المشكلات واتخاذ القرار.

- يستخدم لغة أجنبية بخلاف اللغة العربية للتواصل مع المجتمعات والثقافات الأخرى.

- يحل مشكلات رياضية، ويستخدم الأرقام وأدوات القياس، ويتعامل مع الأشكال الهندسية، ويفهم التعبير البيانى، ويحسب الاحتمالات، ويحل المعادلات الخطية.

- يطبق المعرفة والمهارات العلمية فى تفسير البيانات، وبناء الاستنتاجات الإمبريقية، وتصميم التجارب، وتطبيق المفاهيم العلمية فى مواقف الحياة الواقعية.

- يطبق مفاهيم ومهارات الدراسات الاجتماعية والاقتصادية بصورة وظيفية فى الحياة اليومية، ويمارس قيم الديمقراطية، ويحترم الصالح العام، ويرغب فى المشاركة الوطنية، ويكتسب المهارات الاجتماعية.

- يتعرف مجالات الحياة الأسرية، من علاقات أسرية وأصول تربية الأبناء، وأسس التغذية وعلوم الأطعمة، ومبادئ إدارة شئون الأسرة، وكيفية ترشيد الاستهلاك الأسرى، وأسس اختيار ملابس أفراد الأسرة، والعناية بالمسكن الأسرى وتجميله.

- يطبق معلوماته عن الحياة الأسرية، ويقوم بدوره فى الأسرة بفعالية وإيجابية.

- يتعرف المفاهيم والمعلومات المرتبطة بالمجالات الفنية من فنون تشكيلية وموسيقية ومسرحية ويمارس بعض أنواع الفنون وفقاً لميوله الخاصة.

- يستخدم المعلومات والمهارات المرتبطة بالمجالات العملية، ويحترم العمل اليدوى والقائمين به.

- يتعرف أنواع الرياضات المختلفة، وأسسها العلمية والعملية والأخلاقية والقوانين التى تحكم بعض الرياضات.

- يمارس بعض أنواع الألعاب الرياضية، وفقاً لميوله وقدراته بصورة مستمرة.

1- المهارات الحياتية:

المقياس المعيارى 2-1: يمارس المتعلم المهارات الأساسية اللازمة لحياته اليومية.

المؤشرات:

- يستخدم الأدوات والأجهزة التى يحتاجها فى حياته اليومية.
- يعبر عن آرائه وأفكاره بشجاعة أدبية.
- يعبر عن نفسه من خلال ممارسة هوايات إبداعية مختلفة.
- يفهم الأحداث والمواقف من حوله ويقوم بدوره الحالى فيها.
- يحل ما يواجهه من مشكلات بطرق إبداعية واقتصادية.

المقياس المعيارى 2-2: يتعامل مع البيئة بشكل فعال.

المؤشرات:

- يتعرف أهم ملوثات البيئة ودور الإنسان فى المحافظة عليها.
- يتعرف أهمية جهود الدولة لحماية البيئة على المستوى المحلى والقومى.
- يشارك فى الجهود والمشروعات للمحافظة على البيئة وتنميتها.
- يفهم كيفية التفاعل بين مكونات النظام البيئى الطبيعى، وعناصر النظام الحضارى.
- يتعرف القضايا البيئية والانعكاسات الأيكولوجية والثقافية لهذه القضايا.

المقياس المعيارى 2-3: يحافظ على صحته ويحمى نفسه من الأمراض والمخاطر.

المؤشرات:

- يعرف طرق التغذية السليمة.
- يعرف كيفية الوقاية من الأمراض.

- يمارس الأنشطة الرياضية بانتظام فى حياته اليومية.
- يحافظ على صحته الشخصية والبدنية والنفسية.
- يراعى أسس السلامة والأمان.

المقياس المعيارى 2-4: يعمل على تنمية قدراته ومهاراته ذاتياً.

المؤشرات:

- يضع أهدافاً شخصية لحياته.
- يقيم ذاته تقييماً موضوعياً.
- يعمل من أجل تطوير كفاياته.
- يدرك مسئولياته الشخصية.
- يدرك تطلعاته المهنية المستقبلية.
- يجيد وضع خطط لمستقبله.
- يتخذ قرارات سليمة.

2- مهارات الكمبيوتر:

المقياس المعيارى: يتقن استخدام الكمبيوتر فى المواقف المختلفة.

المؤشرات:

- يتعرف أنواع الحاسبات ومكوناتها واستخداماتها.
- يستخدم الحاسبات وتطبيقاتها المختلفة بفاعلية.
- يستخدم الإنترنت والبريد الإلكترونى ومصادر المعرفة المتنوعة وشبكات المعلومات المختلفة بفاعلية.
- يستخدم البرمجيات المتاحة بفاعلية.

المجال الثانى: مهارات التفكير:

المقياس المعيارى: يستخدم المهارات العليا للتفكير فى المواقف المختلفة.

المؤشرات:

- يستفيد مما تعلمه فى المدرسة ويطبقه فى الحياة اليومية.

- يحلل المواقف ويتعرف مكوناتها.

- يستخدم النقد الموضوعى معتمداً على أسس ومبادئ متفق عليها.

- يبدى رأيه بوضوح، ويساند هذا الرأى بالنظريات والحقائق العلمية.

- يقارن بين البدائل المطروحة والممكنة معتمداً على معايير موضوعية محددة.

- يقدم أفكاراً متعددة وبدائل مختلفة فى المواقف التى تحتاج لذلك.

- يقدم أفكاراً جديدة مبتكرة وإبداعية لحل المشكلات.

- يقيم الأشياء والمواقف تقييماً علمياً بعيداً عن الذاتية والأهواء الشخصية.

- يقدم مقترحات بناءة لتحسين الأوضاع والأشياء.

- يربط الأفكار، ويكتشف العلاقة بين المتغيرات والعناصر المختلفة.

- يلخص الأفكار الرئيسة فى موضوع معين.

- يستنتج الأسباب وراء موقف معين.

- يتنبأ بالأحداث المتوقعة فى ضوء ما لديه من معطيات.

- يتعلم من تجاربه ولا يكرر أخطاءه.

- يتمتع باتساع أفق ومرونة فى الفكر والرأى والسلوك.

المجال الثالث: الخصائص والمواصفات الشخصية:

المقياس المعيارى: يتمتع المتعلم بمجموعة من السمات الشخصية والاجتماعية المنبثقة من قيم مجتمعه وثقافته، وطبيعة العالم المتغير.

المؤشرات:

- يتمسك بتعاليم الدين والقيم الأخلاقية.

- يعتني بصحته ومظهره.

- يتمتع بروح قيادية.

- يحب التعلم ويعمل على مواصلته.

- يشارك بإيجابية في المجتمع.

- يتعاون مع الآخرين في تحقيق هدف مشترك.

- يتقبل الآراء المختلفة ويحترم الاختلاف.

- يحترم ذاته ويقدرها، كما يحترم الآخرين.

- يحاول دائماً الوصول إلى الإتقان والتميز.

- يبدع في أفكاره ورؤيته للمواقف والأمور.

- يقدم على تجريب الجديد والمغامرة المحسوبة.

- يطور نفسه، ويجدد في أفكاره.

المجال الرابع: كفايات التعامل :

1- التعامل مع الموارد:

المقياس المعياري: يحسن التعامل مع الموارد ويعمل على تنميتها.

المؤشرات:

- يتعرف أنواع الموارد المادية والبشرية المختلفة.

- يقدر قيمة الوقت، ويستفيد من وقته في مجالات الحياة المختلفة.

- يحسن وضع خطط زمنية لأهداف قصيرة المدى وأخرى طويلة المدى.

- يجيد اتخاذ القرارات السليمة في ضوء الأهداف والموارد المتاحة.

- يتعرف الموارد الخاصة والموارد العامة وأبعاد استخدامات كل منها.

- يقدر قيمة الموارد الاقتصادية وبحسن استخدامها.

- يستطيع تنمية موارده الشخصية، ويسهم في تنمية موارد الدولة.

- يدرك العلاقة بين سلوك الأفراد، وتنمية موارد الدولة.

- يحافظ على الموارد العامة، ويعمل على ترشيد استهلاكها.

2- التعامل مع المعلومات:

المقياس المعياري: يجيد التعامل مع المعلومات بما يتناسب مع مرحلته العمرية.

المؤشرات:

- يدرك مفهوم عصر المعلومات والمعلوماتية وقوة المعرفة.

- يتمكن من جمع البيانات والمعلومات اللازمة لهدف معين.

- يتعرف وسائل جمع البيانات والمعلومات ويتخير المناسب منها.

- يميز بين الحقائق والآراء.

- يتعرف مصادر المعلومات ونوع المعلومات التى يمكن الحصول عليها من كل مصدر.

- يحلل المعلومات فى ضوء أسس علمية ويصنفها حسب الغرض منها.

- يقارن بين المعلومات ويختار أفضلها.

- يعبر عن المعلومات بطرق كمية ونوعية.

- يتعرف العلاقات بين ما يجمعه من معلومات ويدرك نوع هذه العلاقات.

- يستخدم ما لديه، أو ما يحصل عليه من معلومات ، فى حل المشكلات.

3- التعامل مع الأفراد:

المقياس المعياري: يتقن مهارات التعامل مع الآخرين.

المؤشرات:

- ينوِّع أسلوب تعامله مع الأفراد وفقاً لأعمارهم ونوع العلاقة بينه وبينهم، وحسب طبيعة الموقف.

- يستمتع بالعمل مع الآخرين.

- يقدر ذاته دون تكبر أو استعلاء على الآخرين.

- يجيد الحوار وتبادل الرأى ويتقبل الاختلاف فى وجهات النظر.

- يلجأ إلى التفاوض لحل الخلافات ولا يستخدم العنف.

- يكون واضحاً فى علاقاته، ولا يلجأ للرياء والخداع.

- يتسامح مع الآخرين دون ضعف أو استسلام.

- يراعى مشاعر الآخرين، ويقدم المساعدة عند الحاجة.

- يقدر قيمة الصداقة، ويتمسك بصداقاته.

- يفرق بين علاقته بأهله، وبزملائه، وبأصدقائه.

- يستخدم الذكاء العاطفى فى تعاملاته مع الآخرين.

- ينجح فى قيادة الآخرين نحو هدف معين كما يحترم قيادة الآخرين ويلتزم بتوجيهاتها.

- يقوم بدوره فى الجماعة ويثبت جدارته بينهم.

4- التعامل مع النظم:

المقياس المعيارى: يدرك مفهوم النظم وأنواعها، وكيف يعمل فى إطارها.

المؤشرات:

- يفهم مكونات المنظومة من مدخلات وعمليات ومخرجات، ويدرك علاقة تلك المكونات بعضها بالبعض الآخر.

- يدرك تداخل وتكامل النظم، وكيف يمثل كل نظام جزءاً من منظومة أكبر، وأن أى منظومة تتكون من منظومات فرعية.

- يطبق مفهوم النظم على الحياة فى المجتمع.

● يقدر أنه عضو فى أكثر من منظومة فى وقت واحد (الأسرة - المدرسة - المجتمع - العالم).

● يدرك قيمة استقرار العلاقات بين النظم المختلفة، وأهمية وضوح مكونات وأهداف كل منظومة.

5- التعامل مع التكنولوجيا المتقدمة:

المقياس المعيارى: يتعامل مع التكنولوجيا المتقدمة بمهارة.

المؤشرات:

● يدرك أبعاد ومجالات التطور التكنولوجى الحادث فى المجتمع وفى العالم.

● يفهم العلاقة بين التطور التكنولوجى وتقدم المجتمعات.

● يمارس التفكير التكنولوجى الذى يؤدى إلى ابتكار مستحدثات جديدة فى كافة مجالات الحياة.

● يستخدم المستحدثات التكنولوجية بكفاءة.

● ينمى قدراته الذاتية فى مجالات التكنولوجيا المختلفة باستمرار، ويعمل على تحديث معلوماته ومهاراته فيها.

● يدرك الآثار السلبية التى تنتج عن التطور التكنولوجى فى بعض المجالات.

● يفهم العلاقة التبادلية بين توافر المعلومات والموارد البشرية والمادية والتقدم التكنولوجى.

● يقدر الجوانب الأخلاقية فى التحكم فى التكنولوجيا الحديثة وتطبيقاتها.

ثالثاً - مقاييس خاصة بوثيقة المنهج:

وثيقة المنهج هى الإطار الحاكم والمنظم لكل عناصر المنهج من فلسفة، وأهداف، ومحتوى وطـرق التعلـيم والتعلم، ومصادر المعرفة والتكنولوجيا المقترح استخدامها فى المنهج، وانتهاء بعمليات وأساليب التقـويم. وبقـدر مـا يبذل من جهد فى إعداد وتخطيط وثيقة المنهج تكون جودة العمليات التنفيذية فى المدرسة.

ومن هنا كان الاهتمام بوضع المقاييس المعيارية محددة وواضحة لكل عنصر من العناصر التى تتضمنها وثيقة أى منهج، وقد حرصنا عند وضع المقاييس المعيارية لوثيقة المنهج أن نقدم للمتخصصين والمسئولين عن تخطيط وتصميم المناهج الدراسية المختلفة للمراحل التعليمية المتتابعة، توصيفاً صريحاً لما يجب أن يتوافر فى كل عنصر من عناصر المنهج وذلك فى صورة معايير عامة، ويندرج تحت كل معيار المؤشرات المحددة التى تدل على تحقيق كل معيار لدى المتعلمين.

وإذا كانت الوثيقة موجهة إلى واضعى المناهج، فإن فائدتها وجدواها تمتد إلى بقية عناصر المنظومة التربوية، كما تمتد أيضاً إلى المعلمين والموجهين، وأولياء الأمور والرأى العام، حيث توضح لهم المنطلقات والمكونات التى تبنى فى ضوئها مناهج التعليم، وتشرح لهم المعايير المتوافرة فى كل عنصر من عناصر المنهج.

ويهدف تحديد هذه المعايير إلى تمكين العاملين فى التربية والتعليم من إعادة النظر فى المناهج الحالية والعمل على تطويرها، كما أنها تعتبر مؤشرات لجودة المناهج الدراسية، بمعنى أن تلك المعايير هى أهداف وطموحات نسعى إلى الوصول إليها، وهى أيضاً تعتبر إطاراً مرجعياً تقارن وتقيم على أساسه المناهج الحالية، وهى كذلك موجهات لعمليات التطوير للمستقبل.

وتبدأ الوثيقة بالمسلمات الأساسية، ثم منطلقات المنهج، والمقاييس المعيارية لعناصر المنهج، يلى ذلك تحديد كل عنصر من عناصر المنهج ومؤشرات كل معيار. إن وضع معايير ومقاييس لبناء منهج عصرى، يستند إلى مجموعة من المسلمات الأساسية، أهمها ما يلى:

1- الإنسان مخلوق قابل للتعلم:

كل شخص قابل للتعلم، وكل متعلم قابل للوصول إلى مستوى التمكن، وكل متمكن قابل للإبداع إذا ما توافرت له بيئة التعلم المناسبة. يتطلب ذلك أن يخاطب

المنهج كل المتعلمين من خلال تنوع محتواه، وتطويع أساليب تدريسه، فى ضوء تنوع الميول والاهتمامات وتعدد الذكاءات، وبما يحقق تكافؤًا، وليس بالضرورة تطابقاً فى مستويات مخرجات المنهج وعوائده.

2- **التعلم عملية وناتج:**

تقاس مخرجات العملية التعليمية ليس فقط بمدى ما اكتسبه المتعلم من العملية التعليمية، ولكن - أيضاً - بالكيفية التى توصل بها المتعلم إلى إنجاز ما أنجزه، بمعنى كيف يتفاعل مع مضمون المنهج وأنشطته ... كيف يتعامل مع المعلومات وكيف يتناولها ... كيف يحصل المعرفة، وكيف يبنى بنيته المعرفية ... والمهارات التى استخدمها فى عملية التعلم. ولهذا نقول إن التعلم عملية وناتج.

3- **الدور الأساسى للمنهج تيسير عملية التعلم:**

إن وزن أى مادة دراسية أو مقرر من مقررات المنهج مرهون بمدى مساهمتها - معرفة وفكراً - فى تمكين المتعلم من التعلم، ومدى إتاحتها الفرصة لتنمية قدراته على التعلم الذاتى، وإحداث تنمية لمزيد من التعلم.

يتطلب ذلك أن تتصف تنظيمات المنهج بالمرونة التى تمكن من الاستفادة المتبادلة بين المفاهيم المشتركة، والأطر المعرفية المتقاربة، فى المجالات الدراسية المختلفة، فى ضوء اتساق يحدث فيها التناغم الأفقى والتدفق الرأسى، بعيداً عن التكرار وخلوها من الحشو، اقتصاداً فى الكم لصالح النوع.

4- **التميز حصيلة التزاوج بين العقل والوجدان:**

إن التمييز ليس مقصوراً على بعض التلاميذ دون البعض، وإنما هو حق للجميع إذا توافرت لهم البيئة التعليمية التى تمكنهم من ذلك، وأن التميز يتحقق بتزاوج عقل المتعلم ووجدانه، وتنعكس آثاره على سلوكياته، على المستوى الشخصى والأسرى.

5- **المنهج كائن ينمو نمواً طبيعياً:**

إن التعليم عملية تراكمية بنائية متدرجة ومستمرة، وبناء المنهج لابد وأن يتكامل فى مكوناته، ويتتابع فى عناصره من مرحلة رياض الأطفال إلى نهاية المرحلة الثانوية، وينبغى التأكد من استمرارية الخبرة دون فجوات أو قفزات مخلة. فعند وضع مقاييس معيارية للطالب عند تخرجه فى المرحلة الثانوية نضع فى الاعتبار أن هذه المعايير يبدأ تحقيقها منذ بداية السلم التعليمى، وعند صياغة المقاييس المعيارية للمرحلة الابتدائية نضع فى الاعتبار أنها حلقة فى مسلسل يصل بنا إلى المستويات المعيارية للمرحلة الثانوية.

منطلقات المنهج:

يقصد بها العوامل التى يجب أن يضعها مصمم المنهج فى الاعتبار عند اختيار وتحديد عناصر المنهج وهى:

1- **فلسفة المجتمع وأيديولوجياته وخصائصه:**

للنظام التعليمى فى أى مجتمع طبيعته الخاصة تعكى فلسفة المجتمع وخصائصه، ولذلك تختلف المناهج من دولة إلى أخرى، وإن بدا أن هناك تشابها فى بعض المواد. ولابد لواضع المنهج أن يكون على دراية وفهم متعمق لفلسفة المجتمع وأهدافه وطموحاته، حتى تأتى المناهج ترجمة صادقة لهذه الطموحات، ووسيلة فاعلة لتحقيقها.

2- **طبيعة وفلسفة المادة الدراسية:**

المواد الدراسية تختلف فى طبيعتها وفى فلسفتها، وبالتالى فى أهدافها. فبعض المواد الدراسية ذات طبيعة نظرية بحتة، كما أن لبعضها طبيعة تطبيقية. وتختلف طبيعة المادة وما يتم اختياره من محتوى، وما يوضع لها من أهداف، تبعاً لمراحل

العمر والمرحلة التعليمية التى يخطط لها المنهج. ولهذا تؤكد أن طبيعة المادة الدراسية وفلسفتها هى إحدى المنطلقات المهمة للمنهج، وبذلك تتضمن وثيقة المنهج شرحاً عن طبيعة المادة وأبعاد تناولها فى المرحلة التعليمية التى يصاغ لها، كما تتضمن وصفاً للحدود التى يلتزم بها فى اختيار مضمون المادة وأساليب تقديمها.

3- **طبيعة المتعلم وخصائص نموه:**

تقدم وثيقة المنهج نبذة مختصرة عن طبيعة المتعلم وخصائص نموه كأحد منطلقات المنهج، والتى تؤثر على كل عنصر من عناصره. ويتم الحكم على جودة المنهج وتكامله فى ضوء مدى مراعاة كل عنصر من عناصره لهذه الخصائص، ويتضمن وصف طبيعة المتعلم توضيحاً لخصائصه الجسمية وقدراته البدنية، والعقلية والإدراكية، - وأيضاً – أهم ما تتصف به هذه المرحلة من انفعالات وميول واتجاهات.

4- **طبيعة المنهج كمنظومة:**

من أهم مكونات وثيقة المنهج، النظرة المنظومية للمنهج، ومن ثم فإنها توضح التداخل والتفاعل، والعلاقات المتبادلة بين عناصر المنهج ومكوناته، وكيف تعكس هذه العلاقات فلسفة المنهج. كما تقدم الوثيقة شرحاً موجزاً عن ارتباط وعلاقة المنهج كنظام بالنظم الأخرى فى المدرسة وفى الأسرة وفى المجتمع.

المقاييس المعيارية لعناصر المنهج:

تساعد المستويات المعيارية للمنهج مخططى المناهج فى: تبنى فلسفة معينة للمنهج، وصياغة وتحديد أهداف المنهج، واختيار محتوى المنهج، وتقرير أنسب المواد التعليمية، واقتراح أفضل طرق التعليم والتعلم، وتحديد طرق التقييم، وإحداث التكامل والترابط بين المناهج المختلفة.

المقاييس المعيارية لفلسفة المنهج:

تجيب فلسفة المنهج عن أسئلة متنوعة تتعلق برؤية المجتمع والنظام التعليمى لبعض القضايا التربوية والنفسية مثل: طبيعة المعرفة ومصادرها، وما الذى ينبغى أن يتعلمه الفرد؟، والعلاقة بين الماضى والحاضر والمستقبل، والثبات فى مقابل التطور والتغير المستمر، والمعرفة الأكاديمية النظرية مقابل التطبيق، وطبيعة المتعلم ودوره، وكيف يحدث التعلم.

المقاييس المعيارية التى تستخدم للحكم على فلسفة المنهج:

ويتم ذلك من حيث مناسبتها ، صياغتها ، وكفايتها ، ووضوحها ، وواقعيتها ، هى:

- تعكس صياغة فلسفة المنهج رؤية واضحة للفلسفات التربوية المختلفة والاتجاهات المعاصرة فى هذا المجال.

- تشرح فلسلفة المنهج أسباب اختيارها وتوضح مميزاتها.

- تتصف صياغة فلسفة المنهج بالوضوح.

- تعطى فلسفة المنهج للقارئ تصوراً لنوع المنهج، والتوقعات المنتظر تحقيقها نتيجة لتبنى هذه الفلسفة.

- توضح العبارات التى تصف فلسفة المنهج مدى ارتباطها بفلسفة المجتمع وأيديولوجياته.

- تخاطب فلسفة المنهج المهتمين بشئون التعليم، سواء من السياسيين أو التربويين أو أولياء الأمور أو أفراد المجتمع بشكل عام.

- تتصف فلسفة المنهج بالواقعية بحيث تساعد مصممى المنهج فى اختيار وتحديد باقى عناصر المنهج بما يحقق طموحات النظام التعليمى.

ويمكن عرض المقاييس المعيارية لعناصر المنهج كما يلى:

1- المقاييس المعيارية لأهداف المنهج:

المعيار الأول: تتصف الأهداف بالاتساق:

المؤشرات:

تتسق أهداف المنهج مع ما يلى :

- متطلبات الفلسفة التربوية العامة للمنهج.

- الثقافة المجتمعية والمعرفة الأكاديمية.

- تتسق الممارسات التدريسية مع أهداف المنهج.

- تتسق أهداف المنهج مع توقعات المعلمين.

- تتسق أهداف المنهج مع عمليات التقويم وممارساته.

- تتسق الأهداف مع بعضها البعض بحيث تكون متناغمة ومتسقة فلسفياً ومنطقياً مع السلوك والقيم الفردية والاجتماعية المرغوبة.

- تتسق الأهداف فى وحدات المادة الدراسية الواحدة، وتترابط مع أهداف المواد الدراسية المختلفة.

المعيار الثانى: تتصف أهداف المنهج بالشمول والاتساع:

المؤشرات:

- تشتمل الأهداف على كل جوانب نمو التلميذ وعلى مستويات كل جانب.

- تؤكد على نمو المتعلم فى المجالات التالية:

- **النمو المعرفى:** الذى يتضمن اكتساب المعرفة الأساسية التى تمكن المتعلم من التعامل مع الحياة ومعطياتها.

- **النمو العقلى:** يركز على تنمية المهارات العقلية للمتعلم وبالذات مهارات التفكير العليا مثل تنمية مهارات الإبداع والابتكار والتفكير الناقد ومهارة حل المشكلات واتخاذ القرار.

- **النمو الوجدانى:** يركز على تحقيق ذات المتعلم واكتساب العادات والاتجاهات والقيم التى تؤدى إلى إنسان سوى.

- **النمو الاجتماعى:** يركز على تحقيق الوعى الاجتماعى والاتجاهات والقيم الاجتماعية الإيجابية التى تؤدى إلى التكيف الاجتماعى السليم.

- **النمو الجسمى:** هو الذى يتضمن اكتساب المهارات والعادات الصحية والسلوكية التى تسهم فى تحقيق نمو جسمى سليم.

- تساير الأهداف المستويات العالمية.

- تفيد الأهداف فى توجيه وتصميم وتنفيذ وتقييم جميع عناصر المنهج.

- تتنوع الأهداف من حيث: العمومية والخصوصية، والفردية والجماعية.

- تحدد الأهداف التركيب السلوكى أو أنواع القدرات التى سيتخرج بها التلميذ نتيجة لما تعمله فى المدرسة.

- تستجيب الأهداف كماً وكيفاً لمتطلبات المجتمع وثقافته.

المعيار الثالث: تتصف أهداف المنهج بالملاءمة:

المؤشرات:

- تكون مناسبة للتلاميذ بحسب مستوياتهم النمائية.

- تتلاءم مع الزمن المتاح للتلاميذ للمرور بالخبرات التعليمية.

- تراعى الفروق الفردية بين التلاميذ.

المعيار الرابع: تتصف أهداف المنهج بأنها قابلة للتحقيق:

المؤشرات:

- تكون الأهداف واقعية يمكن تحقيقها.
- تهتم بعمليات التعلم النمائي.
- تكون وسيلة للتعرف على مدى ما تحقق من تعلم للتلاميذ.
- تراعى الإمكانات المادية والبشرية اللازمة لتحقيقها.

المعيار الخامس: تتصف الأهداف بالصدق:

المؤشرات:

- تعكس الأهداف أبعاد الموقف الذى تمثله.
- تكون ذات أهمية وقيمة تربوية بالنسبة للطالب فى الحاضر واستشراف المستقبل.
- تمثل المطلوب والمهم من الطالب أن يتعلمه.
- تدعم الهوية الثقافية الوطنية والعربية.
- تدعم البعد الأخلاقى والنسق القيمى للمجتمع.
- تدعم مفهوم الديمقراطية والحوار واحترام الرأى والرأى الآخر.

المعيار السادس: تتصف الأهداف بالتحديد:

المؤشرات:

- تكون الأهداف محددة وواضحة.
- تتصف بالدقة.
- تتصف بالمرونة.

2- المقاييس المعيارية لمحتوى المنهج:

محتوى المنهج هو المفاهيم والعمليات والقيم التى يتضمنها كل مجال من مجالات المادة الدراسية، وهناك معايير نوعية لمحتوى كل مادة، ولكن هناك معايير

عامة يضعها واضع المنهج نصب عينيه عند تخطيط وتصميم وثيقة منهج أى مادة دراسية ومن هذه المعايير ما يلى:

المعيار الأول : يركز محتوى المنهج على المفاهيم الموحدة الأساسية للمجال الدراسى:

المؤشرات:

● يصاغ بطريقة مركزة ودقيقة وواضحة.

● يبتعد عن التفاصيل والجزئيات غير المهمة.

● يخلو من التكرار والتزيد والحشو.

المعيار الثانى: يتضمن محتوى المنهج المفاهيم والمهارات والقيم التى تحقق أهداف المنهج الموضوعة له:

المؤشرات:

● يتسق مضمون المحتوى مع أهداف المنهج.

● لا يتضمن المحتوى موضوعات غير مرتبطة بأهداف المنهج.

● يتضح من المحتوى التكامل والتوازن بين الجوانب المعرفية والمهارية والوجدانية.

المعيار الثالث: يتسق المحتوى مع الاتجاهات الحديثة فى المجال الدراسى:

المؤشرات:

● تكون الموضوعات الواردة فى المحتوى حديثة.

● يخلو المحتوى من الأفكار التقليدية والتى ثبت علمياً ضرورة تطويرها.

● تتمشى اللغة والمصطلحات المستخدمة مع الاتجاهات المعاصرة فى المجال الدراسى.

المعيار الرابع: يتكامل البعدان المعرفى والاستقصائى فى محتوى المنهج:

المؤشرات:

● تعكس موضوعات المحتوى اهتماماً متوازناً بالبعدين المعرفى والاستقصائى.

● يبتعد المحتوى عن التركيز على سرد معلومات منفصلة.

المعيار الخامس: يتدرج مضمون وعمق واتساع المحتوى وفقاً لمستوى خصائص المتعلمين فى المرحلة العمرية التى يخاطبها:

المؤشرات:

● يوضح المحتوى النمو المتدرج للمفاهيم والمهارات والقيم من مرحلة تعليمية إلى أخرى.

● يخلو المحتوى من تكرار غير مبرر لبعض الموضوعات من مرحلة عمرية إلى أخرى.

● يعكس المحتوى خصائص وقدرات المتعلم المستهدف.

المعيار السادس: يرتبط المحتوى فى أى مجال دراسى بالبيئة والمجتمع والتكنولوجيا المحيطة بالمتعلم:

المؤشرات:

● يسمح المحتوى بربط المنهج بالبيئة المحلية.

● يعكس المحتوى طبيعة المجتمع والبيئة التى يعيش فيها المتعلم.

● يعتمد المحتوى على الإمكانات التكنولوجية المتاحة للمتعلم.

● يتصف المحتوى بأنه واقعى، ويساعد على ربط المتعلم ببيئته ويدعم إحساسه بالانتماء لوطنه.

● يبرز المحتوى النواحى الجمالية فى البيئة المحيطة.

● يعظم المحتوى كل المظاهر المرتبطة بالمجال الدراسى والتى تؤكد الإيجابيات والإنجازات فى المجتمع سواء على مستوى الأفراد أو الأحداث.

المعيار السابع: يخاطب المحتوى البعد الشخصي والاجتماعي من حياة المتعلم:

المؤشرات:

- ترتبط موضوعات المحتوى بالحياة اليومية للمتعلم كلما أمكن.

- توظف المفاهيم والمهارات والقيم لخدمة مشكلات واقعية يواجهها المتعلم.

- يعكس المحتوى العادات والتقاليد والقيم التي يؤكد عليها المجتمع على مستوى الأفراد والمؤسسات.

المعيار الثامن: يخاطب المحتوى كلما أمكن طبيعة وتاريخ المعرفة في مجال الدراسة:

المؤشرات:

- يمكن المحتوى المتعلم من فهم وتقديم تطور مجال الدراسة وأسباب هذا التطور وأهميته.

- يعرض المحتوى نماذج لإنجاز الرواد والشخصيات الذين أسهموا في تطوير مجال الدراسة.

- يرسخ المحتوى مفهوم التجديد والتحديث في المعارف والمهارات والاتجاهـات في ضوء المتغيـرات المجتمعيـة والعالمية.

3- المقاييس المعيارية لطرق التعليم والتعلم:

المعيار الأول: تستند أنشطة التعليم والتعلم إلى مفهوم وحدة المعرفة:

المؤشرات:

- تسهم أنشطة التعليم والتعلم في تعزيز وتنمية المفاهيم الشاملة للمعرفة.

- تتيح أنشطة التعليم والتعلم بالحاجات المهنية والقضايا الاجتماعية المتصلة بتطبيقات المعرفة.

- تساعد أنشطة التعليم والتعلم الطلاب فى بناء مدركاتهم من خلال عمليات تطبيق المعرفة وتحليلها ونقدها.

- تسهم أنشطة التعليم والتعلم فى تنمية خبرات الطلاب وقدراتهم المعرفية من خلال تناولهم لمشكلات معرفية واقعية.

المعيار الثانى: تشمل أنشطة التعليم والتعلم عمليات التفكير المختلفة:

المؤشرات:

- تربط أنشطة التعليم والتعلم بالمعرفة القبلية للطلاب وخبراتهم الحياتية واهتماماتهم بأهداف التعلم الجديدة من خلال استخدام استراتيجيات معالجة المعلومات.

- تسهم أنشطة التعليم والتعلم فى تقديم النموذج لممارسة مهارات وقيم التفكير والبحث.

- تؤكد أنشطة التعليم والتعلم على مشاركة الطلاب فى مواقف لتفعيل العقل والتفكير الناقد وحل المشكلات بما يحقق التعلم ذا المعنى.

- تعمل أنشطة التعليم والتعلم على إتاحة الفرص المناسبة لممارسة السلوك التعاونى لتوليد الفهم المشترك وتشجيع المناقشات الصفية وتنمية مهارات اجتماعية مهمة.

- تتيح أنشطة التعليم والتعلم الفرص المناسبة للطلاب للتوجيه الذاتى والتعلم التأملى بما يتفق وأنماط تعلمهم.

المعيار الثالث: تتطلب أنشطة التعليم والتعلم تصميم وإدارة بيئة تعلم فعالة:

المؤشرات:

- توفر بيئة التعليم مناخاً آمناً لجميع الطلاب يسوده العدل والاحترام.

- تعزز بيئة التعلم العلاقات الاجتماعية، والمسئولية الجماعية، وأخلاقيات المواطنة.

- تحدد بيئة التعلم ضوابط لسلوك الطلاب داخل الصف الدراسى وتطبيقها.

- تساعد بيئة التعلم على توظيف الوقت المتاح للتدريس بصورة فعالة للقيام بالأنشطة العملية والتطبيقية.

- توفر بيئة التعلم مصادر تعلم متنوعة ومناسبة لجميع الطلاب.

المعيار الرابع: تتضمن أنشطة التعليم والتعلم مكوناً أساسياً لتقييم تعلم الطلاب وأنشطة التعلم بصورة مستمرة وفعالة:

المؤشرات:

- تستخدم أنشطة التعليم والتعلم أساليب ومصادر متنوعة للمعلومات لتقييم تعلم الطلاب.

- تهتم أنشطة التعليم والتعلم بجمع الأدلة حول تعلم الطلاب وتحليل البيانات لتقييم عملية التعليم والتعلم وتطورها.

- تشرك أنشطة التعليم والتعلم جميع الطلاب فى تقييم تعلمهم باستخدام آليات التقييم الذاتى والتقييم الأصيل.

- تعتمد أنشطة التعليم والتعلم على المناقشات مع الزملاء وإدارة المدرسة حول الممارسات التدريسية وطرق تحسينها.

- تتطلب أنشطة التعليم والتعلم إعداد تقارير عن أداء الطلاب واستخدامها فى عملية اتخاذ القرار على جميع المستويات.

4- **المقاييس المعيارية لمصادر المعرفة:**

يفرض التطور الهائل والمتسارع فى مجال تكنولوجيا المعلومات والاتصالات تحديات على التربية والتربويين، وواضعى المناهج، والمعلمين، - وأيضاً - على التلاميذ والطلاب، وتغير من دور المعلم. ويتم اختيار مصادر المعرفة وتكنولوجيا التعليم وتحديدها فى ضوء مجموعة معايير، يمكن تحديدها فيما يلى:

المعيار الأول: تشكل مصادر المعرفة والتكنولوجيا مكوناً رئيساً للمنهج:

المؤشرات:

- تُدمَج مصادر المعرفة المتعددة والتكنولوجيا فى محتوى المادة الدراسية وطرق التعليم والتعلم.

- تعزز مصادر المعرفة والتكنولوجيا استخدام الأساليب المتطورة والمتعددة للقياس وللتقويم.

- يتيح استخدام مصادر المعرفة والتكنولوجيا ملاحقة التطور المتسارع فى المعرفة العلمية وتيسير الحصول عليها.

- يسهم استخدام مصادر المعرفة المتعددة والتكنولوجيا فى تحقيق الأهداف المنشودة للمنهج.

المعيار الثانى: تتنوع مصادر المعرفة والتكنولوجيا واستخداماتها:

المؤشرات:

- تشمل مصادر المعرفة مواد مطبوعة مكتوبة، ومواد غير مطبوعة (مرئية ومسموعة).

- تستخدم أنواعاً مختلفة من التكنولوجيا بعضها بسيطة، وبعضها متقدمة.

- تساير مصادر المعرفة والتكنولوجيا الذكاءات المتعددة للمعلمين والمتعلمين.

المعيار الثالث: تتطلب مصادر المعرفة والتكنولوجيا توافر إدارة وبيئة تعلم ثرية وحافزة:

المؤشرات:

- تعظم الفائدة من مصادر المعرفة والتكنولوجيا بتوفر بيئة، ومجتمع تعلم مناسب.

- يرتبط الاستخدام الأمثل لمصادر المعرفة والتكنولوجيا – المتاحة – بتوافر الإدارة الواعية.

المعيار الرابع: توافر مصادر المعرفة والتكنولوجيا فرصاً لتنمية عمليات التفكير ومهاراتها:

المؤشرات:

- ينمى استخدام مصادر المعرفة المتعددة والتكنولوجيا المتقدمة؛ القدرة على التفكير الناقد، وحل المشكلات واتخاذ القرارات المناسبة.

- يسهم استخدام مصادر المعرفة والتكنولوجيا فى تنمية مهارات التفكير العليا والمهارات الابتكارية.

- يؤدى استخدام مصادر المعرفة والتكنولوجيا إلى محو الأمية المعلوماتية.

المعيار الخامس: تستند مصادر المعرفة والتكنولوجيا إلى تنمية دافعية المتعلم وتشجع التعلم الذاتى:

المؤشرات:

- يعتمد استخدام مصادر المعرفة المتعددة والتكنولوجيا على جهد المتعلم الذاتى.

- يؤدى استخدام مصادر المعرفة المتعددة والتكنولوجيا إلى تنمية مهارات التعلم طوال الحياة

- يقتصر دور المعلم بالنسبة لمصادر المعرفة والتكنولوجيا على التوجيه والتيسير.

المعيار السادس: ينعكس استخدام مصادر المعرفة والتكنولوجيا على مواقف الحياة:

المؤشرات:

- توظف تكنولوجيا المعرفة والمصادر المتنوعة فى حل المشكلات واتخاذ القرارات فى الحياة الفعلية.

- يسهم استخدام مصادر المعرفة والتكنولوجيا فى تنمية العمل التعاونى، وعمل الفريق بين المتعلمين وبعضهم، وبين المتعلمين والمعلم.

- يؤدى استخدام مصادر المعرفة والتكنولوجيا إلى زيادة الإنتاجية.

- يساعد استخدام مصادر المعرفة والتكنولوجيا فى تحقيق التنمية الذاتية المستدامة.

المعيار السابع: تراعى مصادر المعرفة والتكنولوجيا الجوانب الاجتماعية والأخلاقية والإنسانية والقانونية:

المؤشرات:

- يراعى الاستخدام الأمثل لمصادر المعرفة والتكنولوجيا الجوانب الأخلاقية والاجتماعية والإنسانية.

- يتطلب استخدام مصادر المعرفة والتكنولوجيا مراعاة الجوانب القانونية.

5- **المقاييس المعيارية لعمليات التقويم:**

المعيار الأول: التقويم أصيل يعبر فعلاً عن أداء الطالب:

المؤشرات:

- يقوم التقويم على عمل أدائى واقعى.

- يعتمد التقويم على مؤشرات أداء واضحة (شفهية / عملية / تحريرية) منبثقة عن مقاييس معيارية اصـف بدقة جوانب المنهج.

المعيار الثانى: التقويم شامل لجميع جوانب التعلم (المعرفية - الوجدانية- المهارية):

المؤشرات:

- تتنوع أساليب التقويم لتلائم الاستراتيجيات والنماذج المختلفة.

- تغطى أساليب التقويم كافة الأنشطة التى يقوم بها الطالب.

- تشمل أدوات التقويم مختلف الاختبارات التربوية والشخصية والعملية ومقاييس الاتجاه وأساليب الملاحظة وكتابة التقارير والقيام بمشروعات ومهام معينة ومن الممكن ضمها جميعاً بملف الطالب (Portfolio) .

المعيار الثالث: التقويم عملية مستمرة يمكن توظيفها فى عمليات التشخيص والعلاج والإثراء:

المؤشرات:

- يكون التقويم متلازماً مع عملية التعليم والتعلم.
- يكون مستمرًّا (يومياً / أسبوعياً / شهرياً).
- يكون متنوع الأهداف بين (القبلى / البنائى / التشخيصى / التجميعى).

المعيار الرابع: يوفر التقويم فرصاً لتنمية عمليات التفكير ومهاراته:

المؤشرات:

- تعتمد مفردات التقويم على مستويات معرفية عالية.
- تتيح أدوات التقويم ممارسة وقياس عمليات معرفية عالية (فهم/ تطبيق/ حل مشكلات).

المعيار الخامس: تتوافر فى أدوات التقويم موضوعية القياس وعدالته:

المؤشرات:

- تكون مفردات أدوات القياس أو مهامها صادقة فى تعريفها لمتغير التحصيل أو غيره.
- يتوافر صدق تدرج المفردات على ميزان تدرج مشترك بوحدة قياس معرفة.
- توافر صدق استجابات الأفراد وضبط الموقف الاختبارى.
- يعتمد التقويم على تكوين صور اختبارية متعادلة القياس.
- لا يختلف تقدير تحصيل الطالب باختلاف الاختبار المستخدم.
- لا يختلف تقدير تحصيل الطالب باختلاف تقدير تحصيل الأفراد الآخرين على الاختبار.

- يتوافر للتقويم كل من صدق وثبات الحكم على مستوى إتقان الطالب تبعاً لمحكات موضوعية معرفة (الاجتياز – الإجادة / التمكن).

- يتوافر للتقويم كل من صدق وثبات المقارنة بمستويات الطلاب الآخرين مهما اختلفت المجموعـات التـى ينتمون إليها باختلاف (المدرسة / تاريخ التقويم).

- يتيح التقويم كل من صدق وثبات تفسير وتتبع نمو التحصيل لدى الطالب.

المعيار السادس: تتعدد جهات ومستويات التقويم:

المؤشرات:

- تتيح أساليب التقويم الفرص للطالب لتقويم نفسه ذاتيًا.

- يشترك المسئولون بالمدرسة فى تقويم الطالب (المعلمون / المشرفون/ المدير/ الإداريون ...).

- يُقوم الطالب من قِبَلِ المسئولين بالوزارة (الموجهون / ...).

- يتم تقويم الطالب خارجياً مثل (المراكز المعنية / المجتمع ممثلاً فى الإعلام وغيره / المسابقات الدولية).

المعيار السابع : تكون هناك آلية لإظهار نتائج التقويم الذاتى (التقويم عن بعد):

المؤشرات:

- يقوم التقويم الذاتى على التعامل مع صور اختبارية بالإنترنت أو دليل التقويم.

- يظهر للطالب تقديراً لأدائه وتفسيراً لمستواه.

- يقدم للطالب تشخيصاً لأدائه.

- يوجه الطالب للصورة الاختبارية المناسبة لمستواه.

المعيار الثامن: توافر آلية ميسرة لعمليات التقويم:

المؤشرات:

- تتوافر مصادر كافية تساعد المعلم والمسئولين فى إعداد أدوات التقويم.

- توجد خطة واضحة ولوائح منظمة لموقف التقويم.

- يكون تقدير درجات الطلاب واضحًا ومحدد.

المعيار التاسع: تتصف عمليات التقويم بالوضوح والشفافية:

المؤشرات:

- تكون خطة عمليات التقويم وإجراءاته واضحة ومعلنة.

- تنشر نتائج التقويم فى وقتها المناسب.

- يتمكن المعلمون وأولياء الأمور والطلبة والمجتمع من فهم عمليات التقويم ومناقشتها.

رابعاً- إشكاليات تطبيق المقاييس المعيارية:

وضعت وزارة التربية والتعليم هذه المقاييس المعيارية بهدف تحقيق الجودة الشاملة فى التعليم باعتبارها محددة لمستويات الجودة المنشودة فى منظومة التعليم والتعلم بكل عناصرها. وفى مجال المنهج الدراسى ونواتج التعلم تناولت الوزارة ما ينبغى أن يكتسبه المتعلم من معارف ومهارات واتجاهات وقيم، والمنهج من حيث فلسفته وأهدافه ومحتواه وأساليب التعليم والتعلم، والمصادر والمواد التعليمية، وأساليب التقويم، كما يتناول نواتج التعلم التى يعمل المنهج الدراسى على تحقيقها.

ويحسب لهذه المقاييس المعيارية أنها تضع التعليم فى إطار المنافسة العالمية، وتوسع قاعدة المشاركة المجتمعية فى العملية التعليمية، وتحقق مبدأ الجودة الشاملة فى الخدمة التعليمية فى ظل توجه يتيح للقطاع الخاص والمجتمع الفرصة الملائمة للمساهمة فى هذا المجال الحيوى. كما أن هذه المقاييس المعيارية تأخذ فى اعتبارها الأهمية المتزايدة لتطوير التعلم بكافة مراحله وأنواعه، ليس فقط لتنشئة أجيال

جديدة من الشباب على أعلى مستوى من العلم والمعرفة تؤهلهم لقيادة العمل الوطنى فى كافة مجالاته، بل أيضاً لتعميق الشعور الدولى المتزايد بأهمية الوطن كمركز للإشعاع العلمى والثقافى يقوم على الاعتدال والوسطية، بعيداً عن التطرف والمغالاة، ويحترم الثقافات والعادات والقيم على مستوى الذات والآخر مما يزيد من تفاعلنا مع العالم الخارجى فى إطار من الاحترام المتبادل.

إن هذه المقاييس المعيارية تمثل إنجازاً باعتبارها ركيزة لتوجيه العمل التربوى، كى يكون عملاً مؤسسيًا، تتحدد فيه الأهداف، وتتوزع المسئوليات والأدوار، وتتبلور المسئولية والمحاسبية من خلال الاحتكام إلى مرجعية المعايير بوصفها الأداة التى يتم الاستناد إليها فى تحقيق الموضوعية وترسيخ الشفافية فى الحكم على الإنجازات وتقويم الأداء.

إن التطوير والتقويم سمة أساسية من سمات العصر، وأضحى تطبيقهما واستحداث آليات لتفعيلهما ضرورة لا غنى عنها فى كل مناحى الحياة تحقيقاً للجودة الشاملة، ومواكبة للتغيرات المعاصرة والمستقبلية. ومن ثم تحرص مختلف النظم المجتمعية على تحديد مقاييس معيارية تهدف إلى الوصول لرؤى واضحة للمدخلات والمخرجات وإلى تحقيق الأهداف المنشودة. وهذه المقاييس المعيارية للارتقاء بجودة التعليم حتى تتم مواجهة التحديات الجسام التى يتعرض لها الوطن آنيًا ومستقبليًا؛ إذ يبقى التعليم دوماً دعامة وركيزة للأمن القومى ومنطلقاً للنهوض بالوطن والمواطن.

إن هذه المقاييس المعيارية تقوم على مجموعة من المبادئ والمفاهيم التى تعكس محاور الرؤى المستقبلية للتعليم والتى تتشكل فى خدمة المحاسبية والعدالة الاجتماعية وتكافؤ الفرص والحرية وحقوق الطفل والمرأة، وغرس مقومات المواطنة والانتماء والديمقراطية، وترسيخ قيم العمل الجماعى والتنوع والتسامح

وتقبل الآخر، وتعزيز قدرة المجتمع على تنمية أجيال مستقبلية قادرة على التعامل مع النظم المعقدة والتكنولوجيا المتقدمة والمنافسة، ومواكبة التطورات الحديثة فى عالم متغير يعتمد على صنع المعرفة والتكنولوجيا، وعلى تعدد مصادر التعلم وتنمية المهارات اللازمة للتعامل مع مجتمع المعرفة، واستحداث نمط من الإدارة يرسخ مفاهيم القيادة ومجتمع التعلم، وتعمل على تحقيق الجودة الشاملة، وتوفير مناخ يكفل حق التعليم المتميز والتنمية المهنية المستديمة للممارسين التربويين، كما أنها تعتمد على مقاربة تعليمية تعزز نموذج التعلم النشط ذاتى التوجه كما تعزز توظيف المعرفة ودعم قيم الإنتاج وحل المشكلات واتخاذ القرار والتفكير الناقد والإبداعى، وتسهم هذه المقاييس المعيارية بعد ذلك فى بناء قاعدة معرفية عريضة لدى المتعلم تتسم بالتكامل والفاعلية، والتميز فى التعلم والقدرة على المتابعة والتقويم الأصيل.

إن هذه المقاييس المعيارية تتميز بخصائص ومواصفات. فهى: شاملة حيث تتناول الجوانب المختلفة المتداخلة للعملية التعليمية والتربوية والسلوكية وتحقق مبدأ الجودة الشاملة. وهى مقاييس معيارية موضوعية حيث تركز على الأمور المهمة فى المنظومة التعليمية بلا تحيز، وتنأى عن الأمور والتفصيلات، وهى مرنة حتى يمكن تطبيقها وفقاً للظروف والبيئات الجغرافية والاقتصادية المتباينة، وهى مجتمعية أى أنها تعكس تنامى المجتمع وخدمته، وتلتقى مع احتياجاته وظروفه وقضاياه، وهى مقاييس معيارية مستمرة ومتطورة حتى يمكن تطبيقها لفترات زمنية ممتدة تكون قابلة للتعديل، ومجابهة المتغيرات والتطورات العلمية والتكنولوجية، وهى قابلة للقياس حتى يمكن مقارنة المخرجات المختلفة للتعليم بتلك المقاييس المعيارية للوقوف على جودة هذه المخرجات، وهى تحقق مبدأ المشاركة بأن تبنى على أساس اشتراك الأطراف المتعددة، والمستفيدين فى المجتمع فى إعدادها من ناحية وتقويم نتائجها من ناحية ثانية، وهى مقاييس معيارية أخلاقية حيث تستند إلى الجانب الخلقى وتخدم القوانين وتراعى ثقافة المجتمع من عادات وقيم وسلوك، وهى

داعمة فلا تمثل هدفا فى حدّ ذاتها، بل تكون آلية لدعم العملية التعليمية والنهوض بها، وأخيراً فهى معايير وطنية تخدم أهداف الوطن وأولوياته ومصلحته العليا.

إن تجسير الفجوة بين المقاييس المعيارية المعلنة من جهة وبين الواقع التعليمى الممارس عبر مؤسسات التعليم يشير إلى إشكاليات فى التطبيق لعل من أهمها: أن هذه المعايير تفتقد إلى دليل الاستخدام حيث الإفادة منها على مستوى التطبيق. ولعل إعداد هذا الدليل يتطلب لغة علمية سهلة تناسب كافة المشاركين فى العملية التعليمية داخل المدرسة وخارجها وبحيث يتضمن دليل الاستخدام عدداً من العناصر الأساسية تشمل: مقدمة مختصرة عن المعايير وأهمية تطبيقها، وتعريف المصطلحات، وتعليمات الاستخدام وحدود التطبيق، ودلالات نتائج التطبيق.

وتفتقد هذه المقاييس المعيارية بعد ذلك التجريب الميدانى من خلال عرض المعايير على مجموعة ممثلة من المستفيدين والمطبقين لها فى ورش عمل موسعة، ومناقشة الاستجابات المختلفة وتحليلها وتعديل هذه المقاييس على ضوئها، ثم تطبيق المقاييس المعيارية المعدّلة تجريبياً فى مجموعة من المدارس. ولعل ذلك كله يتطلب مسبقاً توزيع عدد كافٍ من المقاييس المعيارية على مكتبات المدارس، ووضعها فى ذات الوقت على موقع وزارة التربية والتعليم بشبكة المعلومات الدولية الإنترنت. وتشكيل فرق عمل ميدانى من الخبراء الوطنين والدوليين لوضع سياسات التنفيذ وعمليات التقويم مع تطوير آليات العمل فى ضوء التقويم البنائى. والتغذية الراجعة.

وهذه المقاييس المعيارية لابد لها من استكمال وضع قواعد التقدير المتدرجة Rubrics لجميع المؤشرات الخاصة بالمعايير وتجربتها ميدانياً حتى يستفيد منها جميع الأطراف القائمين على العملية التعليمية.

وتفتقد هذه المقاييس المعيارية الدور الإعلامى فى خلق ثقافة مجتمعية مساعدة وداعمة من حيث إشراك الرأى العام فى ثقافة المعايير لضمان مساندة هذه النقلة

النوعية فى التعليم ونوعية المجتمع المدرسى وأولياء الأمور والمجتمع المدنى والمحلى ورجال الأعمال بأهمية التعليم المرتكز على معايير ومقاييس قومية. وهو ما يتطلب عقد لقاءات وندوات دورية للعاملين فى حقل التعليم، ودعم المواقع الإلكترونية لوزارة التربية والتعليم وموقعها الخاص بالمعلومات الدولية بما يسهم فى نشر ثقافة المقاييس المعيارية وترسيخها، والتوسع فى نشر اللقاءات التشاورية بين المهنيين المهتمين والمهمومين بالتعليم والمستفيدين من عوائده.

إن صناعة معايير قومية فى التعليم يفرض بالضرورة مقتضيات تدريبية جديدة حتى تتم جهود التدريب المتعاظمة فى إطار مقاييس معيارية من أجل تفعيلها وضمان الشروط اللازمة لنجاحها. وهو ما يتطلب تحديد الاحتياجات التدريبية وفقاً لطبيعة هذه المقاييس وغاياتها فى كافة مجالات العمل التربوى ويتطلب ذلك تخطيط البرامج التدريبية المناسبة فى ضوء هذه الاحتياجات شريطة التدريب على أساليب المنهج العلمى فى جمع البيانات والقياس والمراجعة والتدقيق والتحليل والتقييم، ووضع الآليات التى تعمل على تكامل جهود التدريب والتنسيق بين المؤسسات المشاركة فى التدريب مع تفعيل نواتجه وتنمية كوادر المدربين مع استمرار دعم قاعدة البيانات وإتاحتها للجميع، والمحافظة على جعل التدريب عملية مستمرة متصلة الحلقات فى الحياة المهنية للمعلمين وقيادات التعليم مع توظيف هذه المعايير فى مسيرة التطوير والتقييم فى كل برامج التدريب.

إن تطبيق المقاييس المعيارية يتطلب التزاماً من النظام التعليمى بأكمله ومن الجميع وينعكس على كافة العناصر المؤسسية التعليمية وكافة الممارسات التربوية، غير أن ذلك يتطلب تطبيق قاعدة معرفية عن كيفية تطبيق المقاييس المعيارية وهيكلاً تنظيميًا يدعم عملية التطور المتمركز عن المعايير، كذلك يتطلب أدوات استخدام على مستوى الفصل والمدرسة والإدارة التعليمية وعلى المستوى المركزى. وكل

ما سبق يتطلب تطوير السياسات التعليمية الداعمة لتطبيق المقاييس والتى من أهمها جعل المدرسة وحدة التخطيط والتطوير والتنفيذ والتقويم بما يضمن تحقيق جميع التلاميذ معايير المحتوى والأداء، وجعل التنمية المهنية جزءاً أساسيًا من تقييم العاملين بالتعليم، وأن يعتمد الترقى على أساس البرامج التدريبية ومستوى الكفايات المهنية لا على أساس الأقدمية، كذلك وضع السياسات والتشريعات التى تتيح للمعلم التدرج فى مستويات عليا متدرجة (المعلم الحديث - النامى - الكفء - المتمكن - الخبير) وهو ما يضمن الاستقرار المهنى للمعلم طوال حياته، وكذلك استخدام التقويم الأصيل ومشاركة المجتمع فى التعليم ودعمه.

يضاف إلى ما سبق من إشكاليات تواجه تطبيق المقاييس المعيارية قلة البحوث العلمية التربوية والنفسية التى تتناول كل جانب من جوانب العملية التعليمية التعلمية والتى يمكن توظيف نتائجها بحيث تزيد من جودة مدخلات العملية التعليمية كذلك الحاجة إلى قاعدة معلومات ومصادر معرفة تواكب التطورات العالمية فى تطبيق المقاييس المعيارية محلياً، ومع ذلك كله لابد من توجيه الموارد البشرية والمالية بحيث تكفل تطبيق المقاييس المعيارية بكفاءة واقتدار.

* * *

الفصل الرابع

المناهج لتنمية التفكير وصناعة المبدعين

1 - التفكير وعلم النفس المعرفى.

2 - تنمية التفكير غاية التعليم.

3 - التعليم العصرى والإبداع.

4 - التفكير المتشعب وتحرير العقل.

5 - هندسة النجاح والتعليم.

6 - أدوار المعلمين لصناعة المبدعين.

المناهج لتنمية التفكير وصناعة المبدعين

أولاً- التفكير وعلم النفس المعرفى:

نال موضوع التفكير والتعلم اهتمام الباحثين فى مجال علم النفس المعرفى، فهو من الموضوعات ذات الصلة الوثيقة بمتغيرات العصر ولأنهما متداخلان فى كل مظاهر الفروق الفردية، والتفكير هدف مهم من أهداف التعليم العصرى. أن من أفضل الطرق فى تيسير تعلم الطلاب التعامل مع الفروق الفردية بالتركيز على الأساليب العقلية وأساليب التعلم، لأن التعلم يرتبط دائماً بالتفكير، والفروق الفردية تتدخل فى استخدامنا لأساليب معينة عندما نفكر وأيضاً عندما نتعلم.

وإذا كان العصر الحالى عصر الثورة العلمية والتكنولوجيا الحديثة، عصر الفضاء والإلكترونات وعلوم الكمبيوتر والإنترنت والأقمار الصناعية والعولمة والانفجار المعرفى وثورة المعرفة فإن هذا كله يتطلب الاهتمام بتنمية مهارات التفكير السليم لدى كل المتعلمين حتى نساعدهم على مواجهة المواقف والمشكلات الآنية والمستقبلية. إننا لكى نعيش القرن الواحد والعشرين يجب علينا أن نسلح أبناءنا وبناتنا بمهارات التفكير اللازمة للتوافق مع متغيرات الحياة، وأن يتعلموا كيف يكونون قادرين على حل المشكلات التى تواجههم ولكن بطريقة إبداعية غير نمطية. إن العصر الذى نعيش فيه يمكن أن نطلق عليه عصر الاهتمام بسيكولوجية التفكير. فالتفكير عملية معرفية أو فعل عقلى نكتسب به المعرفة، كما أن التفكير يقع على قمة هرم النشاط العقلى، فالإنسان عن طريقه يستطيع توظيف غالبية العمليات العقلية الأخرى إن لم يكن كلها تقريباً؛ أى أن التفكير موجه لكل ما يقابلنا من مشكلات لنجد لها ما يناسبها من بدائل وحلول.

إن على المعلمين أن يركزوا على مهارات التفكير العلمى، وتبصير الطلاب بكيفية الأداء السليم تجاه المشكلات، وكيفية انتقاء المعلومات المرتبطة بالمشكلة، وكيفية اكتشاف وتنسيق الموقف المشكل بما ييسر الأداء السليم . ومن علماء النفس مَنْ أكد على أهمية تدريس التفكير وقيمته ، كما أكدوا على أهمية تصميم برامج لقياس وتحديد مهارات التفكير لدى الطلاب ، وذلك من خلال مناهج صممت وأعدت من أجل إيجاد سياقات أو مقررات دراسية أو نشاطات مختلفة تبين ذلك لهم.

إن إحدى الطرائق الممكنة التى من خلالها نستطيع تحديد الطرق المعقدة التى يتعلم بها الفرد هى دراسة الطريقة أو الأسلوب الذى يفكر به كل طالب من الطلاب. ونتيجة لذلك فقد تركز اهتمام بعض الباحثين فى الآونة الأخيرة على دراسة تأثير متغيرات الفروق الفردية غير المعرفية على التحصيل الدراسى، وأحد هذه المتغيرات هى أساليب التفكير التى تشير إلى طريقة الإنسان فى استخدام قدراته تجاه المهام المعرفية. إن بعض الطلاب يفضلون الطريقة اللفظية فى التفكير، والبعض الآخر يفضل الطريقة البصرية. ويعد جوردن ألبورت أول من قدم فكرة أسلوب التفكير إلى ميدان علم النفس عندما تحدث عن أساليب الحياة التى قصد بها أنماط الشخصية المميزة أو أنماط من السلوك، وهناك ثلاثة مداخل لتفسير أساليب التفكير، هى:

1- **المدخل المتمركز على المعرفة:** والأساليب المعرفية هنا تشبه القدرات العقلية لأنها تقاس فى معظم الأحيان من خلال اختبارات تتضمن الصواب والخطأ وهى اختبارات لإظهار أقصى الأداء، وتقيس الفروق الفردية فى المعرفة والإدراك والتى درست واهتمت بالفروق الفردية بين الطلاب المندفعين والمترويين وكذلك دراسة الفروق الفردية بين الأفراد المستقلين والمعتمدين على المجال الإدراكى.

2- **المدخل المتمركز على الشخصية:** وظهرت فى هذا الإطار سمات الشخصية التى يتم قياسها باختبارات الأداء المميز. وهنا تعد الأساليب جزءاً من الشخصية. وقد ظهرت نظريات منها ما ربط بين التفكير والشخصية فى ضوء نظرية الأنماط النفسية، وتوصلت إلى ستة عشر أسلوباً فى الشخصية تقاس فى ضوء نمط: الإدراك (الحس – الحدس) والحكم (التفكير – الشعور) والتعامل مع الذات والآخرين (الانبساط – الانطواء) والتعامل مع العالم الخارجى (الحكم – الإدراك). وهناك من النظريات ما توصل إلى ستة أساليب فى الشخصية (واقعى/ فنى/ اجتماعى/ مبادر/ تقليدى/ بحثى).

3- **المدخل المتمركز على النشاط:** وركز هذا المدخل على أساليب التفكير كمتغيرات وسيطة لأشكال مختلفة من الأنشطة تظهر من خلال جوانب المعرفة والشخصية. وظهر فى هذا الإطار أساليب التعلم والتدريس، واهتم الباحثون بدراسة علاقة أساليب التعلم (المدخل المتمركز على النشاط) بسمات الشخصية (المدخل المتمركز على الشخصية)، وتوصلوا إلى أنه يمكن التنبؤ بأساليب التعلم من خلال سمات الشخصية.

وفى إطار البحث فى تحديدات المداخل الثلاثة المعرفة والشخصية والنشاط لأساليب التفكير ظهرت نظرية حديثة هى نظرية التحكم العقلى الذاتى أو نظرية أساليب التفكير التى توصلت إلى ثلاثة عشر أسلوباً من أساليب التفكير. ويهمنا فى هذا الصدد أن نركز على:

1- إن ما يجب النظر إليه ودراسته فى ميدان التعليم هو توزيع الطلاب على التخصصات الأكاديمية المناسبة لهم طبقاً لأساليب تفكيرهم وأساليب التعلم وخصائص الشخصية المرتبطة بها، وبالتالى تسهم فى تحقيق التوافق النفسى لدى الطلاب وعدم تعرضهم لصعوبات تعلم فيما بعد. فانتقاء الطلاب للتخصصات

الدراسية يُعد سليماً بعد معرفة السمات اللازمة للنجاح في كل تخصص، ولا يقتصر التوزيع على التحصيل الدراسي فقط.

2- إن دراسة أساليب التفكير والتعرف عليها لدى طلاب الجامعة ومدى علاقتها بأساليبهم في التعلم تساعد أعضاء هيئة التدريس على تشجيع الطلاب على التفكير واعتباره جزءاً مهماً من العملية التعليمية، وتساعدهم أيضاً على معرفة الطرق التي يتعلم بها الطلاب، وبالتالي قد تساعد علماء النفس التربوي على تصميم وإعداد الوسائل الممكنة من أجل الارتقاء بالتعلم وتساعدهم أيضاً على فهم بعض القدرات العقلية، فأساليب التفكير أفضل من اختبارات القدرات التقليدية في التنبؤ بالتحصيل الدراسي.

3- إن معرفة المعلمين بأساليب تفكيرهم وأساليب التعلم المرتبطة بها قد تساعدهم على استخدام أدوات مختلفة في تقويم تلاميذهم بطريقة تجعلهم ينمون ويطورون وينوعون من طرق تدريسهم لحفز تلاميذهم على التفكير.

4- إن أساليب تفكير المعلم ترتبط بطرق تدريسه، وبالتالي قد يختار المعلمون طرائق التدريس التي تتسق مع أساليب طلابهم في التعلم. لقد أثبتت الدراسات النفسية أن أساليب التفكير تعتمد اعتماداً كبيراً على خصائص كل من المعلمين والطلاب فالمعلمون يفضلون الطلاب الذين يتناغمون معهم في أساليب تفكيرهم، ويكونون أكثر فاعلية إذا تعرفوا على الأساليب التي يفكر بها طلابهم وبالتالي سوف يمتنعون عن تكليف طلابهم بعمل أشياء لا يستطيعون عملها أو أشياء لا يحبونها وأنه كي نكون معلمين ناجحين يجب أن ندرك كيفية تعلم طلابنا وأساليبهم في التفكير والتعلم ومستويات ذكائهم.

5- إن معرفة الطالب بأساليب تفكيره يساعده على زيادة فهمه لنفسه وفهمه للآخرين وتحسين وتطوير علاقاته مع والديه وأصدقائه وزملائه وتجنب الصراعات في

المنزل والمدرسة والعمل، وتطوير وتحسين العمل الجماعى وديناميات الجماعة وزيادة تأثير الفاعلية والاتصالات وتوفير الوقت والجهد والمال.

6- إن إدراك أساليب تفكير الطلاب والمعلمين يساعد المدراء عند اختيار وانتقاء الفرد التفكير بصورة أكثر من كفاءته، ذلك أن أسلوب الفرد فى التفكير يجب أن يؤخذ فى الاعتبار مثله مثل ذكائه ودافعيته عند وضع الفرد المناسب فى المكان المناسب.

إن هناك اتفاقاً على أن الأشخاص المتفوقين عقلياً لا يؤدون العمل دائماً بنجاح، وأن العوامل غير المعرفية ترتبط بالأداء الوظيفى الناجح.

إننا يجب أن نفرق بين التفكير وأساليب التفكير، ذلك أن التفكير عملية عقلية معرفية تؤثر بشكل مباشر فى طريقة وكيفية تجهيز ومعالجة المعلومات والتمثلات العقلية المعرفية داخل العقل الإنسانى. أما أسلوب التفكير فهو طريقة الفرد المفضلة فى التفكير عند أداء الأعمال، وهو ليس قدرة إنما هو تفضيل لاستخدام القدرات ويقع بين الشخصية والقدرات، فأسلوب التفكير يشير إلى الطريقة المفضلة التى يستخدم أو يوظف بها الفرد قدراته أو ذكاءه، كما أن أساليب التفكير هى الطرق أو المفاتيح التى بها يتم فهم أداء الطلاب.

إن نظرية أساليب التفكير التى قدمها (سيرنبرج) فى العقد الخير من القرن العشرين تكشف عن خصائص أساليب التفكير لدى الطلاب، وتصنفهم كما يلى:

1- **الأسلوب التشريعى:** يفضل هؤلاء الطلاب الابتكار والتجديد والتصميم والتخطيط لكل مشكلة وعمل الأشياء بطريقتهم الخاصة، ويميلون لوضع نظام لكل المشكلة، ويفضلون بعض المهن مثل الكاتب والمبتكر والعالم والفنان والأديب والمهندس المعمارى، وابتكار قوانينهم ونظمهم، والتعامل مع المشكلات التى تستثير فيهم الابتكارية.

2- **الأسلوب التنفيذى:** يفضل هؤلاء الطلاب التجديد والتصميم والتخطيط لحل المشكلة ويفضلون اتباع التعليمات والقوانين المحددة لهم، ويفعلون ما يطلب منهم، ويتميزون بالواقعية والموضوعية فى معالجتهم للمشكلات والتفكير فى المحسوسات، والأنواع التنفيذية من المهن مثل: المحامى، ورجل الشرطة، ورجل الدين والمدير.

3- **الأسلوب الحكمى:** ويفضل هؤلاء الطلاب الميل إلى الحكم على الآخرين وعلى أعمالهم، وتقويم القواعد والإجراءات، والحكم على الأنظمة، وتحليل وتقويم الأشياء، وكتابة المقالات النقدية، وتقديم الآراء والمقترحات، ولديهم القدرة على التخيل والابتكار ويفضلون بعض المهن مثل: القاضى، والناقد، ومقوم البرامج، وضابط الأمن، والمراقب للحاسبات، ومحلل النظم، والمرشد والموجه.

4- **الأسلوب الملكى:** ويفضل هؤلاء الطلاب عمل شيء واحد فى المرة الواحدة، وأن الأهداف تبرر الوسائل، ولا يدركون عواقب الأمور، وهم غير واعين نسبياً بأنفسهم، ومتسامحون ومرنون، ولديهم إدراك قليل نسبياً بالأولويات والبدائل، وهم حاسمون، ويفضلون الرسم والتاريخ والعلوم والأعمال التجارية، وهم منخفضون فى القدرة على التحليل والتفكير غير المنطقى.

5- **الأسلوب الهرمى:** ويفضل هؤلاء الطلاب عمل أشياء كثيرة ويأخذون بمبدأ المعالجة المتوازنة للمشكلات، والغايات عندهم لا تبرر الوسائل، ويبحثون عن التعقيد، وهم واعون متسامحون مرنون نسبياً، لديهم إدراك جيد للأولويات منظمون فى حلهم للمشكلات وفى اتخاذ قراراتهم، وهم واقعيون منطقيون.

6- **الأسلوب الفوضوى:** ويأخذ هؤلاء الطلاب بمبدأ المعالجة العشوائية للمشكلات ويصعب تحديد الدوافع التى وراء سلوكهم وأهدافهم غير

واضحة، ويتميزون بالبساطة والمرونة، وهـم غـير منظمـين ويكرهـون النظـام، ويقومـون بعمل الأشياء دون إكمالها، وهم متطرفون.

7- **الأسلوب العلمى:** يدرك هؤلاء الطلاب الصورة العامة للموقف أو المشكلة، ولا يميلون إلى التفاصيل، ويفضلون العمل مع القضايا الكبرى والمجـردة نسبياً، ويميلـون إلى التخيـل والتجريد ويسترسلون فى التفكير، ويتعاملون مع العموميات ومع المواقف الغامضة ولا يميلون إلى النمطية فى الحياة أو العمل، ويفضلون التغيير والتجديد.

8- **الأسلوب المحلى:** يميل هؤلاء الطلاب إلى المشكلات التى تتطلب بحث التفاصيل ويتوجهـون نحو المواقف العملية، ويستمتعون بالتعامل مع التفاصيل والخصوصيات.

9- **الأسلوب الداخلى:** يفضل هؤلاء الطلاب العمل بمفردهم، وهم متطورون ويكون توجههم نحو العمـل أو المهمة، ويتميزون بالتركيز الداخلى، ويفضلون استخدام ذكائهم فى العمل وليس مـع الآخـرين، وإدراكهم بالعلاقات الاجتماعية قليل.

10- **الأسلوب الخارجى:** يفضـل هـؤلاء الطـلاب العمـل مـع غيرهم، وهـم منبسطون يتميزون بالتركيز الخارجى، ويتعاملون بسهولة مع الآخرين ويدركون العلاقات الاجتماعية بوضوح.

11- **الأسلوب المتحرر:** يفضل هـؤلاء الطـلاب عمـل الأشياء بطرق جيـدة، وتغيـير القوانين والإجراءات، ويستمتعون بالتعامل مع المواقف الغامضة وغير المألوفة وهم ابتكاريون فى التعامل مع المواقف.

12- **الأسلوب المحافظ:** يتبع هؤلاء الطلاب طريقة المحاولة الخطأ ويتبعون القوانين والإجراءات، ويتجنبون المواقف الغامضة، ويفضلون ما هو مألوف فى الحياة والعمل، ويتميزون بالحرص والنظام.

إن لكل متعلم صفاته الفردية التى لا يتساوى فيها مع متعلم آخر، والتى تنعكس فى سلوكه وتفكيره وتفاعله مع عناصر البيئة المحيطة وهذه الصفات قد تكون فسيولوجية كالمظاهر الجسمية والعضوية الظاهرة، كما قد تكون نفسية مثل: سرعة الفهم والإدراك وقوة الملاحظة وإدراك التفاصيل والقدرة على التذكر ودرجة الانفعال، كما قد تكون هذه الصفات مرتبطة بشخصية الفرد مثل: ميله إلى الانطواء أو الانبساط والميل إلى الاجتماع مع الناس أو العزلة والميل إلى السيطرة أو التبعية وغيرها من سمات الشخصية .

ثانياً- تنمية التفكير غاية التعليم:

إن تنمية التفكير هدف أساسى من أهداف العملية التعليمية والتعلمية وصناعة متعلم يمتلك مهارات التفكير العلمى الناقد المبدع يتطلب تصميم الخبرات التعليمية فى مواقف للتعليم تقوم على أسس ومبادئ فى مقدمتها أهداف سلوكية للدرس واضحة ومحددة، ودمج الحواس مع عملية التعلم من سمع وبصر وتذوق وشم ولمس وشعور، لأن استخدام أكثر من حاسة فى التعلم، والسماح للمتعلم أن يتفاعل مع المعرفة بنفسه، ومراعاة تحقيق جوانب التعلم المعرفية والوجدانية والحركية، والمحافظة على دافعية المتعلم نشطة دائماً، وتجديد استخدام الوسائط التعليمية ومراعاة المرونة فى تصميم خبرات التعلم بما يسمح لبطيء التعلم الاستمرار فى ممارسة التعلم، وسريع التعلم ممارسة مهام تعليمية أخرى تثرى المحتوى التعليمى وتعمقه، وممارسة المتعلمين للأنشطة التى تثير حماستهم ودافعيتهم، وتعديل الأنشطة التى لا تثبت فاعليتها، ومراعاة أن مدى انتباه المتعلمين يتأثر بكم ونوع الخبرات التعليمية المقدمة لهم، ومتابعة المعلم لتفاعل المتعلمين مع الخبرات التعليمية لتعرف الأنشطة التعليمية التى تستحوذ على انتباههم بقدر أكبر، والوقت الذى تقدم فيه خبرات التعلم يؤثر فى مستوى التعلم،

فما يقدم فى صباح اليوم المدرسى غير ما يقدم فى نهاية يوم دراسى جعل التعب بادياً على المتعلم، كذلك طبيعة الجو الناتج عن فصول السنة يتطلب خبرات تعليمية تناسب كل فصل من هذه الفصول الأربعة، والإمكانات المدرسية المتاحة واتجاهات ومعتقدات المعلمين والموجهين والمدراء وأسلوب إدارة المدرسة، كذلك الإيمان بمبدأ الفروق الفردية وقدرة كل فئة من المتعلمين على التعلم الأمر الذى يتطلب تبايناً فى الوقت المسموح به للتعلم وطرائق التعلم التى ترتبط بأنماط التعلم لدى المتعلمين فهم مختلفون منهم من يفضل المناقشة، ومنهم من يفضل العمل، ومنهم من يفضل القراءة أو الاستماع.

إن خبرات التعلم وصف لما سيفعله المتعلم، وكيف يفعله أثناء تفاعله مع محتوى الدرس، ولابد من استراتيجية تساعد على امتداد أثر التعلم وتتيح الفرص المتنوعة إثراء وتدعيم وتعميق أثر التعلم وتطبيق ما تم تعلمه من خبرات فى الحياة، وهنا لابد من الاهتمام باحتياجات واهتمامات المتعلمين ومشاركة المتعلم فى اختيار وتخطيط أنشطة التعلم يساعد فى المحافظة على إيجابية المتعلم ونشاطه مع قيام المعلم بدور المرشد والميسر والموجه والمساند والمعزز لخبرات التعلم، وما يتوجب أن نؤكد عليه فى مدارسنا هو أن:

- التفكير مهارة يمكن أن تعلم، سواء أكان تفكيراً ناقداً أم فلسفيًا أم تحليليًا أم عمليًا أم إبداعيًا أم علميًا أم منطقيًا، ولكل نمط من هذه الأنماط مجموعة من المهارات تميزه عن غيره، وتحدد خصائصه ومواصفات، وإن كانت هناك مهارات أساسية مشتركة بين هذه الأنماط جميعها مثل التذكر والفهم، وهنا يجب أن ننظر إلى مهارات التفكير كمجموعات مرتبطة بأنماط التفكير، وأخرى عامة بين أنماط التدريس، وكلها يتطلب التدريس الموزع والمران المتكرر من أجل الإتقان.

- التدريس المخطط يحقق تعلم التفكير، حيث النظام التعليمى المستند إلى نظريات علمية ونفسية وتربوية وهنا لابد أن نتبنى مدخل السلسلة أى الاستمرار فى تعليم التفكير كمحور لتصميم الدروس من خلال جميع المقررات الدراسية.

- التأكيد على عملية التفكير أكثر من التأكيد على نواتج التعلم، أى التركيز فى أثناء التدريس على الطريقة التى يتبعها المتعلم وخطواته ومسارات تفكيره فى سبيل الوصول إلى حل أكثر من الاهتمام بالحل نفسه، أى أن معرفة المعلم لكيفية توصل التلميذ إلى الحل أفضل بكثير من التركيز على الحل نفسه.
- مراعاة الفروق الفردية والسماح بالنمو الفردى، وهذا أساس يرتبط بمرونة برنامج التعلم وما يحتويه من خبرات تعليمية وأنشطة تمارس أثناء التدريس وتسمح بظهور التميز الفردى الكامن فى كل متعلم، وتسمح بالفروق الفردية ومطالب كل فئة من المتعلمين ويتم ذلك بإتاحة الفرص للاختيار من بين أنشطة متعددة متنوعة لتقابل التعدد والتنوع فى اهتمامات وذكاوات المتعلمين.
- تهيئة المناخ التعليمى المناسب، حيث إن الشعور بالأمن والثقة من أهم شروط مناخ التدريب المناسب لتنمية التفكير، وكذلك إتاحة الوقت المناسب للتعلم، وتعزيز الاستجابات الناجحة فوراً، وتعديل اتجاه التفكير بطرق آمنة معززة ومشجعة فى آن واحد. وهنا لابد من بناء علاقات الود والاحترام والثقة بين المتعلم والمعلم حتى يزداد التفاعل بين المتعلم والمعلم.
- إتاحة الوقت الكافى للتعلم حسب قدرات وطاقات المتعلمين من أجل تنمية مهارات التفكير وتطويرها، والمتعلم يحتاج إلى سنوات من التدريب على التفكير ليصبح مفكراً، ويلاحظ هنا أن البرامج التى تنمى التفكير تحتاج إلى ثلاث سنوات متوالية من التدريب الموزع على خبرات التعلم المناسبة.
- عدم توقع الكثير من برامج تنمية التفكير. برامج تنمية التفكير لا تعطى نتائج سريعة أو عالية مثل برامج التحصيل الدراسى وتحقق نتائج متواضعة يتطلب من المعلم الاستمرار والنشاط وإتاحة الوقت الكافى، ومتابعة عملية النمو، وخطوات التعلم التى يمارسها المتعلمون، واستمراريته فى بذل الجهد لتحقيق أهدافه.

- استخدام أدوات متنوعة للتقويم قبل توظيف البرنامج وفى أثناء تنفيذه وفى نهايته مع الاستعانة بأدوات قياس نوع المهارات المستهدفة بالإضافة إلى الاستعانة بملاحظات المعلمين والآباء والتقويم الذاتى.

- الاهتمام ببيئة المنزل والآباء باعتبارها قوة ذات عائد مؤثر فى تنمية التفكير، مع وجود أجندة خاصة للآباء تتضمن كل ما تعلمه التلاميذ فى المدرسة وأساليب استخدام عقولهم. إن برامج تنمية التفكير لا تنتهى عند باب المدرسة بل تتخطى المدرسة إلى سلوك الوالدين من أجل تعزيز آثار الدور الذى تؤديه تلك البرامج فى تنمية تفكير الأبناء.

- تتبع آثار برامج تنمية التفكير ومدى نجاحها فى تعديل سلوك التلاميذ بل إنه على القائمين على إدارة المدرسة والمعلمين الاستمرار فى متابعة أثر البرامج والمحافظة على حماسة التلاميذ لممارسة ما تعلموه، وتقديم خبرات جديدة تدعم التعلم السابق من وقت لآخر من أجل المساعدة فى الاحتفاظ بأثر التعلم والمحافظة على مستوى الإجادة التى وصل إليها المتعلمون.

- التحرك السريع نحو تنمية التفكير، حيث إنه من الخطأ تأجيل فرص التعلم فكل يوم يمر فى حياة التلميذ دون ممارسة التدريب يؤثر سلباً على ممارسة التفكير وزيادة مهاراته والاحتفاظ بما سبق اكتسابه. نعم تنمية التفكير ليس هو الشيء الوحيد الذى على التلميذ أن يتعلمه فى المدرسة، فهناك أوجه أخرى للتعلم لكن المهم الذى يجب أن نعلمه جيداً أن دور المدرسة لا يتحقق إلا بتنمية التفكير وتضمينه فى برامجها وفى المواد الدراسية التقليدية فى إطار المناهج الدراسية باعتبارها أدوات لتنمية التفكير.

- توجيه المزيد من الاهتمام لمهارات التفكير المتضمنة فى البرامج التى يحتاجها المتعلمون فى حياتهم المدرسية وغير المدرسية أى داخل المدرسة وخارجها حتى يتسنى لنا الإبقاء عليها وتوظيفها فى الحياة اليومية للمتعلم، وبذلك يصبح لها قيمة فى حياته.

- نجاح برامج تنمية التفكير تتوقف على جهود المعلم، فهو الذى يدعم المهارات ويشجع على استخدامها، ويهيئ المناخ المدرسى لاكتسابها، ويصمم المزيد من البرامج، ويتابع مسيرة نمو المهارات ونواتج التعلم، ويزود الفصول بفرص التفرد الشخصى والعناية بالفروق الفردية واستخدام التفكير فى مواقف متنوعة وهنا لابد من التأكيد على أدوار كليات التربية فى تكوين معلم كفء مدرب على تنمية التفكير من خلال أساليب وأنشطة وبرامج ونماذج للتعلم، كما يجب أن يمتلك المعلم اتجاهات إيجابية نحو مهنته ودوره المؤثر فى تنمية مهارات التفكير.

- تبنى قائمة مناسبة من مهارات التفكير، لأن تبنى قائمة طويلة وعدد كبير من المهارات التى نود تعليمها للتلاميذ يصعب على المعلم والمتعلم معاً الوصول إليها ويتحول الدرس إلى تلقين لا تدريب أو ممارسة، والمفروض أن نعلم تلاميذنا كيف يفكرون، ونتعرف مسارات تفكيرهم .

- تبنى المنهج العلاجى عند تصميم برامج تنمية التفكير لابد أن يحاول المعلم البحث عن الأسباب وتحديد أنسب أساليب العلاج المناسبة لامتلاك المتعلمين مهارات التفكير، وكشف عوامل عدم نجاح البرامج فى تنمية التفكير لابد أن تراجع البرامج المخصصة لتنمية التفكير من قبل إدارة المدارس وكليات التربية من حيث: المنطلقات والنظريات التى قامت عليها، والأهداف التى تسعى لتحقيقها، والمهارات التى تبنتها، والأساليب التى يجب تنفيذها، وطبيعة الجمهور المستهدف من البرنامج، والخصائص اللازمة لمن يدرس البرنامج من المتعلمين والمعلمين، والعائد التعليمى المتوقع، والمشكلات التى قد يتوقع مواجهتها. وهنا لابد أن تكون هناك إجابة مقنعة ومناسبة لكل محور من تلك المحاور.

إن الأسئلة التى تستحق المدارسة والتى تثار حول برامج تنمية مهارات التفكير كثيرة مـن أهمها: أى مهارات التفكير أكثر أهمية حتى تنمى أثناء التدريس؟ وأى مهارات التفكير يجـب أن نقـوم بتعليمها ؟ وكيف يتم تناول مهارات التفكير أثناء التدريس ؟ وما حجم الجولات التدريبية التى يمكن أن تعد كافية وتحقق الأهداف بكفاءة ؟ وما أفضل الطرائق التى يمكن أن تستخدم مـن أجل اكتساب التلاميذ عـادة التفكير ؟ وما أفضل الطرائق التى تشجع التلاميذ على استخدام التفكير ؟ وما أفضل الطرائـق التـى تشجع التلاميذ على استخدام مهارات التفكير فى الحياة اليومية ؟ وما البدائل التى يمكن أن يمتلكها إذا كـان هناك دائماً عالم جديد فى طريقه للميلاد يتطلب توظيف التفكير، ويتطلب متعلمين أذكياء مهرة قادرين عـلى مواجهة المتغيرات والمستحدثات والتعقيدات والفوضى وتوالد التقنيـات وسرعـة تطورهـا، بـل والهيمنـة العالمية والعولمة المتوحشة التى تقودها أمريكا للسيطرة على مقدرات وثروات الأمة العربيـة الإسلامية. إن تنمية مهارات التفكير بجميع أنماطه لدى المتعلمين هو الضمانة الأكيدة للمحافظة عـلى هويتنا وأصالتنا وحضارتنا وهو الضمان للدخول إلى عصر المنافسة من أجل الحياة والبقاء.

ثالثاً- التعليم العصرى والإبداع:

تبنى النظرة النسقية، والوعى بتأثيرات الأنساق المؤثرة على مفهـوم المـنهج الـدراسى ومكونـات الأنسـاق الفرعية له يمثل طرحاً للنظرة المنظومية، التى تتفق مع التحـولات الضخمة التـى يشهدها العـالم مـن حيـث العولمـة وتأثيراتهـا الجدليـة فى الحيـاة التعليميـة، وبالتـالى فى سياق المـنهج وأنساقه. وهنا لابد أن نقدم الإطار المفاهيمى للتعليم والتعلم المعاصر، آخذين فى الاعتبار المتغيرات المتسارعة الحادثـة فى العـالم المتقـدم، باعتبارهـا المصـدر الموجه لكـل أبعاد الفكر والتطبيـق الآنى، التـى نسـتند إليهـا فى مسـيرة تطويـر التعليـم المتنامية أبداً، وهى أنه:

لا معنى لتعليم عصرى لا يواكب التغيرات المعرفية، ولا يسهم فى إحداثها وتطويرها، وما دمنا نسعى فى مجتمعنا نحو الوصول إلى المنافسة والتطوير .. فلابد أن نأخذ فى سياق تعليمنا بالمعلوماتية، وما تتضمنه من استخدامات الحاسوب وثورة الاتصالات، والتطورات المعاصرة فى مجال الجينات والتكنولوجيا الحيوية، والعلوم الموجهة لفهم البيئة الطبيعية والتعامل الراشد معها، وعلوم الفضاء، والدراسات عبر المعرفية التى نشأت بظهور النظرية العامة للأنساق والسيبرناطيقيا، ومنهجية ما بعد الحداثة التى فى مقدمة سماتها التعقد، حيث لم يعد ينظر إلى أهداف العلم باعتبارها الوصف والتفسير والتنبؤ والتحكم، بل تحقيق المزيد من الفهم من أجل تغيير الواقع.

ولا معنى لتعليم عصرى لا يقوم على وظيفتى تحرير الإنسان وتعظيم إسهاماته فى مسيرة التنمية الشاملة المطردة، حيث إن التنمية هى عملية تحرر الإنسان، والإنسان هو هدف التنمية ووسيلتها، والتنمية تمكن الإنسان من تحسين نوعية حياته باستمرار، وصولاً إلى مستوى من العيش يليق به فى بيئة نظيفة. والتعليم هنا هو تعليم للقلب والعقل معاً، تعليم كلى تتكامل فيه جميع جوانب المتعلم من جسم وإحساس وفكر وعقل وانفعال وخيال وحدس وروح فى تركيبه متناغمة للحرية والمسئولية .. تعليم فيه حسن التصرف والسلوك العلمى والعقلانى والإبداع والتحدى والاسترخاء والاعتماد على النفس والاعتماد المتبادل .. تعليم عصرى يرتبط فيه تحرير الإنسان بتمكينه من الوصول إلى المعرفة بصورة مستقلة، وتمكينه من التفاعل معها ونقدها وتوظيفها فى حل المشكلات الحالية والمستقبلية ويرتبط بذلك كله معانى تعليمية جديدة منها: التعلم الذاتى واكتساب مهاراته باعتباره هدفاً محورياً للتعليم والتعلم، والنقد وإتقان مهاراته كأساس لتنمية الإبداع ولتطوير البيئة والمجتمع والإنسان المتعلم لممارسة الحرية والانتقاء، وتنمية

الذكاوات المتعددة باعتبارها نامية متطورة لها أهمية متساوية، والالتفات إلى المعرفة الشاملة نظرية وتطبيقية وتكنولوجية، والاهتمام بمتطلبات أساسية للتعلم بتوفير سياق تعليمى يؤدى إلى مشاركة المتعلمين الفعالة فى التعلم، وشعورهم بالبهجة والمتعة فى الاستزادة من المعرفة، ناهيك عن يسر الحصول على المعرفة واستخدامها وتوظيفها فى اتخاذ القرارات وحل المشكلات، وتغيير الذهنية التى تتعامل مع المعلومات من حيث قدرتها على إدراك علاقات جديدة، والتعامل مع معطيات التعقد، إضافة إلى النسق القيمى المتبع فى تداول المعرفة.

والتعليم المعاصر يرتبط بإطار قيمى ثقافى؛ حيث لا تقتصر متطلبات إحداث التقدم على التراكم المعرفى ونظام تعليمى جديد، بل يرتبط ارتباطاً وثيقاً بالعقلية التى تصنع هذا التقدم بحيث يحكمها إطار قيمى ثقافى أخلاقى حيث التفكير هو منهج الحياة، واحترام الآخر، والنظر إلى الاختلاف باعتباره ظاهرة طبيعية، والاستفادة من استيعاب ونقد المنتجات المعرفية فى تطوير الحياة الاجتماعية والتخلص من النظام الأبوى، وتغير النظرة إلى العمل من اعتباره مجرد وسيلة للحصول على الرزق إلى اعتباره مطلباً شخصيًّا لتحقيق الذات وتحقيق منفعة للمجتمع، والقدرة على العمل فى اتساق وانسجام ضمن فريق.

ومعنى ما سبق أن النموذج المقترح للمنهج المعاصر يبنى على فكرة الشمول للجوانب المعرفية وما تتضمنه من مهارات، والوجدانية بما تتضمنه من أخلاقيات من أجل تمكين المتعلم، الذى يعيش الألفية الثالثة من استخدام أدوات جمع المعرفة مستمتعاً بممارسة ذلك، ساعياً نحو تنمية ذكاواته المتعددة وتنمية شخصيته بصفة عامة. وهذا معناه أن المنهج المعاصر هو كل تعلم يسعى إلى تحقيق الفهم والاختيار للمتعلم، من خلال التعلم الذاتى المتجدد، وتحقيق نموه إلى أقصى درجة ممكنة، وبحيث يستغرق المنهج المعاصر سلوك المتعلم كإنسان، والتعليم النظامى يتم فى

إطار التعلم مدى الحياة، وتعميق قدرات الفهم والاختيار إلى مواقف البحث والنقد واتخاذ القرار، وحيث لا يوجد سقف لما يتعلمه الطالب أو حدود مرسومة مسبقاً للنمو، وتأكيد التعلم الذاتى والذكاوات المتعددة وإمكانية تنميتها، مع مراعاة الفروق الفردية بين الطلاب.

إن تغيير ذهنية القائمين على تصميم المناهج الدراسية وتنفيذها وتقويمها يتطلب النظر إلى المنهج الدراسي؛ باعتباره مجموعة من العناصر والأنساق التى ترتكز على علاقات متداخلة فيما بينها. وهذا يتضمن أن تغيير أحد عناصر النسق يؤدى إلى تغيير فى عناصره الأخرى، وهذه الأنساق التى يتضمنها المنهج الدراسى تضم بصورة أساسية: الأهداف والمحتوى، ومناخ التعلم، واستراتيجيات التدريس وأساليبه، ووسائط التعلم، والأنشطة المدرسية، والتقويم بأنواعه. وهى مكونات تستند على علاقات متداخلة تتغير دوما نتيجة للتغذية الراجعة الناشئة عن عملية التقويم، بحيث تمتد عملية التغيير المستمرة إلى أهداف المنهج.

والجديد الذى يحب الالتفات إليه هو أن المنهج جزء من النظام التعليمى، بما يتضمنه من فلسفة وغايات وسياسات وبنى من مراحل التعليم ونوعياته ونظم الالتحاق به، ونظم الإدارة والتمويل، وعملية تكوين المعلم، وحركة البحث العلمى. كما أن النظام التعليمى هو جزء من النسق المجتمعى بما يتضمنه من لغات ومعتقدات ومعايير وجماليات وتركيب سكانى، ومصادر طبيعية، ونظم اقتصادية وسياسية واجتماعية، ودرجة التقدم فى الفنون والعلوم والتكنولوجيا، ووسائل الإعلام، ومجموعات عرقية وأقليات وعلاقات بينية. كما أن النسق المجتمعى هو جزء من النسق الإقليمى، الذى يضم الثقافات من تاريخ ولغة ودين ومعتقدات واهتمامات اجتماعية وسياسية واقتصادية، ومن آمال وطموحات وتطلعات مشتركة، كما أن الأنساق المجتمعية والإقليمية جزء من النسق الإنسانى، بما يشمله من مواثيق دولية ومنتجات ثقافية ومعرفية وأوضاع سياسية. وهذا كله يعنى أن المنهج الدراسى نسق فرعى من

النظام التعليمى، الذى هو بدوره نسق فرعى للنسق المجتمعى. كما أن النسق المجتمعى نسق فرعى للأنساق الإقليمية والإنسانية. وهذا يعنى أن المنهج الدراسى نسق مفتوح يؤثر ويتأثر، يأخذ ويعطى من وإلى البيئة التى تتمثل فى الأنساق الكبرى، حيث يتم تشكيل المنهج الدراسى فى ضوء هذه الأنساق، كما أن مخرجاته تؤثر فى هذه الأنساق.

وعليه .. فإن من يتصدى لقضايا المنهج يتطلب بالضرورة وعياً ودراسة واسعة بالنظام التعليمى، والنسق المجتمعى، والإقليمى والإنسانى ليس فقط فى أوضاعها الحالية، بل لما يمكن أن تصير وتتطور إليه أوضاعها المستقبلية؛ مما يتجاوز بكثير الأمور الفنية، كما أنه يمكن القول باطمئنان إلى أن تأثير هذه الأنساق تتزايد بفعل تأثير العولمة، وفى الوقت ذاته فإن تقويم أداء الطالب والامتحانات المدرسية تؤثر بوضوح على مجمل النظام التعليمى، وما يتبع ذلك من تأثيرات فى الأنساق الكبرى؛ نظراً للاهتمام المبالغ فيه بنتائج عملية التقويم من جانب الطلاب والآباء والمعلمين والمسئولين عن التعليم.

إن المناهج الدراسية بطبيعتها حساسة للتغيرات المعاصرة فى العلم وفى منهجية البحث، ولذلك فإن ما يجب الاهتمام به فى مناهجنا الدراسية هو:

- لم تعد هناك قوانين بسيطة ومطلقة تحكم الحركة فى الكون؛ فقد أدى ظهور النظرية النسبية إلى رفض الأفكار الخاصة بالفضاء المطلق والزمان المطلق، كما أدى إلى ظهور المبدأ الثانى للترموديناميـة، بما تتضمنه من عدم النظام والتصادم والتشتت إلى قبول فكرة عدم الانتظام فى الكون.
- وحدة المعرفة الإنسانية فقد أدى ظهور النظرية العامة للنسق ونظرية السيبرناطيقيا، وما تبع ذلك من ظهور نظريات تدرس سلوك الأنساق الكلية، مثل: نظرية الكارثة، ونظرية الفوضى، والنظرية عبر المعرفية؛ فلم يعد من الممكن التعامل مع الجزئيات إلا فى ضوء تكاملها فى الإطار الكلى.

- لم يعد البحث محايداً، ولم تعد المعرفة يقينية؛ ذلك أن النظريات العلمية ليست محايدة ثقافيًّا وقيميًّا، ولم يعد من الممكن الاعتماد على الضبط التجريبى فى تعرف وقائع جديدة، كما أن الوصول إلى نتائج يقينية يستبعدها العلماء بعد ظهور مبدأ عدم اليقين.

- الغرض الأساسى من العلم هو التعلم مع الواقع أى التأثير فيه وتغييره، حيث لم يعد هدف العلم هو الوصف والتفسير والتنبؤ والتحكم وحيث لم يعد معنى الآن للتنبؤ فى ضوء عدم اليقينية ذلك أن التنبؤ مشروط، ولا يستطيع الإنسان أن يتحكم فى واقع هو نفسه جزء منه ، والنظر إلى الواقع يشير إلى أنه متعدد لا مفرد.

- التحام المعرفة وتطبيقاتها التكنولوجية، حيث يتعذر الفصل بين النظرية وتطبيقاتها وما ينشأ عنها من منتجات. كما أن هناك تطوراً فى تقنيات الاتصال والقياس ووحداته والحاسوب والإنترنت والبرامج الخاصة بالحساب العلمى، فضلاً عن الآثار التربوية المترتبة على ذلك.

- توصف جملة الأوضاع المعاصرة للعلم بالتعقد، كما توصف الأساليب التى يتم التعامل بها معها بمنهجية التعقد. وهذا الوضع يتطلب تنمية النظرة الكلية، وتنمية العادات الفكرية والسلوكية المتصلة بالحوار والتعرف على مصادر المعرفة المتاحة، والتأمل فى المعرفة التى أمكن الوصول إليها ومناقشتها وإبداء الرأى فيها ونقدها، ثم تنمية حساسية خاصة نحو ملاحظة وتعرف الأمور الغريبة، والسعى نحو إثارة التساؤلات حولها واكتشاف سرها، ثم التدريب على طرح عدد من الاحتمالات ومناقشة كل منها وتداعياتها، وممارسة العمل الجماعى فى صوره وأشكاله المختلفة باعتباره شرطاً أساسيًّا للتعامل مع التعقد، وقد يأخذ صورة الحوار أو العصف الذهنى أو فرق العمل والبحث الجماعى أو اللعب أو الأداء

الرياضى أو المسرحى أو تنظيم الندوات واللقاءات. وتنمية اهتمامات مستقبلية باستخدام الخيال العلمى والتساؤلات باستخدام ماذا لو حدث .. وعن احتمالات المستقبل فى مجالات محددة، والإطلاع على بعض الدراسات المستقبلية ونقدها، والمشاركة فى إجراء دراسات مستقبلية مبسطة.

إن الأخذ بهذه التوجهات الجديدة يترتب عليه تغيرات قيمية ومجتمعية ومعرفية، على مستوى الطالب والمعلم والمدرسة والشارع ومكان العمل والمنزل، ومستوى التعليم النظامى وغير النظامى، ومستوى جماعات الضغط الاجتماعى، التى تؤثر تأثيراً سلباً على مسيرة تطوير التعليم المتنامية من أجل تشكيل إنسان للألفية الثالثة.

إن الإبداع هو أرقى مستويات النشاط الإنسانى، وأكثر النواتج التربوية أهمية؛ خاصة فى المؤسسة التعليمية المدرسة والجامعة فى الألفية الثالثة، كما أنه نوع من التعبير الذاتى، وعند تقويم المتعلم والمؤسسة التعليمية وعضو هيئة التدريس يجب أن تحث وتشجع على إنتاج شىء جديد، أو مختلف يحمل فى الوقت ذاته طابع التفرد والقيمة فى المجتمع. وإذا كان الإبداع نوعاً من التفكير التباعدى الذى هو نوع من التفكير الإنتاجى، الذى يجب أن ندرِّب عليه المتعلم لينتج حلولاً متنوعة متعددة للمشكلة الواحدة دون أن يكون هناك اتفاق مسبق على محكات الصواب والخطأ. ومن هنا توجب القول بأن عمليات الذاكرة والفهم والتطبيق والاستدلال، رغم أهميتها، تنتمى إلى التفكير التقاربى، ويظل الإبداع فئة وحده تنتمى إلى التفكير التباعدى. من هنا فإن الامتحانات تصحح أسئلتها فى ضوء مفتاح أو نموذج للإجابة يُعدُّ مقدماً، ولكن ينص فى الوقت ذاته على أن تقبل الإجابات الأخرى المشابهة.

إن النقلة النوعية فى التقويم والتى يجب أن يدرب عليها المعلمون وأعضاء هيئات التدريس هى المطلوبات، التى يجب أن تتوافر فى الأسئلة أو المواقف أو

المشكلات أو المهام التى تطرح على الطالب، ويأتى فى مقدمتها: جدة أو اختلاف المهمة التى يؤديها فى مواقف التقويم الإبداعى عن تلك التى تستخدم أثناء التدريس، بل يمكن للطالب أن يعدّ بنفسه المهمة أو المشكلة، أو على الأقل تتوافر له الحرية فى إعادة تحديدها، وتنوع المراجع والمواد والمصادر والأدوات، التى يمكن أن يستخدمها الطالب فى تناول مشكلة أو سؤال التقويم، وأن تتوافر هذه المواد للطالب أثناء حله للمشكلة حتى يستخدمها عندما يحتاج إلى ذلك، وعليه .. فإن أسئلة الإبداع يمكن أن تكون من نوع أسئلة الكتاب المفتوح، وفيها يمكن للطالب أن يستخدم مذكراته أو مراجعه ومصادر المكتبة وغيرها، طالما يجدها ملائمة لحل المشكلة.

كذلك تتحدد طبيعة الإنتاج الإبداعى لمهمة التقويم فى ضوء الهدف التعليمى الذى يسعى المعلم إلى تقويمه مثل إبداع شىء جديد، إبداع خطة عمل أو بحث، شريطة أن تثبت الدرجة أمام كل سؤال فى الورقة الامتحانية، وحبذا أن يحدد سؤال واحد فى الورقة الامتحانية للمبدعين أو المتميزين حتى نتخلص من شكوى بعض الآباء والمعلمين التقليديين من صعوبة أحد الأسئلة التى تميز بين الطلاب على أن ينص عليه فى الورقة الامتحانية فى كل مادة دراسية، وتمثل درجته 20% من الدرجة الكلية للامتحان.

ويجب أن ننبه هنا إلى أن هذا السؤال، أو هذه المشكلة المهمة لا تعنى أن تكون أسئلة أو مشكلات التقويم للإبداع جديدة على الموضوعات التى درسها الطالب، لأنها حينئذ تتحول إلى ألغاز منبته الصلة بموضوع التعليم، وإنما يقصد أن تكون المهمة جديدة على الطالب، ولم يسبق له أن تدرب على طرق حلها، وإلا فإن حل المشكلة حتى لو كان إنتاجيًا ينتمى مرة أخرى إلى الحفظ أو الذاكرة أو التفكير التقاربى، وليس إبداعاً جديداً للطالب، ويمكن أن نثبت فى ورقة الأسئلة عقب

هذا السؤال القوانين أو النظريات التى يسترشد بها فى التوصل إلى الحل حتى نتخلص من الحفظ والترديد.

إن تطوير ورقة أسئلة الامتحانات على أساس هذا السؤال المخصص للمبدعين سيؤدى إلى تطوير أساليب التدريس، والتخلى عن الدروس الخصوصية التى تكرس الحفظ والاستظهار، أو التدريب على نمط محدد ومحفوظ للأسئلة حتى أصبحت كأنها قوالب جامدة، وأنماط معروفة مسبقاً ينسج المعلمون الخصوصيون على منوالها دون كبير عناء. كما أن تخصيص 20% من درجة كل ورقة امتحانية للمبدعين يحقق التمييز الفعلى بين مستويات الطلاب، ويقدم للجامعات عبر مكتب التنسيق أمهر الطلاب، وهم الحاصلون على 80% فأكثر من درجات امتحان الثانوية العامة، وأعتقد أنهم لن يتجاوزوا 25% على أحسن تقدير من أعداد الطلاب الناجحين فى امتحانات الثانوية العامة.

إن سؤال الإبداع يتم تقويمه فى ضوء: الطلاقة وتقاس بعدد الاستجابات التى تصدر عن الطالب بالنسبة للسؤال أو المشكلة، والمرونة وتقاس بعدد الفئات التى يمكن أن تصنف إليها استجابات الطالب بالنسبة للسؤال أو المشكلة، ثم الأصالة وتقاس بدرجة ندرة أو جدة الاستجابات التى تصدر عن الطالب بالنسبة للسؤال أو المشكلة. وتتحدد الندرة أو الجدة فى هذه الحالة بتكرار هذه الإجابات. فإن كانت الاستجابة تصدر عن عدد كبير من الطلاب فإنها تصبح مألوفة وشائعة، أما إذا كانت لا تصدر إلا عن عدد قليل من الطلاب، فإنها تكون أقرب إلى الندرة أو البعد أو الجدة أو عدم المألوفية، وتعطى حينئذ درجة أعلى.

إن انشغال المؤسسة التعليمية بتنمية الإبداع مسألة أساسية وضرورية حيث إنه يساعد على تحقيق الذات، وتطوير المواهب الفردية، وتحسين النمو الإنسانى ونوعية الحياة، كما أن المبدعين يسهمون فى إنتاجية المجتمع برمته ثقافيًا وعلميًا واقتصاديًا، أقول ذلك على الرغم من أن أحداً من الحائزين على جائزة نوبل أو من الفنانين

العالميين المشهورين لم يقل إن إنتاجه الفذ مردود إلى تدريبات أجراها من أجل تنمية إبداعه، وهذا من شأنه أن يفضى إلى التساؤل عما إذا كان تدريب الفرد على الإبداع هو أفضل الوسائل لتنمية الإنتاج المبدع للمجتمع.

إن هذا القول يجعل الإبداع للندرة وليس سلوكًا مكتسبًا .. إننا يجب أن ننظر إلى الإبداع بأنه مجال متميز محصور فى القدرة على تطبيق المعرفة المكتسبة على المشكلات الجديدة بطريقة غير مألوفة وفعالة، فإن المؤسسة التعليمية فى هذه الحالة لا تواجه فقط الإمكانية الحقيقية لتنمية الإبداع، بل من واجبها أن تؤديه.

إن ثمة قدرات معرفية لأنشطة المؤسسة التعليمية لها نصيب وافر منها، وهى من الشروط اللازمة للعمليات الإبداعية، من أهمها: التفكير الافتراقى، والمرونة والأصالة، وتحديد المشكلة واقتراح حلول متنوعة لها، وكلها وسائل وتمارين لتحسين القدرات الإبداعية. كما أن الإبداع يستند أيضاً إلى قيم واستجابات انفعالية للأفكار الإبداعية الأمر الذى يتوجب توفير جو من الحرية والتسامح والبهجة، داخل قاعات الدرس مزارع الفكر البشرى، إضافة إلى إثارة البواعث الجوانية بدراسة مشروعات، والسماح بالاختيار فى المقررات طبقاً لاهتمامات الطلاب، والدراسة الذاتية، مع حث الطلاب على الاكتشاف، وممارسة الأنشطة والقراءة خارج المقرر، وإجراء البحوث القصيرة، وتنويع الآراء فى المسألة الواحدة، والسماح بتأويل النص، والقيام بتكليفات فى المكتبة مستقلين، ومشاهدة أساتذتهم وهم يفكرون ويكتشفون مشكلات جديدة، ويسيرون فى طرائق غير مألوفة للبحث والتأويل التأكد من صدق الفروض، والتدريس باستخدام أكثر من منظور بأسلوب حل المشكلات.

إن الأداء المبدع يتجسد دائماً فى مناخ اجتماعى مشجع مفعم بالتوجيه المرن والعمل الجاد، ومتابعة الاهتمامات الفردية والعلاقات الاجتماعية الإيجابية، وبهجة

التعلم. إن الحوار والعصف الذهنى وتوزيع الأدوار يعين الطلاب على التعبير عن أفكارهم والإفادة من أفكار الآخرين، كذلك التعلم بالحوار والتعلم فى مجموعات صغيرة، والعمل بشغف فى ميدان المعرفة ضرورى لمدة طويلة لإنتاج اختراعات تفيد المجتمع؛ شريطة أن يكون مداومة التواصل فى موضوع محدد، وبلا قيود، وتشجيع التخطيط الطويل الأمد، والتكيف مع المشكلات، واعتبارها منطوية على الإبداع، ولذلك تعدّ المهارة فى حل المشكلات هدفاً تربوياً وتنمية المعرفة التى لها علاقة بحل المشكلات، ومرونة النظام المدرسى فى تقديم مقررات متنوعة تساير المواهب والاهتمامات، يضاف إلى ما سبق انشغال القيادات التعليمية داخل المؤسسة التعليمية بالإبداع؛ حيث إن ذلك ينشط التفكير الإبداعى، وتضمين المناهج علوماً بينية، ودروساً فى المشروعات، واستخدام التقنيات المتقدمة، وأساليب العمل الجماعى، وممارسة أساليب الملاحظة والقياس والتسجيل والموازنة، والترحيب بالأفكار الجديدة والحلول غير المألوفة من قبل المعلمين وأعضاء هيئات التدريس، وإخضاع الأفكار للنقد والتقييم؛ الأمر الذى يتطلب الاهتمام بالكيف لا الكم فى المقررات الدراسية.

إن تغيير النظام فى المؤسسة التعليمية حتى يكون الإبداع موضع تقدير يتطلب عدة خطوات، هى: تقييم النظام المدرسى من خلال تشجيعه للإبداع، ومن حيث الإنتاجية التعليمية، وإجراء البحوث، ووضع مناهج جديدة، وتنظيم الفصول وتدريب المعلمين، والتدعيم العلمى، وتوظيف نتائج الأبحاث النظرية للعلوم التربوية والنفسية، ومراعاة تنوع النظام لمراعاة المواهب الإبداعية المتنوعة.

إن قراءة متأنية للخبرات التى رفدتها بحوث سيكولوجية وتربوية غير عربية، تشير إلى مفاهيم أساسية لازمة لتشكيل بيئة تعليمية ثرية لاستزراع الإبداع، تأتى فى مقدمتها: أن تنسيق المعلومات مطلوب لحل المشكلات حلاً إبداعيًّا، كما ينبغى لفت النظر إلى أن الأفكار المبدعة غالباً ما تلازمها وجهات نظر كلية وخيالات وتماثلات

بسيطة، ثم إن ثمة عمليات معلوماتية معقدة لا تساير مبادئ التفكير المنطقى، كما أنه من اللازم إعطاء الفرصة لكل إنسان لتنمية مهارات الفردية فى حلّ المشكلات، على أن يكون ذلك فى إطار قدرته العقلية ومجاله المهنى، وتنمية الإبداع لا تستقيم مع المساواة بين كل الطلاب.

وفى الإمكان رعاية الميول والقدرات الإبداعية فى جميع مراحل النمو، فلكل طالب الفرصة فى تنمية ميوله وقدراته، ومن أجل تشكيل الإبداع ينبغى مراعاة جميع جوانب البيئة. والمادة التعليمية مهيأة لتدعيم تنمية الإبداع فى العلوم الإنسانية والعلوم الطبيعية والرياضيات على السواء، وفى العلوم البيئية على وجه الخصوص، والأفكار الإبداعية يشترط فيها أن تكون ذات قيمة للمجتمع، ومن ثم فهى تستند دائماً إلى أحكام ذاتية فى الوقت ذاته هى قادرة على أن تحدث اتصالاً بين البشر.

إن من أهم سمات المناخ الإبداعى: تشجيع حب الاستطلاع، وإثارة عمليات التفكير الافتراقى، وهذا يعنى: أن المؤسسة التعليمية مزودة بمواد متنوعة ومنشطة ولكن بشرط ألا تكتظ قاعات الدرس بالطلاب، وأن تكون الأسئلة متنوعة تثير اهتمامات الطلاب وحب استطلاعهم، وتدعم التلقائية، وأن تترك الحلول ليكتشفها الطلاب.

إن تطوير العملية التعليمية فى ضوء الإبداع يتطلب إعادة النظر فى نوعية القيادات التعليمية داخل المؤسسة التعليمية، ومواصفات هذه القيادات، وكفاياتها ومهاراتها ومعتقداتها، وأسلوب إدارتها للمؤسسة التعليمية تتساوى فى ذلك المدرسة والكلية الجامعية، كما يتطلب إعادة النظر في نوعية المعلمين وهيئات التدريس، وكيفية إعدادهم فى كليات التربية التى أشارت الخطة الاستراتيجية لتطوير منظومة التعليم العالى فى مشروعاتها المقترحة للتطوير إلى ضرورة إعادة هيكلة كليات التربية وإعداد المعلمين؛ حتى تعدّ مُعلما جديداً يمكن أن يوائم

الاحتياجات المستقبلية المطلوبة فى خطط التطوير والارتقاء بمستواه، حتى يقوم بدوره المطلوب فى تطوير العملية التعليمية، بل وضرورة الارتقاء بدور كليات التربية فى تأهيل وتنمية أعضاء هيئات التدريس بالجامعات والمعاهد العليا والمتوسطة بحيث تكون الدراسة بها ملزمة لكافة القائمين بالتدريس قبل تعيينهم، وتكوين وتنمية كوادر هيئات التدريس بكليات التربية لمواكبة خطط التطوير، والتى تتطلبها المرحلة الجديدة؛ ذلك أن تشكيل بيئة تعليمية ثرية تنطوى على تنمية الإبداع ليست مسئولية الوزير أو رئيس الجامعة، بل هى مسئولية مديرى المدارس ومعلميها، وعمداء كليات الجامعة وأساتذتها إذا كانوا على وعى ودراسة بمفهوم الإبداع، وإذا كانوا منشغلين به، وبالشأن العام وبالمصلحة العامة، وبتوجهات وأهداف التعليم الجامعى وما قبل الجامعى، وإذا كانوا على وعى ودراية بتوصيات ونواتج المؤتمرات القومية التى أثرت مسيرة التعليم، واللقاءات التناقشية والحوارية؛ من أجل تشكيل إنسان مبدع ومشارك يمتلك الرأى والرؤى.

إنَّ هناك أسئلة تحتاج إلى إجابات من أجل نقلة توعية فى التعليم، هى: ما الإبداع ؟ وما صفات الطلاب المبدعين ؟ وهل يمكننا تنمية الإبداع داخل المؤسسات التعليمية: المدارس والجامعات ؟ وكيف نمارس التعلم للإبداع فى مختلف المراحل التعليمية ؟ وما الصعوبات التى تواجه ثقافة الإبداع فى مدارسنا وجامعاتنا ؟ وكيف يمكن مواجهتها ؟ وما البدائل والخيارات المطروحة على الساحة التربوية داخليًّا ودوليًّا للانتقال بالتعليم من صيغ غائبة، ولتنمية مهارات التفكير والتحصيل معاً، ولتحقيق التناغم بين ثقافة الإبداع وثقافة الإيداع ؟

الإبداع مجموعة من القدرات، أهمها: الطلاقة، والمرونة، والأصالة، والحساسية للمشكلات، والتحليل والتركيب والتقويم. والطالب المبدع قادر على إنتاج حلول متعددة تتسم بالتنوع والجدة، فى ظل مناخ عام يسوده التآلف والاتساق بين مكوناته. ويشترط أن ما يقدمه يكون جديداً وأصيلاً وذا قيمة فى مجاله. ويظهر الإبداع بشكل

مميز لدى الأفراد الذين يتوافر لديهم حب الاستطلاع والدافعية والخيال، والرغبة فى اقتحام المجهول والغامض، وعدم الامتثال للأعراف والقواعد الجامدة وكذلك الاستقلالية فى التفكير، والنظرة إلى الحياة بمرونة. كما أن الطالب المبدع يتميز بالشجاعة الأدبية والإقدام واستكشاف البيئة المحيطة، والالتزام بالعمل والمثابرة والثقة بالنفس، والانفتاح على الجديد والتفاعل معه، وحب التجريب والرغبة فى ممارسة المهام الصعبة، وحب المغامرة والمخاطرة والتوليد السريع للأفكار والتعبير عنها بطلاقة، وتحمل المسئولية وروح المرح.

إن تنمية الإبداع تتطلب التدريب والتعليم وإتاحة الفرص للتعلم، والبيئة التعليمية التى تتسم بالحرية والتسامح والبهجة؛ بحيث يسمح للطلاب بتفسير الملاحظات وتكوين الفروض والوصول إلى نتائج جديدة واستدلالات واقعية من خلال الحوار والتناقش والبحث واكتشاف العلاقات الجديدة بين الأفكار وتحويل الأفكار إلى أحداث تهم الطلاب، وتقديم مقررات الدراسة على شكل مشكلات تعليمية تتطلب حلولاً متنوعة، وإعطاء الطلاب فرصاً للتفكير فيما يصادفهم من مشكلات، وتشجيعهم على طرح الأسئلة، وحثهم على النشاط التعاونى والمناقشة والحوار والنقد، واحترام الأفكار الجديدة التى يقدمها الطلاب، وتشجيعهم على الاستقلالية، وتوفير جو خلاق مبدع والاهتمام بالتطبيقات لما يدرسونه من معلومات وظيفية، واعتبار المكتبة محور النشاط التعليمى ومركز التعلم، والكتاب المدرسى أحد مصادر التعلم، وتوسيع العناية بالأنشطة المدرسية والجامعية أدبية وعلمية وفنية واجتماعية، والسماح بالاختلاف فى الرأى وفى تأويل النص واستخدام المجاز والخيال الابتكارى.

إن التربية للإبداع ممكنة لكل الطلاب على اختلاف مستوياتهم التعليمية. والتعليم قد يطلق السلوك الإبداعى عند الطلاب وقد يخمده، فالتعلم للإبداع

يشعر الطالب بالمشكلات فى المعلومات التى يحصل عليها، مع تجميعه لهذه المعلومات وإعادة تركيبها بطريقة تساعده على تحديد الصعوبات، وتعرف العناصر المفقودة مع البحث عن الحلول المتنوعة، ووضع التخمينات وجمع المعلومات وصياغة التعبيرات وصولاً إلى الأهداف المنشودة.

وهنا لابد للمعلم من ربط الخبرات جديدها بقديمها وتحديد المراجع والمواد التعليمية التعلمية التى تساعد فى تنفيذ مواقف التعلم، والإفادة فى ذلك من إمكانات المؤسسة التعليمية والموارد المتاحة والجهود الذاتية وإسهامات الآباء والمجتمع المحلى، وممارسة الأنشطة داخل المعامل والملاعب والمكتبات على أن تتاح الفرص أمام كل طالب للتعلم الذاتى فى حرية مسئولة، وتنويع أسئلة الاختبارات وخاصة امتحان الكتاب المفتوح، وعرض المادة على شكل مشكلات ليست لكل منها حلّ واحد، وتشجيع الطلاب على التجريب والمرونة والتخيل: فالخيال قلب الإبداع، والترحيب بكل جديد: أسئلة ومقترحات وحلول وأفكار، وهذا يتطلب تنويع أساليب التعليم والتعلم، واستخدام الدراسات العملية التطبيقية التجريبية واستثارة الطلاب وتحدى تفكيرهم باستمرار وإتقان مهارات التفاوض وثقافة الحوار وسيادة العلاقات الإنسانية الحميمة داخل قاعات الدرس مزارع الفكر البشرى الديمقراطى.

إننا يجب أن نتخلى عن معوقات الإبداع فى مؤسساتنا التعليمية، كما يجب أن نتخلى عن أفكارنا القديمة ومفاهيمنا المتوارثة القائمة على توهم امتلاك الحقيقة بدءاً بأسلوب إدارة المؤسسة التعليمية من حيث وجود الاتجاهات التسلطية، والرأى الواحد، والبيروقراطية، والدجماطيقية، والظروف البيئية غير المواتية، وتضييق شرايين الإنفاق على التعليم، وتكبيل حرية عضو هيئة التدريس وسيادة الأنظمة التقليدية والتمسك بمفهوم التعليم للامتحانات، والخضوع لقوى الضغط الاجتماعى من آباء وإعلام مسموع ومرئى ومقروء.

كما أن أساليب إعداد المعلم فى كليات التربية أساليب نظرية تقليدية تخرِّج المعلم الملقن المتسلط غير المتقن لأساليب تحصيل المعارف أو التقنيات الحديثة أو اللغات الأجنبية، إلى التدنى فى: امتلاك مهارات اللغة العربية، ومهارات التعلم الذاتى وعدم ممارسة الأنشطة التربوية، وعدم تطبيق الأساليب الحديثة فى التعليم، أو توظيف المكتبة لخدمة المناهج الدراسية، أو ثقافة التفاوض فى التعامل مع الطلاب، ناهيك عن حرمان القائمين على التوجيه الفنى من التدريب الحديث على الإدارة والتعامل الديمقراطى أو تعميم تجارب التدريس الناجحة، أو مهارات الشفافية فى نقل واقع الفصل الدراسى والعلاقات البينية إلى القيادات التعليمية، أو مهارات اتخاذ القرار وتعديل المسار.

يضاف إلى ذلك كله أن متابعة إنجاز المعلمين للمقررات الدراسية لها الأولوية على ثقافة الإبداع، وحيث إن إبداع المعلومات وتخزينها يقدم على العملية الإبداعية كهدف تربوى يركز عليه متخذو القرار فى جميع توجيهاتهم واجتماعاتهم؛ الأمر الذى يتطلب تجسير الفجوة بين التخطيط والتنفيذ والتقويم، الأمر الذى يتطلب مزيداً من الجهد والعطاء والتواصل من جهة بين المراكز التربوية والمراكز العلمية وبين المدارس والجامعات باعتبارها رافداً بالتجارب والأفكار الإبداعية المخصبة، وحيث تتحقق فكرة التجريب قبل التعميم فى المدارس مصانع البشر.

إن تنمية ثقافة الإبداع تتطلب تطبيق نتائج البحوث التربوية التى أجريت فى بيئات مصرية، وكذا التجارب الناجحة التى احتضنها بعض المعلمين الأكفاء، وتوصيات المؤتمرات القومية التي عنيت بتطوير التعليم والتى شارك فيها الممارسون الميدانيون والمتخصصون الأكاديميون والتربويون والأكاديميون، غير أن الحرية المسؤولة والتسامح وبهجة التعلم لابد أن تكون العمد التى تثرى وتشكل بيئة تعليمية مبدعة، كما أن طرائق التدريس الإبداعى تتطلب الوعى والقناعة والحماسة

لاستخدام التعليم بالحوار والعصف الذهنى والدراما التعليمية والألعاب والمباريات التعليمية وحل المشكلات والتعلم الذاتى والمشروعات والمناظرات والاكتشاف الموجه والتعليم الخبرى والتعلم التعاونى.

إنَّ التنويع بين هذه الطرائق أمر ضرورى وأساسى، وتدريب أعضاء هيئات التدريس عليها ضرورة تربوية لتصنيع وهندسة إنسان مبدع، باستخدام ورش العمل والتدريس المصغر والمحاضرات المحسنة ووحدات التعليم المصغر، والأنشطة التعليمية، ناهيك عن التقويم باستخدام البحوث القصيرة، ونقد الكتب، والاختبارات القصيرة، وجمع المعلومات من المكتبات، وإقامة المشروعات، وتطبيق الأفكار ميدانيًا فى المؤسسات المجتمعية، والاختبارات الموضوعية والمقالية المستمرة، وممارسة الأنشطة، وإنتاج الأفكار الجديدة، وتقديم الحلول المتعددة للمسألة الواحدة.

إن حرية التفكير وحرية التعبير مكفولتان للمخططين والممارسين والمقومين فى مجال التعليم منذ مراحله الأولى وحتى نهاية التعليم الجامعى، والمسؤولية ملقاة على كاهل أعضاء هيئات التدريس والمعلمين فالتطوير ينبع منهم ولا يفرض عليهم، إذا صدقت النوايا وحسنت الضمائر.

رابعاً- التفكير المتشعب وتحرير العقل:

إذا تشابهت أفكار الناس فلا أحد يفكر، كما أنه لا عائد تربوى يرجى من المؤسسات التعليمية ما لم تسع إلى تنمية التفكير المتشعب لهندسة وتصنيع جيل المستقبل من أجل مستقبل الجيل، وما لم تسع إلى تحرير الإمكانات العقلية لدى الطلاب توظيفاً لنتائج أبحاث العقل البشرى التى عنيت أيضاً بالأسلوب الذى يتم به إدراك الواقع واستيعاب محتوى التعلم وتنظيماته في بنية العقل البشرى على نحو فريد ومتميز، مؤكدة دورَ كل من الشعور واللاشعور فى عمليات التعلم، ودور الانفعالات والمشاعر فى تنظيم المحتوى المعرفى للعقل وقابلية التعلم على النمو

داخل العقل، وأهمية الانتباه فى مواقف التعلم وفى مساعدة الذاكرة على رسم خرائط على شبكة الأعصاب تسمى خرائط العقل، والتى تتوقف كفاءتها على جودة عمليات التعلم، وعلى قدرة الاحتفاظ بالانتباه طوال مواقف التعلم، وعلى وضوح معنى ما تم تعلمه، وعلى أساليب ربط التعلم السابق بالتعلم الجديد، وعلى عمليات التحليل والتصنيف والتركيب التى يتم ممارستها أثناء التعلم، ومن ثم تمسى خرائط العقل، والتى رسمت على شبكة الأعصاب بالمخ ذات مستوى عالٍ من القدرة والكفاءة.

إن المؤسسات التعليمية عليها أن تؤكد أهمية حاجة العقل إلى القدر المناسب من المثيرات، وإلى نظام مناسب من التغذية الراجعة كى يحدث التعلم، وحتى يتمكن العقل من معالجة مواقف التحدى بمثيراتها المختلفة حيث يتم الإدراك من خلال طبقات عديدة من التنظيم الذاتى، وحجم ضخم من نظام الاتصال بين العناصر التى سبق تعلمها، والعناصر الجديدة التى تحتاج إلى استدخال فى العقل، ثم عمليات تمييز وتفريق وتحليل وتصنيف فى محاولة استيعاب محتوى التعلم وتمثله فى بنية العقل والوصول لحالة من الاستقرار الذهنى المؤقت لحين التعرض لمثيرات أخرى.

إن بنية العقل وعملياته هى استجابة مباشرة لتعقد العوامل البيئية التى تواجه المتعلم، ومن ثمّ فإن بنية العقل لا تتضمن المحتوى المعرفى فحسب لما مرّ به المتعلم من خبرات لكنها تتضمن المشاعر والانفعالات المصاحبة لتلك الخبرات، وتتضمن أيضاً التصورات الشكلية للأداءات اللازمة لممارسة الأعمال التى تحتاج إلى تآزر عضلى عصبى، والتخيلات الذهنية لما يصعب إداركه بالحواس، والعمليات العقلية التى تدرب العقل على القيام بها أثناء مواقف التفاعل، ولا يوجد عقلان متشابهان تماماً فى محتواهما، أو فى الطريقة التى ينظم بها العقل محتوى التعلم الذى يتم

استيعابه، أو في الطريقة التي يتعامل بها العقل أثناء مواقف التفاعل، إذ إن لكل عقل بنيته التي هي نتائج لإعمال الذهن الخاص به، والذي يتم في ضوء عدد من المحددات البيئية، والاعتبارات النفسية والعقلية والاجتماعية.

وتتوقف كفاءة البنية العقلية للمتعلم على صحة مستوى التعلم الذي تم استيعابه، وسرعة الإدراك السليم لعناصر التعلم، وسرعة المسارات التي تسلكها محتويات البنية العقلية عند الحاجة إليها في مواقف التفاعل، وحجم الاتصالات وقوة الارتباطات التي تحدث بين عناصر التعلم السابق وعناصر التعلم الجديد، وسرعة إعادة تعديل وتشكيل محتوى بنية العقل في ضوء ما تم إدراكه، والقدر الذي ينعم به الفرد من الرعاية والاهتمام والأمن والتقدير، أو الذي يعاني فيه الفرد من الخوف والتهديد والقهر والإحباط.

ويجب على المؤسسات التعليمية أن تسعى إلى رفع مستويات كفاءة العقل البشري للمتعلم وإمكاناته من خلال توافر استراتيجيات فعالة في عمليات التعلم، من شأنها ليس فقط تيسير عملية الاستيعاب، بل أيضاً تدريب العقل على سرعة إصدار استجابات فعالة ومناسبة لطبيعة المواقف التي هو بصدد التفاعل معها، وعلى نحو يساعد به المتعلم نفسه على تطوير أدائه، وإحداث تغييرات جذرية وفعالة في البيئة من حوله وفيمن حوله من البشر المحيطين به. ومن بين تلك الاستراتيجيات التي تلقى اهتماماً في تنمية إمكانات العقل البشري للمتعلم استراتيجيات التفكير المتشعب.

إن على مؤسسات التعليم أن توجه الانتباه نحو استراتيجيات التفكير التباعدي نظراً لدورها في تنمية التفكير المتشعب، باعتباره تدريباً يساعد في بناء خلايا الأعصاب، ذلك أن التشعب في التفكير يساعد على حدوث اتصالات جديدة بين الخلايا العصبية، تسمح للتفكير بأن يسير عبر مسارات جديدة لم يكن يسلكها من قبل، وعلى نحو يساعد في إتاحة إمكانية جديدة لعقل المتعلم، تسهم في

إحداث مزيد من إعمال الذهن وبما يقود العقل للعمل بإمكانية أفضل وعلى نحو أسرع وبكفاءة أعلى من ذى قبل.

هذا فضلاً عن أدوار التفكير المتشعب فى تحسين إصدار الاستجابات التباعدية والتى تساعد فى بزوغ الإبداع. وعلى الطرف الآخر من التفكير التباعدى يوجد التفكير المحدود التقاربى والذى يتمثل فى التذكر والفهم والتطبيق والتحليل، وهو تفكير مهم فى العملية التعليمية مع مراعاة ألا نتوقف عنده، وأن نتجاوزه إلى تنمية التفكير التباعدى، حيث إن التفكير التقاربى أساس لممارسة التفكير التباعدى، والذى يتطلب الانطلاقة الفكرية، والانفتاح على الأفكار، والتأليف بين الأشتات.

إن العمليات العقلية التى تتطلبها المؤسسات التعليمية، والتى تعكس التفكير المتشعب أو التى يساعد التشعب فى التفكير على حدوثها تتمثل فى إدراك العلاقات الجديدة، وإعادة التصنيف فى ضوء ما تم إدراكه، وإجراء عمليات تأليف وتركيب وتقديم رؤى جديدة وإدخال تحسينات. وتلك هى العمليات التى تكشف عن الإبداع والتى يسهم التفكير التباعدى فى تنميتها.

وعلى هذا النحو .. فإن التفكير المتشعب هو ما يحدث من اتصالات جديدة بين الخلايا العصبية على شبكة الأعصاب بالمخ، وأن التفكير التباعدى باستراتيجياته يمكن أن يسهم بفاعلية فى تنمية التفكير المتشعب، وأن صدور الاستجابات الإبداعية هو مؤشر على حدوث تشعب فى التفكير، وعلى ارتقاء إمكانات العقل البشرى، وإن مستوى الاستجابات التباعدية الصادرة هى تعبير عن مستوى الإبداع أو مدى اقتراب المتعلم منه.

ونظراً لأهمية التفكير المتشعب ودوره فى قيادة العقل لابتكار وصلات والتقاءات جديدة بين خلايا الأعصاب مشكلاً مسارات تسمح بحدوث عديد من

الاتصالات بين محتويات الخلايا العصبية المكونة لبنية العقل، تغير عديد من المفاهيم حول التعلم الثرى، والذى ينبغى أن يتاح فى إطار المؤسسات التعليمية وبرامجها ومناهجها ومقرراتها المتعددة المتنوعة. ومن ثم أصبح على عمليات التعليم والتعلم ليس فقط ضمان استيعاب المتعلمين محتوى التعلم المقرر، بل أيضاً فتح مسارات جديدة للتفكير عبر الخلايا العصبية على شبكة الأعصاب بالمخ والتأكد من حدوث هذا التحول فى الفكر التربوى، عن طريق أداءات المعلمين وظهور شواهد واضحة فى أداء المتعلمين.

وعليه .. فإن تحديث المفاهيم التربوية فى مؤسساتنا التعليمية بتطلب توظيف التفكير المتشعب فى آليات البرامج التعليمية التعلمية والأخذ بكل مما يلى؛ بهدف تحرير إمكانات العقل البشرى لدى المتعلمين:

− الأطفال أفضل فى القدرة على ممارسة التفكير المتشعب من البالغين حيث لديهم القدرة على نمو مهارات الطلاقة والمرونة والحساسية للمشكلات بيسر.

− دراسة الفنون تساعد المتعلمين على التفوق فى ممارسة التفكير المتشعب. وكذلك دراسة حل المشكلات فى كتابة الشعر.

− المزاج الشخصى له تأثير فى القدرة على ممارسة التفكير المتشعب واستخدام استراتيجيات تدريس لعب الأدوار يسهم فى تنميته.

− البيئة الثقافية المنفتحة لها تأثير إيجابى على نمو مهارات التفكير المتشعب، وكذلك استخدام التقويم المستمر يساعد فى تطوير إمكانات العقل البشرى.

− التدريب على مهارات التفكير المتشعب ينميه لدى الطلاب، من خلال البرامج التعليمية التعلمية.

− التفكير الافتراضى يساعد على تكوين وابتكار معلومات جديدة وهو مثير قوى لتنمية الخلايا العصبية؛ لأنه يدفع إلى التفكير بقوة فى الأشياء والأسباب المترتبة

عليها. وهنا نركز على استخدام الأسئلة الافتراضية مع مراعاة تتابعها بصورة تدفع المتعلم لأن يبتكر أحداثاً ويخلق علاقات بين الظواهر.

— التفكير الانقلابي الذي يدفع المتعلم أن يعكس الصورة يبدأ من النهاية ويصل إلى البداية، يجعله يذهب إلى ما وراء المعلومات أو يعطي للمحتوى رؤى جديدة. وهذا في جوهره تفكير افتراضي أيضاً يرفع من مستوى إدراك العلاقات بين الأحداث والمواقف.

— التدريب على استخدام الأنظمة الرمزية المختلفة الذي يعتمد على طريقة مخالفة لما وضعت الأنظمة من أجله.

— التناظر لتنشيط القدرات الذهنية، وتتم بالنظر في جملة الاستجابات والبث عن الأجزاء المتماثلة فيها، وهو تفكير يتطلب إبداعاً لأن الإجابة تتطلب دائماً ابتكاراً ورؤية جديدة بين العناصر.

— تحليل وجهات النظر، ذلك أن وجهة النظر تعبر عن أفكار ومعتقدات، وهذه الاستراتيجية تهدف دفع التلاميذ فيما يحملونه من أفكار ومعتقدات تنعكس في أسلوب رؤيتهم للأمور، من خلال أسئلة عن التفاصيل والظواهر والبحث عن الأسباب.

— التكملة التي تدفع التلاميذ إلى استكمال الأشياء الناقصة أو غير المتكاملة. وهذا من شأنه دفع التلاميذ إلى التفكير بطرق متنوعة من أجل التوصل إلى إجابة.

— التحليل الشبكي الذي يجعل المتعلم يدرس الظواهر المعقدة ومحاولة السعي لتبسيط الارتباطات والعلاقات التي تشكل الظاهرة، واكتشاف تعقد العلاقات يساعد في تشعيب الخلايا العصبية.

إن العالم الذى نعيش فيه، ونحن نعيش الألفية الثالثة، يواجه أحداثاً ومشكلات وقضايا وتحديات، لعل من أهمها: التنمية البشرية، وحماية البيئة، وتحقيق السلام، والإرهاب، والحوار بين الثقافات، والتزايد السكانى، وانفجار المعرفة، وانتشار وسائل الإعلام والاتصالات، والتطور العلمى والتقنى الهائل، والحاجة إلى توافر أنماط جديدة من الوظائف، وتأسيس علاقات ثقافية تقوم على التفاهم المتبادل، والتعايش السلمى مع أمم العالم.

كل هذه المتغيرات والمفاهيم الجديدة، تدعو إلى تغيير أهداف التعليم فى كافة مراحله ومستوياته. ولعل تقرير اليونيسكو المقدم إلى اللجنة الدولية للتعليم فى القرن الواحد والعشرين يأخذ بيدنا إلى بدايات هذا التغيير المنشود، حيث يشير إلى أن التعليم ينبغى أن يتركز على شخصية الإنسان، وعلى التنمية الشاملة لبنى البشر بما فى ذلك التعليم المبكر للأطفال، وأن يغرس التعليم المسؤولية الاجتماعية والمسؤولية الثقافية من ناحيتى الوعى والعمل، وأن يطور التعليم المسئوليات البيئية والوعى الكوكبى أو العولمى، وأن يؤكد خبرة الإنسان الداخلية، وإلهامه الفطرى وإبداعاته، وأن يعيش الطلاب على أن يكتشفوا كيف يتعلمون بأنفسهم تلقائيًا وذاتيًا.

وهذا الوضع الجديد، والعصر الجديد، والمطلوبات الجديدة تدعونا نحن التربويين أن نشجع التفكير وننميه، ونعلم لتفكير النقدى والإبداعى من خلال برامجنا ومناهجنا التعليمية التعلمية، وأن نتخلى عن تلقين المعلومات وحفظها وتذكرها، والتدريب على النقاش والحوار والتفاوض والرجوع إلى المصادر العلمية كجزء أساسى من العملية التعليمية، والتدريب على البحث العلمى كنشاط تعليمى مهم.

إن تغيير البرامج الدراسية على أساس تنمية التفكير وتطوير أساليب التقويم والامتحانات أيضاً على أساس التفكير النقدى والإبداعى أمر أساسى حتى نستبدل

بثقافة الذاكرة وآلية التخزين ثقافة الإبداع وتنمية التفكير، بدءاً برياض الأطفال ومروراً بالتعليم العام وصولاً إلى التعليم الجامعى والعالى.

إن تعليم التفكير هدف تربوى وحق لكل متعلم فى تنمية عقله واستثماره فى مختلف مجالات الحياة باعتباره أكبر ثروة طبيعية منحها الله لنا. فقد ظهرت فى الدول المتقدمة حركة تعليمية، عرفت بثورة أصحاب العقول، وشعارها: التفكير هو الهدف الأسمى من التعليم؛ ذك أن التعليم من أجل تحصيل المعلومات محدود الفائدة، والحاجة للتفكير فى هذه المعلومات، وفى مستجدات العصر مطلب حيوى للتعليم الحديث. وهذا معناه أن الثمرة الحقيقة من التعليم تكمن فى عملية التفكير التى نتجت عن عملية التعليم وليست فى المعلومات المتراكمة. وهذا ما يؤكد ضرورة تضمين مهارات التفكير فى كل المقررات الدراسية، مهارات التفكير الإبداعى والناقد حيث تستهدف المناهج الحديثة تعليمها لجميع الطلاب فى جميع المراحل التعليمية، على اعتبار أن المحتوى الدراسى لهذه المناهج أداة لنقل ما تحمله من مهارات التفكير، وأن هذه المهارات تعلم من خلال مواقف التساؤل والتشكيك كأساس للأحكام العقلية من خلال البرامج، التى تستهدف تنمى مهارات التفكير التباعدى والتفكير التقويمى على السواء.

إن المؤسسات التربوية التعليمية تقع على عاتقها المسؤولية الأولى فى تعليم مهارات التفكير؛ إذ عليها أن تسهم بكل ما تستطيع فى تخريج عقول مفكرة ناضجة ناقدة مبدعة لدخول آمن ومنتج للقرن الخامس عشر الهجرى، وتحقيق حياة كريمة تقوم على أساس تنمية التفكير السليم والتدبر والتبصر باعتبار أن التفكير فريضة إسلامية، لأن العقل الذى يخاطبه الإسلام هو العقل الذى يدرك الحقائق ويميز الأمور، ويوازن بين الأضداد، ويتبصر، ويحسن الأذكار والروية. والإسلام حين دعا إلى التفكير ورحب به، إنما جعل ذلك فى نطاق العقل الذى يفكر فى الكون

الواسع بكل ما حواه من مخلوقات، ومن بينها الإنسان نفسه فأخذت العقول حريتها من التفكير والنظر والتأمل، ونهض أئمة المسلمين بالبحث والدرس والاجتهاد فى العقائد والفقه وسائر العلوم والفنون دون أن يجد أحدهم ما يعوق نشاطه الفكرى، واستقلاله العقلى فكان من ذلك كله الحضارة الإسلامية والمسلمون العلماء والأدباء والفنانون والمفكرون، الذين حققوا أنسنة الإنسان وسبقوا مفاهيم الكونية والكوكبية والعولمة بقرون، وهو أمر يفتقده طلاب العلم فى معاهدنا ومدارسنا.

ولعل تأصيل هذه المفاهيم فى عقول أبناء العروبة وبناتها قضية جوهرية لتأكيد الهوية وغرس قيم الانتماء والولاء بين الأبناء، وتنمية الشعور بالوطنية فى عالم بلا هوية.

إن الطالب العربى فى معاهد وجامعات ومدارس وطننا العربى الكبير يكاد يتسم برؤية منغلقة إزاء قضايا أمته ومشكلاتها، سواء على المستوى الشخصى أو العام. يحدث ذلك فى عصر المعلومات ما يقتضيه من تعدد الرؤى، إنه برؤيته الأحادية المنغلقة يعجز عن استيعاب ما يدور حوله من تحولات بالغة الحدة فى فلسفة الحياة، وكيفية مواجهة هذا السيل المتدفق من تعددية فى القيم والاتجاهات والنماذج التنموية.

إن هذه الوضعية التعليمية تتطلب من المهمومين بالتعليم تأكيد ثقافة الجودة الشاملة فى مدارسنا وجامعاتنا؛ حتى نضمن عمليات تقويم ثم تطوير مستمرين لأبعاد البيئة التعليمية مزرعة الفكر البشرى، وفق معايير وأسس عالمية لضمان الوصول إلى الأهداف المعلنة بفاعلية وكفاءة، وتفعيل إنتاجية المؤسسة التعليمية، وتدعيم مسيرة كاملة فى المدارس العليا والجامعات لتدريس فنيات الحوار وأخلاقياته من المنظور الثقافى لكل مجتمع، بل إن بعض الجامعات والمدارس خصصت أقساماً علمية وبرامج دراسية تؤهل الدارسين لامتلاك قدرات ومهارات

وأخلاقيات الحوار، بل للحصول على دراسات متخصصة فى التواصل الكلامى والحوار، لمواجهة التسلط والاستبداد والتعصب والعنف والإرهاب واللامبالاة من أجل أمة عربية واحدة.

خامساً - هندسة النجاح والتعليم :

هل يمكن أن نوظف علماً جديداً يسمى هندسة النجاح فى التعليم ؟ ندرِّس فيه ماذا وكيف يؤدى الناس المهرة أعمالهم ؟ نحدد فيه أنماط مهارات ومدى تكرار هذه المهارات، حتى يمكن أن نعلّمها وندّرب عليها ونكسبها لطلابنا فى المدارس والجامعات ونعلمهم هل الأشخاص العظماء والنابغون والمبدعون والمبتكرون يستخدمون أنماطاً ونماذج معينة، يمكن لنا نحن التربويين إعادة صياغتها وتعليمها لنصف الحاضر وكل المستقبل ؟ نعم هناك علم هندسة الاتصال البشرى أو علم البرمجة العصبية اللغوية، وهو ما يطلق عليه باللغة الإنجليزية (Neuro-Linguistic Programming) ، ويعنى تصميم السلوك والتفكير والشعور، وكذلك تصميم الأهداف للفرد والأسرة والمؤسسة، وتصميم الطريق الموصل إلى هذه الأهداف.

تقول مثلاً إن فلاناً متفوق فى دراسته أو عمله أو فى وظيفته أو فى علاقته الاجتماعية، وعلم هندسة النجاح أو هندسة الاتصال البشرى يساعدنا فى تشخيص أسباب هذا التفوق ومعرفتها وكيف يفكر الإنسان المتفوق؟ وكيف يتصور الأشياء؟ وكيف يتذكر الأشياء؟ هل يتحدث إلى نفسه؟ وبماذا يتحدث إلى نفسه؟ وماذا يشعر به؟ وكيف يشعر به؟ من هذه المعلومات يمكننا إيجاد نموذج، أو استخلاص قواعد وأصول وأنماط نستطيع معها أن نصنع التفوق لدى أشخاص آخرين؛ فهندسة النجاح تنظر إلى قضية النجاح والتفوق على أنها عملية يمكن صياغتها، وليست هى وليدة الحظ أو الصدفة؛ ذلك إن إحدى قواعد هندسة

النجاح أنها لا تهتم بالمضمون فحسب بل تهتم بالإطار والشكل والهيكل؛ أى تهتم بكيفية حصول المشكلة، وليست المشكلة ذاتها، نهتم بالسؤال كيف تولدت حالة النجاح أو حالة التفوق؟

وعليه .. فإن الإنسان مطالب بتعديل طرائق تفكيره وتنويعها، وتهذيب سلوكه وتنقية عاداته، وشحذ همته، وتنمية ملكاته، وتطوير مهاراته، وتغيير ذهنيته، والتأثير فى غيره؛ أى إن علم هندسة النجاح له وظيفتان، هما: التغيير والتأثير، تغيير الذات وتغيير الغير.

والمهارتان الأساسيتان اللتان يجب العناية بهما ورعايتهما فى تعليمنا بجناحيه العام والجامعى، هما: مهارة النظام التمثيلى للمتعلم أى أنماط التفكير المتنوعة وكيفية تشكلها فى ذهن المتعلم عن طريق البصر والسمع والإحساس، ثم مهارة الألفة وهى حالة التوافق بين المعلم والمتعلم بتكوين رابطة إيجابية؛ ذلك أن الألفة بين المعلم والمتعلم مطلب أساسى وجوهرى لكل اتصال مؤثر فعال، أو أن الألفة هى المدى أو الدرجة التى تدخل منها إلى عالم المتعلمين ونؤثر فيهم وعلى حيواتهم.

إننا بتوظيف هذا العلم الجديد فى التعليم والتعلم، ندرب طلابنا كيف يتعرفون طرائق تفكير الآخرين، وكيفية تغيير الحال الذهنية ودور الحواس فى تشكيلها، وشحذ القابليات، ورفع مستوى الأداء الإنسانى، وكيف يمكن تغيير المعانى والمفاهيم وتوسيع دائرة الخبرات وطريقة الإدراك وإتباع أطر مرجعية مختلفة، ومعرفة أدوات ومهارات جديدة فى إنجاز الاتصال الفعّال، بغية تشكيل إنسان جديد لمجتمع جديد.

إن الاتصال يمثل دوراً مهماً ومادة فعالة فى عالم الإنسان المعاصر، إنسان الألفية الثالثة، وفاءً باحتياجات الواقع الإنسانى الآخذ فى التعقيد فى جميع ملامحه اجتماعيًّا وفكريًّا وسياسيًّا واقتصاديًّا، حيث يقوم عليها الأنشطة تعليمية وتربوية

على السواء لترقية التفاعل الصفى، وإثارة الدافعية والارتفاع بمستويات التحصيل والتفكير، وتحقيق التأثير الإيجابى فى الطلاب ولتشكيل بيئة تعليمية ثرية، ومزرعة للفكر البشرى الديمقراطى.

وليس الاتصال مجرد كلمات تلقى أو عبارات تقال، بل يتضمن مدى واسعاً من التعبير والتفكير يتمثل فى كتاب مدرسى باعتباره أحد مصادر التعلم لا كل مصادر التعلم، واستجابات المتعلمين منطوقة وغير منطوقة، وعلاقات عاطفية حميمة بين المتعلمين من جهة وبينهم وبين المعلم من جهة.

وتفعيلاً للاتصال البشرى وتثميراً لمهاراته، ظهرت هندسة الاتصال البشرى أو البرمجة العصبية اللغوية أو هندسة النجاح فى ميدان برامج التدريب، على أساس أن لكل إنسان طريقته الخاصة فى التفكير، وهذا الاختلاف يرجع إلى كيفية حصول الإدراك للعالم الخارجى عن طريق مركبات ثلاثة، هى الحواس الرئيسة: السمع والبصر والفؤاد مركز الإحساس والشعور حيث تظهر عن طريق هذه الحواس القدرات المختلفة للمتعلمين: القدرات العقلية والقيادية الإبداعية والفنية والأدائية السلوكية المختلفة التى تتشابك فى صناعة موقف تواصلى ناجح.

علم هندسة الاتصال البشرى هو علم تصميم السلوك، والتفكير، والشعور، والأهداف للفرد والأسرة وكيف يصل إلى هذه الأهداف .. إنه علم استخدام اللغة بمهارة، وكيف أن بعض الكلمات تعكس صورة العالم الذهنى عن طريق الجهاز العصبى والطرق الذهنية لحواسنا الخمسة، التى نرى بها ونسمع ونشعر ونشم ونتذوق وخلال ذلك نستخدم اللغة اللفظية ولغة الصمت من إشارات وحالات نفسية وعادات سلوكية تكشف طرائق تفكيرنا ومعتقداتنا، كما أن أفكارنا ومشاعرنا وأعمالنا هى ببساطة برامج تعودية يمكن تغييرها بالتعلم والتدريب وتحسين برامجنا العقلية، بل إن هندسة الاتصال البشرى هى هندسة نفسية للنجاح، وهى طريقة منظمة لمعرفة

تركيب النفس البشرية والتعامل معها بوسائل وأساليب محددة تؤثر فى حسم وسرعة فى عملية الإدراك والتصور والشعور وبالتالى فى السلوك والمهارات والعادات والأداء الإنسانى جسمياً وفكرياً ونفسياً.

إنه علم يكشف لنا كيف يؤدى الناس الناجحون والمتميزون والمهـرة أعمالهم، والإفادة مـن ذلك فى التعليم والتدريب لإتقان العمل وتغيير الحالة العقلية والذهنية والمهارات والعادات لتحقيق التغيير لـدى الشخص ولتحقيق التواصل الناجح لدى الناس .. إنه علم يسعى لدراسة تركيب الخبرات والمواقف الداخلية وتواصلنا مع أنفسنا داخلياً وخارجياً، إنها برمجة للإنسان وعقله لصياغة التميز فى عالم ليس التعليم فيه للجميع فقط، بل للتميز والتفوق.

إن أهداف هندسة الاتصال البشرى هى الأصابع الذهبية التى تشكل كيفية استخدام حواسنا فى عملية التفكير، وكيف نتعرف طريقة تفكير الآخرين، ورصد الحالة الذهنية وتعرفها وكيفيـة تغييرهـا، ودور الحواس فى تشكيل الحالة النفسية العقلية إنها تحقق الألفة بين شخصين وفى التأثير علـى الآخرين ورفع مستوى الأداء وتنمية المهارات وشحذ القابليات، واستخدام اللغة فى الوصـول إلى العقل البـاطن اللاشعور، وتغيير المعانى والمفاهيم وتوسيع دائرة الخبرات، والكشـف عـن طرائـق فنيـة لإخراج الناس مـن مواقف وحالات نفسية مؤلمة ومن محبسهم فى عادات تسبب اختلال وظيفى جسمياً يحد من نشاطهم.

وعلم هندسة الاتصال البشرى تتعدد فوائد مردوده وتتنوع لتشمل اكتساب طرق عديـدة لكيفيـة الاتصال بالناس ومعرف طباعهم، وفتح الباب أمام مـن يريد أن يـتعلم كيـف نجـح المرموقـون والعظمـاء والمبدعون، وتعلم عادات جديدة تضفى الحيوية والنشاط والنجاح فى حياة من يتعلم هذا الفن، واكتساب أدوات ومهارات تغيير النفس وتغيير الآخرين وتطوير الأعمال فى ميادين الطب والتعليم والتجارة والتربية بل والحياة الأسرية.

إن هندسة الاتصال البشرى تعنى بالنظرية التى تهتم بالتفسير، كما تعنى بالنموذج الـذى يحول النظرية إلى الممارسة العملية خطوة خطوة.

ويتمثل نمو الاتصال البشرى وهندسته فى:

1- أنظمـة صيغ الإدراك مـن نظر وسمع وشم وذوق وشعور، والتـى يتضمن كـل منهـا صيغاً فرعيـة يستخدمها العقل لترميز المعلومات فى أى موقف من مواقف الحياة.

وهنا لابد من أن نؤمن بهذه الفروض:

– لا أحد مخطئ فالخطأ نسبى.

– الناس يعملون بإتقان لينجزوا.

– كل سلوك له فائدة فى موقف ما.

– إذا لم تجد من الآخرين رداً أو استجابة افعل شيئاً مختلفاً.

– لا يوجد شىء اسمه الفشل، المهم أن تستفيد من أخطائك.

– الإنسان الذى يتسم بالمرونة الشديدة يؤثر بشدة.

– إذا فعل أى شخص شيئاً ما يمكن لأى شخص آخر أن يتعلمه.

– أنت فى نفسك دولة ونموذج متفرد غير مكرر.

وهناك لغتان للطالب المتعلم؛ **الأولى**: ما نسمعه منه حين يتحدث، **والثانية**: مـا يـدور فى عقلـه مـن لغـات بصرية أو سمعية أو مشاعرية، فالطالب البصرى يمثل نفسه بكلمات تحتوى على صور ومشاهد، والسمعى يستخدم كلمات تحتوى على سمعيات، والمشاعرى الحسى يستخدم كلمات منتقاة تشير إلى عواطف وأحاسيس.

2- مهارات الألفة إحدى وسائل توطيـد العلاقـة بيـن البـشر، وعـن طريقهـا يـدخل المعلـم إلى عالـم المتعلم .. يعرف اهتماماتـه ويشاركـه أحاسيسـه ويتكلم بلغتـه مـن

أجل تواصل فعال ومؤثر، ومردود ذلك على المعلم أن يستمع إليه المتعلمون ويحترمونه ويثقون فيه، حيث تتكون رابطة إيجابية بين طرفى الاتصال، عن طريق بناء علاقة قائمة على الثقة المتبادلة والانسجام النفسى والإحساس بالترابط والتواصل على الموجة النفسية نفسها.

وسعى المعلم لتحقيق الألفة مع طلابه ييسر له:

‒ كسب طلابه المتمثل فى احترامهم وإنصاتهم له.

‒ الوصول إلى مستوى تفكيرهم ومعايشتهم أفكارهم.

‒ إدارة الوقت والدرس والفصل تتم بسهولة.

‒ صنع وقت مثير واهتمام أطول ومزيد من المتعة.

‒ تحقيق نتائج تحصيل ذات مستويات عليا.

‒ إكساب الطلاب المرونة فى العلاقات معه ومع زملائهم.

والألفة سبيل القبول الاجتماعى والانفتاح العقلى، وهى تحقق شخصية متفتحة تتقبل الآخر وتحترم حق الاختلاف، وتحب الحديث مع الناس وترغب فى العمل التعاونى وتميل إلى خدمة الآخرين والتأثير فيهم والتأثر بهم. كما أن عناصر الصوت (النبرة والسرعة والبطء والدرجة والنغمة) تؤدى إلى إضفاء الحيوية والقوة والمزيد من التآلف والانسجام مع المعلم والدرس والبيئة التعليمية/ التعلمية، ناهيك عن تأثيرات حركات الجسم والنظرات وتعبيرات الوجه وحسن المظهر الخارجى.

المعلم المتآلف مع طلابه فى حركة اتصال دائم عن طريق الابتسامة والإيماءات والإشارات وصولاً إلى مفاتيح عقول الطلاب ومفاتيح الشخصية؛ من أجل إنسان جديد للألفية الثالثة، إنسان مبدع ومفكر مشارك منتمٍ .. يمتلك الرأى والرؤى ويقبل ويرفض يعلل ويفسر .. يمتلك ثقافة الإبداع وثقافة الإيداع فى آن واحد.

إن انشغال القيادات التعليمية بتناول القضايا والمشكلات الجوهرية التى يتطلبها الإصلاح الملح فى انطلاقة تطوير التعليم وتجديده يفرض على المشتغلين

بأمور التربية من خبراء اقتصاد وأساتذة جامعات وإعلاميين توضيح المفاهيم التربوية، والسعى نحو تفعيلها، والتوعية بدلالاتها الصحيحة ورسم حدودها وقواعدها وشروطها، وحتى لا ينحرف فكر جماعات الضغط الاجتماعى من آباء ومعلمين تقليديين وأصحاب المصالح الفئوية عن المسار التربوى المنشود. وفى الإطار جاء طرح مفهوم المدرسة المنتجة بعيداً عن قرارات الغرف المغلقة، وتوظيفاً لنتائج البحث التربوى لهندسة وتصنيع مواطن متعلم ومنتج فى إطار منافسة عالمية، تتطلب تعميق الهوية، والاعتماد على الذات بامتلاك مهارات الحياة.

سادساً- أدوار المعلمين لصناعة المبدعين:

الإبداع أحد مقومات التقدم الحضارى، وجسر تقدم الإنسان وعدته فى مواجهة مشكلات الحياة، وتحديات المستقبل. ويرجع الفضل فى إبراز الإنتاج الإبداعى إلى التربية؛ لأن الدول المتقدمة كلما اعتراها القصور فى مجال ما عادت مسرعة وتتصفح دفترى التربية والتعليم وواقعهما من معطيات العصر ومجريات الأمور، مستوضحة الخلل الذى أصاب التربية فجعلها عاجزة عن بلوغ المرام، أو المضى قدماً نحو المستقبل بما بتطلبه من الجديد، وصولاً إلى آفاق إبداعية متنامية خارج أسوار الزمان؛ لأن الإبداع فى مفهومه التربوى صنعى لا طبيعى بمعنى أن المؤسسة التعليمية هى المنوطة بصياغة العقول المبدعة فى شتى المجالات، والاهتمام بالإبداع فى مجال ما ينعكس على مجالات أخرى، لارتباط المعرفة فى جميع مظاهرها، ومن هنا يقتضى أن نعير اهتمامنا للإبداع فى مؤسساتنا التعليمية.

إن الإبداع يعنى ظهور إنتاج جديد نافع من التفاعل بين الفرد والخبرة التى مر بها، والتحديد الدقيق للإبداع إنما يأتى من خلال فحص الإنتاج الإبداعى ذاته لمحاولة تبين حقيقته الأصلية، والكشف عن الأسس المهمة التى على أساسها يمكن قبول أو إنكار دعوى الإبداعية فيه، والإبداع هو النشاط أو العملية، التى تقود إلى

إنتاج يتصف بالجدة والأصالة والقيمة من أجل المجتمع. وهذه التعريفات للإبداع تدور حول محورين: الأول الإنتاجية، فالناتج هو ما نستطيع أن ندرك وجوده وهو ما يمكن أن نحسه ونتعرفه. ودراسة الظاهرة من خلال الإنتاج الإبداعى يكشف عنها، والثانى هو أن الإبداع يقف خلفه مجموعة من القدرات هى الأصالة والمرونة والطلاقة، وهى فى الوقت ذاته تعد سمات يتميز بها العمل الإبداعى، وقدرات يتحقق الإبداع من خلالها.

إن كفاية أداء التلاميذ يمكن إثراؤها بزيادة وعى المعلمين، ومعرفتهم الواقعية بأهمية قدرات تلاميذهم وطاقاتهم ومستوى تطورهم المعرفى والعقلى، وعليه .. فإن نوعية المعلم متغير أساسى فى تنمية القدرات الإبداعية لدى الطلاب. إن المعلمين الذين يبدون سلوكاً أكثر أصالة وإثارة يكون طلابهم أكثر قدرة على المبادرة، وأكثر قدرة على القيام بأنشطة من النوع الإبداعى، فمن يمتلك يستطيع أن يعطى، كما أن المبتكر لا يبتكر من ذاته بل يستثيره الآخرون، ففى كل طالب طاقة ابتكارية، وقوة تدفعه فى طريقها الصحيح، وعليه .. فإن المعلم الناجح هو الذى يخلق جواً فى قاعة الدرس يساعد على ممارسة الإبداع، بأن يشجع الطلاب بالتعبير عن أفكارهم الشخصية ومشاعرهم، ويدربهم على أساليب التفكير النقدى والمناقشة والوصول إلى إجابات متعددة عن السؤال الواحد، وإثارة دوافع الطلاب وتنشيط قدراتهم واستعداداتهم وميولهم، وتوفير المزيد من أنشطة التعلم.

ولا تقتصر أهمية المعلم على دوره المباشر فى تنمية الإبداع، وإنما يتعداه إلى ما يتبنى المعلم من اتجاهات إيجابية نحو الابتكارية. وهذا الأمر يتطلب إعادة النظر فى تكوين المعلمين قبل الخدمة وتدريبهم أثناء الخدمة بأن يمتلك المعلم صفات المعلم المبدع، وهى: مرونة شخصيته، والثقة غير المشروطة فى قدرات الطالب، والإقلال من التقييم والنقد الخارجى، وإشعار الطالب بالأمان وعدم الخوف، واستخدام التشجيع والإثابة، وإدراك الفروق الفردية بين المتعلمين، وإثراء الموقف التعليمى

بالأنشطة الإبداعية، وإظهار قيمة أفكار الطلاب، والإلمام بسمات الطلاب المبدعين، وتشجيع الطلاب للتعبير عن أفكارهم الشخصية ومشاعرهم الذاتية، وامتلاك القدرة على التسامح والبهجة والحرية.

وتتنوع أدوار المعلم المبدع ليشكل البيئة المناسبة للإبداع، والتى تدعم تلك القدرة لدى الطلاب وترعاها، وحيث يخلق المواقف التعليمية الطبيعية التى تفجر طاقات الإبداع وتثير المتعلم وتتحدى قدراته، ويدرك أن الإبداع ينتج عن التفاعل بين نمو الشخصية والتغير الاجتماعى، والعلاقات الشتى للتفاعل بين المتعلم والمعلم، والظروف التى تحيط بعملية التعليم والتعلم.

وفى إيجاز فإن البيئة والسياق التعليمى المبدع يتميز بما يلى:

- الحرية والأمان المدرسى ويتحقق من خلال الحرية الممنوحة للطالب، وإثارة الرغبة فى التعبير والمشاركة، من خلال مواقف حية تمس أهدافهم وحاجاتهم وميولهم.

- التسامح والديمقراطية فى قاعات الدرس؛ حتى تنفجر طاقات الطالب من خلال الإثابة والتشجيع.

- المرونة التى تسود سياق التعليم والتعلم ومناخ الدراسة، والاعتماد على الحوار والتنافس.

- العناية بأفكار وتخيلات الطالب خاصة تلك التى تخالف أداء المعلمين وأفكارهم.

- غرس الثقة فى إحساس الطالب وتقدير آرائه، وما أبدعه ومناقشته فيه.

- توفير بيئة تدريس مفتوحة وفصول بلا جدران.

- التدريس العلمى المستمر المقترن بالحوافز.

- خلق جو صحى من العلاقات الإنسانية المناسبة فى قاعات الدرس، وفى البيئة التعليمية والمؤسسة ككل
- توفير وسائط ومصادر تعلم متعددة، مثل: المكتبة والشبكة العنكبوتية.
- تقديم مقررات دراسية على شكل مشكلات تعليمية تفتح أمامهم أبواب التأمل والنظر والتحليل والتركيب، والاكتشاف الموجه، والأنشطة الابتكارية والعصف الذهنى والتخيل والتحويل والنهايات المفتوحة.

إن المعلمين الحرفيين الفنانين هو الذين يصنعون بيئة تعليمية مثيرة، وفيها يكلفون الطلاب بإجراء البحوث والتكليفات المنزلية بالتردد على المكتبات والانشغال بعالم الصفحة المطبوعة، وهم يستخدمون أنشطة وأساليب تدريسية ويركزون على قيم عقلية ومهارات اجتماعية تحت شعارات متنوعة، فبعضهم يركز على موضوع ما (أنا أدرس ما أعرف) ويركز على الطالب (أنا أدرب العقول) أو (أنا أعمل مع الطلاب وكلنا نفكر معا) .. هم يصنعون بيئة تعليمية مبدعة بتحركهم وتحمسهم وتسامحهم وتواضعهم، ولديهم حضور مع مجموعات الطلاب، وهم ماهرون يحولون مناخ التعلم إلى حلبات درامية ومسارح للعلاقات الشخصية البينية لأنهم مطبوعون ومصنعون معاً. إنهم يجعلون أداء الطالب ثمرة لقدرته العقلية فى إطار الآثار الدافعة الحافزة التى يوفرها له المناخ الصفى، والتى تنتج عن فاعلية المعلم المبدع ونتاج خصائصه الشخصية وبيئة التعلم معاً، بل وفهمه للمحتوى بعمق ووضوح وذكاء، وعرضه للدرس عرضاً دارمياً تفاعلياً مستخدماً لغة الجسم، وفن الإلقاء، وبلاغة الحديث والحوار، بل والقدرة على توضيح المفاهيم المجردة والأفكار المركبة بسهولة، سواء نجم هذا عن الاندماج العالى والقدرة على التركيز على المسلمات الأساسية، أو الوقفات التى تسمح بالتفكير السريع بالأمثلة المحسوسة أو الحصول على تغذية راجعة من الطلاب واستخدامها فى تحسين الأداء، أو بقراءة معنى الاتصال البينى والاندماج عبر منوعات من الخبرات الإنسانية

والمهارات الاجتماعية بالقرب النفسى مـن الطـلاب وحبهم، والحرص عـلى مصـالحهم وتنميـة العلاقات الإيجابية معهم، وزيادة معرفتهم بالديناميات الصفية وبأن يخلق جواً ساراً مبهجاً، بل بتطوير قدراته إلى أقصى حد ممكن بامتلاك الجهد والمثابرة والعروض الشـفهية التلقائيـة، وإعطـاء الأمثلـة وتفسـير رسـائل الطلاب الضمنية.

التدريس المبدع يعطى حرية هائلـة فى تنظيم الوقت وتوجيـه الطاقـات، ومستويات مماثلـة مـن الدافعية الذاتية، والتنظيم الشخصى والانضباط الذاتى، واتخاذ قرار يحـدد مقدار الطاقـة، التـى يجـب أن تستثمر فى المتطلبات الفورية للتدريس، ومقدار التوجـه نحو الأهداف البعيـدة وغـير الملموسـة للبحـث والدرس العلمى. وعليه .. فإن توافر الوقت الكافى هو مسئولية المعلم نفسـه؛ حيـث وازن بـين المتطلبـات المتنافسة على جدول وقته، وبين التدريس الجيـد المبـدع، والبحـث العلمى، وممارسـة الأنشطة العلميـة والتعليمية والمجتمعية، دون انتظار لثناء على واجباته الأكاديمية أو المهنية، بـل تقييم عملـه تقييماً ذاتيـاً بشكل دورى معتمداً على مصادر متنوعة من نتائج وآراء الطلاب والزملاء والرؤساء والإداريين.

إن السمعة الوطنية للمدرسة أو الجامعة هى ثمرات جهود المعلمين ومستويات نجاح وتمكن الطلاب من المهارات والقدرات والمعلومات اللازمة لسوق العمل المتغيرة أبداً، كـما أنهـا ثمـرة برامجهـا فى البحـوث والدراسات العلمية، وأنشطتها العملية فى خدمة البيئة المحلية والاتصالات القومية والدولية.

وترتبط السمعة الوطنية للمؤسسة التعليمية بقياس اتجاهات المعلمين نحو الطلاب، والتـى تكشـفها المحادثات غير الرسمية فى محافل المجتمع والإعلان من منح ونوادر ومذكرات ونعوت الطلاب، التى تعكس ثقافة المؤسسة التعليمية ومعتقدات الآباء والمعلمين؛ الأمر الذى يتطلب المتابعة الرسمية والمجتمعية ومنح

الجوائز وتقدير الأعمال الجيدة لمن يستحق، والتقييم المستمر لقياس الكفاءة الداخلية للمؤسسة التعليمية من رسوب وتسرب الكفاءة الخارجية من اكتساب المتخرجين لقدرات ومهارات سوق العمل المتغيرة الحالية والمستقبلية، بل إن سمعة المؤسسة التعليمية تتأثر بدرجة كبيرة بنوعية القيادات التعليمية ودرجات النزاهة والموضوعية واحترام القانون في اتخاذ القرارات، ناهيك عن الفاعلية والنشاط والمشاركة في نشر الوعي بقضايا الوطن ووضع المؤسسة التعليمية على مستوى المنافسة العالمية بالحوارات والبحوث والدراسات والاتصالات القومية والدولية بالمؤسسات المناظرة وامتلاك الفكر المستنير والرؤى المنفتحة، والإفادة من قادة الفكر وأصحاب الرأى؛ حتى تصبح المدارس والجامعات رسالة تحتضنها مؤسسات.

* * *

الفصل الخامس

المناهج ومتطلبات المواطنة

1 - عناصر المواطنة.

2 - المفاهيم المرتبطة بتربية المواطنة.

3 - أهداف تربية المواطنة.

4 - أدوار المنهج في تحقيق المواطنة.

5 - أدوار المعلم في تربية المواطنة.

المناهج ومتطلبات المواطنة

مفهوم تربية المواطنة ليس مفهوماً جديداً فى الفكر التربوى؛ فالإنسان منذ قديم الزمان قام بعملية تطبيع اجتماعى للأفراد على القيم والأخلاقيات التى يؤمن بها، وكانت هذه العملية هى ما تسمى فى الأدب التربوى اليوم بتربية المواطنة Citizenship Education ، والهدف من تلك العملية قديماً وحديثاً إعداد الفرد ليكون مواطناً صالحاً فى المفهوم الحديث، فالغاية واحدة وإن اختلفت وسائل الوصول إليها نتيجة لتطور الفكر التربوى. وقضية المواطنة طرحت منذ فترة طويلة لأهميتها فى بقاء المجتمعات واستقرارها واحتفاظها بهويتها، بما تتضمنه من: ثقافة، وعادات، وتقاليد، ونظم مؤسسية وحياتية. فعندما تكون المواطنة سليمة يتجه المجتمع نحو التقدم وينعم بالرخاء والاستقرار، وعندما تضعف المواطنة بين أفراد المجتمع يصبح كياناً هشاً تزعزعه نوائب الدهر، فتنتشر به العديد من الظواهر، مثل: الأنانية، والعمل من أجل المصلحة الفردية، والعدوانية تجاه الجماعة وممتلكاتها، والتطرف بشتى صوره.

وتبرز اليوم أهمية المواطنة وتربيتها؛ من أجل الحفاظ على الهوية الخاصة بكل مجتمع فى ظل ما يتهددها من أخطار العولمة ومؤسساتها، وهذا لا يعنى أن الحل يكمن فى الانكفاء على الذات، والابتعاد عن العالم الذى أصبح قرية صغيرة، إنما يعنى إكساب المناعة لكل فرد من خلال تربيته تربية وطنية تركز على تزويده بالمعارف، والقيم، والمبادئ، والمهارات التى يستطيع بها التفاعل مع العالم المعاصر، دون أن يؤثر ذلك على شخصيته الوطنية. ويقود الحديث عن تربية المواطنة إلى مناقشات وجدل فى كثير من القضايا المتعلقة بطبيعة هذه التربية، وسبل الوصول

إليها، ونوعية الإصلاح الذى نريده فى الإنسان الـذى نقوم بتربيته، وأولويـات الـولاء والانتماء وكيفية تنظيمها فى الشخصية الإنسانية لتتجه فى النهاية لمصلحة الوطن. ولقد تزايدت دعوات الإصلاح والتجديـد والتطويـر فى مناهج المواطنة وأساليب تدريسها، ومن يـدخل إلى شبكة الإنترنت يجد كماً كبيراً من الدراسات والمقالات، والبرامج الدراسية فى مجال تربيـة المواطنـة فى أوروبا الغربية، والولايات المتحدة الأمريكية، وكندا، واستراليا. وفى ظل الاهتمام المتنامى بتربية المواطنة، ماذا نعد للحفاظ على مواطنة أبنائنا ؟ هل تم توجيه مناهجنا لإعداد الفرد للمواطنة بوعى ومعرفة؟ أين مناهجنا من المواطنة ؟

إن المواطنة بمنزلة الهدف من التربية ككل، إذ لا معنى أن تعد مهندساً أو معلماً، أو طبيباً، أو محاسباً بتزويده بالعلم فقط، دون المساهمة فى بناء شخصيته كمواطن يقوم بدوره الذى يمتد أبعد من حدود مهنته، وأحياناً أبعد من حدود دولته.

أولاً- عناصر المواطنة:

إن تنمية المواطنة تتم مـن خـلال مؤسسـات متعـددة؛ حكوميـة وغير حكوميـة، ولكن المسئولية الرئيسة تتحملها المدرسة التى تنطلق من رؤية فلسفية واضحة لعملها، وحتى ينجح ذلك العمل لابد أن نعى عناصر المواطنة الأساسية، وهى خمسة عناصر هى: الإحساس بالهوية، التمتع بالحقوق المؤكدة، إنجاز الواجبات المماثلة، درجة الاهتمام والاشتراك فى الشؤون المدنية، قبول القيم المجتمعية الأساسية. وفيما يلى مزيد من التفصيل عن تلك العناصر الأساسية:

1- **الإحساس بالهوية**: وهو العنصر الأول من عناصر المواطنة، وهذه الهويـة قـد تكون واحدة أو قـد تكون متعـددة وفى هـذه الحالـة يعرف المجتمع بمجتمع متعدد الثقافات، ومصادر الهوية متعددة أيضاً فهى؛ إمـا محليـة، أو لغويـة، أو ثقافيـة، أو دينية، أو عرقية، والهويـة الوطنيـة لا أحـد يستطيع أن ينكر كونها مقوماً أساسياً

للمواطنة ولكن هناك من يجادل بأن هذه الهوية وحدها ليست كافية لمواجهة تحديات القرن الحادى والعشرين، وتزايد الاتصال والاعتماد المتبادل بين أجزاء العالم المختلفة.

ويرى من يرفض الهوية الوطنية بأنها أحد الأفكار القديمة التى يجب رفضها فى هذا الوقت، الذى يتزايد فيه ظهور ما يسمى بالمواطنة العالمية التى ستكون أساساً قوياً لتربية المواطن من أجل الكوكب الأرضى ككل. ويرد على تلك الدعوى بأن المواطنة العالمية سوف تقسم منظومة الولاءات الإنسانية، ويمسك طرف ثالث العصا من وسطها، ويقدم رؤية وسطية بين دعاة المواطنة المحلية ودعاة المواطنة العالمية، وهذه الصيغة التوفيقية من الصعب إنكار الهوية الوطنية ولكن يجب أن يتم فهمها من طبيعة عالم اليوم الذى لا تستطيع فيه أمة أن تعمل وتعيش لوحدها، ولذلك يجب أن تشمل المواطنة الأبعاد الوطنية والعالمية وهذا بطبيعة الحال أدى إلى ظهور مدخل جديد لقراءة المواطنة وهو المواطنة متعددة الأبعاد.

2- **الحقوق:** العنصر الثانى للمواطنة التمتع بالحقوق المؤكدة، فالمواطن يجب أن يكون عضواً فى جماعة معينة فى المجتمع. وهذه العضوية تساعده فى الاستفادة من الفوائد التى تمنحها عضوية الجماعة، ذلك أن حقوق المواطنة فى العالم الغربى يمكن ترتيبها وفق تاريخ الحصول عليها فى فئات هى: الحقوق القانونية مثل الحرية من التعسف، والحقوق السياسية مثل الحق فى التصويت، والمشاركة فى الشؤون المدنية، والحقوق المدنية والاقتصادية مثل الحق فى تنظيم الاتحادات، الذهاب إلى المدرسة، والحق فى الحصول على الأمن الاجتماعى. وهذه الحقوق التى تم الحصول عليها تشير إلى أن المواطنة لا تكون سليمة بدون حصول الأفراد على الحقوق المختلفة التى تكسبهم عضوية كاملة فى مجتمعاتهم، وبذلك تنظم العلاقة بين الفرد والسلطة وفق إطار من الحقوق والالتزامات.

3- **المسئوليات والواجبات:** العنصر الثالث من عناصر المواطنة، حيث تقتضى المواطنة والحقوق التى يحصل عليها الأفراد القيام بمجموعة من المسئوليات مثل: طاعة القانون، ودفع الضرائب، واحترام حقوق الآخرين، والدفاع عن الدولة، ويذهب البعض إلى أن من مسئوليات المواطنة المشاركة فى كثير من بلاد العالم، فالبعض يفترض التوازن بين الحقوق والواجبات، ولكن ليس بالضرورة أن تتطابق الممارسة مع النظرية دائماً، وهذه النقطة تعتبر مرتكزاً أساسياً ينبغى أن يعالجها منهج تربية المواطنة.

4- **المشاركة فى الشؤون المدنية:** العنصر الرابع للمواطنة، فمن مسئوليات المواطنة **وواجباتها** ضرورة تأدية دور كبير فى الشؤون المدنية، وهذا ما يشير إلى إغريق القدماء الذين فرقوا بين الشخص الصالح والمواطن الصالح، فالشخص الصالح يعيش حياته وهو متمسك بالفضيلة والأخلاق ولكنه لا يشارك فى شؤون مجتمعه أو يبدى اهتماماً بها، والمواطن الصالح ليس هو الذى يعيش بصورة حسنة فى حياته الخاصة فقط؛ ولكن أيضاً يتعهد بالمشاركة فى شؤون مجتمعه، وآماله، وطموحاته، لأن عدم المشاركة يفسح المجال لمن هم لا يحملون تلك القيم النبيلة فى تيسير الأمور العامة للدولة.

5- **تقبل قيم المجتمع الأساسية:** عنصر من عناصر المواطنة يختلف فى فهمه وتطبيقه من مجتمع إلى آخر ومن دولة إلى أخرى. وهو غالباً ما يكون موضوعاً للمناقشة والجدل، ويعود الجدل فيه إلى اختلاف وجهات النظر الفردية إلى **طبيعة** القيم الأساسية للمجتمع، وتحدد هذه القيم غالباً فى ضوء الحقوق والواجبات التى ينص عليها فى الوثائق الدستورية، ولكن هذه القيم قد تكون متجذرة تاريخياً فى ثقافة المجتمع التى من ضمنها الدين الذى يؤمن به أفراد المجتمع، ولذلك فالمشكلة ليست فى تحديد القيم، أو فى من له الحق فى تحديدها، ولكن المشكلة فى كيفية تطبيق هذه القيم، هل تطبق من أجل الصالح العام؟ أم من أجل مصالح

شخصية ؟ هل تطبق من أجل المصلحة الوطنية الخاصة دون مراعاة بقية العالم ؟ أم تطبق بحيث تراعى فيها المصلحة الوطنية دون الضرر بالمصلحة العامة لسكان الكوكب الأرضى ؟

تلك العناصر الخمسة للمواطنة ينبغى أن تكون منطلقاً لمنهج تربية المواطنة، ولكن لابد فى تطبيقها من الابتعاد عن التلقين أو العرض التاريخى، فتطور المواطنة هو تطور الإنسان والدولة، وقضية الصراع ما بين الحقوق والواجبات قضية أزلية، ودور العملية التربوية يكمن فى إيجاد الوعى بالعلاقة الارتباطية بينهما، ولكن هل ما زال الحديث يدور حول المواطنة المحلية أم أن حدود المواطنة ومسرحها العالم أو الكوكب الأرضى ؟ بالطبع أن المواطن ليس مواطناً فى دولته فقط بحيث يلتزم بالمثل والأخلاق فى حدودها وعندما يخرج من تلك الحدود يمكن أن يكون مصدر لانتهاك الأخلاق والإضرار بغيره من المواطنين فى الدول الأخرى. إن الوجود الإنسانى منذ البدايات قام على فكرة التعاون والاعتماد المتبادل ولذلك نشأت المجتمعات والأسر، والقبائل، والدول، وتطورت العلاقات بين تلك الأشكال من الوجود الإنسان، وظهرت القوانين التى تنظم العلاقات بينها، وفى العصر الحديث أصبحت البشرية كتلة واحدة فى مواجهة الصراعات والخلافات المسلحة، وكذلك الأزمات الصحية، والسياسية، والعسكرية، ولذلك ظهرت عصبة الأمم بعد الحرب العالمية الأولى، وهيئة الأمم المتحدة بعد الحرب العالمية الثانية لتعبر عن حقيقة المواطنة العالمية، ولتؤكد على ضرورة احترام كرامة الإنسان أياً كان بلده، وعرقه، ولونه، وديانته، ولغته.

ولقد أدرك العالم المعاصر أن المشكلات التى تواجه الكوكب الأرضى هى مشكلات كبرى ومعقدة، وإن تأثيرها ليس محلياً بل عالمياً، وإن الوقوف فى مواجهتها يتطلب تعاوناً دولياً، ومن هنا بدأت الدعوات إلى ضرورة توظيف التربية من أجل تنمية الوعى بضرورة تحمل المسؤولية فى التصرفات والأفعال التى تؤثر على بقية الأفراد، ولذلك عقدت العديد من المؤتمرات لمواجهة الأخطار المحدقة بالبيئة،

وقضايا السلام، وحقوق الإنسان، والتمييز العنصرى، وغيرها من الجوانب التى تمس الحياة البشرية والتى يعول على التربية فى التقليل من حدتها عند مواطنى المستقبل الذين يجب تربيتهم على أن وطنهم هو الكوكب الأرضى، وإن تعاونهم فى الحفاظ عليه، هو تعاون من أجل ضمان العيش الكريم للإنسان أياً كان مكان إقامته فى ذلك الكوكب.

ثانيًا - المفاهيم المرتبطة بتربية المواطنة:

ترتبط تربية المواطنة كمفهوم بالعديد من المفاهيم التى كثر الحديث عن بعضها الآخر، فتربية المواطنة فى مفهومها الشامل تشمل العديد من الجوانب: التاريخية، والجغرافية، والثقافية، والاقتصادية، والاجتماعية، ولذلك فعلاقة تربية المواطنة بمفاهيم تربية السلام، وتعليم حقوق الإنسان، والتربية البيئية، والتربية المستدامة، والتربية الديمقراطية، تقتضى التوضيح حتى لا يحدث الخلط، ويمكن شرح ذلك كما يلى:

1- **التربية الكونية** : ظهرت التربية الكونية لتنمية الوعى عند الطلاب بعالمية المشاكل التى تواجه الكوكب الأرضى، مثل مشاكل البيئة، والطاقة، والمصادر، والسكان، وتظهر التربية الكونية تحت عدة مسميات مثل: الدراسات الكونية، ودراسات العالم، ودراسات الصراع، ويرتبط محتوى التربية الكونية بالدراسات الاجتماعية التى تهدف إلى تنمية المواطنة.

2- **التربية من أجل السلام**: ظهر هذا المفهوم بهدف تقليل الحروب والصراعات، ولم يكن المصطلح ليبعد عن الجدل والاختلاف عندما رأت فيه كثير من الدول الصغيرة المستضعفة أنه لا يهدف إلى نشر ثقافة السلام بقدر ما يهدف إلى نشر ثقافة الاستسلام، وتأكد ذلك بالفعل عندما اعتبرت جماعات المقاومة الوطنية بأنها جماعات إرهابية، وأيا كان الفهم لا يجب علينا أن نرفض هذا الشكل من

أشكال التربية؛ لأن السلام مطلب لكل مجتمع يسعى إلى تحقيق الوئام بين جماعاته العرقية، والدينية، واللغوية، والاجتماعية، وكذلك بين الإنسان وبيئته الطبيعية، وتهدف التربية من أجل السلام إلى: تحسين الفهم والاحترام بين الثقافات المتنوعة، وتحسين العلاقة بين المجموعات العرقية وبين الأمم المختلفة، وإزالة كافة أشكال التمييز الثقافي والعرقي والعنصري، وتعلم القواعد الضرورية للعلاقة المنسجمة والسلمية بين الأمم والناس، وتشجيع الحوار والتعاون، وتشجيع الاحترام الكامل لحقوق الإنسان وحرياته والأساسية، واحترام الحق في التطور والتنمية وتشجيعه، واحترام تساوى الرجال والنساء في الحقوق والفرص، واحترام حرية أى فرد في التعبير والحصول على المعلومات، والتفاوض من أجل حسم الصراعات، والتمسك بمبادئ: الحرية، والعدالة، والتسامح، والتعاون، والديمقراطية، والتعدد الثقافي، والحوار والفهم.

إن المنهج ينبغى أن يركز على الجوانب الثلاثة التالية من أجل تربية السلام:

(أ) المعرفة حقوق الإنسان، والبيئة، نبذ العنف، والعدالة، والحرية، والمشاركة، ورفاهية الإنسان.

(ب) الاتجاهات: التسامح، واحترام النفس، واحترام البيئة، والوقاية، والإدراك.

(جـ) المهارات: القدرة على التفاوض، والقدرة على الضغط، وتقييم المشاعر الشخصية، وتقييم مشاعر الآخرين، وحل الصراعات، والاستماع والاتصال.

3- **التربية من أجل الديمقراطية:** إنها التربية التى تقدم إلى الأفراد من أجل تدريس وتشجيع نمو المعرفة، والمهارات، والقيم الضرورية للعيش في المجتمع الديمقراطى، وهو مصطلح يختلف عن مصطلح آخر هو التربية الديمقراطية والذى يعود إلى النظام التعليمية وطبيعته حيث يعمل المدرسون والطلاب معاً،

ويتبادلون نفس الاحترام، ويتساوون فى الاشتراك فى عمليات التدريس والتعلم، وأيضاً يختلف عن مصطلح آخر وهو دمقرطة التربية ويعنى فتح فرص التعليم لكافة السكان. وتدعم التربية من أجل الديمقراطية تحقيق أهداف تربيـة المواطنـة؛ وذلـك يعـود إلى دور هـذه التربية إلى تنمية قيم التسامح، والحوار، وتقبل وجهات نظر الآخرين، وطاعة قرارات الأغلبية وغيرها من القيم والمهارات التى لابد أن يكتسبها المواطن لكى يستطيع التفاعـل مـع الآخرين فى الأسرة، والمدرسة، ومكان العمل، وإلا فإن التفاعلات ستكون مشوبة بكثير من الصراع، والصراع لا يولد مجتمعاً متماسكاً.

4- **التربية الخلقية:** من المواضيع المهمة فى حقول التربية وعلم النفس، يقصد بها تدريس القيم والاتجاهات فى المدرسة، وتلك القيم يمكن أن تكـون ديمقراطيـة، واجتماعيـة، وخلقيـة، وفى بعض الحالات دينية، ولقد وضـع جـان بياجيه أول النظريـات فى النمو الخلقـى، وركـز فى كتاباته الأولى على الحياة الخلقية للأطفال، ومن وجهة نظـره أن الأفـراد يكونـون معرفتهم عن العالم ويعيدون تكوينها من خلال التفاعلات مع البيئة، ويبدو أن الجانب الأخلاقى من تربية المواطنة يكتسب من خلال التفاعلات التى تتم فى المدرسة، وغيرهـا مـن المؤسسات، والتركيز على هذا الجانب يجب أن يأخذ فى عين الاعتبار خطورة وجود تناقض بين ما يدرس وبين ما تظهره التفاعلات الواقعية، فالمدرس الذى يدرس طلابه عن تقبل آراء الآخرين وأن ذلك من سمات المواطن الصالح، ولكن عندما يعارض الطلاب رأيه يغضب، ويلجأ إلى العقاب أو إلى أى وسائل أخرى، مثل هذا المعلم أضاع المنهج، وأضاع التفاعلات التى تؤكد ما يدرس فى ذلك المنهج.

5- **التربيـة السياسية:** التربيـة السياسيـة مـا يتم تدريسـه وتعلمـه عـن السياسـة فى المدرسة، ويفرق بينها وبين مفهوم آخر هو التنشئة السياسية التى يرى أنها

عملية تشكيل المعتقدات، والسلوكيات، واتجاهات المدنية من قبل جميع مؤسسات المجتمع. إن التربية السياسية كما يشير التعريف تركز على جانب واحد من جوانب تربية المواطنة وهو الجانب السياسى، حيث يتم مساعدة الطلاب على فهم طبيعة العالم سياسياً، ودور السياسة فى إثارة العديد من القضايا، ودورها أيضاً فى حل بعض القضايا، والاهتمام بالتربية السياسية يدعم تربية المواطنة من خلال تنشئة الطلاب على أهمية المشاركة فى اختيار الحكومة، أو البرلمان، ولتلك التنشئة دور فى اختيار الأفضل لتيسير أمور الدولة، وفى متابعة عمل تلك الحكومة، أو ذلك المجلس أو البرلمان لمعرفة دوره فى مناقشة كثير من قضايا المجتمع وإيجاد حلول لها.

6- **تربية حقوق الإنسان:** يمثل تاريخ الإنسان نضالاً من أجل الكرامة والحقوق، ولقد جاءت الديانات السماوية بالحقوق الربانية التى تنظم الحياة الإنسانية، ويعتبر ما جادت به هو بداية الاهتمام بحقوق الإنسان، إن تعليم حقوق الإنسان ليس مجرد تدريس مادة ولكنه فهم للمواضيع والظواهر التى تحيط بنا من خلال التعلم عن حقوقنا، ويمكن أن تكون حقوق الإنسان مندمجة فى تدريس أى مادة وبذلك تصبح تدريجياً جزءاً من مناخ المدرسة والمجتمع. وفى تدريس حقوق الإنسان يتم التركيز على تنمية احترام وتقدير حقوق أى إنسان وتدريس الطلاب عن حقوق المواطن وسلوكه وتنمية المهارات الشخصية والمهارات الاجتماعية لديه.

7- **التربية من أجل التنمية المستدامة:** يعتبر من المفاهيم كثيرة التردد وفيه يتم ربط التربية بالتنمية أى أن تكون التربية فى خدمة التنمية تربى الجيل الجديد على المشاركة فى عملية التنمية من خلال تزويده بالمعرفة، والقيم، والاتجاهات، وإشراكه فى دراسة كثير من القضايا المؤثرة فى التنمية مثل الفقر، والحروب، والصراعات، والمواطنة، ولقد عبرت قمة الأرض التى عقدت فى ريودى جانيرو فى 1992 عن تحدى التنمية الذى يواجه العالم، وتضمن ذلك التعبير

المطالبة بإيجاد طرق للحياة تقلل من تدمير الأرض، وتقدم جودة للحياة في المستقبل، ويمكن تعريف مفهوم التنمية المستدامة من خلال ثلاث أفكار هي: تفاعل المجتمع والاقتصاد والبيئة واستقلالها، وحاجات الأجيال الحاضرة والمستقبلية، التطبيقات المحلية والكونية لأساليب الحياة.

ويكمن دور المدرسة في التربية من أجل التنمية المستدامة من خلال إيجاد التزام عند طلابها بالتعرف على العلاقة بين سبعة مفاهيم رئيسة تشكل عمود التربية من أجل التنمية المستدامة وتلك المفاهيم السبعة الأساسية للتربية من أجل التنمية المستدامة هي: 1- التنوع: احترام وتقدير التنوع الإنساني الثقافي، والاجتماعي والاقتصادي، 2- حاجات أجيال المستقبل وحقوقهم: فهم حاجاتنا الأساسية وحاجات أجيال المستقبل. 3- المواطنة والتنظيم: تعرف أهمية تحمل الأفراد لمسؤولياتهم، والعمل على جعل العالم مكاناً أفضل للعيش. 4- التغير المستمر: فهم قابلية المصادر الطبيعية للنفاذ وآثار ذلك على أساليب حياة الناس، والتجارة والصناعة. 5- جودة الحياة: تعرف دور العدالة والمساواة الكونية كعناصر أساسية في التنمية، وأن الحاجات الأساسية يجب أن توفر عالمياً. 6- الاعتماد المتبادل: فهم الارتباط المتبادل بكافة المستويات المحلية والكونية بين الشعوب، والبيئة، والاقتصاد. 7- التردد والحيطة: فهم وجود عدد من المداخل الممكنة للتنمية المستدامة، وإن المواقف تتغير باستمرار، وذلك يظهر الحاجة للمرونة والتعلم مدى الحياة.

8- **التربية المرتبطة بالقانون:** يقصد بمفهوم التربية المرتبطة بالقانون تلك التربية التي تسعى إلى تربية الطلاب من أجل المواطنة في المجتمع الديمقراطي، وهي تدرس الطلاب القواعد والقوانين والنظام القانوني، بحيث يشترك الطلاب بفاعلية في التدريس لإعدادهم للمواطنة المسؤولة، وهي أيضاً تدرسهم الحقوق القانونية، والمسؤوليات، ودور المواطن والتي تتطلب من تطبيق القانون في

مواقف حياتهم اليومية، ومن خلال هذه التربية ينمو فهم الطلاب للمبادئ والقيم التى بنى عليها النظام القانونى، وتنمو عندهم من خلال هذه التربية:

- المعرفة بالقوانين من حيث عناصرها ووظائفها، وعملياتها، وأدوارها، ومبادؤها (الحرية والعدالة والمساواة).

- المعرفــة بالحكومـة ونظــام الحكـم وحقــوق المواطنــة ومسـئولياتها فى الديمقراطيــة الدستورية.

- التفكير الناقد ومهارات المشاركة.

- الاتجاهات الإيجابية تجاه : القانون، ونظام العدالة، والمواطنة المسئولة.

- الوقاية من الجنوح.

- الممارسة التطبيقية التى تعبر عن فهم النظام القانونى فى مواقف الحياة اليومية.

- **ومن فوائد التربية المرتبطة بالقانون ما يلى:**

- تحسن مهارات حل المشكلة، والنقد، والتحليل.

- يكون الطلاب مشاركين فاعلين فى العملية التربوية.

- تنمى معرفة الطلاب بالقانون، وتجعلهم مواطنين أكثر معرفة.

- تساعد فى برهنة الطلاب على الأساليب البناءة فى حل الصراع.

- تجعل أعضاء المجتمع المحلى مشاركين فاعلين فى المدارس.

- تقضى على الجنوح وسلوك العنف.

- تشجيع التخيل الشخصى عند الطلاب.

- تشجع الطلاب على احترام القوانين، والقواعد.

9- **تربيـة الثقافـات المتعـددة:** كـان أول ظهـور لمصطلح تربيـة الثقافـات المتعـدد في مطلع عقـد ستينات القرن العشرين، ومـن ذلـك الوقـت شـهد المصطلح مزيداً من المناقشات فى النظرية والتطبيق علـى حـد سـواء، ونظراً للاختلاف فى تعريف

المفهوم، فإننا لا نجد اتفاقاً على تعريف واحد. ورغم ذلك اجتهد البعض فى إعطاء المزيد من الإيضاح على أن تربية الثقافات المتعددة عبارة عن مدخل تقدمى يهدف إلى إحداث تحولات فى ثلاثة مجالات: تحولات فى النفس، وتحول فى المدارس والتعليم، وتحول فى المجتمع.

10- **التربية البيئية**: ظهر هذا المصطلح فى الأجندة التربوية فى عام 1972م، عندما تزايد الخطر الإنسانى على البيئة، وبدأت المؤتمرات التى تحاول الحد من ذلك التأثير، واليوم ظهر مصطلح يدلل على العلاقة بين المواطنة والبيئة وهو مصطلح المواطنة البيئية.

التربية البيئية هى التربية التى تهدف إلى إعداد مواطنين ذوى معرفة بالبيئة الطبيعية والمشكلات التى تعانى منها، ويكونون مدركين لكيفية المساعدة فى حل هذه المشكلات. ويمتلكون دافعية العمل نحو تطبيق تلك الحلول، وتهدف التربية البيئية إلى:

- تنمية الوعى بالبيئة والتحديات التى تواجهها.
- معرفة النظام البيئى وقضاياه وفهمها.
- الاتجاه نحو الاهتمام بالبيئة، والعمل نحو تحسين جودتها.
- اكتساب مهارات حل المشكلات البيئية.
- المشاركة والسلوك البيئى الإيجابى.

وتلك الأهداف تمثل المخرجات المطلوبة فى المواطن البيئى الذى يحافظ على البيئة كمكان ملائم لحياة الإنسان وغيره من المخلوقات.

ثالثاً - أهداف تربية المواطنة:

إن فهم الأبنية والعمليات السياسية، والحقوق والتعهدات، والقانون، والعدالة، والديمقراطية لن يكون كافياً ... يجب أن يعطى المنهج المزيد من خلال تنمية فهم

الناس للقضايا السياسية الرئيسة ... ومن خلال تنمية الإحساس بالمواطنة النشطة والفعالة، الحاجة ليست فقط لنقل المعلومات، بل الحاجة هى إكساب الطلاب كفايات المشاركة بفعالية فى القضايا النامية فى هذا الحقل أو ذاك.

وتختلف أهداف تربية المواطنة من دولة إلى أخرى تبعاً لاختلاف السياق الوطنى، والخلفية الثقافية، والعادات والتقاليد، وهذه الأهداف تختلف من مرحلة تعليمية لأخرى، وهكذا فإن التربية الابتدائية فى غالبية الدول تهدف إلى تنمية المواطنين المسؤولين وبصفة عامة تتوزع أهداف تربية المواطنة إلى ثلاث فئات هى:

- أهداف تهتم بتنمية المعرفة السياسية عند الطلاب، من خلال التعلم عن الديمقراطية وحقوق الإنسان، والمؤسسات السياسية والاجتماعية، والتنوع الثقافى والتاريخى وتقديره.

- أهداف تهتم بتنمية القيم والاتجاهات التى يحتاجها المواطن ليكون مسئولاً وصالحاً، ويتم هذا من خلال إكساب احترام الذات، واحترام الآخرين، والإنصات، وحل الصراعات، وغيرها من القيم المجتمعية.

- أهداف متعلقة بمهارات المشاركة الفاعلة عند الطلاب من خلال إكسابهم مهارات المشاركة فى حياة المدرسة والمجتمع، ومن خلال تزويدهم بفرص تطبيق المبادئ الديمقراطية.

إن التربية المدنية هى التربية التى تقدم إعداداً من أجل المشاركة فى النشاط السياسى. وهى تعد الطلاب لتحقيق أربعة أهداف هى:

- المشاركة فى النشاط المدنى --- خدمة مجتمعية.

- الكفايات للمشاركة فى العمليات السياسية --- مهارات مدنية.

- فهم النظام السياسى للأمة --- المعرفة السياسية.

- احترام الحريات المدنية، واحترام الآخرين --- التسامح السياسى.

إن دراسة مقررات مع محتوى سياسى تجعل أداء الطلاب أفضل فى اختبار التربية المدنية الذى تشرف عليه المدرسة. إن أهمية المعرفة المدنية كأحد الأهداف المحورية لتربية المواطنة، تكمن فى الآتى:

- تدعم القيم الديمقراطية، لأن امتلاك المعرفة يعنى دعم القيم الديمقراطية الأساسية مثل الحكم الذاتى، التسامح.
- تشجيع المشاركة السياسية، فامتلاك الفرد لمعرفة مدنية أكثر تشجعه على المشاركة فى الشؤون السياسية والمدنية.
- مساعدة المواطنين على فهم اهتماماتهم كأفراد وكأعضاء فى جماعات.
- مساعدة المواطنين على تعلم الكثير عن الشئون المدنية.
- تحسين ثبات وجهات نظر الناس كما يعبرون عنها فى مسوحات الرأى العامة.
- المساعدة فى تغيير رأينا فى بعض القضايا المدنية.

إن التعلم من أجل المواطنة تعلم يهدف إلى تنمية المعرفة والفهم، والمهارات والكفايات، والقيم والنزعات، والإبداع والمغامرات، ويبدو أن هذا النموذج يضيف عنصراً لا يوجد فى بقية النماذج وهو مجال الإبداع والمغامرة، فالمواطن فى عالم اليوم المعقد بحاجة إلى أن يكون مبدعاً ليسهم فى تقدم وطنه، فالمبدعون ثروة بشرية فى عالم اليوم.

إن الانطلاق فى تربية المواطنة ينبغى أن يكون من نتائج البحث التربوى، إن تربية المواطنة التقليدية لم تنجح فى جعل الطلاب يطورون أنفسهم فى الحصول على المعرفة ويكونون مواطنين فاعلين، وكنتيجة لذلك أصبح كثير من الخريجين وغيرهم أميين بالمبادئ والقيم الأساسية التى بنى عليها مجتمعهم ونظامهم السياسى إن نصف الشباب يفتقدون للمعرفة، والاتجاهات والمهارات وهو ما يقود المتخصصين إلى الاعتقاد بضرورة وجود نظام ليكون الفرد مواطناً مسئولاً فى الديمقراطية

الدستورية، فمعظم طلاب المدارس والكبار يفتقدون تفاصيل المعرفة والفهم للدستور، والمبادئ والعمليات الحكومية، ويتجهون ليكونوا سطحيين بمفاهيم الأفكار الأساسية والجوهرية مثل: الدستورية، والجمهورية، والديمقراطية، والفيدرالية.

إنه لم يعد الحديث عن تربية المواطنة، أو التربية من أجل المواطنة في الأدبيات التربوية؛ بل تحول الحديث وكثر حول مصطلح التربية الفعالة من أجل المواطنة، وجاء ذلك التحول نتيجة لما لمسته بعض الدول النشطة بحثياً في هذا المجال مثل الولايات المتحدة، وبريطانيا، وكندا من قصور في تربية المواطنة لدى الطلاب، إن التربية الفعالة للمواطنة تعني ثلاثة أشياء مترابطة، وهى كالآتى:

1- تعلم الطلاب منذ البداية الثقة بالنفس، والسلوك أخلاقياً واجتماعياً داخل الفصل الدراسى وخارجه، واتجاه من يمثلون السلطة، ومن هم خارجها: وهذا التعلم ينمى في أى مكان، داخل المدرسة، وخارجها، وفي الأماكن التى يلعب فيها الأطفال والطلاب ويعملون، أو يشاركون في مجتمعاتهم المحلية، وقد يرى البعض أن هذا التعليم لا يحتاج إلى أى شىء، والبعض يرى في المرحلة الابتدائية بأنها ما قبل المواطنة، وما قبل السياسة أى المرحلة التى لا يدرك فيها الطلاب المواطنة ومفاهيمها، ومتطلباتها وكذلك هو وضع السياسة وهذا بالطبع اعتقاد خاطئ وبحاجة إلى تصويب، لأن الطلاب قد بدأو في مناقشات وتعلم الكثير من جوانب المواطنة مثل: العدالة، والمساواة، والاتجاهات نحو القانون والسلطة، واتخاذ القرار، وكذلك عن البيئة المحلية، والمسئولية الاجتماعية وكل هذه الجوانب يمكن تنميتها لتصبح أساساً للمواطنة في المراحل التعليمية القادمة.

2- التعلم عن كيفية أن يصبح الطالب مشتركاً بفاعلية في حياة مجتمعه ومهتما به، ويتم هذا التعلم من خلال الاشتراك المجتمعى، ومن خلال الخدمة المجتمعية:

ويفهم مـن هـذا أن تربيـة المواطنـة لا تحـدها أسـوار المدرسـة، بـل إن العمـل التطوعـى، والاشتراك في جماعات الخدمة المجتمعية يساعد على تنمية الشعور بالمواطنة، ويبعد تربيـة المواطنة من أنها تركز على السياسة فقط.

3- يتعلم الطلاب كيف يكونون نشطين في الحيـاة العامـة مـن خـلال الحصـول عـلى المعرفـة، والمهارات، والقيم، ويمكن أن يطلق على هذا الاتجاه المعرفة السياسية، وهذه المعرفـة عـن الحياة العامة تمتد لتشمل كثيراً من القضايا والجوانب مثل المعرفة الواقعية، والإعداد لحل الصراعات في المجتمع، واتخاذ القرار وارتباطه بكثير من المشاكل الاجتماعيـة والاقتصاديـة اليومية، وغيرها من الأمور التي يجب أن يتدرب الطلاب على التعامل معها.

إن التربية للمواطنة تكون فعالة عندما تدمج الطالب في قضايا وطنه وشؤونه، فـلا يمكن أن نعتبر التعليم النظرى في تربية المواطنة لا يتعدى ما يتعلمه الطالب داخل غرفة الصف شيئاً كافياً يخلق المواطنة لدى الطالب، بل لابـد مـن الاهتمام بـربط النظريـة بـالتطبيق وصـولاً إلى تحقيق أهداف تربية المواطنة والتى يأتى في مقدمتها المشاركة المجتمعية والسياسية.

رابعاً- أدوار المنهج في تحقيق المواطنة:

من الأسئلة المهمة التى تطرح دائماً عند الحديث عن المواطنة السؤال الذى يتعلـق بـدور المنهج في تحقيق المواطنة وتنميتها، وهل تنمية المواطنة مسئولية منهج الدراسـات الاجتماعيـة أو التربية الوطنية كما هو شائع؟ أم أن المواطنـة كهـدف عـام للتربيـة تتحقـق مـن خـلال كـل المناهج الدراسية ؟ وما المحتوى الملائم لتربية المواطنة؟ وكيف تعالج المناهج المختلفة ذلـك كـل حسب طبيعته ؟

1- مداخل تنمية المواطنة فى المنهج المدرسى:

المواطنة لم تعد مسئولية مادة الدراسات الاجتماعية فقط كما كان سائداً، بل هى مسئولية جميع المواد الدراسية وإن اختلفت درجة تحمل تلك المسئولية، فغرس قيم المواطنة لم يعد مسؤولية مناهج اللغة العربية والتربية الإسلامية والدراسات الاجتماعية وحدها كما هو سائد لدى البعض، بل هى مسئولية عامة تشترك فيها كل مناهج الدراسة من لغة عربية وتربية دينية وعلوم ورياضيات ولغة إنجليزية، ولذلك فإن موضوع تربية المواطنة كما جاء فى الأدبيات التربوية يتم فى ضوء مداخل متعددة ومتنوعة منها:

(أ) التعلم الاجتماعى ويعنى التعلم فى المجتمع، وعنه ومن أجله،

(ب) التعلم بالخبرة والتطبيق، ويتم هذا التعلم من خلال العمل، والاكتشاف، والتعاون.

(جـ) تضمين ديمقراطية التعلم: من خلال التركيز على المتعلم، وتقدير موقفه وخبرته، وتعزيز مسئوليته فى عملية التعلم.

(د) المداخل المتعددة والمرتبطة: ويتم هذا التعلم من خلال تربية المواطنة، وتعليم حقوق الإنسان، والتربية من خلال الثقافات المتعددة، والتربية من أجل السلام، والتربية الكونية، والتربية المعلوماتية.

ويبدو أن المداخل السابقة هى مداخل تدريسية أكثر من كونها مداخل لعرض محتوى تربية المواطنة، فالتركيز على الخبرة، والتعاون، والاجتماعية، والديمقراطية فى الصف الدراسى هى ممارسات تدريسية لتنمية المواطنة، ولذلك فمداخل تربية المواطنة فى المنهج المدرسى هى:

(أ) مدخل عبر المنهج أو المواد الدراسية: يعرف مفهوم عبر المنهج بأنه "وضع المحتوى التربوى فى ضوء أفكار أساسية تقود النشاط التربوى بحيث لا يتم

التركيز على مادة بعينها " ويؤيد هذا المدخل من يـرون أن تربيـة المواطنـة هـى مسئولية جميـع المـواد الدراسـية؛ ولـيس مسئولية مـادة دراسـية واحـدة غالبـاً مـادة الدراسـات الاجتماعية أو التربية المدنية، وهـذا المـدخل يقتـرب مـن مـدخل آخـر هـو مـدخل تربية المواطنة من خلال المدرسة ككل حيث ينطلق هذا المدخل من المنطلق نفسه.

إن من مميزات هذا المدخل والتى جعلته مرتكـزاً لتنميـة المواطنـة فى كثير مـن الأنظمـة التعليمية ما يلى:

- يقوم مدخل عبر المـنهج عـلى مبـدأ تـرابط المعرفة؛ فالمعرفة لا يمكـن أن تكـون متوزعـة فى مجالات معينة محددة، بل هى مرتبطة حيث يعالج مـدخل عبـر المـنهج ضعف المحتـوى التربوى فى المدخل التقليدى الذى تتوزع فيه المعرفة دون ارتباط فى مجالات أو مواد دراسية. وبذلك يقدم هذا المدخل فهماً جديداً لمفهوم المـنهج المدرسى، حيـث يعيـد بنـاء المعرفة فى أسلوب مترابط.

- تحاول مواضيع عبر المـنهج الاستجابة لقضايا المجتمـع واحتياجاته، حيث يعكس مشاكل الإنسـان والمجتمـع الموجـودة فى السـياق الاجتماعـى للمدرسة، ويعـزز وظيفـة التنشـئة فى المدرسة، كما يرتبط المدخل باهتمامات المواطنين اليومية الذين يسهمون فى بناء مجتمع أكثر حرية، ويتمتع بالسلام الكامل، والاحترام الكامل بين الأفراد، وكذلك احترام البيئة الطبيعية.

- يتطلب مدخل عبر المنهج الاهتمام بالاستقصاء كأحد الأهداف النهائيـة للتربية، وذلك مـن خلال تشكيل الأفراد من خلال تنمية قيمهم، واتجاهاتهم التى تساعدهم على الحكم الناقد على الواقع.

- يتطلب هذا المدخل أن تدمج تربية المواطنـة فى كل الأنشطة التربويـة، وفى المجتمـع المـدرسى ككـل، وخصوصـاً المعلـم الـذى يعتبر المسؤول الـرئيس عـن عمليـة إعـداد خطـط المنـاهج الدراسية.

2- مدخل الدراسات الاجتماعية وتنمية المواطنة:

ترتبط تربية المواطنة بمنهج الدراسات الاجتماعية ارتباطاً كبيراً لدرجة أن الهدف الأول لهذه المادة هو إعداد المواطن الصالح، والدراسات الاجتماعية فى طبيعتها تتضمن الأبعاد التاريخية والجغرافية والاقتصادية والثقافية، وهى بذلك تمثل بيئة ملائمة لتكوين شخصية الفرد المتشبعة بقيم المواطنة ومعارفها ومهاراتها، إن الهدف المستمر للدراسات الاجتماعية هو تنمية المواطنين المتأملين، والأكفاء، والمهتمين، ولقد وصفت الدراسات الاجتماعية بأنها موضوع للرأس، واليد، والقلب، وتوضيح ذلك كالتالى:

- الدراسات الاجتماعية كموضوع للرأس: إن المواطنين النشطين يفترض أن يمتلكوا جسماً منظماً من المعرفة عن العالم الذى يعيشون فيه، والقدرة على استخدامها فى حل المشكلات واتخاذ القرارات المتعلقة بذلك العالم.

- الدراسات الاجتماعية كموضوع لليد: هى أن المواطنين يجب أن يكتسبوا كثيراً من المهارات المهمة لهم كمواطنين مثل: البحث، والتحليل، والنقد، والمشاركة.

- الدراسات الاجتماعية كموضوع للقلب: امتلاك المواطنين الوعى بحقوقهم ومسئولياتهم فى الديمقراطية، والإحساس بالوعى الاجتماعى كدليل فى تقرير ما هو صواب وما هو خطأ.

ويبدو من ذلك أو جوهر الدراسات الاجتماعية هو تربية المواطنة ، وذلك يعنى أن الطلاب من خلال هذه المادة يجب أن يفهموا أن:

- المواطن دوره ليس داخل المنزل فقط؛ بل إن له عدة أدوار تمتد بين المنزل والعالم خارجه، وهذه الأدوار تمثل حقيقة المواطن الذى ينتمى إلى عدة جماعات يؤدى فى كل منها دوراً يتماشى مع طبيعتها.

- الحق يتحول إلى مسئولية؛ فالحقوق والواجبات وجهان لعملة واحدة.

- المبادرة الفردية ضرورية للتغيير الفعال.

- المعلومات الوثيقة والتفكير العميق ضروريان لحل المشكلات.

- يجب أن يكون الفرد مستعداً للعمل مع الآخرين ، فذلك يحقق نتائج مهمة.

وإذا كان للدراسات الاجتماعية تلك العلاقة مع تربية المواطنة فإن واضعى منهاجها ومنفذيها ودارسيها يجب أن يدركوا أن غرض التربية بشكل عام، والدراسات الاجتماعية بشكل خاص أكبر وأكثر تعقيداً من بناء مخزن من المعرفة فى عقول الطلاب، ولكن هدف الدراسات الاجتماعية فى المجتمع الحديث الديمقراطى هو خلط تلك المعرفة بالمهارات بحيث تستخدم تلك المعرفة لتحسين الحياة، وتحقيق وجود الفرد والآخرين، وبذلك تتيح الدراسات الاجتماعية للأطفال والطلاب فرص التعلم، والتطبيق، ومعايشة المبادئ الديمقراطية فى المجتمع مثل: حكم القانون، حكم الأغلبية، حماية حقوق الأغلبية، الحدود القانونية للحرية، حدود الحكومة، العدالة، الرخاء العام، ومسئوليات المواطنة، وإذا اعتقدنا بأن جوهر الدراسات الاجتماعية هو الكفايات المدنية فإن تنمية المهارات المدنية يتطلب ساعات وأسابيع ونواتج من الممارسات، وذلك يتطلب تغييراً فى صفوف الدراسات الاجتماعية بحيث تكون مختلفة كثيراً عما كانت عليه فى الماضى .

3- مدخل مادة التربية المدنية أو الوطنية:

يرفض أصحاب هذا المدخل المدخلين السابقين ويرون أننا بحاجة إلى مادة خاصة تعرف الطلاب من خلالها مسئولياتهم وواجباتهم كمواطنين، وإننا إذا قمنا ببعثرة هذه المعرفة وهذا الهدف فى المواد الدراسية المختلفة كما يرى مدخل عبر المنهج، أو قمنا بإدماجها فى مقرر الدراسات الاجتماعية كما يرى مدخل الدراسات الاجتماعية فإننا لن نحقق ذلك الهدف، لغياب التركيز الفعلى عليه، كما أن المعلم يدخل طرفًا فى رفض هذه المداخل على اعتبار أن موضوعات المواطنة والتربية

المدنية بحاجة إلى معلم متخصص، ولذلك فمعلمو الرياضيات والعلوم وغيرهم لـن ينجحـوا فى نقل تلك المعرفة وتنمية مهارات المواطن إذا ما اعتمدنا على مدخل عبر المنهج.

4- المدخل الشامل لتنمية المواطنة:

نظراً لقصور المداخل السابقة، ولتعقد موضوع المواطنة وصـعوبته، ولأن الهـدف الأسـاس للتربية فى كثير مـن الأنظمـة التعليميـة هـو إعـداد المـواطن الصـالح، ولتحقيـق أهـداف تربيـة المواطنة لابد من الانتقال من الاعتماد على مدخل واحد فى تنمية المواطنة إلى الاعتماد على عدة مداخل ، وهذا ما يمكن أن يسمى بالمدخل الشامل فى تنمية المواطنة؛ وبالفعل تعتمد كثير مـن دول العالم على هذا المدخل ، وذلك من خلال:

- الاهتمام بوجود مادة خاصة تعرف بالتربية المدنية.

- التركيز على بث قيم المواطنة فى مختلف المواد الدراسية.

- الاهتمام بالمنهج غير الرسمى وبالمنهج الخفى.

- الاهتمام بأنشطة المناهج الإثرائية.

- الاهتمام بالمشاركة وربط المدرسة بالمجتمع، وربط المواطن بقضايا الحياة اليومية.

بكل ذلك تسـتطيع تربيـة المواطنـة تحقيـق أهـدافها، ويـنجح النظـام التربـوى فى إعـداد المواطن المفكر، والمسئول، والمشارك، والمهتم بقضايا مجتمعه، وبقضايا عالمه.

5- محتوى تربية المواطنة:

إن أى منهج لتربية المواطنة يجب أن يهدف إلى إكساب الطلاب ثلاثة عناصر أساسية هـى: المعرفة، والمهارات، والقيم والاتجاهات، وهذه العناصر هـى جـوهر تربيـة المواطنـة أو أعمـدة المنهج الذى يسعى لتدريس المواطنة، وفيما يلى توضيح لتلك العناصر بشىء من التفصيل:

(أ) المعرفة:

يهدف الجانب المعرفى من تربية المواطنة إلى تزويد المواطنين بالمعرفة المدنية التى تمكنهم من إنجاز مسئوليات المواطنة، وهناك ثلاثة جوانب لتربية المواطنة هى: المعرفة، والمهارات العقلية والمشاركة، والقيم المدنية.

إن المعرفة المدنية التى يجب أن يركز عليها فى تربية المواطنة تتمثل فى الآتى:

- المفاهيم والمبادئ الديمقراطية المستمرة.

- القضايا الدائمة عن معنى الأفكار الجوهرية واستخدامها.

- القضايا المستمرة والقرارات المهمة عن السياسة المدنية والتفسير الدستورى.

- الدساتير والمؤسسات فى الحكومة الديمقراطية التمثيلية.

- تطبيقات المواطنة الديمقراطية وأدوار المواطنين.

- تاريخ الديمقراطية فى دولة محددة وعبر العالم.

(ب) القيم:

تمثل القيم عنصراً مهماً فى العملية التعليمية وصعباً فى الوقت نفسه، والتحدى الأكبر الذى يواجه النظام التربوى هو كيفية إكساب الطلاب قيم الحياة النبيلة الصالحة فى نفس الوقت الذى يلاحظ فيه الطلاب انتهاك هذه القيم فى المكان الذى يقوم بتدريسها وإكسابها ألا وهو المدرسة. ويغيب عن ذهن الكثيرين أن القيم لا يمكن تقديمها للطلاب كما تقدم لهم المعلومات، فمن اليسير أن أعلم الطلاب كيف تطور تاريخ بلدهم، ولكن من الصعب أن أعلمهم المساواة والعدالة، فهم هنا بحاجة إلى نموذج حى يجسد لهم الكلام الذى تعلموه عن المساواة والعدالة. إن من أكبر التحديات التى تواجهها تربية المواطنة التحدى الثقافى الذى يؤدى أحياناً للإجابة عليها، فكيف يمكننا كتربويين ومربين أن نقنع الطالب بمبدأ المساواة بينما المجتمع ككل يمارس العكس ؟ إن ممارسة المدرس والمدير اللذين ينظر إليهما

الطلاب بنوع من المثالية والاقتداء تنعكس سلباً أو إيجاباً على قناعات الطلاب فيما يتعلمونه عن تربية المواطنة، إذ لا يمكن لمدرس لا يمارس المساواة بين طلاب الصف أن يقنعهم بالمساواة، ولا يمكن لمدير مدرسة لا يحترم المدرسين أو الأهالي أو الطلاب أن يبشر باحترام الآخرين وآرائهم، لذلك من المهم تقديم تربية المواطنة وذلك حتى يتمكن الطلاب من فهم الواقع، وامتصاص الصدمات، والعمل على التطوير نحو الأفضل.

وفي تدريس القيم يجب توعية التلاميذ بالأبعاد الأخلاقية للأشياء، فليست كل القيم متساوية، ولذلك يجب ألا نلقن التلاميذ، ولكن نقوم بتنويرهم، ومن بين هذه القيم الاهتمام بالديمقراطية، ومعرفة حقوق الفرد، والتضامن، وبذلك تصبح المدرسة منطقة محمية في خدمة الديمقراطية، ولكن ما قيم المواطنة التي يفترض أن نكسبها للطلاب ؟ قبل أن نجيب عن ذلك السؤال يجب أن نعني أن تلك القيم قد تكون مختلفة بين مجتمع وآخر، وإن اتفقت المجتمعات على بعض القيم كالعدالة والمساواة والرحمة، فإنها قد تختلف في فهمها لها، ولذلك يجب على كل مجتمع أن يحدد منظومة قيمه حتى يكسبها لطلابه، ويجب أن نركز على عرض كثير من الأمثلة والنماذج من ثقافتنا وتاريخنا حتى ننجح في تعميق تلك القيم في نفوس طلابنا، فعندما نتحدث عن كثير من قيم المواطنة، كالعدالة، والمساواة، وحرية التعبير، والحوار العقلاني، والاحترام، والعمل من أجل خير المجتمع، والرحمة، والمشاركة المجتمعية، والتعاون، فإن تاريخنا الإسلامي والعربي قدم كثيراً من النماذج الرائعة في ذلك، وعند تدريس مناهجنا وفق مدخل عبر المناهج يمكن أن تكون تلك القيم المحور الذي تهتم به المواد الدراسية المختلفة. إن القيم المدنية التي يجب أن نركز عليها في تربية المواطنة تتمثل في الآتي:

- التأكيد على المساواة الإنسانية، وكرامة كل فرد.

- الاحترام الكامل للحقوق التي تقرر تساوى البشر وحمايتها وتطبيقها.

- المشاركة المسئولة في الحياة المدنية والسياسية داخل المجتمع المحلي.

- المشاركة في الحكومة الذاتية ودعم الحكومة بواسطة موافقة الحكومة.

- الاهتمام بتقديم أمثلة للسمات الأخلاقية للمواطنة الديمقراطية.

- التشجيع على العمل من أجل الخير أو الرخاء للجميع.

(جـ) المهارات:

يجب أن ندرك بداية أن أحد عوامل ضعف المخرجات التعليمية يعود إلى تركيز النظام التعليمي على المعرفة فقط في عملية التربية؛ وذلك بالطبع ليس كافياً إذا ما أردنا فرداً فاعلاً في المجتمع متأثراً بما يجري حوله، ومشاركاً في أحداثه ومجريات حياته، ولكن كيف يكون ذلك ونحن نهمل الجانب المهاري والوجداني في إعداد مواطني المستقبل ؟

إن إعداد مواطني المستقبل في المدرسة وخارجها لم يعد كافياً بالتركيز على تزويدهم ببعض المعارف عن تاريخ بلدهم وتطوره، وعن مجتمعهم وهويته، وعن عالمهم وترابطه وتصارعه في الوقت نفسه، نحن بحاجة إلى إكساب مواطني المستقبل المهارات التي تمكنهم من العيش في عالم معقد يتطلب مستوى عال من الأداء والمهارة، فهم بحاجة إلى معرفة كيف يعملون وليس ماذا يعملون ؟ هم بحاجة إلى تعلم كيفية تفاعلهم أكثر من معرفة سبب تفاعلهم ؟ هم بحاجة إلى تعلم مهارات التفكير الناقد، فنحن نريدهم مواطنين مفكرين ناقدين، ولا نريدهم مواطنين تابعين لا يدركون إلى أين يذهبون !.. نريدهم أن يستخدموا أساليب الاتصال الملائمة في التعامل مع بيئتهم الطبيعية والإنسانية.

ويرى المختصون في علم السياسة أن المهارات المدنية هي جزء من منظومة كبيرة تشمل: المعرفة، والدافعية، والاهتمام، والارتباطات مع شبكة الشعب

العاملة، والمصادر (المال، الوقت)، بينما يركز التربويون اهتمامهم على إطار يتضمن : المعرفة المدنية، المهارات المعرفية، مهارات المشاركة، والمسئولية المدنية . ويعالج علماء النفس مفهوم المهارات المدنية فى إطار الأسرة والحياة الاجتماعية للمواطنين الشباب، وعملية تشكيل الهوية، والقيم، والصفات الاجتماعية للآخرين.

لقد تم التركيز على المهارات المدنية فى عقدى الستينيات والسبعينيات من القرن العشرين عندما حاول الباحثون فى البداية اكتشاف مفهوم مهارة العمل مثل الكتابة لموظفى الحكومة، وفى عقد الثمانينيات ركز الباحثون على مناقشة العلاقة بين نمو مهارة المدنية والمشاركة السياسية، المهارات المدنية تتعلم فى البداية فى مرحلة المراهقة وتنمو فى مرحلة الشباب. وحتى يتحقق لنا ذلك لابد من أن نركز فى تربية المواطنة على إكساب الطلاب المهارات الآتية:

- الاتصال ، وذلك من خلال البحث والمناقشة وتبادل المعلومات والأفكار حول مجموعة متنوعة من الموضوعات الاجتماعية والسياسية والاقتصادية.

- التطبيقات العددية ، وذلك من خلال دراسة الإحصاءات لمعرفة الطرق التى تستخدم بها بطريقة صحيحة وغير صحيحة فى سياقات اجتماعية وسياسية متنوعة.

- تقنية المعلومات من خلال استخدام تقنية المعلومات وتطبيقها لتحليل الموضوعات والأحداث والمشكلات.

- العمل مع الآخرين من خلال تبادل الآراء وصياغة السياسات وتحمل جزء من المسؤوليات فى الأنشطة المجتمعية.

- التعلم الذاتى من خلال التفكير فى أفكارهم وإنجازاتهم وأفكار الآخرين وإنجازاتهم، ووضع أهداف للإنجازات والتطوير الذاتى ليتم تحقيقها فى المستقبل.

- حل المشكلات مـن خـلال المشاركة فى التصـدى لبعض المشكلات الوطنية، المجتمعية، والسياسية، والاقتصادية .. واقتراح حلول علمية للتخلص أو التخفيف من حدتها.

- مهارات التفكير من خلال المشاركة فى القضايا الاجتماعية التى تتطلب استخدام الاستدلال، والاستيعاب والتصرف عبر الاستقصاء والتقويم.

- القدرات المالية من خلال تطوير فهم الطلاب لطبيعة النقود ودورها فى المجتمع، وتطوير قدرتهم فى استخدامها.

- مهارة إنشاء المشروعات والأعمال وذلك من خلال مساعدتهم على فهم أهمية هـذه المهارة فى ازدهار الاقتصاد الوطنى.

- مهارة التنمية المستدامة وذلك بتطوير مهارات الطلاب فى المشاركة الفاعلة فى الممارسات الديمقراطية والممارسات الأخرى ذات العلاقة باتخـاذ القرارات التـى تـؤثر فى نوعية البيئة والمجتمع وصحتهما.

وهنالك العديد من أساليب المشاركة فى الحياة المدنية، مـما يرفع مـن قيمـة المـواطن، فالمواطن الذى يشارك يختلف عن المواطن الذى يكون سلبياً، ومن المداخل المهمة الآتية:

- نموذج الخدمة التطوعية: وقد تم تطوير هذا النموذج بناءً على البيانات التى تم الحصول عليها من خلال دراسة المشاركة المدنية تم خلال مسح آراء الأفراد، وتم تحديد ثلاثة عناصر تتطلبها مشاركة الكبار فى الحياة المدنية وهى: الدافعية أو الاهتمامات، والارتباط بالشبكات أو الأفراد النشطين، والمصادر من وقت ومال والمهارات المدنية لاستخدام المصادر بفاعلية.

إن المهارات المدنية تكتسب مـن بيئـات تنظيميـة متعـددة، وتسـاعد المسـجد والكنيسة والمنظمات غير السياسية فى تنمية المهارات المدنية، ويقدم مكـان العمـل

العديد من الفرص لتطبيق المهارات المدنية، ولا توجد علاقة نظامية بين دخل الأسرة وتطبيقات المهارات المدنية فى الكنيسة.

- المهارات المدنية فى الأدب التربوى لتربية المواطنة: اهتم الباحثون التربويون بالمهارات المدنية، وناقش هؤلاء الباحثون المهارات المدنية فى سياق متطلبات خبرة التربية المواطنية فى موقع المدرسة أكثر من الأماكن الأخرى.

ومنهم من أعد دليلاً عملياً للعناصر الأساسية للتربية من أجل المواطنة اشتمل على: مهارات المعرفة المدنية وتشمل: معرفة معلومات عن الحياة السياسية والمدنية والقدرة على وصفها، وتحليل المعلومات عن الحياة السياسية والمدنية وشرحها، وتركيب المعلومات عن الحياة السياسية والمدنية وشرحها، وتقويم المواقف فى القضايا والأحداث المدنية ويبتناها، والدفاع عن ذلك، وممارسة التفكير الناقد فى أوضاع الحياة السياسية والمدنية، واستخدام التفكير البناء فى تحسين الحياة المدنية والسياسية.

ثم مهارات المشاركة المدنية وتشمل: التفاعل مع بقية المواطنين لتعزيز الاهتمامات الخاصة والعامة، وإدارة القضايا والأحداث المدنية، واتخاذ القرارات عن قضايا السياسة المدنية وتوصيلها، والتأثير فى القرارات السياسية وفى القضايا المدنية، وتطبيق قرارات السياسة فى القضايا المدنية، والقيام بعمل لتحسين الحياة المدنية والسياسية.

- الأدب التجريبى وتضمين المهارات المدنية: ترى بعض الدراسات وجود علاقة بين البرنامج أو تصميم المناهج للطلاب والمشاركة المدنية، وتتضمن تلك المناهج: أنشطة المناهج الإثرائية، والتعلم بالخدمة، والخدمة المجتمعية، وقد اتضح أن هناك علاقة بين المشاركة فى المناهج الإثرائية فى مرحلة المراهقة وبين الانشغال المدنى فى مرحلة الكبر، ولاحظ فى نهاية دراسته أن نمو المهارة المدنية

من الممكن أن يكون تفسيراً معقولاً للعلاقة بين المشاركة فى المناهج الإثرائية وبين المشاركة السياسية المتأخرة. كما أنه عندما يمتلك الطلاب مسئوليات حقيقية، وتتحداهم المواضيع، ويساعدون لوضع خطة مشروع، ويتخذون قرارات مستمرة فى نمو مفهوم خاص عند الطلاب، وكذلك الانشغال السياسى، وفى الاتجاه نحو المجموعات الخارجية، كما أن التعلم التجريبى يترك آثاراً إيجابية عندما يشجع المدرسون الطلاب على اتخاذ القرارات.

- المهارات المدنية وعلم النفس التطورى: درس عدد من العلماء فى هذا الحقل المهارات المدنية وكان للنتائج التى توصلوا إليها دور فى فهم طبيعة المهارات المدنية، والطريقة التى يكتسبها الفرد، وفى هذا اتضح أن التصورات النامية سمحت للباحثين بالاهتمام بأنشطة الحياة اليومية للمراهقين كأساس لتشكيل القيم المدنية ووجهات النظر السياسية، ولذلك ظهرت التنشئة السياسية والمدنية لترتبط بالجوانب الأخرى لنمو الإنسان مثل: تشكيل الهوية، والقيم، والاتجاهات الاجتماعية نحو الآخرين. وهناك من يركز على فكرة التنشئة السياسية والمدنية ويرى أنها من الجوانب المهمة فى النمو الإنسانى مثلها مثل تشكيل الهوية، والقيم، والتعاملات الاجتماعية مع الآخرين. أيضاً أن الإدماج الاجتماعى فى الأجيال الشابة فى الجسم السياسى يقوى النظام ويجذر خبرات المواطنين، وعضويتهم فى مؤسسات مجتمعاتهم. وتطبيق الحقوق وإنجاز المسئوليات فى هذه المؤسسات.

إن المنظمات توجد هوية مدنية من خلال المشاركة فى المجموعات المنظمة. فخلال مرحلة المراهقة يتعرف الطلاب المواطنون على الأدوار والعمليات الأساسية التى تعتبر متطلبًا مهماً للمشاركة المدنية فى عالم الكبار. ومن خلال مراجعته للأدب السياسى ، والتربوى وعلم النفس التطورى فى مجال المهارات المدنية تم التوصل إلى

وجود أربع فئات من المهارات المدنية هى: المهارات التنظيمية، ومهارات الاتصال، ومهارات اتخاذ القرار الجمعى، ومهارات التفكير الناقد.

المواطن يجب أن يكون مشاركاً نشطاً فى كل شؤون وطنه: إن الداخل إلى فصولنا الدراسية يلاحظ سيطرة المحاضرة التى تهتم بتلقين المعرفة للطلاب، وفى ظل غياب التفاعل الصفى، والفصل الدراسى ذى الأبواب المفتوحة، والمنهج المعاصر فإن نمو المواطن ذى المهارات العالية سيبقى هدفاً لن يستطيع نظامنا التعليمى تحقيقه، وبالتالى سنظل نبحث عن المواطن المشارك ولن نجد غير المواطن العارف.

ومن النماذج التى يمكن الاستعانة بها فى تنمية مهارات المواطنة التصنيف الذى يقوم على تقسيم المهارات إلى ثلاثة أقسام هى:

(أ) المهارات العقلية:

هذه المهارات أساسية من أجل المواطنة الواعية، والنشطة، والمسئولة وهى تنقسم إلى مهارات التعريف، والوصف، والتوضيح، والتحليل، والتقويم، واتخاذ مواقف من القضايا المدنية والدفاع عنها وفى ما يلى تفصيل لتلك المهارات:

مهارة التعريف والوصف: يقصد بالتعريف إعطاء معنى أو أهمية للأشياء الملموسة مثل مؤسسات الحكومة، وللأشياء غير الملموسة مثل العدالة، ويشمل التعريف أيضاً تمييز مفهوم من مفهوم شبيه، وكذلك تصنيف المفهوم ضمن فئة مع مفاهيم شبيهة، أما الوصف فيقصد به إعطاء وصف شفوى أو كتابى للشيء بتضمين الخصائص والسمات الأساسية ومن المهارات الفرعية:

- تعريف المفاهيم الأساسية: الحكومة، الدولة، الحكومة الدستورية.

- عمل الفروق بين فروع أجزاء الحكومة، وأشكال الحكومات، وبين الحكومة والمجتمع المدنى، وبين الأنظمة القضائية.

- تعرف الأفراد، والرموز، والمؤسسات: القادة السياسيين والمدنيين المهمين، والأعلام، والاحتفالات الرسمية.

- تعرف المفاهيم والأفكار: الوطنية، المجتمع المدني، الدستور، حكم الأغلبية.

- وصف الوظائف والعمليات: المراجعة القضائية، تشكيل السياسة الخارجية.

- وصف الأصول التاريخية: العطلات الوطنية، ومصادر الديمقراطية، والسلطة السياسية.

- وصف المميزات والخصائص: خصائص الحكومة، والمجتمع، وأنظمة السلطة.

- التصنيف حسب الخصائص: الديمقراطية الدستورية، وحقوق الإنسان.

- وصف الاتجاهات: المشاركة في السياسة والمجتمع المدني، الهجرة، التأثيرات العالمية في المجتمع.

الشرح والتحليل: ويقصد بالشرح التعريف، والوصف، والتصنيف، وتفسير بعض الأشياء، مثل: أسباب الأحداث: أسباب بعض المواقف والأفعال، أما التحليل فيقصد به تفتيت شيء منا أو فكرة عامة إلى أجزاء وفق نظام يسمح بفهم معناها أو أهميتها، مثل نتائج أو عناصر الأفكار، والعمليات الاقتصادية، والسياسية، والاجتماعية وفيما يلي المهارات الفرعية:

- شرح كيف تعمل بعض الأشياء: النظام الانتخابي، النظام الفدرالي، السلطة التشريعية.

- تحليل أسباب بعض الأفعال: اهتمامات الناخب.

- شرح أسباب الأحداث وتأثيراتها: الدستور، عزوف المواطنين عن المشاركة في الانتخابات.

- المقارنة: بين الحكومات المطلقة والمقيدة، الوظائف التشريعية والقضائية، الأنظمة البرلمانية.

- التمييز بين الرأى والحقيقة.

- تصنيف المسئوليات: بين المسئوليات الشخصية والعامة.

- تفسير أهمية الأحداث، والأفكار، والظاهرات، وحكم القانون، وأثر الهجرة.

التقويم والعمل والدفاع عن المواقف: تنمى هذه المهارات عند المـواطنين تقيـيم القضايا فى الأجندة العامة، وتساعده فى اتخاذ أحكام عـن تلـك القضـايا، ومناقشـة ذلـك التقيـيم مـع زملاءه، ويقصد بالتقويم استخدام المعايير لاتخاذ أحكام عن جوانب الضعف والقوة من القضايا، أما اتخـاذ المواقف فيقصد به استخدام المعايير التى تقود إلى القيام بموقف يدعم من اختيار المواقف، والدفاع عن المواقف والقضايا بتقديم الأدلة والمناقشات حول تلك القضايا ومن المهارات الفرعية:

- تعرف جوانب القوى والضعف: فى القواعد والتشريعات.

- تقويم موضوعية المناقشات، والبيانات، والقياسات: مصدر البيانات، إهمال بعض البيانات.

- وضع الأدلة فى دعم المناقشات: ثبات الأدلة، ارتباط الأدلة مع بعضها البعض.

- التنبأ بالنتائج المحتملة: ثبات التوقع، درجة الاحتمالية، التشابه مع الأمثلة الماضية.

- تقويم الوسائط والنهايات: الوسائط لا توصل إلى النهايات، الوسائط الغير خلقيـة والنهايـات، النتائج التى تتصادم مع نهايات مرغوبة.

- تقييم تكلفة البدائل وفوائدها: عدد النـاس المتـأثرين إيجابيـاً أو سـلبياً، القيمـة المجتمعيـة، الكلفة المادية.

- اختيار موقف من البدائل الموجودة: تحليل المواقف الموجودة، الحكم على الموقف باستخدام المعايير المناسبة.

- القيام بموقف مبتكر: استخلاص أفكار ممتازة من البدائل، تشكيل العناصر بأساليب متفردة.

- الدفاع عن موقف: الثبات على القيم والمبادئ الأساسية.

(ب) المهارات التشاركية:

المواطن بحاجة إلى مهارات المشاركة بفاعلية فى شؤون مجتمعه. ولذلك فهناك المهارات التفاعلية والتى تكسب المواطن مهارات الاتصال والعمل بتعاون مع الآخرين، وكذلك بحاجة إلى مهارات المراقبة والتى تساعده على مراقبة سير عمل الحكومة وعملياتها السياسية، وبحاجة إلى مهارات التأثير والتى تمكنه من التأثير فى الحكومة وسياساتها وفيما يلى تفصيل تلك المهارات:

- العمل فى مجموعات صغيرة: البحث عن المعلومات، وتبادل الآراء، وتشكيل خطة العمل.
- الاستماع: الحصول على المعلومات، والأفكار، والتصورات المختلفة.
- مناقشة الشؤون العامة بإدراك: وبمسئولية، وبأسلوب مدنى فى المدرسة، ومع الجيران، والأصدقاء، وفى المجموعات المجتمعية، والمجالس الشعبية.
- المشاركة فى الجمعيات التطوعية، تشجيع الأفكار، والسياسات، والاهتمامات.
- بناء تحالف لدعم الأفراد والجماعات ذات الاهتمامات المشتركة لتشجيع السياسات، والمرشحين.
- إدارة الصراع من خلال التفاوض، والحوار ، والإقناع.
- استخدام مصادر الوسائط المعلوماتية: الحصول على المعلومات، وتبادل الأفكار.
- تقييم مواقف الآخرين ومناقشتهم: التعرف على موضوعيتهم وثبات مواقفهم.

المراقبة: وتشمل المهارة المهارات الفرعية التالية:

- الاستماع بإنصات للمواطنين التابعين من خلال تقارير الوسائط المعلوماتية.
- سؤال الموظفين الرسميين والخبراء وغيرهم من أجل الحصول على المعلومات، والبرهنة على المسئولية.

- إخضاع الموظفين الرسميين للمحاسبة حول استخدام سلطتهم بشكل يتناسب مع مبادئ الدستور.

- تتبع القضايا العامة في وسائط المعلومات: باستخدام مصادر متنوعة، مثل: التليفزيون، والصحف، والمجلات، والدوريات.

- البحث عن القضايا العامة من خلال البحث في الكمبيوتر، والمكتبات، والهاتف، والاتصالات الشخصية، والوسائط المعلوماتية.

- جمع المعلومات وتحليلها: من المكاتب الحكومية، والوكالات، وجماعات الاهتمامات الخاصة، والمنظمات المدنية.

- حضور الاجتماعات العامة، مثل مجلس الطلاب، ومجلس المدينة، واجتماعات المدرسة.

- عمل مقابلات مع من على علم بالقضايا المدنية، مثل الموظفين المحليين، والخبراء في الجمعيات العامة والخاصة، وأساتذة الجامعة.

- استخدام المصادر الإلكترونية: للحصول على المعلومات وتبادلها، مثل الإنترنت.

التأثير: من مهارات المواطن الهامة التأثير في شكل الحكومة وسياساتها من خلال ممارسة المهارات التالية:

- التصويت: في الصف، وفي المدرسة، وفي الانتخابات الوطنية المحلية.

- التزويد بالمعلومات: تقديم البيانات الحقائقية إلى المشرعين وصناعي السياسات.

- الكتابة: رسائل، وتوقيعات تتعلق بشؤون عامة إلى الصحف، ومتخذي السياسات.

- التحدث في مجلس الطلاب، ومجموعة المدرسة، والكونجرس.

- دعم مترشحين أو مواقف تتعلق بالقضايا المدنية مثل المساهمة بالوقت، أو المال.

- المشاركة في المجموعات السياسية والمدنية: في حكومة المدرسة، مجموعات الشباب، وفي المؤسسات السياسية محلياً ووطنياً.

- توظيف الوسائط المعلوماتية المختلفة لوجهات النظر المتقدمة فى الشؤون العامة: المشاركة فى المناقشات المفتوحة عبر الإنترنت حول القضايا المدنية، وكتابة مقالات فى الصحف والمجلات، والإفصاح عن الرأى فى الراديو والتليفزيون.

خامساً - أدوار المعلم فى تربية المواطنة:

من أجل تدريس ناجحٍ للمواطنة يجب الاهتمام بالمعلم الذى لا يزال عنصراً فاعلاً فى العملية التعليمية، ليس باعتباره حاملاً للمعرفة التى يجب أن يكتسبها الطلاب عن وطنهم وقضاياه بل لأنه يمثل نموذجاً للمواطن الذى سوف يحتذى به الطلاب فى طريقهم ليكونوا مواطنين صالحين، وقد يعتقد البعض أن إعداد المواطن هو مسئولية معلمى الدراسات الاجتماعية أو التاريخ أو الجغرافيا، غير أن التربية للمواطنة المسئولة هى جزء من عمل جميع التربويين ممن يؤثرون فى طلاب المراحل الابتدائية والثانوية، وليس فقط عمل مدرسى التاريخ، والتربية الوطنية، والحكومة. وحتى يؤدى المعلم الدور المنوط به فى تحقيق أهداف تربية المواطنة لابد من الاهتمام بمرحلة إعداده قبل ممارسة المهنة وكذلك تنمية خبراته بالمناهج والبرامج والأنشطة الجديدة أثناء ممارسة المهنة.

1- إعداد المعلم قبل الخدمة:

لقد حدد الباحثون الاحتياجات المهنية التى يفترض أن تتضمن فى برامج إعداد المعلم. وفيما يلى عرض لذلك:

- تهتم برامج إعداد المعلم بتقديم مقرر عملى فى تربية المواطنة لمعلمى المستقبل خاصة لطلاب المواد المتعددة.

- تعد مؤسسات تدريب المعلم طلابها ليخدموا كنماذج للمسئولية الاجتماعية لطلابهم، ولذلك يجب أن يتم اختيار الطلاب الذين يكون لديهم استعداد ليكونوا نموذجاً فى الإحساس بالمسئولية الاجتماعية التى نتمنى أن تجسد فى أطفال المستقبل.

- يوجد عدد كبير من المداخل التى يمكن أن تستخدم لتدريس المواطنة أكثر من ما يقدم عادة للمعلمين قبل الخدمة، ولذا يجب أن يتم توسيع الإعداد الأكاديمى والمهنى إلى أبعد من النموذج المركزى لتربية المواطنة.

- يجب أن تقدم برامج إعداد المعلم وتدريبه خبرات تعلم مصممة لمساعدة المعلمين المتوقعين لتدريس طلابهم محتوى، ومهارات، وقيم المواطنة.

- يجب أن يستقبل معلمى المستقبل تدريس يساعدهم على تقديم مقررات القانون المرتبطة بالتربية، أو وحدات فى ذلك، وذلك فى مقررات مستقلة أو مندمجة فى مقررات تربية المواطنة أو الحكومة.

- يجب أن تتاح الفرص لطلاب طرق تدريس الدراسات الاجتماعية مفاهيم الدستور الأساسية.

- يجب أن تشجع برامج إعداد المعلم مدرسى علم الاجتماع ليكونوا عنصراً فاعلاً فى عملية إعداد المعلم الكلية.

- يجب أن تراعى مؤسسات إعداد المعلم كفايات معلمى المستقبل من خلال تدريسهم القضايا الجدلية من خلال تدريس القيم.

إن برامج إعداد المعلم يجب أن تعد معلم تربية المواطنة إعداداً يجعله نموذجاً لطلابه فى تحمل المسئولية، يمتلك معرفة كافية بمفاهيم الدستور الأساسية، ويكون ناقداً قادراً على تنمية هذه المهارة عند طلبته وبالذات فى القضايا الجدلية، ويبدو أن أبرز تلك التوصيات والتى لا زلنا غير قادرين على توظيفها هى عدم القبول للدراسة فى كليات التربية إلا من يتوافر لديه الاستعداد لتحمل تبعات هذه المهنة، ويبدو أن عدم تطبيق هذه التوصية هو أحد الأسباب التى يمكن أن يرجع لها ضعف قيم المواطنة عند الطلاب فى مدارسنا؛ فإذا لم يوجد المعلم كنموذج خلقى، ووجد المعلم كنموذج معرفى فماذا نتوقع من تغير فى سلوك طلابنا؟

2- إعداد المعلم أثناء الخدمة:

وانطلاقا من استمرارية عملية تأهيل المعلم فى ضوء المستجدات التربوية، وفى ضوء نتائج العمل التربوى، اهتم الباحثون بوضع المعلم أثناء الخدمة وقدموا مجموعة من التوصيات التى يمكن أن تعزز من كفاءاته المهنية فى تدريس المواطنة فيما يلى بعضها:

- يجب أن تصبح حاجات الطلاب التعليمية لها الأولوية التدريسية فى جميع المدارس دون النظر إلى مستوى الصف، ولذلك يستطيع المعلم الإسهام فى وضع أهداف المواطنة فى مجتمعه.

- يجب أن تهتم أنشطة التدريب أثناء الخدمة بتقديم نتائج البحث فى التدريس الفعال للمواطنة النشطة والمسئولة.

- يحتاج المعلم إلى دعم إدارى وإلى وقت إضافى للتدريب أثناء الخدمة لتطبيق استراتيجيات التدريس الحديثة وكذلك لتخطيط مقرراتهم الدراسية، وأيضاً لتطبيق خصائص الصف الدراسى المفتوح من أجل التعلم النشط.

- يجب أن يتقاسم إداريو المدارس بناء السلطة مع المدرسين من خلال إعطائهم استقلالاً ذاتياً فى عملهم، وكذلك إشراكهم بشكل كبير فى القرارات المتعلقة بإدارة المدرسة.

ويلاحظ أن اهتمام الباحثين فى تدريب المعلمين أثناء الخدمة يتمركز بشكل كبير على توفير الوقت للمدرس ليطور من مستواه المهنى فى توظيف أساليب التدريس الحديثة ، والتى تركز على فاعلية الطالب فى العملية التعليمية.

فى النهاية ماذا نريد من المعلم أن يكون ؟ وما الخصائص التى يجب أن يتسم بها؟ هل يقتصر دور المعلم على نقل المعرفة ؟ أم أن تغير الحياة فى مختلف مجالاتها أكسبه أدواراً جديدة؟ قبل الإجابة عن تلك الأسئلة وغيرها يجب أن ننطلق من

حقيقة الدور المهم للمعلم فى العملية التعليمية بغض النظر عن طبيعة ذلك الـدور، فالبعض يعتقد أن المعلم مهمش فى الصف التكنولوجى فهناك العديد من الوسائط التى أصبحت ذات كفاءة أفضل منه، ولكن يغيب عن هؤلاء ضرورة وجود القائد والمخطط لاستخدام تلك الوسائط وهو المعلم.

3- الأعمدة السبعة للصف الحكيم:

إن الأعمدة السبعة للصف الحكيم تساعد أولياء الأمور الـذين يسألون : " هل طفلـى يمتلك قدرات جيدة ؟"، وكذلك المعلمين الذين يسألون أنفسهم : " هل أنا معلم جيد " . وتلك الأعمدة هى:

(أ) تسويق المادة الدراسية:

إن المعلم الجيد بائع جيد، إن رسالة المنزل اليوم قد لا تعزز المدرسة، فالرسالة القادمة من الوسائط المعلوماتية غالباً ضد المدرسة، فالرسالتان تقولان للطفل: - افعل الآن - امتلكه الآن - لا تنتظر - بسرعة - لا تؤجل سرورك.

لقد كان ينظر للمدرسة فى السنوات الماضية كشىء معيق فى الاقتصاد الحقيق للحياة، لذلك لا يستطيع المعلمون اليوم أن يخبروا طلابهم بأهمية المدرسة فقط، بـل يجب أن يذهبوا إلى أبعد من ذلك بحيث يقنعوهم بأهميتها، المعلمون يبيعون بحماس ويجعلون مادتهم مرتبطة بوضوح بحياة الطلاب إن لم يكن الآن ففى المستقبل القريب، وهذه النقاط تتطلب عمل الكثير.

(ب) المعرفة بالمادة الدراسية:

لـيس كافيـاً مـن المعلم أن يعرف المـادة التـى يقوم بتدريسـها بـل يجب أن يكون قـادراً علـى أن يضعهـا فى الجانـب الآخـر، مـا تعلمنـاه فى السنوات الحاليـة أن التشجيع يجب أن يكون لوقـت طويـل، ولكى نحقق معايير عاليـة، يحتاج الأطفال لمستوى عـال

من التشجيع والمساعدة. إن تعزيز التقدير الذاتي عند الطلاب ليس كافياً بـدون محتـوى متين، مثله مثل المنزل مع أساس هش، المحتوى المتين مع التشجيع والمساعدة يعزز التعلم الحقيق.

(جـ) استخدام أساليب تدريس متنوعة:

إن الطلاب يتعلمون بأساليب متنوعة، وهـذا يعـود إلى الفروق الفرديـة التـى توجـد بيـنهم، واليوم نعلم الكثير عن أساليب العصف الذهني للوصول إلى الطلاب المختلفين.

(د) بناء أسرة داخل المدرسة وخارجها:

يجب أن يعى المعلم الخبرات التى يحضرهـا الطلاب معهـم إلى المدرسة ويبنـى عليها التعلم، وكذلك يكون على دراسة بحياة الطلاب خارج المدرسة، والمعلم الجيد اليوم هو الـذى يقوم ببناء جسر بين المدرسة والمنزل وهذا ما يجعل المعلومات، والأفكار، والناس ينتقلون بحرية من مكان لآخر.

(هـ) إشراك الطلاب فى عملية التعلم:

المعلم الجيد اليوم هو الذى يعمل الكثير للطلاب ليس كواجبـات منزليـة بـل يشركهـم فى عملية تعلمهم، ولذلك فالمعلم يبدأ بعرض الخطوط العريضـة للـمادة التـى سـيقوم بتدريسها، والخطة التى ستتبع فى تنفيذها، والأشياء المتوقعة من الطالب ليقوم بها.

(و) التعاون مع الآخرين من الكبار:

لا ينجح العمل التربوى بدون تكاتف الجميع ودعمهم لجهود بعضهم البعض، فالمعلمون بحاجة إلى دعم، والآبـاء، والمجتمع المحـلى بحاجـة إلى دعـم، والمدرسون بحاجـة إلى الحـديث لمقابلة المدرسين بل لمقابلة بعضهم البعض.

(ز) جعل الطلاب يعترفون بالاهتمام بهم:

إن السبب الذى يجعل الطلاب اليوم يحبون المدرسة، ويجلسون بها، ويدرسون بجد ليس المنهج إنما الرعاية وعندما يسأل الآباء اليوم : " هل طفلى يمتلك معلماً جيداً؟" عـرفهم بأهميـة المنزل اليوم فى تحصيل الطالب واسألهم هـل طفلك يمتلك والـدين جيـدين؟ لا نمتلك لنكون أفضل بل نستطيع أن نكون فريقاً ونحتاج لاستثمار الوقت الذى نؤدى فيه عملنا معاً.

3- المعلم وكفايات المواطنة العالمية:

فى ظل التركيز على البعد الحالى من المواطنة وظهور ما يعرف فى الأدبيات التربوية بالتربية للمواطنة العالمية أصبح المعلم بحاجة إلى كفايات تجعله قادراً على المساهمة فى إعداد المـواطن الصالح ليس محلياً بل عالمياً، وفيما يلى قائمة بتلك الكفايات.

1- تشجيع العمليات الديمقراطية:

(أ) الكفايات المرتبطة بالمعلم:

- هل تنصت لطلابك فى الصف بفاعلية ؟

- هل تتقبل وجهات نظر الطلاب وتدمجها فى خبراتك ؟

- هل تقبل الاشتراك فى المناقشة ؟

- هل تـدرك قضـايا الجنس (Gender) والتحـديات التـى تواجـه الطـلاب مـن ذوى الاحتياجات التربوية الخاصة ؟

- هل تقوم بعمل إيجابى فى تأكيد تساوى فرص التعلم لجميع الطلاب ؟

- هل تستجيب للملاحظات السابقة من خلال التخطيط التالى ؟

- هل تدرك الأفكار الثقافيـة الشـائعة والتحديات التـى تواجـه الطـلاب مـن ذوى الخلفيات العرقية والأقلية ؟

(ب) الكفايات التي ترتبط بالمنهج:

- هل تشجع الطلاب على استماع بعضهم بعضًا، وعلى تحمل المسئولية؟

- هل تسهل عمل المجموعات التعاونية، واتخاذ القرار الديمقراطي ؟

- هل تستخدم أشكالاً جديدة التي يقترحها الطلاب في اتخاذ القرارات ؟

- هل تساعد الطلاب على فهم حقوقهم ومسئولياتهم ؟

- هل تشجع الطلاب على المشاركة بديمقراطية في مجتمعهم المحلى وفي العالم الخارجى ؟

- هل تشجع الطلاب على التفكير في حقوقهم ومسئولياتهم في المستقبل ؟

- هل تشجع الطلاب على جعل العدالة والمساواة نقطة الانطلاق في اتخاذ القرارات ؟

- هل تشجع التعلم المستقل ؟

2- إدارة القضايا الجدلية:

(أ) الكفايات المرتبطة بالمعلم:

- هل تمتلك وجهات نظر خاصة ؟

- هل أنت حساس من وجهات نظر الطلاب في الغرفة الصفية ؟

- هل أنت حساس من خبرات الطلاب (الاجتماعية والثقافية) المختلفة ؟

- هل تستخدم الكتاب المدرسى وغيره من الوسائل والمواد التعليمية بشكل ناقد؟

- هل أنت مدرك لحقوق الآخرين والحاجة لتشجيع احترام هذه الحقوق؟

(ب) الكفايات المرتبطة بالمنهج:

- هل تقدم للطلاب الفرص التى تساعدهم على ملاحظة التحيز ووجهة النظر من خلال اختبار المصادر المختلفة، ولعب الدور، وألعاب المحاكاة؟

- هل تشجع الطلاب على الاعتراف بوجهات نظر الآخرين وللدفاع عنها أو تعديلها فى ضوء الأدلة الجديدة ؟

- هل تنمى الوعى عند الطلاب بأن كثير من المجالات يمكن فيها الجدل، وأنه توجد العديد من التصورات فى أى قضية ؟

- هل تشجع على فهم العدالة والمساواة وحقوق الإنسان بأنها الأعمدة الرئيسة للمجتمع الديمقراطى وهى مركز لكثير من الجدليات ؟

3- تطبيق المعرفة بالمادة التخصصية:

(أ) الكفايات المرتبطة بالمعلم :

- هل تمتلك معرفة جيدة بمادة تخصصك ؟

- هل تطبق المعرفة بالمادة فى موضوعات المواطنة والحكومة ؟

- هل أنت حساس تجاه الحاجة لتنمية وعيك بالقضايا الكونية فى جميع المواد؟

- هل تفهم أن إمكانات إدماج البعد الكونى يمكن أن توجد فى جميع المواد ؟

- هل تقدم شبكة واسعة من المواد التدريسية والتعليمية التى تعكس ذلك؟

- هل تصمم وسائلك وموادك التعليمية التى تنمى المعرفة بالمادة وفهم المواطنة الكونية ؟

(ب) الكفايات المرتبطة بالمنهج:

- هل تدرى استفسارات الطلاب فى مواضيع المواطنة باستخدام مداخل من مجالات المادة المختلفة ؟

- هل تأخذ استجابات شخصية من الطلاب ترتبط بالاستفسارات السابقة ؟

إن معلـم تربيـة المواطنـة يجب أن يمتلك فهمـاً تاريخيـاً، وسياسياً، واجتماعيـاً عميقـاً للمواضيع التى يقوم بتدريسها، ومن الأمثلة الجيدة لـذلك الإعداد نشـاط النمـو المهنى الـذى ينفذ ضمن برنامج اكتشاف الديمقراطية. ولقد استعان البرنامج بأساتذة من قسم علم السياسـة لتنفيذ مقرر تدور محاوره حول:

- لماذا الموضوعات السياسية (كيف تؤثر القرارات السياسية فى الشعب)؟

- نظريات المواطنة.

- الحكومة والديمقراطية فى التاريخ.

- كيف تغير العالم، أساليب المشاركة والفاعلية السياسية؟

- المناقشة: المجادلات الحالية فى المواطنة والسياسة.

لا شك أن مثل هذه المقررات يفترض أن تكون إجبارية فى برنامج إعداد معلم الدراسات الاجتماعية على اعتبار أن الدراسات الاجتماعية معنية أكثر من غيرها من مـواد المدرسـة بتربيـة المواطنة، وأن تكون متطلباً عاماً لمعلمى بقية التخصصات على اعتبار أن كل المواد الدراسية لهـا دور كبير فى تنمية المواطنة، ولكن أين مثل هذه المقررات فى برامج إعداد معلمينا ؟

* * *

الفصل السادس

المناهج ومجتمع المعرفة والتكنولوجيا وسوق العمل

1 - المناهج ومجتمع المعرفة.

2 - المناهج ومتطلبات التقدم التكنولوجى.

3 - المناهج واحتياجات سوق العمل.

المناهج ومجتمع المعرفة والتكنولوجيا وسوق العمل

أولاً- المناهج ومجتمع المعرفة:

مجتمع التعلم ينهض على فكرة إعادة النظر فى مفهوم التعليم المدرسى، بما يساعد على أن تتخطى عمليات التعليم والتعلم أسوار المدرسة، بدلاً من أن تظل مقصورة على ما يدور داخلها فقط، وبحيث يصبح المجتمع بكافة هيئاته ومؤسساته بيئات للتعلم، كما أن هذا المجتمع يستوجب العمل على تحرير المتعلم من كافة قيود الزمان والمكان والموضوع، التى يمكن أن تحول بينه وبين جعل الحياة بكافة مجالاتها وإمداداتها الزمنية كتاباً مفتوحاً، ومواقف ثرية للتعليم والتعلم. إن الوصول إلى مجتمع التعلم رهن بتوافر نوعية تربوية جديدة يستوجبها مجتمع المعرفة، وتمليها ضرورات اقتصاد المعلومات، إنه لابد من إرساء جملة من التحولات التعليمية التى تستهدف توفير هذه النوعية التربوية المطلوبة. فالمستقبل يستلزم مواصلة الجهد فى هذا الاتجاه. حيث تتمثل أبرز التحولات التعليمية، دخولاً إلى المستقبل وهى:

- التحول من ثقافة الحد الأدنى إلى ثقافة الإتقان والجودة.

- التحول من ثقافة الاجترار والتكرار إلى ثقافة الإبداع والابتكار.

- التحول من ثقافة التسليم إلى ثقافة التقويم.

- التحول من ثقافة القهر إلى ثقافة المشاركة.

- التحول من ثقافة الاستهلاك إلى ثقافة الإنتاج.

- التحول من أسلوب القفز إلى النواتج إلى أسلوب معاناة العمليات.

- التحول من الاعتماد على الآخر إلى الاعتماد على الذات.

- التحول من التعليم محدود الأمد إلى التعلم مدى الحياة.

ولتحقيق هذا المجتمع، يمكن الإفادة من معطيات تكنولوجيا المعلومات والتقنيات التعليمية الحديثة والمتطورة، في إحداث تغييرات جذرية ونوعية على مجمل بيئة التعلم، بما يؤدى إلى الانتقال لنمط جديد من التعليم، يتسم بتعدد أساليب التعليم والتعلم تعددها، بما يفضى إلى إثراء هذه البيئة، وإلى اتساع مفهوم التعلم في المساحة الزمنية والمكانية وفي المدار الموضوعى، مما يُمكن معه تحقيق هذا المجتمع المعلم المتعلم، والذى يتسم بزيادة قابلية أفراده ودافعيتهم للتعلم وللمزيد منه، كذا تنشيط دور المتعلم في عمليات التعليم والتعلم، من خلال تفاعله الحى والواعى مع مصادر التعلم المتعددة، والمشاركة الإيجابية بينه وبين الوسيلة والطريقة في عملية التعلم.

وفي علم المناهج أصبح من أبرز خصائص التطور المعرفي الراهن والمستقبلي التكامل المعرفي، ذلك التكامل الذى يحدث بين حقول المعرفة المختلفة، مما يعنى أن التعامل مع أية مشكلة يستدعى معرفة متصلة من حقول زالت من داخلها الحواجز الاصطناعية بين فروعها. وهذا ما يؤثر بدوره على شكل ومضمون العملية التعليمية التى تواكب نمط هذا التفكير العلمى المتكامل .

إن رؤيتنا لمناهج المستقبل تنهض على أساس النظر إليها باعتبارها مدخلات، وأن تنمية عمليات التفكير والقدرة على الإنتاج المعرفي ينبغى أن تكون هى المخرجات. ولابد من تجاوز نمط التفكير والتعليم القديم القائم على التجزئة والتقسيمات المصطنعة، والاتجاه إلى المناهج المتكاملة بشكل جذرى، والتى تعين المتعلم على إدراك التداخل والاندماج بين الحقول المعرفية، وتساعده على إدراك تكامل المعرفة وتكوين نظرة شاملة للظواهر المختلفة. وتزود المتعلم بالقدرة على التعلم الذاتى والتعامل مع المصادر المتعددة للمعرفة. وحتى نصل أولاً إلى

استراتيجيات جديدة فى بناء مناهج تمكننا من التوزيع العادل للمعرفة على كل أبناء الأمة من جميع الشرائح والفئات الاجتماعية، ولنصل بالجميع إلى التعليم والتعلم بالإتقان وفقاً لمعايير الجودة العالمية. وحتى نصل ثانياً - وفى عمليات مستمرة ومتواصلة - إلى مناهج دراسية متكاملة متسقة، تعكس المفاهيم والمبادئ التى نسير عليها دون تكرار أو حشو، ومسايرة كل جديد. وحتى نصل ثالثاً إلى تقديم الكتاب المدرسى الذى يساعد المتعلم على إطلاق قواه الإبداعية الخلاقة فى التعامل مع الحياة والبيئة الاجتماعية والثقافية المحيطة.

إن بناء الشخصية المنتجة يمثل هدفاً أساسياً نسعى إلى تحقيقه. وتشير الدلائل التى أفرزتها خبرة المجتمعات المتقدمة إلى أن المستقبل سوف يشهد ارتباطاً متزايداً بين التعليم والعمل الإنتاجى، وإلى تبنى نماذج وصيغ جديدة لمؤسسات تعليمية يتم بموجبها تحويل حياة الإنسان المستقبلى إلى عملية متصلة متداخلة متبادلة بين الدراسة والعمل، مما يعنى أن المدرسة الفعالة فى المستقبل هى التى ستكون أشد ارتباطاً وتفاعلاً، بل واندماجاً مع مواقع العمل والإنتاج لتمكين المتعلم من التعامل مع سوق العمل والإنتاج بكل ديناميات وتحدياته المتجددة، والتى سينتهى فيها التميز التقليدى بين العمل العقلى، والعمل اليدوى، والعمل الإدارى.

ومن هنا يتوجب تحويل المدارس إلى وحدات إنتاجية مدرة للدخل، فالمدرسة تضم مجموعة من البشر (طلاباً ومعلمين وإداريين وعاملين) تمثل قوة عمل - كما أن بها من الإمكانات المادية والتجهيزات العلمية والمعملية والتكنولوجية، التى إذا ما أحسن التخطيط لاستثمارها، تصبح هذه المدرسة وحدة إنتاجية قادرة على تقديم خدمات مختلفة للبيئة المحلية المحيطة بها. فمن الممكن أن يكون بها متجر صغير، أو مقهى للإنترنت، أو مركز للتدريب على الكمبيوتر، كما تستطيع التعاقد مع أحد المصانع لتزويده بحاجاته من الدوائر الكهربية البسيطة، أو تنتج له بعض الأدوات

التى تحتاج إلى ابتكار، ولكن لا تحتاج إلى تكنولوجيا عالية، وترتبط بحاجة البيئة. وسيطلب من كل مدرسة - فى إطار هذه الخطة - عمل دراسة جدوى للمشروع الذى تريد تنفيذه، على أن يشارك الطلاب فى إعداد هذه الدراسة، بحيث تتضمن:

- الأهداف التربوية للمشروع.

- الفوائد التى يمكن أن يحققها للمدرسة والبيئة.

- مدى مناسبته للمستوى العمرى والتعليمى لطلاب المدرسة، ومعامل الأمان فيه.

- خطة العمل فى المشروع، وتوزيع الأدوار والمسئوليات، وأسلوب المتابعة والتقويم.

- الإمكانات والتجهيزات اللازمة لإنجازه، وحصر المتوافر منها، وتحديد مصادر الحصول على التمويل اللازم.

- أسلوب تسويق منتجات المشروع وكيفية توزيع عوائده.

- ويتم تكليف مجموعة من الخبراء لاقتراح (20-30) مشروعاً نموذجياً تطرح فى كتاب يوزع على المدارس لاختيار المشروع المناسب لبيئة المدرسة، أو الاقتداء بهذه المشروعات فى اقتراح مشروعات مناظرة أكثر مناسبة للبيئة المحلية.

وهنا تجدر الإشارة إلى أن يأخذ بمفهوم المدرسة المنتجة ولابد من تقديم قروض للمدارس لتنفيذ هذه المشروعات، بحيث تتناسب قيمة القرض وجودة المشروع، ومعامل الأمان فيه، وبحيث يتم تسديد هذا القرض من حصيلة ما سوف يحققه من فوائد مادية، ولابد من اتفاق بين وزارة التربية والتعليم وكل من وزارة الزراعة والتجارة والصناعة، لدعم هذه المشروعات.

إن نظام التعليم الفاعل فى المستقبل، هو الذى تصبح لديه القدرة على تطوير الذات العارفة ودفعها نحو البحث والاستقصاء عن طريق مصادر جديدة ومتعددة للمعرفة، من خلال الاستثمار الأمثل لما تفرزه التكنولوجيا الحديثة من تقنيات

ومبتكرات وأدوات التعليم الإلكترونى. إن الخطة المستقبلية تتمثل فى تعرف مصادر المعرفة فى إثراء وتفعيل عمليات التعليم والتعلم، وذلك من خلال:

- عدم الاقتصار على الكتاب المدرسى كمصدر وحيد للتعلم والمعرفة، بـل يـتم التوجـه بشكل متزايد نحو تزويـد المـدارس بـالأدوات التعليميـة الجديدة والتكنولوجيا الجديدة متعددة الوسائط.

- الاســتمرار فى تزويــد المــدارس بأعـداد كافيــة مــن أجهـزة الكمبيـوتر، وبالقدر الذى يصبح معه استخدام هذه الأجهزة جزءاً لا يتجزأ من عمليات التعليم والتعلم.

- عقد اتفاق مع وزارة الاتصالات والمعلومات، يتيح بموجبه مدّ خدمة الإنترنت إلى المـدارس وإلى منازل الطلاب، دون مقابل مادى يمكن أن تتحمله الأسرة.

- تحقيق مبدأ تكافؤ الفرص والحدّ من الفروق التى يمكن أن تنشأ بـين مـن يملكون القـدرة على اقتناء أدوات التعليم الإلكترونى ومن لا يملكونها. وتوفير أدوات تعليمية إلكترونية رخيصة الكلفة، عالية الفعالية، يفيد منها محدود الدخل وغير القادرين فى إثراء تعلمهـم، أسوة بالقـادرين مـن أبناء المجتمع.

- الاستمرار فى تدريب المعلمين على الأدوار الجديدة، التى يفرضها الاستخدام الكثيف للمصادر المتنوعة للمعرفة فى عمليات التعليم والتعلم.

إن تطوير الممارسات التقويمية، يعتبر شرطاً ضرورياً لنجاح التطوير الشامل المنشود للنظام التعليمى، فذلك يمثل أحد أهم المـداخل للانطلاق بالممارسـات التعليميـة نحـو ترسـيخ ثقافـة الإتقان والجودة. إن هناك ركائز أساسية تشكل رؤية متكاملة فى تطوير التقويم:

1- **عملية التقويم جزء من منظومة كاملة:**

● يجب عدم النظر فى عملية التقويم بمعزل عن المنظومة الشاملة للعملية التعليمية كلها.

- التطوير ضرورة بقاء لا يملك أحد الأطراف تأجيله أو تعليقه زمنياً.

- المعيار الذى يسيطر على الفكر التنموى هو التنافس من أجل الجودة الشاملة.

- التقويم وسيلتنا الوحيدة للتحقق من وجود الجودة الشاملة فى كل منظومة العملية التعليمية.

- التقويم ليس مجرد فرز بهدف العزل، أو رصد بهدف التسجيل، بل التقويم إجراء تنموى علاجى، تعزيزى.

2- التقويم الجديد ثقافة جديدة:

* ضرورة إعادة النظر فى فكرنا البالى عن طريق التقويم باعتبار الامتحانات محنة تحل بالتلميذ، ومعاناة تصيب الفرد وأسرته بالتوتر، لأن الامتحان التقليدى ينزل بالفرد بغتة، مرة واحدة، وفرصة واحدة.

3- ضوابط التقويم:

- وضع العالم ضوابط للتقويم؛ وفقاً لمفاهيم ومعايير الجودة الشاملة، هى:

-الشفافية.

-المساءلة.

-الرقابة المجتمعية.

- وهناك اعتبارات أخرى ترتبط بالضوابط، ومن أهمها " أخلاق المهنة ".

ثانياً- المناهج ومتطلبات التقدم التكنولوجى:

التعليم يواجه الكثير من التحديات فى هذا العصر، الذى يوصف بأنه عصر السماوات المفتوحة، والتى كسرت فيها شبكات الاتصال والمعلومات العالمية العوائق والحواجز، وسهلت التواصل بين الشعوب، وفتحت المجال أمام الأفراد؛ للوصول إلى قواعد ومعلومات ضخمة ومتنوعة بسرعة مذهلة؛ مما جعل السباق

الدولى محموماً للوصول إلى التكنولوجيا المتقدمة، والتى من المتوقع أن تكون المعيار الأساسى للقوة فى نظام عالمى يتشكل فى سرعة.

إن التحدى الحقيقى الذى يواجه التعليم الآن هو ذلك التطور التكنولوجى الهائل، وثورة المعلومات، التى غيرت أساليب الإنتاج وأنماطه، تطلعاً نحو الانتقال من المجتمع الصناعى إلى مجتمع الإنتاج الكثيف للمعرفة، ولذلك فلابد من دمج التكنولوجيا فى النظام التعليمى، لتوفير بيئة تعليمية متطورة غير تقليدية، تستخدم فيها البنية الأساسية لهذه التكنولوجيا المتقدمة الاستخدام الأمثل، حيث يبنى الطالب من خلالها خبراته التعليمية، عن طريق تعلمه كيفية استخدام المصادر المتعددة والمتنوعة للمعرفة، ومعرفة جميع وسائل التكنولوجيا المساعدة؛ لكى يصل إلى المعلومة بنفسه، وبهذا تعمل التكنولوجيا على تحسين نوعية التعليم وزيادة فعاليته؛ كما تقدم حلولاً فى مجالات:

- حل مشكلات ازدحام الفصول وقاعات المحاضرات.

- مواجهة النقص فى أعداد هيئة التدريس المؤهلين علمياً وتربوياً.

- مراعاة الفروق الفردية بين الطلاب.

- مكافحة الأمية التى تقف عائقاً فى سبيل التنمية، فى مختلف مجالاتها.

- تدريب المعلمين فى مجالات إعداد المواد التعليمية وطرق التعلم المناسبة.

- التعليم والتدريب عن بعد.

- التحول من بيئات تعليمية تقليدية إلى بيئات تعليمية غير تقليدية.

وفى إطار المحاولات المستمرة لتدعيم البنية الأساسية لتكنولوجيا التعليم يتم توفير فرص الانفتاح العالمى للتعليم على مصادر المعرفة بزيادة حجم وسعة وتأمين شبكات (الإنترنت – الإنترانت) لتستوعب مشروعات التعليم للمدارس، بإنشاء بنية للاتصال بشبكة الإنترنت العالمية وشبكة إنترانت التعليم؛ لتلبى مطالب المدارس مستخدمة التسهيلات الفنية المتاحة فى شبكة الاتصالات.

- إنشاء الصفحات الإلكترونية الرئيسة للوزارة والمديريات التعليمية، وعدد من الصفحات الفرعية، التى تشتمل على مواقع للتعليم، مثل:
    - رياض الأطفال.
    - التربية الخاصة.
    - رعاية الموهوبين.
    - البريد الإلكترونى بين المدارس.
    - سياسات وخطط الوزارة.
- ربط الصفحات الإلكترونية بمجموعة من الصفحات الإلكترونية الفرعية ذات العلاقة لتيسر للمعلمين إنشاء أندية المعلومات التخصصية.
- إنشاء البنية الأساسية لمشروع الحكومة الإلكترونية للتعليم المصرى.

استراتيجيات خطة تدعيم البنية الأساسية لتكنولوجيا التعليم:

- استكمال نشر الأجهزة والمستحدثات التكنولوجية فى المدارس.
- تجهيز وتشغيل القوافل التكنولوجية.
- زيادة فعالية مركز التطوير التكنولوجى.
- التوسع فى إنتاج برمجيات التعليم المتطورة.
- التوظيف الفعال للكمبيوتر التعليمى.
- إنشاء مركز صيانة الكمبيوتر التعليمى والآلات الدقيقة.
- تحديث مركز المعلومات ودعم اتخاذ القرار.
- بناء قاعدة المعلومات والخريطة المدرسية.

إنه يتزايد تداخل العلم والتكنولوجيا فى حياة الأفراد، والمجتمعات فى الدول فى تلك الدول المتقدمة والنامية، كما يتزايد على الفرد مسئوليات فى مواجهة التطورات العلمية والتقنية بما يتطلب إعداده إعداداً من نوع خاص ليواكب هذه التطورات،

ويستفيد منها فى حياته الشخصية وحياة المجتمع والأمة. ولعل إعداد مثل هذا الإنسان أصبح ضرورة ملحة تسعى إليها كل المجتمعات، بل وتعمل جاهدة على بناء عقول أبنائها وتدريبها على التفكير الابتكارى والبعد عن الآلية والتقليد.

واستجابة لذلك تم السعى نحو التعليم بمساعدة الكمبيوتر كوسيلة تعليمية حيث الدور الفاعل والمؤثر فى استخدام الكمبيوتر كوسيلة مساعدة فى التعلم من حيث قدرة الكمبيوتر على التفاعل مع كل من الطالب والمعلم وزيادة دافعية التعلم لإمكاناته المتنوعة التى يقدمها الكمبيوتر من رسوم متحركة، خلفيات صوتية، موسيقى وعروض مرئية فكل هذه الإمكانيات المتوافرة فى استخدام الكمبيوتر كوسيلة تعليمية تساعد التلاميذ على سرعة التعلم، فقد تم معرفة الكمبيوتر من خلال الألعاب الإلكترونية فهم يتوقعون دائماً أن استخدام الكمبيوتر سيكون ممتعاً ومثيراً ، ومن هنا جاءت فكرة تقديم الكمبيوتر للأطفال للتعلم من خلال برنامج قائم على الترفيه.

حيث أطلق عليه ماكينزى أيضاً مصطلح " Technotainment " وعرفه على أنه استخدام تكنولوجيا الكمبيوتر ممزوجة بمتعة وتشويق لخلق بيئة تعليمية تفاعلية وجذابة ولشد انتباه الأطفال وتعمل على زيادة دافعيتهم تجاه التعلم أكثر من الطرق التقليدية فى التدريس المستخدمة داخل الفصول فى المرحلة الابتدائية ومثل هذا البرنامج يتطلب من المعلم أن يركز اهتمامه على المتعلم ومشاركته فى العملية التعليمية فى جو من النشاط والحيوية، ويمكن للمعلم تحقيق ذلك من خلال استخدام أنشطة ترفيهية باستخدام الكمبيوتر تجعل من الدروس دروساً جذابة وحيوية تساعد الطلاب على العمل والنشاط والتفاعل مع الدروس، مما يؤدى إلى تعلم أفضل وكسر حاجز الملل لدى الطلاب، ويساعد على التحرر من التقليدية التى يتمسك بها الكثير من المعلمين، والتى تجعلهم صوراً مكررة غير متجددة وغير مقبولة.

لذا فإنه يجب على المعلم الحرص على التجديد فى تدريسه، والبعد عن التكرار الذى يؤثر فى فاعلية عملية التعلم، ويقلل من دافعية المتعلمين نحوها؛ فمن خلال برنامج إلكترونى قائم على الترفيه ويحقق مدخل التواصل وإعادة تصميم المحتوى من خلاله وجعله مرتبطاً بحياتهم وحاجاتهم اليومية حتى يمكن خلق جو تعليمى يتفاعل فيه التلاميذ ويتحقق فيه نتائج عملية التعلم.

وأدرك التربويون أن الأطفال فى المرحلة الابتدائية يحتاجون إلى أشياء مرئية ومواقف ومناسبات حقيقية للتعلم التى تجعلهم يستخدمون حواسهم جميعاً فى التعلم أكثر من احتياجاتهم طريقة تعلم رسمية وتقليدية ، وأشاروا أيضاً إلى ضرورة تكامل المهارات.

لذلك فإن استخدام برنامج إلكترونى قائم على الترفيه يستطيع أن يحقق تكامل المهارات المتنوعة وأيضاً زيادة دافعية الأطفال لدى التعلم من خلال الإمكانات التى يوفرها من رسوم متحركة وملونة وموسيقى، وهذه الإمكانات التى يوفرها البرنامج الإلكترونى عندما يتعرض الأطفال لهذه العروض المرئية من خلال البرنامج يؤدى ذلك إلى تنمية المهارات والقدرات والمعلومات، حيث يقوم الأطفال بتكوين صور ذهنية لكل ما يرون ويسمعون مما يؤدى إلى الفهم وخلق بيئة تعليمية غير تقليدية حيث تتلاءم مع سمات وطبيعة الأطفال فى المرحلة الابتدائية.

إن هناك أسباباً لعدم الحصول على نتائج مرضية لسياسة دمج تكنولوجيا المعلومات فى التعليم قبل الجامعى. تتلخص هذه الأسباب فى التركيز النسبى على الأجهزة والمعدات مقارنة بالتدريب. كما أن أسلوب تطوير المناهج لتتوافق مع استخدام التكنولوجيا ما زال يعتمد بشكل كبير على نقل المنهج التعليمى على أقراص مدمجة وليس على تعديل تكوينه ليتناسب مع هذه التكنولوجيات ، وتدريب وتأهيل مدرسى الرياضيات واللغات والعلوم على استخدامه. كذلك فإن نشر

وتوزيع أجهزة الكمبيوتر على نطاق واسع أدى إلى قلة عدد الأجهزة فى كل موقع. مما تسبب فى عدم استفادة الجميع بالقدر الكافى. وقد يكون تغيير التخطيط ليسمح بتركيز أجهزة الكمبيوتر فى مناطق بعينها أو مجموعات مدارس محددة (المدارس التجريبية. القومية والتعاونية) أو مرحلة تعليمية بعينها. مع وضع برنامج مناسب ومركز لتدريب كافة المدرسين على استخدام التكنولوجيا والمشاركة فى بناء مناهج جديدة تناسب هذا التحول.

وفيما يخص التعليم العالى؛ فإن الوزارة تبذل جهوداً طيبة فى تدعيم أية أفكار تتوافق مع سياسة دمج تكنولوجيا المعلومات والاتصالات الحديثة فى الجامعات والمعاهد. ولكننا نرى أن النتائج غير مرضية أيضاً. وقد يكون تعدد الجهات التى تبذل مثل هذه الجهود بلا تنسيق ملائم بين الجامعات أو بين الأقسام المختلفة فى الكليات المتعددة فى الجامعة الواحدة سبباً فى إعاقة الحصول على أفضل النتائج. إن طلبة الجامعات أعضاء هيئة التدريس يقومون بجهود منفردة وليست مؤسسية بالشكل الكافى لإدماج التكنولوجيا بالمناهج. كذلك فإننا ما زلنا بعيدين عن واقع استخدام التكنولوجيا فى إدارة الجامعات. أو فى تسجيل الطلاب وأسلوب اختياراتهم للتخصصات. أو فى علاقتهم بأعضاء هيئة التدريس كما هو متعارف عليه فى الجامعات العالمية. إلا فى حالات فردية. إن نظم الإدارة المالية وتشبيك الإدارات ببعضها واستخدام التكنولوجيا – ليس فقط كشكل ولكن كمضمون مؤثر فى تحليل الأداء وزيادة القدرة على اتخاذ القرارات السليمة – ما زال بعيداً عن الواقع ولتحقيق الزيادة فى توظيف التكنولوجيا فى التعليم العالى يتوجب ما يلى:

(أ) تحديث التعليم من خلال تقديم تقنيات جديدة. وبالطبع يعتبر التركيز على هذا الموضوع جزءاً من التزام اشمل لتحديث الاقتصاد بمساعدة تكنولوجيا المعلومات والاتصالات. ولقد ساند هذا الاهتمام استثمار اقتصادى كبير. فقد بدأت دفعة قومية نحو إدخال التكنولوجيا المتطورة فى التعليم فى منتصف التسعينيات. والتى انبثقت منها النتائج التالية:

- مراكز تعليم مزودة بالوسائط المتعددة فى الغالبية العظمى من المدارس المصرية. والتى تحتوى على جهاز كمبيوتر أو اثنين من أحدث الأجهزة وعارض للبيانات ومجموعة من البرامج. وأيضاً فى أغلب الحالات. جهاز تليفزيون وجهاز فيديو وأطباق استقبال القنوات الفضائية.

- معامل كمبيوتر إضافية فى معظم المدارس الثانوية والإعدادية، والتى تحتوى على 10 إلى 15 جهاز كمبيوتر.

- نقل قدر كبير من المنهج الدراسى على الأقراص المدمجة.

- ربط عدد كبير من المدارس بشبكة الإنترنت.

- تطوير البرامج التعليمية التليفزيونية لكى يتم إذاعتها على نظام البث " نايل سات ".

- نظام مؤتمرات فيديو تفاعلى قومى ذى مواقع متعددة.

- إن الغالبية العظمى من المعلمين لن يصلوا بعد إلى الدراية التامة بمصادر الإعلام والتكنولوجيا ولا يقومون باستخدامها الاستخدام الأمثل، ويوفر تحليل تقارير وسائل الإعلام والمناقشات التى يتم إجراؤها مع معلمى وطلبة المدارس والزيارات التى يتم القيام بها للمدارس دليلاً على عدم استخدام مصادر التكنولوجيا ووسائل الإعلام الاستخدام الأمثل لخدمة التعليم.

وفيما يلى بعض المشكلات التى يتعين الوصول إلى حلول لها:

- عدم توافر إمكانية الوصول إلى الأجهزة طول الوقت لكل التلاميذ.

- تعطل أو عدم استخدام اتصالات الإنترنت فى بعض المواقع.

- الحاجة إلى تدعيم تدريب المعلمين كيفياً وكمياً بالنسبة لأعدادهم الكبيرة.

- استخدام مناهج كمبيوتر قديمة فى بعض المدارس.

- الحاجة إلى المزيد من مرونة المناهج العامة (والذى لا يتيح الفرصة للمعلمين لتجربة أساليب ووسائل بديلة).

ولتيسير الوصول إلى النتائج المرجوة من الضرورى استيعاب الصعوبات والتى تم ذكرها من قبل، وذلك من خلال:

1- الحاجة إلى المزيد من التطور فى البرامج والمناهج المستخدمة فى الأجهزة، وزيادة دمج التكنولوجيا فى التعليم، بالإضافة إلى وضع حصة دراسية للتكنولوجيا، إننا فى حاجة إلى ممارسة كل المدرسين للتقنية وليس مدرس التكنولوجيا فقط وأن يستخدم التلميذ التقنية فى كافة العلوم وليس لمدة محددة أسبوعياً.

2- الحاجة إلى التوسع الرأسى فى عدد الأجهزة؛ إذ إن ضعف عملية النشر والاستثمار المبدئى للأجهزة أدى إلى حصول الطالب الواحد على إمكانية وصول ضئيلة لأجهزة الكمبيوتر. وبالتالى فإن أجهزة الكمبيوتر لا يصبح لها التأثير المثالى على عملية التعليم. بالإضافة إلى ذلك فإنه من المستحيل تدريب كل المعلمين فى وقت واحد فى جميع أنحاء الدولة. وسيكون من الأفضل وضع المزيد من أجهزة الكمبيوتر فى مراحل أو مدارس محددة، وتقييم أثر الاتجاهات المختلفة على استخدام أجهزة الكمبيوتر، ثم العمل على نقل معظم التجارب الإيجابية.

3- التوسع فى تحقيق اللامركزية فى بداية البرنامج: يتطلب تعلم التكنولوجيا الاستقلالية والتجريب. ولابد للتوجه نحو قدر أكبر من المشاركة المجتمعية واللامركزية مما يساعد على تحقيق نتائج أكثر فاعلية فى دمج التكنولوجيا فى التعليم.

إن المقومات التى يمكن أن تمثل منطلقاً لتحقيق تقدم تكنولوجى فى التعليم تتمثل فى:

(أ) شبكة اتصالات رقمية فائقة السرعة تربط جميع مدنها فى الوادى والدلتا وترتبط بسرعـات فائقة بالشبكة الدولية، بما يحقق لها الانطلاق إلى خارج الحدود.

(ب) تكنولوجيا الأقمار الصناعية والتى صار لمصر فيها قمران للبث التليفزيونى يـوفران قنـوات بث تصل إلى أى مكان على أرض مصر أو فى المنطقة العربية.

(جـ) توافر المقومات البشرية ذات المستوى المتميز والمناسب لهذا النـوع مـن التطبيقـات يمكن أن تشكل قاعدة لصناعة واعدة على مستوى المنطقة العربية.

(د) خبرة متراكمة خلال أكثر مـن عشر سـنوات وإدراك واع للتحديات والأخطاء التـى يمكن تجنبها خلال المستقبل.

(هـ) سوق متنام فى العالم العربى فى مجال التعليم؛ حيث يمثل من هم دون سن الخامسة عشرة أكثر من 40% من عدد سكان المنطقة العربية، أو ما يقدر بنحـو120 مليـون فـرد ينضمون تباعاً إلى منظومة التعليم ويحتاجون للحصول على مستويات تعليمية مناسبة. وفى الوقت ذاته فإن الاستفادة الحالية من هذه المقومات ما زالت ضئيلة وأن تغلغـل التكنولوجيا فى المنظومة التعليمية بجميع مستوياتها والأخذ بها ما يزال قاصراً، كما أن السواد الأعظم من المعلمين والإداريين مـا يزالـون بعيدين كـل البعـد عـن توظيـف التكنولوجيا فى التعليـم ومتابعة تطورها.

إن التوجه نحو التعليم المرتكـز عـلى التكنولوجيا يمكـن أن يسـهم فى تحقيـق الأهداف التالية:

- الوصول بالخدمة التعليمية إلى أعداد كبيرة بذات التكلفة الاستثمارية.

- الارتقاء بمستوى وجودة العملية التعليمية من خلال الاعتماد أساساً على صفوة الأساتذة القادرين على تقديم مستويات علمية متميزة باستخدام التكنولوجيا.

- رفع كفاءة ومهارة الطلاب فى التعامل بالأدوات والوسائل التكنولوجية ، والتى تزيد من قدرتهم على التنافس فى المستقبل.

- تصدير الخدمة التكنولوجية لطلاب المنطقة العربية (بذات التكلفة الاستثمارية) وبالتالى تحويل صناعة الخدمات التعليمية إلى صناعة تصديرية ، بالإضافة إلى احتفاظ مصر بدورها الرائد فى تطوير التعليم بالمنطقة العربية.

- تحقيق الريادة التكنولوجية فى مجالات تطبيقية ذات قيمة مضافة عالية، مما يساهم فى دفع عجلة التنمية وتضييق الفجوة الرقمية مع الدول المتقدمة.

- عودة مصر إلى سوق التعليم العربى على أسس تنافسية جديدة.

- ضمان حفظ وتراكم الاستثمار المعرفى والذى تتزايد قيمته مع الزمن.

ثالثاً- المناهج واحتياجات سوق العمل:

المتغيرات المحلية والعالمية أثرت على مسيرة التنمية فى الوطن، وخلفت تحديات جديدة تمثلت فى وجود فجوة بين نوع العمل المطلوب للتنمية وقدرات المتقدمين للعمل. وقد أدى ذلك إلى زيادة نسبة البطالة بين الشباب بالرغم من وجود أعمال لا تنجز لعدم توافر الكوادر المؤهلة للقيام بها. ويؤدى دخول دول العالم - ومنها مصر - فى اتفاقيات التجارة الحرة إلى تضاعف مظاهر هذا الوضع. حيث سيفتح المجال للمنافسة على المستوى العالمى فى قطاعات التجارة والاستثمار بين البلدان المختلفة وحتى تستطيع مصر المنافسة فى هذا المجال يجب أن تتمتع القوى العاملة بالقدرة على اكتساب المعارف والمهارات المطلوبة والتمكن من الوسائل التكنولوجية المختلفة. وهذا لن يتحقق إلا من خلال تطوير التعليم فى

مصر. وربط مراحل التعليم قبل الجامعى بأنواعه وعناصره المختلفة بسوق العمل من خلال الآتى:

- تنمية المهارات المختلفة للتلاميذ حسب متطلبات سوق العمل العالمى.

- الربط بين مناهج التعليم ومتطلبات قطاع الإنتاج والخدمات والموارد القومية.

- الربط والتكامل بين مؤسسات التعليم العالى ومؤسسات الإنتاج والخدمات.

- الوصول بالتعليم الفنى إلى المستوى العالمى التنافسى ورفع عائده الاقتصادى وتأصيل الشراكة بينه وبين القطاع الإنتاجى العام والخاص.

إن هدف التطوير هو " توفير نظام تعليمى يضارع أحدث النظم العالمية ويسمح بإعداد أجيال قادرة على المنافسة الإقليمية والعالمية وعلى تحقيق تحديث الوطن تحديثاً شاملاً خلال العقدين القادمين ".

وتمثل قضية البطالة إحدى التحديات التى تعوق عملية النمو الاقتصادى فى الوطن كما تمثل ضغوطاً نفسية واجتماعية كبيرة على الأفراد والأسر. ورغم الجهود العديدة التى تقوم بها الدولة لتوفير فرص عمل وخلق مشروعات جديدة فإن المشكلة تظل قائمة نظراً للعوامل الآتية:

- العدد الكبير لخريجى الجامعات والمعاهد العليا.

- التحاق أكثرهم بتخصصات مختلفة عن الاحتياجات الفعلية لسوق العمل.

- القيم الثقافية التى تعوق مبادرة الشباب للاتجاه للعمل الحر.

- عدم تمكن الخريجين من المهارات الحياتية والعملية العالية المستوى والتى تتزايد حاجة سوق العمل إليها.

وفى حالة تغلب بعض الشباب على مشكلة البطالة وحصولهم على عمل ما، فغالباً ما يكون هذا العمل ذا دخل محدود لا يفى برغباتهم وتوقعاتهم لحياة كريمة،

ويعود ذلك أيضاً إلى افتقادهم للمهارات التى تتطلبها الأعمال المدرة للدخل المناسب. وقد نتج عن ضعف الرواتب فقدان بعض الشباب لحافز الانتهاء من دراستهم، وذلك لشعورهم بضعف العائد الاقتصادى للتعليم بصورته الحالية، فخرج العديد منهم إلى سوق العمل مباشرة بمهارات أولية زادت من ضعف الأداء فى السوق.

- إن ضعف مهارات الشباب المصرى وعدم ارتباطها بسوق العمل من أسباب تأخر موقع مصر على " مؤشر القدرة على النمو " والذى يتنبأ بقدرة النمو المستقبلية للدول، ومما لا شك فيه أن نوعية ومجالات التعليم فى الوطن تحد من قدرتها على التنافس داخل السوق المحلى بين الاستثمارات والسلع الأجنبية والوطنية والذى سيتزايد مع تزايد الاتجاه نحو العولمة، ويؤدى إلى تهديد فرصة للعمالة، ويعتمد تحول التهديد إلى فرصة للأخذ بسبل التطور وزيادة المعارف والمهارات والاستعدادات التى تؤهل العمالة لأداء محلى متميز ومنافسة عالمية مؤثرة، ومن هنا تظهر أهمية دور المؤسسات التعليمية المختلفة فى إعداد خريجيها للتميز فى سوق العمل. وهناك عدة مبادرات فى المؤسسات التعليمية لربط التعليم بسوق العمل وعدة مؤشرات لذلك أهمها:

- تجربة الوطنية التى تقوم على الشراكة بين المحافظة ومديرية التعليم والمجتمع المحلى، والتى يشارك قطاع الأعمال من خلالها فى وضع الخطط التى تربط المدرسة بقطاع الإنتاج.

- مشروع " من المدرسة إلى العمل " والذى يهدف إلى إتاحة فرص التدريب لطلبة المدارس بالمصانع ومراكز الإنتاج.

- مشروع مبارك - كول ، الذى حقق فكر التعليم المزدوج من خلال شراكة كاملة بين المدارس ومراكز الإنتاج الخاصة بالتعاون مع قطاع الأعمال.

- مشروع تطوير 50 مدرسة من مدارس التعليم الفنى، ويتضمن التطوير التدريب المزدوج بالمدرسة ومواقع الإنتاج على غرار مشروع مبارك - كول.

- التنوع والتجدد فى نظم التعليم العالى ما بين تعليم نظامى وتعليم مفتوح، وانتظام وانتساب موجه، وشعب باللغة الإنجليزية والفرنسية ونظم تعتمد على الفصول الدراسية ونظم أخرى تستخدم الساعات المعتمدة لاستيعاب احتياجات وظروف كافة طالبى التعليم العالى.

- تطوير برامج دراسية فى البكالوريوس والدبلوم والماجستير بالتعاون مع جامعات أجنبية، وبين جامعات حكومية وجامعات خاصة، لزيادة معارف ومهارات الطلبة وتنوعها.

- تزايد طلب قطاعات الإنتاج والخدمات على نوعيات جديدة من التخصصات والمهارات. والمحاولات الجادة من قبل مؤسسات التعليم العالى للاستجابة لهذه المتطلبات.

- استخدام الجامعات لإمكانات تقنية عالية تتيح الأخذ بأنماط تعليمية أكثر تطوراً.

- وبالرغم من هذه المبادرات فالمحلل لعناصر التعليم يجد أن النظم الحالية لا ينتج عنها اكتساب الطالب للمعارف والمهارات والاستعدادات التى تؤهله للطفرة المطلوبة فى الأداء فى سوق العمل. ويتلخص ذلك فى الآتى:

- المناهج والبرامج التعليمية بالمدارس ومؤسسات التعليم العالى تركز على الجانب النظرى الذى يقوى القدرة على التذكر والحفظ عند الطالب. ولا تثير هذه البرامج بالقدر الكافى قدرات التفكير والتحليل والاستنباط. كما أنها فى حاجة إلى المزيد من الجهد فى تطوير قدرات التفكير العليا مثل حل المشكلات والتى يحتاجها الطالب فى حياته العملية. وتكون هناك حاجة إلى المزيد من التطبيقات على المستوى المحلى للطالب. وربط الطالب ببيئته ومشاكلها.

- طرق التدريس الحالية فى مؤسسات التعليم قبل الجامعى والعالى فى حاجة إلى المزيد من تنمية ملكة الحوار وإبداء الرأى ومهارات الاتصال عند الطالب. حيث تركز طرق التدريس على المدرس أو عضو هيئة التدريس بالتعليم العالى كمصدر أوحد للمعلومة وليس كميسر للحصول عليها من خلال استثارة الآراء المختلفة لطلبته والتنسيق بينهم.

- طرق تقويم الطلاب تعتمد على الامتحانات كمكون أساسى. وغالباً ما تقيس الامتحانات بشكلها الحالى ملكة الحفظ والتذكر وتنصرف عن قياس غيرها من الملكات. وبناءً على طرق التقويم التقليدية يحجم الطلاب عن تنمية الملكات الأعلى فى ذاتهم لعدم احتياج نظام التعليم لها. ويؤدى هذا مع مرور الوقت إلى ضمور هذه الملكات عند الطلبة بحيث يصعب عليهم استدعائها عندما يحتاجونها فى مجال العمل.

- ثقافة البحث العلمى يندر وجودها على مستوى التعليم قبل الجامعى وتقتصر على التعليم العالى مما يضعف ملكة التفكير المنظم عند الطلاب وحتى فى التعليم العالى. يتم التركيز على البحوث الفردية مما يؤكد على ثقافة العمل الفردى التنافسى ولا يساعد على نشر ثقافة العمل الجماعى والتى تعد من أهم ركائز نهضة سوق العمل فى الأمم المتقدمة.

- الأنشطة الطلابية التى تنمى المهارات الفكرية والعملية الحياتية المختلفة تتسم بالضعف النسبى ومحدودية المجالات حيث تقتصر غالباً على الأنشطة الترفيهية ويواكبها تركيز الطلبة على التحصيل الأكاديمى، مما ينتج عنه حرمانهم من تنمية مهارات لازمة للعمل والإنتاجية.

- وأخيراً، فإن علاقة الطالب بالمدرس أو عضو هيئة التدريس وعلاقته بإدارة المؤسسة التعليمية فى حاجة إلى مزيد من الديمقراطية وتبادل الآراء والمشاركة في

اتخاذ القرار، كى تشجع على الإبداع والابتكار وصقل الشخصية وهى الملكات التى تؤهل للمراكز المؤثرة في سوق العمل.

- وتنطبق سمات المؤسسات التعليمية المذكورة أعلاه كذلك على التعليم الفنى والأزهرى والتعليم في المعاهد العليا الحكومية والخاصة، وإن اختلفت الدرجات، ويختص التعليم الفنى بحاجة أكبر للإعداد النوعى لطلبته لاستيفاء احتياجات السوق الحقيقية من المهن المختلفة، وكذلك إلى المزيد من الشراكات لتدريب الطلاب في مواقع الإنتاج، كما يحتاج التعليم بالمعاهد الخاصة إلى المتابعة الجدية لضمان التزام هذه المعاهد تجاه طلبتها وتوفيرها لنوعية التعليم المطلوبة، ويمتد القول بالحاجة لمزيد من التجديد والاستجابة لاحتياجات المجتمع إلى التعليم الأزهرى أيضاً.

إن السياسات المقترحة لربط المناهج باحتياجات سوق العمل تتطلب :

1- **المشاركة مع المجتمع المحلى:**

يجب إشراك المجتمع المحلى في ربط التعليم بسوق العمل شراكة فعالة من خلال:

- إشراك ممثلى قطاع الأعمال المحلى في مجالس التعليم بالمحافظات ومجالس أمناء المدارس والمعاهد المختلفة، ومجالس إدارات الجامعات.

- تفعيل دور الأخصائى الاجتماعى في المؤسسات التعليمية أو استحداث وظيفة منسق للمشاركة المجتمعية بكل مؤسسة يكون مسئولاً عن ربط الطلبة ببيئتهم المحلية ومشاريعها وبقطاع الأعمال.

- التأكيد على جدية وفعالية الشراكة مع سوق العمل المحلى في كل محافظة من خلال تطوير علاقة الطالب بمجال العمل وعدم قصرها على زيارات شكلية

للمواقع أو إجراء الدراسات عن الأنشطة المختلفة. ولكن يجب أن تمتد العلاقة بين الطالب ومجال العمل إلى " التعلم الفعال داخل المواقع لفترة زمنية محددة ".

- الحصول على تأييد ومشاركة المجتمع لتمويل برامج تدريب الطلبة فى جهات العمل من خلال حملات التوعية والمؤثرات والندوات وغيرها.

- تشجيع الجمعيات الأهلية العاملة فى مجال التعليم على التوجه نحو إيجاد فرص تدريب لطلبة المدارس الثانوية العامة والفنية والمعاهد والجامعات فى أماكن العمل المختلفة. وكذلك المشاركة فى تدريب المعلمين على تقنيات التعليم الحديثة اللازمة للنقلة المطلوبة.

- تحفيز المديريات التعليمية على ربط الطلبة بسوق العمل من خلال مسابقات للمديريات ومكافآت مادية وعينية لها. وللإدارات وللمدارس التى تقدم أفكاراً مبتكرة وناجحة فى العمل مع قطاع الأعمال. وكذلك التى تستطيع الحصول على موارد جديدة للصرف على هذا الهدف.

- تحفيز مؤسسات التعليم على عقد شراكة مع أولياء الأمور لمتابعة وتحقيق النمو المتكامل نفسياً واجتماعياً وأكاديمياً للطالب.

- تفعيل دور مجالس أولياء الأمور فى متابعة سياسات المؤسسات التعليمية، بما فى ذلك ما يخص ربط الطلاب بالمجتمع المحلى وقطاع الأعمال.

- إنشاء مكاتب الخريجين فى المدارس والمعاهد والجامعات للتواصل بين مؤسسات التعليم وخريجيها ومتابعة أدائهم فى سوق العمل وربط النتائج بخطط تطوير التعليم، وكذلك للاستفادة من الخريجين فى توثيق الصلات بين جهات عملهم والمؤسسات التعليمية التى تخرجوا منها.

- منح المميزات لقطاع الأعمال لتوفير التدريب للطلبة فى مواقع العمل والإنتاج، ومن ضمن هذه المميزات الإعفاءات الضريبية.

2- **إعادة صياغة رسالات المؤسسات التعليمية وجدولة أولوياتها ومراجعة برامجها وأنشطتها:**

يجب الأخذ فى هذا المجال بما يلى:

- إجراء المؤسسات التعليمية للدراسات اللازمة للتعرف على احتياجات سوق العمل من المهـن والمهارات والقدرات المختلفة.

- المراجعة المستمرة لرسالات وأهداف المدارس والمعاهد والجامعات والتأكد مـن أنهـا تتضمـن ربط التعليم بسوق العمل سواء على المستوى المحلى أو القومى أو العالمى.

- مراجعة دورية ومستمرة لمناهج وبرامج المؤسسات التعليمية بحيث تعكس رسالاتها المعلنـة احتياجات وطبيعة مجتمعها، وبحيث تتضمن التطبيقـات العمليـة التـى تـؤدى إلى تطويـر الملكات والمهارات الحياتية التى يحتاجها سوق العمل.

- المزيد من المرونة للمؤسسات التعليمية فى تحديد التخصصات والمناهج المطلوبـة مـن قبـل بيئتها المحلية والإقليمية والتى تؤهل طلبتها للترابط مع سوق العمـل المحلـى والمساهمة فى تنميته.

- تنمية روح الانتماء وخدمة الوطن من خلال المناهج والبرامج المختلفة حتى يتمتع الخـريج بالمعرفة والمهارات اللازمة لتنمية مجتمعه وبالاستعداد والرغبـة الحقيقيـة للتفانـى فى هـذه المهمة.

- تدريب المعلمين وأعضاء هيئة التدريس على تقديم التعلم المعتمـد علـى العمـل التطبيقـى، والربط بين التعلم داخل المدرسة والتعلم فى قطاعات الأعمال والإنتاج والخدمات.

- الانتقال من فكر التعليم الذى يجعل المعلم محور العملية التعليمية إلى فكر الـتعلم الذى ينتقل بمحور العمليـة التعليميـة إلى الطالـب. ووفقـاً لهـذا الفكر فإن المعلـم

يدعم مقدرة الطالب ليس فى اكتساب المعلومة ولكن فى اكتساب المهارات التى تؤهله لاكتساب وتطبيق المعلومة أينما وكيفما شاء. ومن ضمن هذه المهارات التفكير العلمى والبحث والتحليل واختيار المعلومات وتنظيمها وإعادة صياغتها وإعداد الأبحاث والتقارير وعرضها شفاهة وكتابة، والاستخدام المتقن لتكنولوجيا المعلومات وغيرها من مهارات تؤهل الطالب للتميز فى سوق العمل.

- تطبيق فكر التعلم التعاونى عن طريق إتاحة الفرص لطلبة الجامعات والمعاهد العليا وتشجيعهم على قضاء فترة دراسية فى العمل والتدريب فى إحدى المؤسسات المشاركة، وتقوم المؤسسة التعليمية بالمشاركة مع جهة التدريب بتقييم أداء الطالب فى هذه الفترة، وتدرج ضمن فترات دراسته.

- تشجيع الأنشطة الطلابية التى ترسخ فكر العمل التطوعى لأنها وسيلة لاكتساب المهارات الحياتية والتنظيمية والعملية المختلفة. وكذلك تشجيع كافة الأنشطة الطلابية التى تنمى الجوانب المختلفة لشخصية الطالب كالأنشطة الرياضية والفنية.

- تأصيل فكر التوجه للعمل الحر عند الطلبة من خلال مشروعات دراسية تكسبهم مهارات التخطيط والتنفيذ والتسويق لمنتج معين. وقد قامت تجربة "المدرسة المنتجة" على هذا الفكر وتحتاج التجربة إلى التقييم والتفعيل.

- مراجعة نظم التقويم التربوى لتقيس المهارات الحياتية والعملية المطلوبة وكذلك الذكاءات المختلفة للطالب وليس قدرة التحصيل والتذكر فقط.

- مراجعة نظم التقويم المؤسسى والتركيز على المخرجات بدلاً من المدخلات والإجراءات، فعدد العاملين وأجهزة الكمبيوتر وقاعات الدراسة والمصادر فى المكتبات وغيرها لا يجب أن تمثل العنصر الأساسى فى تقييم المؤسسات

التعليمية، ولكن يجب قياس مردود هذه الأعداد على مخرجات الطلاب وعلى قدرة الطلاب على نقل المعارف والمهارات المكتسبة وتطبيقها على المواقف التى يواجهونها فى العالم الخارجى.

- فتح أبواب المؤسسات التعليمية ومكتباتها ومعاملها وإمكاناتها المختلفة لطلبتها فى غير أوقاتها الرسمية للاستزادة من المعارف والمهارات من خلال برامج مكملة غير نمطية. وبالرغم من التكلفة التى قد تنتج من تشغيل هذه الجهات ساعات إضافية؛ إلا أن العائد الذى يتمثل فى نشر ثقافة المعرفة والتعلم المستمر يفوق التكلفة المادية بكثير.

- التوسع فى " أسواق التوظيف " التى بدأت بعض الجامعات فى عقدها والتى تهدف إلى التواصل بين طلبة الجامعة وممثلى سوق العمل ويتم من خلالها تعرف الطلبة احتياجات السوق بحيث يعدون ذاتهم إعداداً سليماً للحصول على فرص جيدة للعمل بعد التخرج.

3- إعطاء أهمية خاصة للتعليم الفنى وتطويره من خلال :

- تخطيط التعليم الفنى من واقع دراسة الاحتياجات الفعلية لسوق العمل من خريجى التعليم الفنى كماً وكيفاً، ومراجعة الخطط الموضوعة دورياً لتعكس هذه الاحتياجات.

- التوسع فى المشاركة بين التعليم الفنى والقطاع الإنتاجى العام والخاص.

- تعديل نسبة التعليم الفنى بالنسبة إلى التعليم العام بما لا يزيد عن الثلث مع وضع نظام للإعداد النوعى للطلبة ليتم استيفاء احتياجات السوق الحقيقية من المهن المختلفة وتدريب الطلاب فى مواقع الإنتاج.

- إقامة مراكز لإعداد المدربين بالتعاون مع الدول المانحة.

- مرونة نظام التعليم بحيث يسمح للطلاب بالتوقف واستكمال التعليم لاحقاً، بل بالتوجه نحو التعليم العالى إذا توافرت فيهم الشروط المطلوبة.

- تشجيع الشباب على الانخراط فى نظم التعليم الفنى من خلال مكافأة الطلاب أثناء دراستهم. طالما أن هذه المدارس تعمل فى مجال الإنتاج.

- استكمال المدارس الصناعية الفنية المتخصصة. وإعدادها الإعداد الأمثل وتزويدها بالتجهيزات التى تتيح التطور المأمول.

- تطوير 150 مدرسة سنوياً من مدارس التعليم الفنى على مدى خمس سنوات بحيث يتوافر للمجتمع عدد 750 مدرسة متميزة بتجهيزات ومزودة بكفاءات تعليمية وتدريبية منتشرة جغرافياً. وتخدم متطلبات سوق العمل واحتياجاته تعميماً للنموذج الناجح لمدارس مشروع مبارك كول بقدرة استيعابية لحوالى مليون تلميذ لهذا النوع من التعليم.

- اعتماد المدارس الفنية من قبل هيئة الاعتماد وضمان الجودة فى التعليم وربطها بمثيلاتها فى العالم المتقدم.

- خضوع مناهج التعليم الفنى لرؤية جديدة فى آليات وضعها وربطها بالمهارات اللازمة وتأهيل المدربين على تدريسها وتقييمها تقييماً شاملاً.

4- تأصيل فكر التعليم المستمر:

- يجب أن يكون للمؤسسات التعليمية من مدارس ومعاهد عليا وجامعات دوراً رئيساً فى تأصيل فكر التعلم المستمر مدى الحياة بين طلبتها وحثهم على الاستزادة الدائمة من كل ما هو جديد من معارف ومهارات تؤهلهم لاستمرارية الأداء المتميز قومياً وإقليمياً وعالمياً. وبالإضافة إلى ذلك لابد من مشاركة المؤسسات التعليمية بقدر أكبر فى توفير برامج التعليم المستمر التى تؤهل أفراد مجتمعها وخريجيها لما تتطلبه متغيرات سوق العمل.

- تكليف كل محافظة بدراسة احتياجات سوق العمل الحالى والمستقبلى بها وتطوير قوائم المعايير وكذلك المعارف والمهارات والاستعدادات المطلوبة لكل مجموعة

من الوظائف والأعمال المتاحة. وتستخدم هذه المعايير وقوائم المهارات لعدة أغراض منها إعداد الطالب للالتحاق بسوق العمل. واختيار الشخص المناسب لكل عمل. وكذلك عند الترخيص المهني الدوري للقائمين بعمل ما.

- إنشاء الهيئة القومية للاعتماد وضمان الجودة في التعليم التي أوصى بها الحزب والتي من مسئولياتها تقييم مدى نجاح المؤسسات التعليمية في الربط الفعلي بين التعليم وسوق العمل وفقاً لمعايير محددة.

- تعديل سياسات اختيار وترقي وتقييم القيادات التعليمية والإدارية في مؤسسات التعليم قبل الجامعي والعالي لضمان تولي القيادات الأكفأ والقادرة على تحقيق النقلة الكيفية المطلوبة للعملية التعليمية في الوطن.

- تعظيم دور وسائل الإعلام في نشر ثقافة التعلم المستمر وتطوير الذات والعمل الحر والتطوعي والانتماء للمجتمع والحرص على تنميته.

- عقد الشراكات اللازمة بين الوزارات المعنية مباشرة بالتعليم والوزارات التي يمكنها مساندة هدف الربط بسوق العمل. وكذلك الجهات المختلفة المعنية بتحقيق الهدف.

- تحقيق اللامركزية للمؤسسات التعليمية في اتخاذ القرار بشأن تطوير برامجها بما يتناسب مع احتياجات بيئتها المحلية. والتصرف في ميزانياتها بما يحقق التدريب المناسب لطلبتها، والحصول على الموارد الإضافية التي تساعدها في الترابط المأمول مع سوق العمل.

5- **عدم فرض ضرائب على منتجات المؤسسات التعليمية التي تهدف إلى خدمة بيئتها وتنمية مواردها.**

* * *

الفصل السابع

المناهج ومتطلبات التعليم الإلكتروني

1 - علاقـة الاتصـال المرتكـز عـلى الكومبيـوتر (CMC) بنظريـة الـتعلم الموجـه ذاتيـاً وممارسته.

2 - التفاعلات المرتكزة على CMC.

3 - المداخل البيداجوجية للتعليم الإلكتروني وتطبيقاتها.

4 - أسس التصميم التعليمي لمقررات التعليم الإلكتروني وبيئته.

المناهج والتعليم الإلكترونى(*)

ظهرت تحولات ومستحدثات جديدة تطرح قضايا عديدة، **أحدثها وأهمها النظم الافتراضية المرتكزة على التعليم / التعلم وجهاً لوجه عن بعد، والتى أتاحتها تكنولوجيات الاتصالات المرتكزة على الكمبيوتر.**

ويُؤكد كيجان على تمثيل تلك النظم الافتراضية لمجال جديد يتطلب الدراسة والبحث والتحليل النظرى؛ **إذ تُتيح "CMC" إمكانية التدريس وجهاً لوجه لأول مرة فى تاريخ التربية عن بعد**، من خلال تضافر وتكامل التكنولوجيات المستحدثة لتوفير بيئة فصل افتراضى.

وأنتجت تلك البيئة تداعيات عديدة، تعكس الطبيعة الاجتماعية للاتصال المرتكز على الكمبيوتر، وتدعيمه لبيئة تعلم بنائية، تُتيح فرص تبادل الخطاب الفكرى للتكوين الاجتماعى للمعرفة، إلى جانب طبيعة (CMC) كمصدر للثنائيات فى التعليم، من قبيل دور الفرد فى مقابل دور الجماعة، والتفكير الفردى فى مقابل التفكير الجمعى، والاستقلالية الفردية فى إطار الحرية التعاونية، وإلى جانب كل ذلك، **انحسار التمايز الفكرى والمفاهيمى بين التربية عن بعد والتقليدية.**

وخلال الخمسة والعشرين عاما الماضية، تقادمت بعض الأبعاد الرئيسية والملامح المميزة للتربية عن بعد، فعلى سبيل المثال **لم يعد مفهوم إدراك الطلاب كأفراد (وليس مجموعات) بعداً مميزاً للتربية عن بعد عن التعليم التقليدى**، فالملاحظ من تتبع حركة البحث العلمى حتى تسعينيات القرن العشرين معالجة نظريات

(*) هذا الفصل قامت بإعداده: السيدة هناء عودة المدرس المساعد بقسم أصول التربية بكلية التربية - جامعة عين شمس.

الاتصال والتفاعل لملمح الاتصال بـين المـتعلم الفـرد بصـفة أساسـية، وبـين المعلـم والمنظمـة الداعمة، لكن حدثت نقلة نوعية حينئذٍ، بظهور مستحدثات تكنولوجية تتيح عمل المجموعات، والتى بدورها أفرزت نظريات حديثة تؤكد علـى الـتعلم التعـاونى والتفاعـل بـين المجموعـات ، وتتبنى أفكار المذهب البنائى الاجتماعى Social Constructivism ، والـذى يؤكـد علـى أن الـتعلم عملية تنتج عن الخبرة الجمعية لمجموعة التعلم.

ومن ثم، لم يعد موقف الغياب شبه الـدائم لمجموعات التعليم بعـداً مميـزاً، حيـث يستطيع المتعلمون التعاون بالرغم من بعدهم الجغرافى والزمـانى، وأصبح الملمـح الـذى يُميز التربية عن بعد الآن عن التربية وجهاً لوجه هـو القـدرة علـى ممارسة التعليم التعـاونى علـى الرغم من قيود الزمان والمكان والتى أتاحتها تكنولوجيات الاتصالات المرتكزة علـى الكمبيـوتر، والتى أتاحت إمكانية بناء مجتمع حقيقى للتعليم يرتكز على ثلاثة عناصر رئيسية هى : القـرب الاجتماعى Social Presence، والتأثير المعرفى Cognitive Presence ، وفعاليـة التـدريس Teaching Presence.

ولا تعمل هذه العناصر فى فراغ ولكن فى إطار بيئة تعليميـة جديـدة تسـتند إلى تطورات تكنولوجية لوغاريتمية التسارع تتطلب بيداجوجيا تلائم طبيعتها، وتحقـق تفـاعلات تستهدف دعم وتطوير التعليم الإلكترونى نظرية وممارسة .

أولاً- علاقة الاتصال المرتكز على الكمبيوتر (CMC) بنظرية التعلم الموجة ذاتياً وممارسته:

1- مفهوم الاتصال المرتكز على الكمبيوتر:

يصـف الاتصـال المرتكـز علـى الكمبيـوتر (CMC) الأسـاليب التـى يسـتخدم الإنسان بها نظم الكمبيوتر والشبكات لـدعم التعليم مـن خـلال نقـل وتخـزين واستعادة المعلومات، لكن يظل التأكيد دائمـاً علـى الاتصـال، وفى هـذا السـياق تُعـد

الشبكة الكمبيوترية وسيطاً للاتصال في الأساس أكثر من كونها "Processor" معالجاً للمعلومات، وتُستخدم تلك الشبكات حالياً كمدعم للأهداف التعليمية، وتُوفر (CMC) البريد الإلكتروني الفردي والجماعي، وبرمجيات الاجتماعات، ومجموعات الأخبار، والصفحات الرئيسة للمقررات. وكذلك تُتيح إمكانات الحديث الفوري المباشر والخدمات المتكاملة للشبكة الرقمية "Integrated Services Digital network" "ISDN"، والتي تدمج البيانات والصوت والصورة والرسوم التوضيحية والصور المتحركة، وتنقلها على سطح مكتب الكمبيوتر من خلال خط تليفوني متصل بالإنترنت ، وينصب التفكير حالياً على نظم الاتصالات المدمجة المتكاملة متعددة الأبعاد، وليس على البعد الأحادي.

فضلاً عما سبق تُتيح (CMC) التفاعلات بكل أبعادها المختلفة بين كل أطراف العملية التعليمية بأي مكان بالعالم، وفي أي وقت، وتُدعم تلك الاستخدامات عدداً من التحولات في النماذج الإرشادية، حيث يُعد التعلم المستقل الموجه ذاتياً "Autonomous Self-guided Learning"، هو النمط البيداجوجي السائد الذي يتيح الحرية الكافية للمتعلمين في اختيار كل ما يتعلق بتعلمهم، وذلك وفقاً لاستراتيجيتهم الخاصة، والتي تتراوح فيما بين الاتصال الاجتماعي المكثف والدراسات الموجهة ذاتياً في بيئات التعلم الرقمية، وكذلك تُدعم (CMC) الحوار غير الرسمي، والكليات غير المرئية، والجامعات الافتراضية، وأسلوب التقديم الشفاهي للمقررات.

2- أهمية (CMC) واستخداماتها التربوية:

هناك تأكيد شديد على أهمية (CMC) لتوفيرها للإنسان عن طريق المسارات الإلكترونية ما يُمكن أن توفره الطرق الأسفلتية له، والمعنى المقصود هنا هو ربط الإنسان الفرد بالمجتمع الإنساني ؛ إذ تصل الإنسان بباقي العالم من حوله، وأكد

"Wellman and Gulia" على التحول الاجتماعى والثورى الذى أحدثته (CMC)، إذ يعتبراه أهم تحول تكنولوجى منذ جوتنبرج "Gutenberg" مصمم آلة الكتابة.

ومن أهم فوائد (CMC) التربوية قدرتها على توفير الظروف التى تناسب الطالب للتعلم، حيث تجلب التعلم إلى مكان سكن الطالب مهما كان بعيداً ومنعزلاً، والمتطلب الوحيد للاتصال بمجتمع التعلم (خط تليفون وكمبيوتر، وبرنامج لتصفح الإنترنت)، وكذلك توفيرها لفصل ديمقراطى على الخط المباشر تُتاح من خلاله فرص متكافئة للجميع، وتساعد المتعلم على ضبط تعلمه، كما تُساعد على التدريب على التفكير الجمعى الناقد ومهارات حل المشكلات. وتُؤكد نظريات التعلم البنائية على تعزيز (CMC) لبناء المعرفة والتعلم المتسقة مع تلك الخاصة بالعالم الواقعى، حيث ينصب الاهتمام على التعاون، والتعلم القصدى، ولارتباط (CMC) بالبحث فى قواعد البيانات فهذا يُمكن الطلاب من الانخراط فى الأنشطة الأكاديمية (مراجعة الأفكار، وطرح الأفكار)، ويُؤكد المنظرون أيضاً على إتاحة (CMC) لإمكانات بناء المعرفة وليس على إعادة نقلها أو إنتاجها.

3- (CMC) ونظرية التعلم الموجه ذاتياً وممارسته :

يُعد التعلم الموجه ذاتياً هو أهم قناة لتحقيق أهداف التربية، ويُؤكد البحث العلمى على ارتباط التعلم الإلكترونى بالتعلم الموجه ذاتيا " Self-Directed Learning " (SDL) . وتزدحم الأدبيات بتعريفات مختلفة للمفهوم وللدور الذى يؤديه فى التعلم الإلكترونى، ويبدو أنه لا يُوجد اتفاق عام على تعريف واحد للمفهوم؛ إذ تُعد أفكار مثل المسئولية الشخصية، والاستقلالية، والحرية، والتعلم مدى الحياة جزءاً من مفهوم التعلم الموجه ذاتياً، والذى يُركز على مبادرة المتعلم فى تملك زمام عملية التعلم، بتحديده ما الذى يحتاج تعلمه،وأهداف هذا التعلم، والمصادر (البشرية والمادية) التى يلجأ إليها، وأى استراتيجيات تعلم يُطبقها

وأسلوب تقييم النتائج النهائية . كما تُعد الإدارة الذاتية "Self-management" والمتابعة الذاتية "Self-monitoring" والتى تنطوى على عمليات متابعة وتنظيم وتقييم استراتيجيات التعلم، مرتكزات هامة يستند إليها التعلم الموجه ذاتيا.

ويرى بعض الباحثين أن الفرد قد يكون لديه توجيه ذاتى فى مجال ما، وينعدم فى مجال آخر، وينظر آخرون للتعلم الموجه ذاتيا على أنه أسلوب تعلم يُوجد على متصل حيث يزداد بزيادة نضج المتعلم، ودافعيته، وقدرته على تحديد احتياجاته، وكيفية الوصول إلى المعلومات، وهذا لا يعنى إنكار الدور الهام الذى تلعبه بيئة التعليم فى تشجيع المبادرة الذاتية ودعمها. ويؤكد على هذا سعيد إسماعيل " إذ يرى أن أسس ووسائط التعلم الذاتى ما هى إلا انعكاساً لأسس ووسائط التعليم، من خلال استدخالها إلى عالم الفرد الذاتى الداخلى، وجعلها ركائزه هو فى استيعاب الواقع وفى تعديله وتغييره وترقيته . ويعنى هذا أن أى وسيط أو ركيزة للتعليم يصير وسيطا أو ركيزة للتعلم الذاتى، إذا ما طبقه الشخص بالنسبة لنفسه واستدخله ليصبح جزءا عضويا وظيفيا متكاملا مع ذاته".

ولا يُعد التعلم الموجه ذاتياً فكراً حديثاً ؛ إذ امتدت جذوره عبر التاريخ واتخذ صوراً عديدة، إذ استخدم سقراط، وأرسطو أدوات التعلم الموجه ذاتياً، حيث ارتبط هذا التعلم بالعديد من المواقف التعليمية من قبيل الحوارات، والمقابلات الشخصية، والتجارب العملية فى مجال الاختصاص "Practicums"، هذا إلى جانب تنوع كبير من المواقف الاجتماعية.

وأشار كوفمان "Kaufman" إلى أن القفزة الكوانتمية "A quantum Leep" التى حققتها التربية عن بعد ترجع إلى إتاحتها للمتعلمين إمكانية إدارة تعلمهم ذاتياً، واهتم بروكفيلد "Brookfield" بمدخل الحوار وتضمين (CMC) كمدخل يقدم فرصاً للتعاون والتوجيه الذاتى، واتفق نولز"Knowles" وبروكفيلد على اعتبار

التعلم الفردى داخل المجموعات وبأسلوب التوجيه الذاتى أكثر الأساليب فاعلية لـدعم وتعزيـز تعلم الراشدين وتدعيم طاقاتهم، إذ يرتبط التعلم الموجه ذاتياً بمفهـوم الانـدارجوجى وفروضـه الخاصة بالمتعلمين الراشدين، والتى تتمثل فيما يلى:

- **مفهوم الذات** " Self-Concept ":

يتبلور مفهوم الذات لدى المتعلمين فى تواز مع تخطيهم مراحـل متعـددة مـن التوجيـه الذاتى، إذ يُطور النجاح السابق فى التعلم قـدرة المـتعلم عـلى التوجيـه الـذاتى، ومفهومـه العـام للذات، ومن المنظور النفسى يُعد التوجيه الذاتى متطلباً هاماً، لكن قد يختار المتعلمون الاعـتماد على غيرهم فى مجالات يفتقرون فيها إلى الخبرة أو المعرفة السابقة .

- **الخبرة** "Experience ":

تُمثل خبرة المتعلمين مستودعاً لخبرات تعلم جديدة لأنفسهم وللآخرين.

- **الاستعداد للتعلم** "Readiness to Learn":

يُصبح المتعلمون مستعدون للتعلم عندما يقبلوا تبنى أدوار جديدة، مثل وظيفة جديـدة، أو مرحلة اجتماعية (الأبوة)، أو الرغبة فى الهروب من أدوار حالية.

- **توجيه التعلم** " Orientation of Learning ":

كلما نضج المتعلمون، زادت درجة تفضيلهم للتعلم المرتكز حول المشاكل؛ لصلته المبـاشرة فى زيادة كفاءتهم على التعايش بأسلوب أفضل.

- **الدافعية** "Motivation":

يستمد الراشدون الدافعية إلى حد كبـير مـن عوامـل داخليـة، مـن قبيـل: تقـدير الـذات، والرضا الوظيفى، أكثــر من استقائها مـن دوافـع خارجيـة مثـل الترقيـة فى العمـل، والرغبـة فى الحصول على أجور أعلى وما إلى ذلك.

4- العوامل المؤثرة على التوجيه الذاتى:

يتسم التوجيه الذاتى بملامح متعددة ذات علاقات بينية تفاعلية، ويعتمد هذا المفهوم على البناء الفكرى، والتراكم المعرفى الذى قدمه مجموعة من العلماء، ومن أهم المفاهيم المرتبطة به مفهوم التحكم الذى قدمه جاريسون، والتفكير النقدى، والمسئولية، وطبقاً لنموذج جاريسون يُؤثر التفاعل على التوجيه الذاتى، **إذ يقوم التحكم على التفاعل والتواصل الديناميى بين المعلم والمتعلمين والمقرر**، ويُشير مفهوم المسئولية إلى اتجاه الطلاب النشط واستعدادهم للتعلم، كما يقوم المعلمون وزملاء الدراسة بأدوار هامة فى تنمية توجيه الذات، حيث تتوقف القرارات التى يتخذها الطلاب فيما يخص بيئة المقرر الدراسى على الموافقة الجماعية الناجمة عن التفاوض بين أطراف العملية التعليمية، وهذا يحقق بيئة تعلم ديمقراطية، ومن ثم يتحقق مفهوم التحكم.

ومن المتفق عليه اتسام الطلاب بدرجات مختلفة من التوجيه الذاتى، ومن ثم، أهمية أن يحقق المعلم التوازن بين ميل الطالب نحو التحكم فى تعلمه والرغبة فى إتاحة الاستقلالية للطالب، من خلال تبنى مفهوم المسئولية التعاونية لتحقيق فعالية إدارة التعلم، ومن ثم يتحقق مفهوم التحكم.

وفى هذا السياق تبرز أهمية التفكير النقدى، والذى يراه "محمد الهادى" أساساً جوهرياً لدعم التعلم الذاتى، و لبناء المعرفة الجمعية الجديدة بتقديم الدعم المعرفى للمتعلم من خلال التفسيرات التى يطرحها المعلم والزملاء للقضايا من زوايا رؤية مختلفة، وإعادة صياغة المفهومات الغامضة ... وما إلى ذلك، وتقاسم كل المشاركين مصادر التعلم المختلفة طبقا لجداول زمنية مرنة، وتقتصر تلك المصادر على محتوى المصادر المعرفية، لكنها تمتد إلى الخبرات الشخصية المختلفة للأفراد.

ويُلخص الشكل التالى العلاقة بين التوجيه الذاتى والتفاعل:

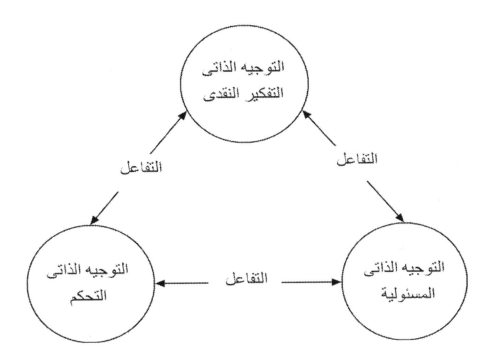

شكل (8) العلاقة بين التوجه الذاتى والتفاعل

وقد أكدت دراسة " لى" و" جيبسون" "Lee and Gibson" على العلاقة الوثيقة بين التفاعل والتوجيه الذاتى، إذ ترتبط مكونات التوجيه الذاتى ببعضها البعض عن طريق التفاعل، كما تُؤكد الدراسة على أهمية التفاعل فى تطوير التوجيه الذاتى ونموه، ومن ثم يُنظر للتوجيه الذاتى على أنه مفهوم دينامى قابل للتغير وفقاً لطبيعة التفاعلات، وعليه يجب تناول هذه القضية بكل أبعادها .

ثانيًا- التفاعلات المرتكزة على (CMC):

ينظر معظم العلماء إلى كل صيغ التربية (المتضمنة التربية عن بعد) كتفاعلات، وأشار جون ديوى عام 1916 للتفاعل كعامل حاسم فى العملية التعليمية، والذى يتحقق عندما يقوم المتعلم بتحويل المعلومات التى اكتسبها إلى معرفة ذات قيمة وتطبيق شخصى. وتُمثل "CMC" فى التربية التفاعل (عبر الإنترنت) بين الطلاب

والمعلمين بكل أبعاده ومستوياته، ولا تتطلب تفاعلات "CMC" تواجد أعضاء المجتمع التعليمى فى مكان وزمان واحد.

1- مفهوم التفاعل "Interaction":

يمثل التفاعل أحداثاً تبادلية تتطلب عنصرين على الأقل وتتحقق التفاعلات عندما يؤثر أى من العنصرين على الآخر، ويُوجد خلط مفاهيمى بين التفاعل والتفاعلية "Interaction" ، "Interactivity"؛ إذ يصف التفاعل عملية اتصال ثنائية الاتجاه أما التفاعلية فتحدد ملامح نظام تقديم مواد التعلم.

2- أنماط التفاعلات :

زخرت الأدبيات بمعالجة ثلاثة أنماط من التفاعلات، هى:

- تفاعل المتعلم – المحتوى "Learner - Content Interaction".
- تفاعل المتعلم – المعلم "Learner - Teacher Interaction".
- تفاعل المتعلم – المتعلم "Learner - learner Interaction".

لكن الأدبيات الحديثة أضافت خمسة أنماط أخرى للتفاعلات هى:

- تفاعل المتعلم - التكنولوجيا (واجهة التفاعل) "Learner - Interface Int".
- تفاعل المعلم- المعلم "Teacher - Teacher Interaction"
- تفاعل المحتوى – المعلم "Teacher - Content Interaction"
- تفاعل المحتوى – المحتوى "Content - Content Interactions"
- تفاعل المتعلم الداخلى مع ذاته "Intra - Action"

طرح مور تعريفاً لتفاعل المتعلم - المحتوى مؤداه " خاصية " محددة للتعليم " حيث يُحقق المتعلمون من خلاله النمو الفكرى، وظل هذا النمط من التفاعل مكوناً رئيسياً فى التعليم النظامى، وتدعم تكنولوجيا التعليم الإلكترونى هذا النمط من خلال انخراط الطلاب فى بيئات ترتكز على أسلوب المحاكاة، والتدريب فى معامل

افتراضية، والدروس الفردية الخاصة، هذا إلى جانب التطورات التى طرأت على المحتوى الذى يستجيب لسلوك المتعلم وسماته. أما فى تفاعل المتعلم – المعلم أو " خـبراء الموضـوع " -Subject Experts" فيتحمل المعلمون مسئولية استثارة اهتمام المتعلمـين، وزيـادة دافعيـتهم، والحفـاظ عليها، وتقديم الدعم اللازم، وتقييم مدى الإنجاز المتحقق. ويتم التفاعل بين المتعلم - والمتعلم بأسلوب متزامن أو غير متزامن لإجراء الحوارات الحية ولا يتطلب هـذا الـنمط حضـور المعلـم وتختلف الاستراتيجيات المستخدمة لتعزيز هـذا الـنمط مـن التفاعـل طبقـا لسـمات المتعلمـين وخلفياتهم.

ويشير مفهوم "Interface" فى تفاعل المتعلم – التكنولوجيا (واجهة التعلم) فى بيئـة التعلم الإلكترونى غالباً إلى الكمبيوتر، والمقصود ليس الجهاز فى حد ذاته، لكن البرمجيات التـى يُـديرها الجهاز، وعناصرها وأدواتها وعملية استثمارها لإنجاز مهمة ما، والتى ينبغى عدم احتوائهـا عـلى تفصيلات معقدة تُعيق عمليات التفاعل والتعلم،ويربط هذا النمط مـن التفاعـل بـين الأنمـاط الأخرى، حيث يُستخدم المتعلم الوسيط التكنولوجى للتفاعل مع المحتوى، والمعلم، والمتعلمـين الآخرين. ويتيح تفاعل المعلم – المعلم فرص النمو المهنى والدعم من مجتمع الـزملاء مـن ذوى التخصص والفكر، إلى جانب الاستزادة من النمو المعرفى فى مجال التخصص مـن خـلال الانخـراط فى المجتمع العلمى للمعلمين المناظرين فى كل أنحاء العالم. أما تفاعل المحتوى – المعلـم فيرتكـز على تطوير المحتوى وأنشطة التعلم وتحديث مصادرها.

ويشير تفاعل المحتوى – المحتوى – وهو نمـط مسـتحدث للتفاعـل التربـوى – إلى نظـام برمجة المحتوى ليتفاعل مع مصادر المعلومات الآلية للتحديث المستمر للمعلومات، واكتساب إمكانات جديدة.

أما "intra- action" تفاعل الفرد مع ذاته، فيُشير إلى الحوار الـداخلى الـذى يجريـه الفـرد مـع نفسه، ويعكس التفكير المتعمق، ومراجعة الآراء وإعادة التفكير فيهـا، ومـا إلى ذلك، ويتصل هـذا النمط من التفاعل ويرتبط بكل أنماط التفاعل الأخرى، فحوار المتعلم الداخلى لا ينقطع، ولا ينفصل عن أى نشاط يقوم به .

وقام سو وبونك " Soo and Bonk " بدراسة استهدفت التوصل إلى أى أنماط التفاعل يفضلها المتعلمون، وتوصلا إلى تحقيق تفاعل المـتعلم - المتعلم لأعلى مستوى أفضلية، وتـلاه تفاعـل المتعلم - المعلم، وكانت المفاجأة مجىء تفاعل الفرد مع ذاته كآخر تفضيل بين المتعلمين، على الرغم مـن كونه جزءاً لا يتجزأ من التفاعلات الأخرى كمـا أكـدت الدراسـة عـلى تفضيل عـام لأسلوب الاتصال غير المتزامن لكل أنماط التفاعلات، وتفضيل قـوى للاتصـال المتـزامن فى حالـه تفاعل المعلم - المتعلم.

3- العوامل المؤثرة على أنماط التفاعل المرتكزة على (CMC) المتزامنة وغير المتزامنة.

قام س . كانديس تشو " C.Candace Chou " بدراسة استهدفت فحص أنمـاط التفاعل فى بيئة تعلم تعاونية متمحورة حول المتعلم للتوصل إلى العوامل المؤثرة على التفاعلات فـى إطـار ثلاثة مجالات : الأنشطة التعليمية، خصائص التكنولوجيا، سمات المتعلم، كمـا اهتمت الدراسـة بدراسة نظم (CMC) المتزامنة وغير المتزامنة وعلاقتها بالتفاعل، وقدمت الدراسة نموذجا مقترحا يوضح العوامل المؤثرة على التفاعل القائم على (CMC).

ولخص تشو هذه العوامل فى مجموعتين : الأولى تصميم أنشطة التعلم، والثانية انتقـاء التكنولوجيا الملائمة، وفيما يلى تلخيص لأهم ما توصلت إلية الدراسة فى هذا الصدد.

(1) أنشطة التعلم:

(أ) يُعـزز الاسـتخدام الملائـم للسيمنار المتـزامن عـبر الإنترنت العلاقات الشخصية بين المتعلمين.

(ب) يُدعم مراجعة زملاء الدراسة لأعمال بعضهم البعض بالأسلوب غير المتزامن فرص التعاون، وتقاسم المعرفة وبناء أنساق جديدة منها .

(جـ) يُسهم الاتصال غير المتزامن في التعبير عن وجهات النظر، بينما تُسهم مناقشات الأسلوب المتزامن في الاستجابة الفورية لتساؤلات الأفراد والتي تحظى باهتمام أكبر من المتعلمين .

(د) يُقلل العمل في مجموعات صغيرة من حالة الاضطراب التي قد تصيب المتعلمين .

(2) انتقاء التكنولوجيا الملائمة:

وترتبط تلك العملية بخصائص نظم وأساليب الاتصال، وكذلك مقومات عملية الاتصال، مثل التقارب الاجتماعي،والفاعلية .

- نظم الاتصال:

يُسهم اختيار أنماط التكنولوجيات المتزامنة وغير المتزامنة في فاعلية أنماط التفاعل المختلفة، حيث يقضي الطلاب فترة زمنية أطول في مناقشات الأسلوب غير المتزامن، وعندما تُحدد المهام جيداً، ويتعمق تعارف الطلاب، يميل الطلاب إلى قضاء فترة زمنية أقل.

- خصائص التكنولوجيا:

يؤثر إدراك المتعلمين ووعيهم بخصائص الاتصال للتكنولوجيات المستخدمة في (CMC) على تفاعلهم المبدئي، ويُعتبر بعد الوقت عاملاً هاماً في تبني الطلاب لتكنولوجيا جديدة، فبعد أول ثلاثة أسابيع تقل بقدر كبير معوقات نظام الاتصال وينصب اهتمام الطلاب على أداء المهمة نفسها .

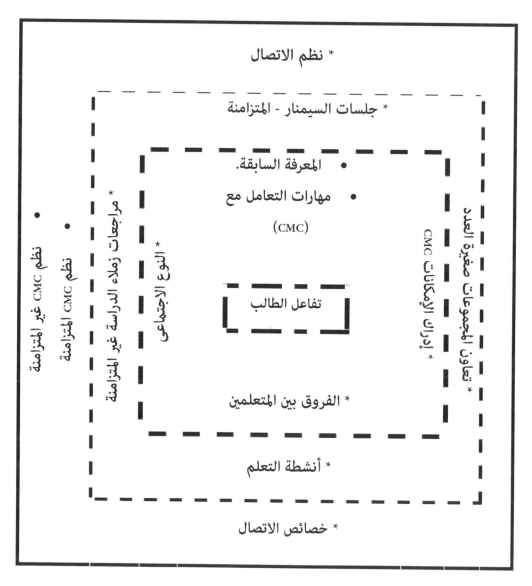

شكل (9) العوامل المؤثرة على التفاعل المرتكز على (CMC)

- سمات المتعلم:

يؤثر النوع الاجتماعى على كيفية التفاعل عبر الإنترنت، حيث تشترك الإناث بنسبة أكبر من الذكور فى التفاعل الموجه المتزامن، وغير المتزامن ، ويؤثر كل منها فى عوامل المعرفة السابقة .

وتوالت جهود المفكرين لدراسة التفاعل فى بيئة التعلم الإلكترونى، وعلاقته بالمتغيرات الأساسية المشكلة لتلك البيئة، ويعد النموذج الذى طرحه تيرى أندرسون" Terry Anderson" من أهم النماذج التى طُرحت لتعبر عن رؤية شاملة تُوضح الكيفية التى يربط بها التفاعل بين عناصر التعلم الإلكترونى الأساسية.

4- نموذج تيرى أندرسون "Terry Anderson" للتعلم على الخط يُوضح أنماط التفاعل المختلفة.

ويُمثل الشكل التالى المتغيرات الأساسية للتعلم الإلكترونى، والنموذجين الرئيسيين له (التعلم التعاونى، الدراسة المستقلة)، فضلا على العناصر الإنسانية الأساسية (المتعلمون ، والمعلمون) والتفاعلات البينية بينهم ، وبين كل منها وبين المحتوى فى إطار الأربعة أساليب الرئيسة للتعلم الإلكترونى، وهى : التعلم التعاونى ، الدراسة المستقلة ، مجتمعات البحث ، والتعلم المنظم "Learning Structured" . ومن المفترض أن كلاً من تلك الأساليب يُستخدم بمفرده، أو مدمجا مع أساليب أخرى بما يتناسب مع المقرر الدراسى المقدم.

يصف الشكل السابق نموذجين للتعلم : الأول (**على اليسار**) يمثل **التعلم التعاونى،** ويتضح من الشكل تفاعل المتعلمين المباشر مع المحتوى المتاح لهم فى صور ُمتعددة، وخاصة المقدم عبر الويب، وعلى الرغم من ذلك يُفضل العديد اختيار أسلوب تعلم يُنظمه ويُقيمه ويُشرف عليه المعلم، ويَتحقق هذا النمط من التفاعل فى إطار مجتمع البحث، من خلال استثمار تنوع واسع من الأنشطة المتزامنة وغير المتزامنة المرتكزة على الإنترنت (تفاعلات العالم الافتراضى، اجتماعات الكمبيوتر، الحوار المباشر، ....)، ويُتيح هذا المجتمع التعلم التعاونى، وتنمية المهارات الاجتماعية، والعلاقات الشخصية بين المشاركين، ويفرض هذا النمط معدل من الخطو الجماعى للتعلم.

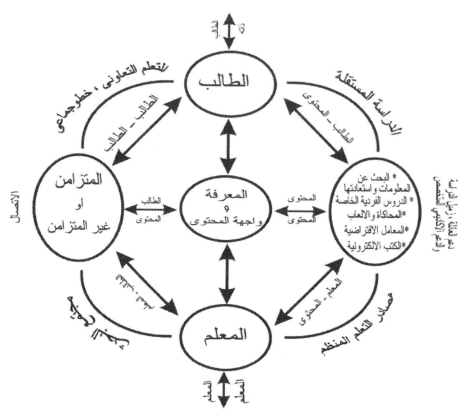

شكل (10) نموذج أندرسون للتعلم على الخط يوضح أنماط التفاعل

ويُشير النموذج الثانى للتعلم (**على اليمين**) الذى يُمثل أسلوب **الدراسة المستقلة**، ومصادر التعلم المنظم " Structured Learning " المرتبطة بالتعلم المستقل، والتى تشمل الدروس الفردية الخاصة المرتكزة على الكمبيوتر، ونماذج المحاكاة، والمعامل الافتراضية، وأدوات البحث عن المعلومات، والنصوص الإلكترونية التى تمثل تفسير المعلم، ووجهة نظره فى الموضوع موضع الدراسة، وعلى الرغم من قيام المتعلمين بالدراسة المستقلة، إلا أنهم ليسوا وحدهم، فهناك زملاء الدراسة، وأفراد الأسرة وزملاء العمل الذين يُمثلون دعم إضافى لهم.

وأكد أندرسون على إمكانية تحقيق تعلم فعلى من خلال توظيف توليفات متجانسة من أنشطة مجتمعات التعلم التعاونى، وأنشطة الدراسة المستقلة المدعومة

بالكمبيوتر من خلال تتبع التفاعلات المتاحة للمتعلمين فى النموذج السابق، والذى يساعد على تكوين توليفات ملائمة من التفاعلات لتحقيق مخرج تعليمى معين، كما أشار إلى إمكانية تطوير مستوى التعلم، إذا كانت إحدى صيغ التفاعل فى أعلى مستوياتها، وعبر عن ذلك فى مقولته التالية: **و يُمكن تطوير مستوى التعلم إذا كانت إحدى صيغ التفاعل الثلاثة (الطالب – المعلم، الطالب – الطالب، الطالب – المحتوى) فى أعلى مستوياتها، والصيغتان الأخريان فى المستوى الأدنى وهذا لا يؤدى إلى انهيار الخبرة التعليمية".** ويشير تعبير **"إحدى صيغ التفاعل فى أعلى مستوياتها "** إلى التطبيقات التى تستثمر النطاق الكامل لأفضل الممارسات المعروفة، مع الأخذ فى الاعتبار تصميم وتطوير عمليات التفاعل. واقترح أندرسون أيضا، إمكانية إحلال كل صيغة من صيغ تفاعل الطالب المتنوعة محل الأخرى، وتعتمد تلك العملية على التكلفة، والمحتوى، وأهداف التعلم، والملاءمة، والتكنولوجيا، والوقت المتاح، ولا تُقلل عملية الإحلال هذه من جودة عملية التعلم .

ويتطلب استخدام هذا النموذج الإجابة أولاً عن عدة تساؤلات ترتكز على طبيعة التعلم، والكيفية التى يتعلم بها المتعلمون شيئاً ما، وأنشطة التعلم التى تُؤثر على مخرجات هذا التعلم، والتى تستثمر إمكانات التكنولوجيات الحديثة لدعم الكيفية التى يتعلم بها الطلاب. ونظراً لأن التفاعلات منتج تفرزه أساليب التعليم المستندة إلى نظريات التصميم التعليمى، والتى تقدم خطوطاً إرشادية عامة لكيفية مساعدة الأفراد على التعلم والنمو، والتى توجه مصممى المقررات لاختيار متى تُستخدم التفاعلات وكيف كأساليب تعليمية تستخدم فى بيئات التعلم الإلكترونية لتحقيق مخرجات تعلم مستهدفة، مثل بناء فرق العمل، وتعميق الفهم، ودعم تحكم الطالب فى تعلمه، والتحدى الذى يُواجه المعلمين ومطورى المقررات الدراسية حاليا هو كيفية بناء بيئة تعليمية تتسم بمركزية المتعلم والمحتوى، ومجتمع التعلم،

والتقييم، وكذلك تتسم بالاستجابة لحاجات الطلاب والمقرر المتنوعة من خلال توظيف تطبيقات تستثمر إمكانات التكنولوجيات الحديثة.

ومن ثم، سيتناول القسم التالى من البحث المداخل البيداجوجية للتعليم الإلكترونى وتطبيقاتها، ثم أسس التصميم التعليمى لمقررات التعليم الإلكترونى وكيفية تطويرها.

ثالثاً- المداخل البيداجوجية للتعليم الإلكترونى وتطبيقاتها:

1- ملاحظة على استخدام مفهوم "البيداجوجيا":

تعود " ايتمولوجيا" "Etymology"، التى هى أصل الكلمة التاريخى، كلمة بيداجوجيا "Pedagogy" إلى الإغريق القدماء، حيث اشتقت الكلمة من " Pais / Paidos " "Child" وكلمة " agogos" "To Lead" . واستند المفهوم إلى كلمة "Paidagogos" وهو العبد المسئول عن ذهاب الطفل وعودته من المدرسة، ورعايته وفى هذه الحالة تعنى "Pedagogy" توجيه الطفل / الصبى، وبالمثل اشتق مفهوم"Andragogy" من "Andros / Aner" "Man" ويُستخدم المفهوم للإشارة إلى علم أو نظرية تعليم الراشدين . وتنتشر الآن مفاهيم حديثة تستند إلى نفس الفكرة، مثل "Heurtagogy" ويشير إلى دراسة التعلم الموجه ذاتياً، و" Synergogy" ويشير إلى دراسة التعلم الذى يتم داخل مجموعة تعلم صغيرة؛ حيث يتعلم كل فرد من الآخر ومفهوم "Anthrogogy" ويشير إلى دراسة التعلم مدى الحياة. وأخيراً مفهوم "Cybergogy" ويشير إلى دراسة التعليم عن بعد ووسائط الاتصال الافتراضية.

ويستخدم مفهوم " البيداجوجيا" ؛ وذلك لأنه المفهوم الأكثر شيوعاً فى أدب المجال ولإشارته بصفة عامة إلى نظرية التعليم، وبالتبعية إلى التعلم، فالمفهوم أكثر عمومية وحيادية، والأهم من ذلك استخدامه فى الكتابات الحديثة لوصف تطبيق الممارسة التربوية الصحيحة. كما أُستخدم فى الأدب الإغريقى بصفة عامة، ليس

للدلالة فقط على تعليم الأطفال فقط . ولم يُستخدم مفهوم "Andragogy" على الرغم من أن الجمهور المستهدف هو المتعلمون الراشدون، وذلك لارتباط المفهوم الوثيق بمالكوم نولز وتحيزه النظري هو وأتباعه إلى أساليب تعلم الراشدين.

2- مداخل التعلم:

يهدف أى نظام تعليمى أياً كان المدخل، والصيغة التعليمية التى يتبناها إلى تعزيز التعلم ونموه، ومن ثم ضرورة وأهمية الانطلاق من معرفة أسس التعلم، والكيفية التى يتعلم بها الطلاب ؛إذ ترتكز عليها كافة أنشطة وأبعاد العملية التربوية برمتها، ومن ثم يتناول القسم الحالى فحص نظريات التعلم وتحليل تداعياتها على التعليم الإلكترونى، مع طرح المداخل والاستراتيجيات المنبثقة عن تلك النظريات، والتى يمكن أن يوظفها التعليم الإلكترونى ويستثمرها تربوياً بأفضل الأساليب الممكنة.

إنه تم التوصل إلى كون التعلم الإلكترونى مجموعة فرعية من النظرية والبحث التربوى بصفة عامة على الرغم من الخصائص الفريدة العديدة للتعليم الإلكترونى، إلا أنه يرتكز بصفة أساسية على المداخل البيداجوجية الرئيسية. **والملاحظ من تتبع حركة البحث التربوى حدوث تحولات فى النظريات التربوية والنفسية الحديثة ألقت بتداعياتها على مداخل التعليم والتعلم، والتى بلغت ذروتها فى التحرك نحو النظرة البنائية للتعلم والتى تمثلت فى نظريات البنائية المعرفية "Cognitive Constructivism" والبنائية الاجتماعية "Social Constructivism"، والبنائية الراديكالية "Radical Constructivism"، ونظرية الذكاءات المتعددة "Multiple Intelligence"،والإدراك الموقفى "Situated Cognition"، وتُعد عمليات بناء المعرفة "الابستمولوجى" "Epistomology" والبيئة التعليمية أهم مرتكزات تلك النظريات ومحاور التناول المشتركة.**

ويربط عدد غير قليل من الكتّاب بين البنائية والتعليم الإلكترونى؛ إذ أكد البعض على اهتمام البنائية بنظم (CMC) لأهميتها فى بناء بيئات تعليم تعاونية، وقام البعض الآخر بالربط بين أُسس المداخل البيداجوجية المختلفة وتطبيقات التعليم الإلكترونى وإدارة ممارساته وتصميم مواد التعلم على أُسس النظم الذكية التى تتعرف على السمات المميزة للمتعلم الفرد لتقديم مواد ومصادر للمعرفة تلائم قدراته واحتياجاته.

وعليه، يتناول الجزء التالى المداخل المختلفة للتعلم وتطبيقات التعليم الإلكترونى المرتكزة عليها، وبصفة عامة يمكن إدراج مداخل التعلم فى مجموعتين أساسيتين : السلوكية والمعرفية ومن المتفق عليه انتماء البنائية، ونظريات تعليم الراشدين، والتعلم باستخدام الإنترنت إلى نظريات التعلم المعرفية.

1- المدخل السلوكى:

انطلق السلوكيون من فكرة أن السلوك الملاحظ هو المؤشر الدال على تعلم الفرد شيئاً ما، وليس ما يدور فى عقله، ثم ظهرت فكرة تناقض ذلك مؤداها أن ليس كل ما يتم تعلمه يُمكن ملاحظته، ومن ثم ظهر تحول من نظريات السلوكية إلى النظريات المعرفية.

أصداء المدخل السلوكى على التعليم الإلكترونى:

يُشكل المدخل السلوكى أساساً فعالاً لتيسير التعلم المتعلق باسترجاع الحقائق والتعميمات، وتحديد المفاهيم وتوضيحها،ويمكن استخدام الاستراتيجيات السلوكية بصفة عامة لتعليم" what " ، الحقائق، ويمكن تلخيص أنماط الاختيارات التى يتخذها مقدمو التعليم الإلكترونى فيما يلى:

- التأكيد على نقل المعرفة الموضوعية .

- أساليب أحادية المسار .

- التأكيد على التقييم النهائى،والرجوع إلى المعايير المتفق عليها فى ذلك الشأن.

- إطلاع المتعلمين على مخرجات التعلم .

- تقييم واختبار المتعلمين فى ضوء مخرجات التعلم التى تم تحديدها مسبقا، ويجب أن تُدمج تلك الاختبارات فى خطوات التعليم وبتسلسل منطقى.

- تقديم التغذية الراجعة الفورية والمستمرة .

- تسلسل مواد التعلم من المعلوم إلى المجهول ومن البسيط إلى المعقد، ثم إلى الأكثر تعقيدا.

ويتم تجسيد تلك الاختبارات فى تصميم التعليم الإلكترونى وتقديمه فيما يلى:

- محاضرات محررة أو عن طريق تكنولوجيا المعلومات والاتصالات (ICT).

- أنشطة تتطلب مهارات معرفية عادية.

- مراسلات تعليمية عامة.

- تغذية راجعة تقيمية.

2- المدخل المعرفى:

ارتكز المدخل المعرفى على ارتباط التعلم باستخدام الذاكرة، والدافعية، والتفكير التأملى، الذى يلعب دوراً هاماً فى التعلم، ونظر للتعلم على أنه عملية داخلية، ويتوقف كم الذى يتعلمه الفرد ونوعيته على كفاءة المتعلم فى تجهيز المعلومات والجهد الذى يبذله أثناء عملية التعلم والعمق الذى يجهز به المعلومات وطبيعة هياكله المعرفية والفكرية.

أصداء المدخل المعرفى على التعليم الإلكترونى

تنقسم معالجة تداعيات المدخل المعرفى على التعليم الإلكترونى التى تناولها "على" إلى مجموعتين، الأولى : تداعيات نظرة ذلك المدخل إلى الذاكرة والدور الذى

تؤديه في عملية التعلم كصيغة لتجهيز المعلومات، والثانية: تداعيات إدراكهم لأهمية التعلم الفردي والأساليب المعرفية التي تستخدم في تلك العملية، وتشمل المجموعة الأولى ما يلي:

- استخدام الاستراتيجيات التي تتيح بقاء المعلومات فترة تكفى لتيسير نقلها إلى الذاكرة العاملة، وربما تتضمن تلك الاستراتيجيات وضع الرسائل الهامة في مركز شاشة العرض.

- استخدام استراتيجيات تسمح للمتعلمين باستعادة المعلومات الكائنة بالذاكرة طويلة الأمد لتساعدهم على فهم المعلومات الجديدة، وربما تتضمن تلك الاستراتيجيات استخدام أسئلة تساعد على تنشيط البنى المعرفية الكائنة .

- وضع المعلومات في حزم للحماية من الحمل الزائد للمعرفة ويُنصح بأن يكون حجم الحزمة (5 – 9) (7±2) وحدة للتعويض عن الكفاءة المحدودة للذاكرة قصيرة المدى .

- تضمين استراتيجيات لتعزيز عمليات تجهيز المعلومات العميقة لضمان نقلها إلى الذاكرة طويلة الأمد، وربما تتضمن تلك الاستراتيجيات توفير فرص لتطبيق المعرفة على مواقف الحياة الفعلية .

وتشمل المجموعة الثانية ما يلي:

- تضمين المقررات أنشطة تناسب أساليب التعلم المختلفة؛ فالبعض يُفضل الأمثلة العملية والآخر يُفضل المدركات المفاهيمية المجردة.

- دعم الطالب وفقاً لتفضيلاته؛ بمعنى: هل يحتاج الطالب إلى وجود مكثف أو محدود للمعلم؟

- تقديم المعلومات بأساليب مختلفة، وبوسائط متعددة .

- استثارة المتعلمين لاستثمار الدافعية الذاتية (من داخل المتعلم)،والخارجية (المعلم، والأداء)،ويُمكن تعزيز الدافعية الخارجية من خلال ممارسات وأنشطة بناء الثقة بالنفس والرضا عنها.
- تشجيع الطلاب على استخدام المهارات ما وراء المعرفية من خلال توفير فرص للطلاب ليتأملوا تعلمهم من وقت لآخر أثناء مسيرة تقدمهم .
- استخدام استراتيجيات لتيسير نقل التعلم، وتشجيع تطبيقه فى مواقف الحياة الواقعية المختلفة .

3- المدخل البنائى:

حدثت نقلة نوعية وتحول هام نحو النظريات البنائية حديثاً، وترجع التغييرات الحديثة فى ممارسات التعليم والتعلم إلى تطورين نظريين هامين : التطور الأول فى مجال علم النفس والذى نتج عن أفول نجم السلوكية لصالح حركة علم النفس المعرفى، التى نظرت لاستجابة الشخص للمثير على أنها مسالة فردية وتعتمد على إمكانات الشخص المعرفية وعملياته العقلية فتحول الاهتمام إلى نشاط المتعلم المعرفى، ونماذجه الفكرية بدلاً من الاهتمام بالأسلوب الأفضل لاسترجاع الاستجابة المرغوبة الذى اهتمت به السلوكية كثيراً.

ولم يُفرز هذا التطور بمفرده التغييرات التى طرأت على أساليب التدريس؛ إذ ظهر بالتواز مع هذا التطور تحول آخر يُعد توجهاً فلسفياً أكثر من كونه حركة فى علم النفس، يرفض الفرض الذى يذهب إلى أنه بالرغم من بناء المعلمين لنموذجهم الفكرى للمعرفة التى يكتسبونها فثمة نموذج فكرى صحيح لأى مجال من المعرفة يجب أن يكتسبه المتعلمون وهذا يعنى وجود تمثيل وحيد للمعرفة صحيح موضوعياً(Objectively Correct Knowledge Representation) ، والنظرة البديلة تسمى البنائية، التى لا تُقر بوجود نموذج فكرى واحد صحيح للمعرفة، لكن ترى أن كل

التمثيلات المعرفية المختلفة التى يُكونها الأفراد على قدر متساو من الصحة "Equally Valid"،ومن ثم أصبح مركز اهتمام التدريس هو توجيه المتعلمين أثناء بناء وتعديل نماذجهم الفكرية الكائنة، وهذا يعنى التركيز على بناء المعرفة بدلا من نقلها.

(1) أسس المدخل البنائى:

تقوم البنائية على ثلاثة أسس عامة تُحدد نظرتها للتعلم، هى:

- **يبنى كل شخص تمثيله الخاص للمعرفة حيث يبنى الفرد معرفته على أساس خبراته الفردية، ومن ثم لا يوجد تمثيل "واحد صحيح" للمعرفة،وأقر "كانط" (Kant) هذا المبدأ فى كتابه "نقد العقل الخالص"،والذى تبناه ديوى فيما بعد، كما تضمنته أعمال بياجيه "Piaget" وفيوجوتسكى "Vygotsky"،ووجهة النظر المضادة، كما سبق توضيحه، هى الموضوعية "Objectivism".**
- **يتعلم الأفراد من خلال الاستكشاف الفعال الذى يكشف عن عدم الاتساق بين تمثيلاتهم الحالية للمعرفة مع خبراتهم السابقة. وأطلق بياجيه على حالة عدم الاتساق هذه مفهوم عدم التوازن "Disequilibruim"،وتسمى عملية تعديل تمثيل المعرفة لتلتحم مع الخبرة بالمواءمة "Accommodation"،وطرح برونر "Bruner" نظرية للتعلم مرتكزة على هذا المبدأ هى نظرية التعلم بالاستكشاف "Discovery Learning Theory".**
- **يتحقق التعلم داخل سياق اجتماعى، وتعد التفاعلات بين المتعلمين جزءاً أساسيا من عملية التعلم . ويُنسب هذا المبدأ عادة لفيجوتسكى، والذى أكد على مساعدة النظراء ذوى مستوى المعرفة الأعلى لزملائهم فى بناء المعرفة.**

(2) البنائية المعرفية والاجتماعية والراديكالية:

قدم المدخل البنائى العديد من الأفكار النظرية، من أهمها تلك التوجهات البنائية المعرفية المرتكزة على عمليات تجهيز المعلومات "Information Processing"، والقدرة

على إعادة بناء الواقع الفعلي، وتعتمد عملية بناء المعرفة على قدرة الفرد على إيجاد الهياكل الفكرية الملائمة والدقيقة كما ساهمت البنائية المعرفية في ابتداع وسائل تعليمية هامة، مثل: خرائط المفاهيم " Concept maps " واستراتيجيات حل المشكلات، والقراءة، وعمليات التنظيم المتقدمة.

تنظر البنائية الاجتماعية للتعليم على أنه عملية اجتماعية أو تعاونية يحيط بها إدراكات ثقافية، ولا تعد عملية اكتساب المعرفة عملية فردية فقط، لكنها عملية تبادل تفاعلي تُنتج معاني مشتركة . وترتكز البنائية الاجتماعية على نظريات فيجوتسكي التي تؤكد على أهمية تفاعل المتعلم – المتعلم في بناء المعرفة، واكتساب المتعلم فهماً شخصياً للمفاهيم والعمليات والإجراءات، ويُقيم المتعلمون على أساس قدرتهم على التعاون وابتداع حلول عملية للمشكلات . وتتضمن البنائية الاجتماعية العديد من المداخل مثل: التدريس المتبادل " Reciprocal Teaching"، وتعلم النظراء "Peer – Learning"، والتعلم المرتكز على المشاريع " Project – Based Learning"، والتعلم المرتكز على المشاكل "Problem – based Learning"".

وتذهب البنائية الراديكالية إلى أن المعرفة تمثل شيئاً داخلياً بالنسبة للمتعلم، وتختلف من متعلم لآخر لاعتمادها على الخبرة، ولا ترتكز على الحقيقة الشاملة " Universal Truth"، أو إعادة إنتاج الظاهرة، ويتم تقييم المتعلم على أساس قدراته المتصلة بالفهم المتجانس الواضح ولا تشجع البنائية الراديكالية تمثيلات المعرفة المماثلة للكتاب النصي، أو للحلول التي يطرحها المعلم. وهذا يؤكد على البناء الإبداعي للمعرفة .

وتُعد نظرية الذكاءات المتعددة، والإدراك الموقفي من أحدث وأهم النظريات التي تلقى اهتماماً واسعاً كتطور وامتداد للفكر البنائي، وأكد جاردنر على أن الأفراد يتمتعون منذ لحظة الميلاد بذكاءات متعددة مستقلة نسبياً. وعرف جاردنر الذكاء على أنه " إمكانية بيوسيكولوجية لمعالجة المعلومات التي يُمكن تفعيلها في سياق

ثقافي لحل المشكلات أو ابتكار منتجات ذات قيمة في ثقافة ما ". وأكد على تمايز الأفراد في تلك الذكاءات وأهمية ذلك في التعلم، وحدد ثمانية أنماط للذكاء هي: الذكاء اللغوي، والموسيقي، والمنطقي الرياضي، والمكاني، والحركي- الجسدي "Bodily – kinesthetic intelligence"، والباطني "Intrapersonal" والذكاء المرتبط بإقامة العلاقات مع الآخرين "Interpersonal"، والذكاء الطبيعي.

وفيما يلي إشارة مختصرة لتلك الأنماط من الذكاء.

(1) **الذكاء اللغوي "Linguistic intelligence":**

يشير إلى الكيفية والقدرة التي يتمكن بها الفرد من استخدام مهارات اللغة في صيغها اللفظية المكتوبة؛ من قبيل قص حكاية، حسن توظيف صيغ لفظية متنوعة وتركيبات منها للتعبير عن المعنى بأسلوب ممتع ومقنع . ويعد الشعراء والصحفيون وكاتبو القصص والشخصيات العامة ذات الحصافة اللغوية نماذج لمن يتمتعون بالذكاء اللغوي.

(2) **الذكاء الرياضي – المنطقي "Logical – mathematical intelligence"**

يشير إلى القدرة على أداء الحسابات الرياضية، و تحرى القضايا الرياضية بأسلوب علمي، وتحليل الإشكاليات منطقيًا، ويعد العلماء والرياضيون نماذج تتمتع بالذكاء الرياضي المنطقي.

(3) **الذكاء المكاني "Spatial intelligence"**

يشير إلى القدرة على تحديد مواقع الأشياء و في علاقتها بأشياء أخرى في أكثر من بعد. ويتمكن الأفراد الذين يتمتعون بهذا النمط من الذكاء من تخيل الكيفية التي يمكن أن يظهر بها شيء ما من وجهات نظر مختلفة. و يتمكنوا من تحديد مواقع الأشياء بسهولة. ويعد النحاتون، و الغواصون، و الجراحون نماذج لمن يتمتعون بهذا الذكاء.

(4) الذكاء الموسيقى"musical intelligence"

يشير إلى قدرة الفرد على تذوق الأنماط و المهارات الموسيقية المكونة للألحان، أو القدرة على تأليف القطع الموسيقية أو أدائها.

(5) الذكاء الحركى - الجسدى "Bodily - kinesthetic intelligence"

يشير إلى القدرة على تحكم الفرد فى جسده بصورة كاملة، أو أجزاء منه، ويعد الراقصون، وممارسى ألعاب القوى نموذجًا ممثلاً لهذا الذكاء.

(6) ذكاء العلاقات الشخصية "Interpersonal intelligence"

هو قدرة الفرد على التعرف على مشاعر الآخرين وتقديرها، وتحسس أحزانهم، ودوافعهم،واحتياجاتهم، ويستتبع ذلك القدرة على تحليل وتوقع ردود أفعال الأفراد، ومن ثم إمكانية التفاعل بكفاءة مع الآخرين. ويُعد السياسيون ورجال الدين نموذجاً ممثلاً لهذا النمط من الذكاء.

(7) ذكاء التعرف على الذات" Interpersonal Intelligence "

يشير إلى القدرة على استخدام التأمل والتحليل الذاتى سعياً لتفهم الفرد لأفكاره ومشاعره، ومن ثم إدراك كيفية التأقلم مع السياق المحيط، وتقييم الاختيارات والسلوكيات .

(8) الذكاء الطبيعى " Naturalistic Intelligence "

يشير إلى القدرة على تحليل المعطيات البيئية، وتحديد التمايزات بينها، وتصنيفها. ويُعد الصيادون، والمزارعون، ومنسقو الحدائق نموذجاً ممثلاً لهذا الذكاء.

ويُوكد جاردنر على وجود أنماط أخرى من الذكاءات لم يتم تحديدها بعد، وإعلاء المجتمع الإنسانى للذكاءات الرياضية - المنطقية، واللغوية قياساً بأنماط الذكاءات الأخرى، وعليه تحيز التقييم لهم. ويُؤكد جاردنر وعلى أهمية ارتكاز تعلم

الطلاب على مدى حسن استثمار تلك الطاقات. ويتضح مما تطرحه هذه النظرية مـدى اتسـاع مدى الاختلافات والفروق الفردية بين المتعلمين التى يجب أن تؤخذ بعين الاعتبار فى كـل أبعـاد التربية الإلكترونية.

تداعيات نظرية الذكاءات المتعددة على التربية عن بعد.

يرى جاردنر أهمية إمداد المربين برؤية جديدة للذكاء تُمكنهم من مساعدة الطلاب عـلى التعلم . وارتكزت هذه الرؤية على أربعة أبعاد رئيسة، تتمثل فى:

- يمكن أن تساعد هذه النظرية فى عملية تفريد الممارسة التربوية،من خلال إمكانيـة تعـديل المربين لعملية الممارسة التربوية وموائمتها بحيث تتسق مع مواطن قوة وضعف الطالـب، و كذلك اهتماماته .

- أهمية استخدام أساليب متنوعة لتدريس موضوع ما استهدافًا لجذب الذكاءات المتمايـزة و ربطها بالموضوع المطروح .

- يعد أسلوب التعلم المرتكز عـلى المشروعـات "Project – based learning" مـن أهـم الأسـاليب التى توظف تنوعًا واسعًا من الذكاءات ذات المداخل المختلفـة للتعامـل مـع هـذا المشروع سواء أكان مشكلة مراد طرح بدائل حلول لها، أو محاولة إنتاج إبداعى جماعى فى مجـال خبرة ما .

- أهمية دمج أنماط من الفنون بالمقررات، حيث تُولى نظريـة " الـذكاءات المتعددة" أهميـة كبيرة للتعلم من خلال الفنون التى ترتبط بالإنتاج الإبداعى، وحل المشكلات .

وللنظرية تداعياتها على عملية التقويم ؛ حيث ترى أهمية تضمين عملية التقويم لعديـد من الأفكار: إضفاء الصبغة السياقية على التقويم، أهمية وجود تنوع كبير مـن الأسـاليب التـى توضح مدى فهم المتعلم؛ تتبع التقييم لنمو المتعلم (بكل أبعاده) خلال فترة زمنيـة مـا؛ تضمين التقييم كجزء متسق ومتكامل مكونات عملية التعلم.

وتعد الملاحظة، ومستوى الأداء، وملف الإنجاز، والتقويم الذاتى، وإعداد تقارير الأداء من الأدوات التى تتفق مع أفكار النظرية. وبتطبيق تلك الأساليب البيداجوجية يمكن أن يقدم التعليم الإلكترونى خدمة تعليمية أفضل ؛ حيث توفر التكنولوجيا اختيارات واسعة لم تكن متاحة من قبل، فى عملية تطويع محتوى المنهج ليتلاءم مع احتياجات الطلاب، من خلال استخدام الوسائط المتعددة المتوائمة "adaptive multimedia" وعرض النصوص المتوائمة "adaptive text presentation" حيث تتضمن تمثيلات متنوعة لمادة المقرر الدراسى.

وقام كيلى وتانجنى "Kelly and Tangney" بدراسة العلاقة بين نظام التدريس الفردى المطوع "adaptive tutoring system" المرتكز على نظرية الذكاءات المتعددة ومدى الاختيارات المتاحة للمتعلمين وقياسات الأداء، وتوصلوا إلى أنه كلما اتسع مجال الاختيارات وفردية التعلم كلما زادت مكتسبات التعلم. وتم تطوير النظام بحيث يحدد سمات المتعلمين ويوائم نفسه وفقًا لها ليتمكن من تقديم خبرة تعلم فردية تتسق مع سمات واحتياجات المتعلم الشخصى.

وُيعد الإدراك / التعلم الموقفى نظرية للتعلم ترى أن التعلم جزء لا يتجزأ من الطبيعة الإنسانية، و يتحقق من خلال فكرة **تفاوضية المعنى**"negotiation of meaning" **فى الحياة اليومية**، أى أن التعلم السياقى هو تعلم ينتج عن التفاعلات الاجتماعية و الثقافية فى مواقف حقيقية. ويعنى هذا أن الموقف أو السياق هو المفهوم المحورى، وأن التعلم يتحقق فى أى موقف ومن خلال أى ممارسة .

كما ترتكز النظرية على سيناريوهات حل المشاكل الواقعية عن طريق بناء بيئات تعلم تتسم بسياق ذى صلة بالمتعلمين، لينخرط فيها الطلاب لاكتشاف المعرفة الجديدة وتطبيقها، وللتوصل إلى حلول للمشكلات والتحديات المطروحة، وللتواصل مع وجهات نظر الخبراء، ويعد السياق الفعلى والأنشطة وبناء المعرفة الجماعى، والتفكير المتأمل المتعمق، والدعم المتبادل بين أفراد المجموعة والأدوار

المتعددة التى يقوم بها المتعلمون مـن أهـم عنـاصر الإدراك الموقفى، وتُؤكد نظريـة الإدراك/ التعلم الموقفى على أهمية السياق فى تحقق التعلم، فالتعلم جزء متضمن فى الخبرة،ويتم بناؤه بأسلوب شخصى، ومن ثم أهمية تحقق التعلم فى سياقات حياتية واقعية.

وقبل تبنى فكرة التعلم السياقى، كانت الفكرة السائدة هى أن التعلم منتج يتحقـق مـن خلال نقل المعرفة من المعلم إلى المتعلمين، ووفقاً لهذا المنظور، كان المعلم هـو مرسل المعرفة، والمتعلمون هم مستقبلوها؛ ومن هنا ركزت التكنولوجيا التعليمية على الكيفيـة التـى يجب أن يدرس بها المعلمون بما يتفق مع التصميم التعليمى واستخدام التكنولوجيا.

أما التعلم السياقى فيطرح وجهة مغايرة للتعلم فى إطار التكنولوجيا التعليمية؛ هـى أن التعلم ليس مجرد استجابة للتـدريس المبـاشر، إنـه يتحقـق مـن خـلال التفاعلات الاجتماعيـة والثقافية بين المعلمين والطلاب، وفيما بـين الطـلاب فى إطار سياقات حقيقيـة . فالتعلم جـزء متضمن فى الممارسة الاجتماعية، وعليه فالتعلم عملية غير منتهية، مستمرة باستمرارية الحيـاة. وبناء على هذه النظرة تحول التركيز على فهم التعلم بـدلا مـن إرسـال المعلومـات واستخدام التكنولوجيا، وعليه تفشل التكنولوجيا فى مجال التربيـة إذا تجاهلت الكيفيـة التـى يتعلم بهـا الأفراد. ومن ثم، يتحقق التعلم الحقيقـى عنـدما يتمكن الأفراد مـن الربط السياقى بـين مـا يتعلموه، وبين التطبيق العملى المباشر، بالإضافة إلى اكتساب المعنى الشخصى.

أصداء المدخل البنائى على التعليم الإلكترونى

سبق توضيح اهتمام البنائية بنظم (CMC)، والربط بين أسس البنائية وتطبيقات التعليم الإلكترونى، لذلك سوف يتم تناول هذه الأصداء على مستويين:

الأول - عام ويوضح فروض البنائية وتطبيقاتها فى بيئة التعليم الإلكترونى.

الثانى - يوضح تفسيرات البنائية والإجراءات العملية المرتبطة بها،والتى يُمكن تطبيقها فى إطار التعليم الإلكترونى.

المستوى الأول - فروض البنائية وتطبيقاتها:

- فروض البنائية:

- التأكيد على بناء الأفراد للمعرفة بأنفسهم .

- يتم بناء المعرفة فى إطار التفاعل والتعاون الاجتماعى .

- يتم بناء المعرفة نظرياً من خلال محاولة المتعلمين لتفسير الأشياء التى لم يستطيعوا فهمها فهماً تاماً .

- أهمية جعل التعلم عملية نشطة من أجل تيسير عملية بناء المعنى الشخصى .

- ضرورة إتاحة الحرية للمتعلمين لبناء معرفتهم الخاصة وإضفاء السمة الشخصية والسياقية عليها .

- التأكيد على التغذية الراجعة على المستوى الفردى والجماعى .

- التأكيد على التفاعل والتفاوض حول المعنى، والمناقشات المفتوحة .

- طرح العديد من وجهات النظر مع توضيح الأساس والبدائل .

- التأكيد على التقييم البنائى .

تطبيقات البنائية فى بيئة التعليم الإلكترونى:

- استخدام مواد للتعلم الذاتى ذات طبيعة متعددة الوسائط، و يمكن تكييفها للاتصال بروابط مختلفة لمصادر تعلم أُخرى .

- الاستخدام المفتوح والتفاعلى لـ (ICTS).

- التغذية الراجعة الشخصية على التكليفات الفردية والجماعية .

- الدروس الجماعية واستخدام اجتماعات الكمبيوتر للتواصل مع الآخرين وللتعلم التعاونى.

المستوى الثانى- تفسيرات البنائية والإجراءات العملية المرتبطة بها

(1) تفسيرات البنائية

قدم موشمان "Moshman" ثلاثة تفسيرات للبنائية، هى:

- البنائية الداخلية "Endogenous" والتى أكدت على عملية الاستكشاف التى يقوم بها المتعلم.

- البنائية الخارجية "Exogenous" والتى تدرك أهمية دور التعليم المباشر، لكن مع التاكيد على بناء المعلمين لتمثيلات المعرفة المختلفة.

- البنائية الجدليـة "Dialectic" والتى تؤكد عـلى أهميـة دورالتفاعـل بـين المتعلمـين وأقرانهم ومعلميهم.

وتؤكد التفسيرات الثلاثة للبنائية على ما يلى:

- تُؤكد البنائية الداخلية على الطبيعة الفردية لعملية بناء المعرفة، وتحدد دور المعلم فى تيسير عملية التغلب على حالة اللاتوازن من خلال تقديم الخبرات الملائمة.

- تذهب البنائية الخارجيـة إلى أن التعليـم النظامى يساعد المتعلمـين عـلى تكوين تمثيلات للمعرفة يستطيعون فيما بعد مواءمتها مع خبراتهم اللاحقة.

- أما البنائية الجدلية فترى تحقق التعلم من خلال الخبرة الواقعية، ودعم المعلمون أو الخبراء أو النظراء .

ولا يُنظر للتفسيرات الثلاثة على أنها كيانات منفصلة، لكن كنقاط عـلى مثلـث كل منها تتأثر بالأخرى وتقع فى موقع قريب من نقطـة مـا، ويوضح الشـكل التـالى

هذه الفكرة، حيث يوضح أماكن تواجد نطاق واسع من النظريات البيداجوجية البنائية فى علاقتها بتلك الفئات، وتشمل تلك النظريات ما يلى:

- نظرية التعلم التوليدى لويتروك "Wittrock`s Generative Learning"

- التعلم بالاستكشاف لبرونر "Bruner`s Discovery Learning"

- الإدراك الموقفى لبراون و كولينز ودوجويد

"Brown, Collins and Duguid`s Situated Congnition"

- التعرف والتكنولوجيا "Technology and Recognition"

- التعليم المركزى لفينديربيلت – "Venderbilt`s Anchored nstruction"

تدريس اللغة بأسلوب كلى لجودمان وجودمان.

"Whole Language Teaching", "Goodman and Goodman"

- نظرية المرونة المعرفية لسبيرو، و فيلتوفيتش، و جاكوبسون، و كولسون

– "Cognitive Flexibility Theory", "Spiro,Feltovich", "Jacobson and Coulson"

التعلم الكشفى لأوسبل. "Ausbel`s Expository Learning"

- الاستراتيجيات ما وراء المعرفية "Meta Cognitive Strategies"

- التعلم التعاونى والدعمى لبرونر، و جونسون، و جونسون.

"Scaffolding and Cooperative Learning", "Bruner, Johnson and Johnson"

شكل (11) علاقة النظريات البيداجوجية البنائية بتفسيرات البنائية الثلاثة

3- الإجـراءات العمليـة المتسـقة مـع تفسـيرات البنائيـة وكيفيـة توظيفهـا فـي بيئـات التعلـيم الإلكتروني.

- الإجراءات العملية للبنائية الداخلية:

تؤكد البنائية الداخلية علـى أهمية اكتشاف المعرفة الموجهة مـن قبل المـتعلم، وتتجسد هـذه الفكـرة فـي الـنص الترابطـي "Hypertext"، وبيئـات الوسـائط المتعددة الترابطيـة " Hypermultimedia" التـي تسمح للمتعلم بالتحكم فـي تصـفح المحتوى، فضـلاً عـن تقـديم نمـاذج لمحاكاة الواقع يُتيح للمتعلمين إمكانية الاستكشاف والبناء فـي إطار بسيط يُمثل الواقع، وتؤكد البنائية الداخلية على تنفيذ المتعلم لمهام واقعية ومشاكل حقيقية.

313

- النص الفائق، والوسائط المتعددة الفائقة "Hypertext and Hypermultimedia"

يُعد "تيد ميلسون" "Ted Melson" أول من صك مفهوم النص الفائق فى ستينيات القرن العشرين،وتعددت تعريفاته، منها " أنه كيان يتكون من حزم من المعلومات تنتهى بنهايات طرفية "Nodes" محددة تُستخدم كرابط إلى لحزمة أخرى ". أما الوسائط المتعددة الفائقة فهو مفهوم أكثر عمومية يوضح إمكانية أن تكون تلك النهايات الطرفية مكون من ضمن مكونات مجموعة متنوعة من الوسائط، وإمكانية استخدام الأيقونات على الشاشة "Icons" "الصور" كمناطق نشطة "Hot Areas" داخل إطار الصور أو الرسوم التوضيحية والتى تُستخدم بدورها كرابط للوصول إلى مصادر أخرى للمعلومات.

وتُتيح تلك الوسائط الفائقة للمتعلم الحرية والسيطرة الكاملة فى تتبع الروابط لتكوين التمثيلات الفردية للمعرفة، وتتسق هذه الحرية مع مبدأ البنائية الذى يدعم مبدأ إعطاء المتعلم الفرصة لاكتشاف المعرفة، ويُستخدم النص الفائق كآلية لتطبيق نظرية المرونة الإدراكية التى تركزعلى اكتساب المعرفة فى بيئات معقدة البنية ؛ إذ يُتيح النص الفائق للمتعلم فرصة الاختيار من بين نطاق واسع من النماذج ذات الصلة بالفكرة التى يتناولها والتعرض لوجات نظر مختلفة حولها.

- نماذج المحاكاة والعوالم الصغيرة "Simulations and Microworlds"

لا يوجد تعريف متفق عليه لنماذج المحاكاة والعوالم الصغيرة، يقدم تمايزاً واضحاً بين المفهومين؛ إذ تشتمل معظم نماذج المحاكاة على ملامح للعوالم الصغيرة، والعكس صحيح أيضا، وتم تعريف المحاكاة على أنها نموذج لفضاء مفاهيمى "Concept space" يمثل نسخة مبسطة جدًا لبيئة العالم الحقيقى، وتكون تلك النسخة مجردة تماما ليتمكن المستخدم من بناء هياكل معينة بداخلها تتسق مع المفاهيم التى تم عمل نموذج لها.

ويشجع البنائيون نماذج المحاكاة والعوالم الصغيرة لسببين الأول : لتقديمها سياقاً يستطيع المتعلمون الاستكشاف والتجريب من خلاله، وبناء نماذج ذهنية شخصية للبيئة، والثاني : عنصر التفاعلية المتأصل بتلك النماذج والذى يسمح للمتعلمين برؤية نتائج إبداعهم مباشرة، واستخدمت تلك النماذج كجزء من مواد التعليم الإلكترونى فى الثلاثة عقود الأخيرة، حيث أتاح الواقع الافتراضى "Virtual Reality" إمكانية الانخراط الكامل داخل سياق بيئة محاكاة ويتزايد الاهتمام حالياً نحو إمكانية تحقيق نماذج المحاكاة الشبكية "Networked Simulations " التى يستطيع أى طالب بأى مكان بالعالم استخدامها. ويرى العديد من العلماء أن الفضاء السبرانى أداة للتعليم والتعلم ؛ فهو فضاء ثقافى يقوم الأفراد من خلاله بالتفكير، والإحساس، وإجراء التفاعلات الثقافية والاجتماعية، فالفضاء السبرانى هو فضاء ثقافى. وعرف العلماء الفضاء السبرانى بأساليب عدة، وطُرح هذا المفهوم لأول مرة عام 1984 فى رواية خيال علمى لجيبسون " Gibson " كاسم أطلقه على العالم الافتراضى الذى ابتدعه بأسلوب خيالى فى روايته " Neuromancer"، وعرف هذا الفضاء بأنه " عملية تخيل يُمارسها يوميا بلايين الأفراد فى كل مكان ؛ فيؤديها الأطفال الذين يتعلمون المفاهيم الرياضية، كما تُمارس عندما يتم التمثيل التخطيطى للبيانات حال تجريدها من مخازنها المعلوماتية فى كل إنسان، وكل جهاز كمبيوتر، وفى حالة التفكير فى حالات التعقد التى يصعب تكوين صورة ذهنية لها".

وتطور التعريف منذ ذلك الوقت بتطور البحث العلمى، حيث تغيرت النظرة لهذا المفهوم، وقدم بيل "Bell" " تعريفاً ينطلق من فكرة أن أى تكنولوجيا ما هى إلا اختراع ثقافى، أنتجته ظروف ثقافية معينة، وبطبيعة الحال يُساعد هذا الاختراع فى صياغة مواقف ثقافية واجتماعية جديدة، فالفضاء السبرانى ثقافة يصنعها الناس والآلات والمواقف يومياً، ويعيشون فى إطارها.

كذلك لا يُعد هذا الفضاء فضاء افتراضيا فقط، يمكن الوصول إليه عبر الشبكات الكمبيوترية،لكنه يُعتبر أيضاً فضاء ثقافيا تتم من خلاله التفاعلات الإنسانية. وهو مجتمع وثقافة،وهذا يعنى أيضا أنه يُعبر عن موقف إثنوجرافى يتعايش من خلاله الأفراد فى ثقافات معينة ذات علاقات متشابكة.ومن المتفق عليه أن التفاعلات التاريخية،و الثقافية، والاجتماعية تستجلب أنشطة سياقية أو تعلم سياقى. ومن منطلق النظرة إلى الفضاء السبرانى على أنه بيئة إثنوجرافية ترتكز على ثقافات ومجتمعات ؛ إذًا يُعد التعلم فى إطار هذا الفضاء تعلماً سياقياً.وعليه تصبح نظرية اجتماعية للتعلم هى الأداة الملائمة لدراسة لمثل هذا المجتمع.

- الإجراءات العملية للبنائية الخارجية:

تُؤكد النظرة الخارجية للبنائية على قيمة التدريس المباشر،وليس المقصود التدريس المتمركز حول المعلم الذى يؤمن به السلوكيون، وتؤكد تلك النظرة على أهمية تحكم المتعلمين فى اختيار المحتوى، وأسلوب تتابعه، وتكوين تمثيلاتهم للمعرفة والتعبير عنها فى كل المراحل . وتشمل تطبيقات التعليم الإلكترونى المرتكزة على تلك النظرة، الدروس الفردية التى تتضمن تحكم الطالب فى تتابع المادة المقدمة "Learner Controlled Tutorials"، وتصفح بيئات الوسائط الترابطية التى تشمل توجيه تربوى داخل السياق، واستخدام الأدوات المعرفية للتعبير عن المعرفة والتى تشمل أدوات خرائط المفاهيم، وأدوات النمذجة والتمثيل الرمزى للمفاهيم، وأدوات تحرير النص التقليدى والترابطى، وتتسق تلك الأدوات مع تأكيد البنائية الخارجية على البناء الفردى للمعرفة.

- الدروس الفردية التى تتسم بتحكم الطالب والوسائط الفائقة المتوائمة:

تشجع نظم الدروس الفردية المتعلم على تتبع سلسلة تعليمية متصلة، لكنها توفر بدائل متعددة لهذا التسلسل، أو استخدام مواد التعلم كمصدر للتعلم

بالاستكشاف مع إعطاء توجيه ملائم، ويمكن أن يكون الدعم المقدم فى صورة كيانـات مستقلة داخل البرمجيات تتخذ القرارات وتقوم بالسلوكيات السـليمة نيابة عـن المـستخدم مـن خـلال الوسائط الفائقة المتوائمة "Adaptive Hypermedia" التى تستخدم العملاء الأذكيـاء "Intelligent Agents"،حيث يتطلب اتخاذ قرار ما نيابة عن العميل معرفة الكيفية التى يتصفح بها المـتعلم مواد التعلم، ونموذج لمستوى معرفته الحالية، وتعد نظم الوسائط الفائقة المتوائمة نماذج فعالة لنظم التعليم الذكية "Intelligent Tutoring Systems" التى تشتمل على مرشدين أذكياء يقدمون الرابط الملائم لمواد التعلم والكيفية التى يتم بها تصفح تلك المصادر بـدون فـرض اسـتراتيجية تعليم معينة على المتعلم.

(2) الأدوات المعرفية:

أكدت وجهات النظر الثلاثة على أهمية البناء الفردى للمعرفة، ونتج عـن ذلـك اسـتخدام الاستراتيجيات ما وراء المعرفية ؛ بمعنى الاستراتيجيات التى يوظفها المتعلم لتحسين فهمه، ولبنـاء المعرفة بأسلوب شخصى، والقـدرة علـى الاحتفاظ بها، وتُؤكـد البنائيـة الخارجيـة علـى أهميـة تدريس تلك الاستراتيجيات للطلاب باستخدام أدوات الكمبيوتر المعرفية، مثل : أدوات النمذجة، وبناء خرائط المفاهيم، وتحرير النص المترابط لمساعدة المتعلم فى بناء تمثيلات المعرفة وتقيمها واستثمارها.

- وحدات الممارسة Practice Modules:

فى حالة استخدام التعليم المباشر، تُعد عملية وضع معرفة المتعلم فى حيز الممارسة، وتَلَقى التغذية الراجعة على بناءه للمعرفة ذات أهمية بالغة، ويتحقق ذلك إما أثناء إجراء المـتعلم لنشاط ما داخل بيئة محاكاة،أو فى عوالم صغيرة، أو من خلال تعبير المتعلم عن تمثيله للمعرفة فى صورة مكتوبة بالأسلوب التقليدى، أو فى صورة نص ترابطى.

- إجراءات البنائية الجدلية:

تُؤكد البنائية الجدلية على دور التفاعل الاجتماعى فى عملية بناء الفرد للمعرفة، ويُستخدم مفهوم التعلم التعاونى المدعوم بالكمبيوتر " Computer Supported Collaborative Learning " (CSCL) لوصف الأدوات التى تُوظف فى هذا النمط من التعلم، ويمكن تصنيف التكنولوجيات المستخدمة فى (CSCL) إلى ثلاثة مجموعات، أدوات تُستخدم لتحقيق هدف عام وهى أدوات (CMC)، والثانية أدوات مصممة لدعم العمل التعاونى باستخدام الكمبيوتر (CSCW) مثل برمجيات المجموعات " Groupware "، والتى تدمج إمكانية تصفح "www " مع اجتماعات الكمبيوتر الجماعية، وأخيرا الأدوات التى تتميز بملامح خاصة تتلائم مع تعلم المجموعات، مثل أدوات لتيسير ، والتشارك فى حل المشكلات.

تعقيب عام:

ينصب جوهر البنائية على أن المعرفة ذاتية يتم بناؤها بأسلوب شخصى ، أكثر من كونها كياناً يُكتسب، ويُحفظ فى الذاكرة، أما الموقف السلوكى والمعرفى فيرتكز على الإبستمولوجيا الموضوعية " Objectivist Epistemology " ؛ بمعنى أن الواقع "حقيقى "ويقع خارج العقل الإنسانى، ومن ثم يرتبط التعليم باكتساب تلك المعرفة، وتشترك المعرفية والبنائية فى النظرة إلى التعليم على أنه نشاط عقلى، وأحيانا تُصنف البنائية بوصفها صيغة من صيغ المعرفية، ومن ثم كان مفهوم المعرفية البنائية، وليست هناك حاجة إلى التعمق فى العلاقات المتداخلة المجردة بين تلك المداخل، إذ يكشف التحليل المتعمق لها عن العديد من التداخلات، فالأهم هو تداعيات تلك النظريات على بيئة التعليم الإلكترونى .

وبصفة عامة، يمكن استخدام استراتيجيات السلوكيين لتعليم "What "، أى " الحقائق "، والاستراتيجيات المعرفية فى تعليم " How "بمعنى "العمليات" والمبادئ " والاستراتيجيات البنائية فى تعليم " why " المرتبطة بمستوى التفكير

المرتفع الذى يعزز المعنى الشخصى، والتعلم السياقى الموقفى، ويشتمل كل مدخل بيداجوجى على قيم وأسس هامة، فالتدريس المرتكز على إعطاء التعليمات ربما يستخدم فى " التعلم السطحى " ؛ حينما يرتبط التعلم بمهة بناء لغة عامة، وتقديم إطار عام سريع لموضوع ما والتمهيد له، وبث الدافعية الشخصية، وعندما ترتبط المهمة بالفهم المتعمق لإدراك الأشياء من حولنا يكون المدخل البنائى هو الأفضل، فعندما يقوم المتعلمون بالتوصل إلى فهم مشترك، أو إنتاج شيء ما نتيجة لعملهم الجماعى، فذلك يعنى تنمية مهارات تعاونية رفيعة المستوى، حيث من المتفق عليه أن الثقافة التعاونية، وأساليب البحث الجماعى يحققان أفضل النتائج الأكاديمية، إلى جانب تنمية مهارات التفاعل الشخصى والإدارة، وتطوير مهارات الاتصال والتواصل.

ومما سبق، يتضح أن لكل مدخل بيداجوجى إسهاماته فى تأسيس بيداجوجيا للتعليم الإلكترونى، وكما أكد محمد على فإن المبدأ الذى يربط بينهما هو التفاعل، والذى سبق توضيح مركزيته فى العملية التربوية.

ويتبنى البحث وجهة النظر التى ترتكز على استثمار توليفة من المدارس البيداجوجية لتطوير بيئة التعليم الإلكترونى التى تستهدف بناء مهارات تعاونية من خلال تشكيل توليفات متجانسة متكاملة من جلسات التعليم / التعلم وجهاً لوجه، والاجتماعات على الخط المباشر، وغيرها من أساليب) (CMC ؛ إذ يتعلم غالبية الأفراد بأسلوب أفضل من خلال التفاعل الاجتماعى، فالتعلم نشاط اجتماعى، وعلى الرغم من أهمية العمل بتشكيلات مختلفة من الثلاثة مداخل إلا أن التعلم التعاونى والبنائية الاجتماعية تحظى باهتمام متصاعد ؛ لتُركز البنائية على الاتفاق الاجتماعى العام كمصدر لبناء المعرفة ؛ إذ تنظر للتعلم على أنه عملية تعاونية يرتكز جوهرها على التفاوض حول المعنى للتوفيق بين العديد بين وجهات النظر .

رابعاً - أسس التصميم التعليمى لمقررات التعليم الإلكترونى وبيئته:

هل تناسب مقررات التعليم الإلكترونى كل الطلاب، أم أن هناك حاجة إلى تصميم مقررات تفى باحتياجات الطلاب كأفراد متمايزين؟

والاعتقاد الذى يفرض نفسه هنا، هو إمكانية تصميم مقررات للتعليم الإلكترونى لتناسب احتياجات الطلاب كأفراد متمايزين، إذا ارتكزت تلك المقررات على أسس مداخل التعلم، وأساليب تعلم الطلاب، وسماتهم، والكيفية التى يتعلمون بها شيئا ما، والشروط التى يجب أن تتوافر فى المقرر (المثالى)، وتحديد إمكانات التكنولوجيا الحديثة وطاقاتها فى دعم الكيفية التى يتعلم بها الطلاب، والمدخل الملائم للتصميم التعليمى، وكيفية توظيف التفاعلات بأنماطها المختلفة فى تصميم تعليمى يرتكز على تكنولوجيا الإنترنت، ويتناول القسم التالى من البحث معالجة عامة لتلك المبادئ والأسس.

1- أساليب التعلم:

يختلف الأفراد فى أسلوب معالجتهم للمعلومات، وهذا ما يُشار إليه عادة بأسلوب التعلم، أو الأسلوب المعرفى، ومن ثم تتطلب أساليب التعلم المختلفة أنماطًا مختلفة لتقديم مواد التعلم، ومحتوى التعلم نفسه، وأسلوب تنظيمه، ففى بعض الأحيان يكون التعلم بطيئاً لدى البعض ويتوقف عند البعض الآخرمن الطلاب، ويكون مناسباً للبقية، ومن ثم ضرورة إعداد المقررات وفقاً لقياسات معينة لتناسب تنوع أساليب تعلم الطلاب، وإمكانات تعلمهم المختلفة. ويتوقف للبعض الآخرمن الطلاب، ويكون مناسبًا للبقية، ومن ثم ضرورة إعداد المقررات وفقاً لقياسات معينة لتناسب تنوع أساليب تعلم الطلاب، وإمكانات تعلمهم المختلفة

.

مفهوم أساليب التعلم " Learning / Cognitive Styles "

يُشير مفهوم أساليب التعلم أو الأساليب المعرفية إلى ميل الفرد المتسق والمميز لـه فى الإدراك، والتنظيم، وتجهيز المعلومات، وحل المشكلات، وتتسم أساليب التعلم بثلاث خصائص هامة هـى : العمومية والثبات خلال أداء المهام،و استقلال أساليب التعلم عـن المقاييس التقليدية للقدرة العامة، وأخيراً العلاقة الارتباطية بين أساليب التعلم والإمكانات والسمات الخاصة للمتعلم، ومهام التعلم.

وظهر العديد من النظريات، والمدركات الفكرية التى تربط بين أساليب التعلم ونظريات التعلم، أبرزها : (أ) الاستقلالية عن المجال فى مقابل الاعتمادية عليه، (ب) الأسلوب الكلى – التحليلى، (جـ) الأسلوب اللفظى – البصرى، (د) أسلوب التفضيل الحسى.

- أسلوب الاستقلالية عن المجال فى مقابل الاعتمادية عليه

" Field Independence Versus Field Dependence "

يختلف الأفراد فى قدرتهم على فصل عنصر ما عن مجال ما، ولا تقتصر هذه القدرة على السياق الإدراكى فقط، لكنها تمتد أيضاً إلى السياق الشخصى، والملامح الاجتماعية للكيفية التى يُعالج بها الأفراد المعلومات، حيث يُظهر الأفراد المعتمدين على المجال كفاءات أعلى فى مجال العلاقات الشخصية، ويستمتعون بالتعلم التعاونى، ويعملون بمستوى استقلالية أعلى مقارنة بالأفراد المستقلين عن المجال الذين يظهرون تميزاً فى إعادة هيكلة المجال المعرفى ، والتعلم المستقل، لكنهم يفتقرون إلى مهارات العلاقات الشخصية، ولكل هـذا تداعياته التى يجب أن تُؤخذ بعين الاعتبار فيما يتعلق بأسلوب تقديم مواد التعلم والكيفية التى يتعلم بها الأفراد.

- الأسلوب الكلى – التحليلى "Holist – Analytic"

يميل صاحب الأسلوب الكلى إلى النظر للموقف بشكل كلى، فى حين يرى التحليلى المواقف ككيان مكون من أجزاء، ويميل إلى التركيز على ملمح أو اثنين منها، ويقع أسلوب تعلم العديد من الأفراد فيما بين البعدين، ويتنقلون فيما بين الأسلوبين، ويتمكن أصحاب الأسلوب الكلى من رؤية الصورة الكلية بسهولة، ويتوصلون إلى استخلاصات من عناصر المعلومات الكلية لتركيزهم على الأجزاء للوصول إلى العلاقات البينية التى تربط بينها، وعليه يجب توفير ما يناسب الأسلوبين فى تصميم المقررات وتقديمها.

- الأسلوب اللفظى – الشكلى "Verbal – Imagery"

يُشير الأسلوب اللفظى إلى أسلوب الأفراد الذين يميلون إلى تمثيل المعلومات فى صورة لفظية، بينما الأفراد ذوو الأسلوب البصرى فيميلون إلى تمثيل المعلومات فى إطار صورة مرئية، ويربط البعض بين الأسلوبين ذهنياً أثناء التعلم، وعليه، التأكيد على أهمية ما يتسق مع الأسلوبين بالمقررات .

- أسلوب التفضيل الحسى "Sensory Preference"

النظام الحسى نظام بيولوجى يتفاعل مع البيئة عبر أحد الحواس الأساسية، استجلاباً للمعلومات للتعامل معها، ولكل فرد أسلوب ما مفضل فى تعاطى المعلومات، ومن ثم أهمية عدم الاقتصار على مدخل واحد للتدريس، وإعداد الاستراتيجيات، والاهتمام بتنوع أساليب تقديم المقررات وفقا لقياسات معينة لتلبية احتياجات الطلاب المتنوعة.

2- الكيفية التى يتعلم بها المتعلمون شيئًا ما:

اهتم العديد من العلماء ومنهم م . برينسكى "M. Prensky" بتوضيح الكيفية التى يتعلم بها الأفراد شيئاً ما، وفيما يلى ملخص لأهم أفكاره :

- يتم تعلم السلوك من التقليد، والممارسة، والتغذية الراجعة .

- والإبداع، من خلال اللعب .

- الحقائق، من خلال تداعى الأفكار، والتدريب، والتساؤل، والذاكرة .

- إصدار الأحكام، من مراجعة القضايا، وطرح التساؤلات، والاختيار، وتلقى التدريب والتغذية الراجع.

- اللغة من التقليد، والممارسة، والانخراط .

- الملاحظة، من النظر إلى أمثلة وتلقى التغذية الراجعة .

- الإجراءات، من التقليد والممارسة .

- العمليات، من خلال تحليل النظم، والتفكيك، والممارسة .

- النظم، من خلال اكتشاف الأسس، وتنفيذ مشاريع للتخرج .

- الاستدلال من خلال حل المشاكل، والألغاز، والأمثلة .

- المهارات (بدنية – ذهنية)، من خلال التقليد والتغذية الراجعة، والممارسة المستمرة، والتحدى المتزايد .

- الأداء، من خلال الحفظ والاسترجاع، والممارسة المستمرة، والتحدى المتزايد .

- النظريات، من خلال المنطق، والتفسير، والتأكد .

ولا تُعد عملية المواءمة بين أساليب التعلم والتربية عن بعد ليست مفهوما جديدًا، ولكن الشىء الذى يتم التغاضى عنه، بل فى كثير من الأحيان إغفاله هو التنوع الهائل بين الطلاب، ولذلك تبرز أهمية تصميم المقررات لتلائم أساليب التعلم المختلفة للطلاب بقدر المستطاع، وذلك من خلال تقييم أساليب تعلم الطلاب قبل البداية الرسمية للدراسة، ومن خلال تقدمهم فى المستويات المختلفة للتعلم، ومحاولة تصميم المناهج وفقا لها لتعظيم فاعلية التعلم.

3- سمات المتعلمين:

يناسب التعليم الإلكتروني المتعلمين ذوي الدافعية الذاتية، والموجهين ذاتياً، ويتسمون بالضبط الذاتي، ومن ثم فهو لا يناسب أي فرد، وإنما المتعلم الذي ينتمي إلى فئة أو أكثر من تلك الفئات:

- متعلم غير تقليدي.
- يعمل فترة دوام كامل .
- آباء .
- قاطني المناطق الريفية المنعزلة .
- ذوي الاحتياجات الخاصة .
- السيدات المعيلات .

وبالإضافة إلى ما سبق، يجب أن تتوافر لدى المتعلم مهارات أساسية تمكنه من التفاعل مع هذه الصيغة التعليمية، تتمثل في:

- مهارات التعامل مع الكمبيوتر والإنترنت : أساسيات الكمبيوتر، استخدام البريد الإلكتروني، ومعرفة آليات التعامل مع (WWW) .
- مهارة إدارة الوقت : بمعنى القدرة على إنجاز المهام كاملة في الوقت المخصص لها.
- أسلوب تعلم مستقل : القدرة على العمل، والدراسة، والتعلم بأسلوب مستقل .
- مهارات اتصال فعالة .

4- متطلبات المقرر الدراسي المستخدم في التعليم الإلكتروني:

ثمة مجموعة من المتطلبات يجب أن تتوافر في المقرر الدراسي المستخدم في التعليم الإلكتروني، أجملها مير " Muir " فيما يلي:

- **مقرر كامل المحتوى.**

يجب أن يغطى نفس المحتوى الذى يتضمنه المقرر الدراسى التقليدى.

- **ضرورة تعلم الطالب تصنيف بلوم.**

أهمية تضمين خطة كل درس أهداف تعلم الطالب، والتى يجب أن تغطى أهداف وغايات درس محدد، وكذلك تضمينها لتصنيف بلوم بمستوياته الستة، من أجل بناء دائرة التعلم، إلى جانب تركيز تلك الأهداف على أساليب التعليم المختلفة.

- **تناسب استراتيجيات المعلم كل أساليب التعلم.**

ضرورة تضمين استراتيجيات للمعلم بخطة كل درس، حتى يتمكن المعلمون من مواءمة أساليب تعليمهم بما يتفق مع النظرة للمتعلمين كأفراد متمايزين.

- **أنشطة تتواءم مع أساليب تعلم مختلفة.**

الحرص على تضمين أنشطة تفاعلية تناسب تنوعاً واسعاً من أساليب التعليم، ويجب أن تعزز تلك الأنشطة محتوى الدرس وتوفر غرض الاستكشاف فى مجال المحتوى.

- **تغطية التقييم للمحتوى بأكمله.**

ضرورة تغطية التقييم لمجال الدرس بأكمله، مع تنوع صيغ التقييم لتقابل أساليب التعليم الفردية، إلى جانب توظيفها بالأسلوب الذى يقيس المستويات الستة لتصنيف بلوم.

- **الاعتماد من قبل مؤسسة وطنية.**

يجب أن تجتاز المؤسسة التى تنتج المقررات الإلكترونية شروط الاعتماد الأكاديمى.

- **قبول المنهج للتعديل.**

أهمية قابلية المنهج للتعديل ليتضمن أهداف تعليم،أو أنشطة إضافية.

- **التوظيف الكامل لإمكانات التكنولوجيا.**

أهمية استثمار المقررات لكافة إمكانات التكنولوجيا.

- **إتاحة المقررات على الإنترنت 24 ساعة يومياً.**

ضرورة إتاحة المقررات طوال الوقت على الإنترنت، مع تطوير الدعم الفنى الملائم للطلاب والمعلمين.

5- حدود التكنولوجيا المستخدمة:

من أهم التحديات التى تواجه المعلمين ومطورى المقررات الدراسية هو كيفية بناء بيئة تعلم تتسم بمركزية التعلم، والمحتوى، ومجتمع التعلم، والتقييم، وتعلم المعلمين مهارات كيفية الاستجابة لحاجات الطلاب والمقرر من خلال تطوير مجموعه من أنشطة التعليم الإلكترونى يمكن تطويعها لتناسب احتياجات الطلاب المتنوعة، ويوضح الجدول التالى إمكانات التكنولوجيات الحديثة التى تُدعم الكيفية التى يتعلم بها الأفراد.

جدول (3) إمكانات البيئة الشبكية لدعم الكيفية التى يتعلم بها الأفراد

كيفية تعلم الأفراد	إمكانات الويب الحالية	إمكانات الويب الدلالية "SEMANTIC WEB "
التمركز حول المتعلم	إمكانات دعم أنشطة التعلم المتمركزة حول الفرد، والمجتمع .	المحتوى الذى يتغير وفقا لنماذج التعلم الفردية والجماعية.
التمركز حول المعرفة	منفذ مباشر لمكتبات ضخمة ولأنشطة تعلم متنوعة .	عوامل لاختيار المحتوى، وإعادة استخدامه، وإضفاء السمة الشخصية عليه.
التمركز حول المجتمع	تفاعلات ذات صيغ متعددة متزامنة وغير متزامنة، تعاونية وفردية.	عوامل لترجمة، وإعادة صياغة، ومراقبة، وتلخيص تفاعلات المجتمع .
التمركز حول التقييم	مرونة زمنية ومكانية عالية، وفرص متنوعة لتقيم تراكمى ونهائى من قبل الفرد، والزملاء، والمعلمين .	عوامل لتقييم، ونقد، وتقديم تغذية راجعة فى الوقت المناسب .

* الويب الدلالية

هى الجيل الجديد للويب، فهى تكنولوجيا ناشئة متطورة لتطبيق التعلم الإلكترونى، وبيئة تتصل من خلالها العوامل الآلية على أساس دلالى؛ إذ تتغير الويب من كونها وسيلة لعرض المحتوى إلى وسيلة يتسم فيها المحتوى بمعنى دلالى "semantic meaning"، بمعنى أنه إذا أمكن وصف شكل وبنية المحتوى بلغة تستطيع الآلة قراءتها، ومن ثم تستطيع الآلات معالجة ما بها من معلومات، ومن ثم يمكن إجراء البحث عليها ليس فقط من قبل البشر، لكن أيضا من قبل برامج للكمبيوتر عُرفت باسم العوامل المستقلة، "autonomous agents" والذى طور هذه الإمكانية العالم : "Tim Burners Lee" المصمم الحقيقى للويب، وتم تصميم برمجيات لتلك العوامل للبحث فى الويب عن معلومات محددة، ومعالجتها فى ضوء مهام أعطيت لها.

وتتطلب الدراسة فى إطار التعليم الإلكترونى زيارة العديد من المراكز التربوية الإلكترونية لتصفح ما تقدمه، وتجميع معلومات عن المقررات الدراسية، وانتقاء أكثر المقررات ملاءمة لاحتياجات الطالب وتفضيلاته، ثم فى النهاية تسجيل كل هذا . وتستهلك هذه العملية كثيراً من الوقت، لكن تتطلب عمليات التعلم السرعة، وأداء المهام فى الوقت الملائم، وتتطلب تلك السرعة بدورها تحديداً دقيقاً لمحتوى مواد التعلم،وكذلك ميكانيزم فعال لتنظيم هذا المحتوى، وتعد الشبكة الدلالية هى ذلك الميكانيزم الفعال. وسوف يُلقى هذا التطور بتداعياته المستقبلية على أبعاد العملية التربوية برمتها .

6- المدخل المختلط للتصميم التعليمى:

مفهوم التصميم التعليمى "Instructional Design"

" هو تطبيق نظامى لمجموعة من الأسس لتحقيق تعليم فعال، وعملية تتعلق بتحليل حاجات التعلم وأهدافه، وتطوير نظام تقديم مواد التعلم لمقابلة تلك الاحتياجات. ويرتكز التصميم التربوى الجيد على نظرية للتعلم ينطلق منها، وتم انتقاء المدخل المختلط للتصميم التربوى لأنه يعكس كل مواقف التصميم التعليمى التى تماثل بيئات التعلم المختلفة، وتلبى احتياجات المتعلمين المتنوعين، ومن ثم تتطلب نظريات تعلم مختلفة، و نماذج مختلفة للتصميم التعليمى، ويناسب المدخل المختلط أساليب تعلم مختلفة ؛ حيث يجمع بين النماذج التقليدية و البنائية، ويتم تطبيق النماذج البنائية عندما يتوافر لدى الطلاب معرفة متقدمة بالمحتوى، وحل المشكلات، وتطبيق مبادئ متنوعة، بينما يتناسب تطبيق – النماذج التقليدية عندما تكون معرفة الطلاب السابقة محدودة، ويكون المطلوب هو تعلم مفاهيم ومبادئ جديدة.

7- التفاعلات والتصميم التعليمى:

يُعد نظام التفاعلات من أهم مكونات البيئة التعليمية، وطرح ميانج لى "Miyoung Lee" " نظرية توجه مصممى مقررات التعليم الإلكترونى توضح متى يوظفون التفاعلات بأنماطها المختلفة، والكيفية التى تسهم بها كأساليب تعليمية فى تحقيق مخرجات تعلم محددة، من قبيل : بناء فرق العمل، تعميق الفهم، ودعم تحكم الطالب فى تعلمه ... وما إلى ذلك.

وتتلخص الأهداف التى تؤكد عليها النظرية فيما يلى :

– توفير تنوع فى أساليب التدريس .

– إتاحة الدعم المعرفى والاجتماعى .

‐ تجنب التحميل الزائد للمعلومات والمعرفة .

‐ تحمل المتعلمين لمسؤلية تعلمهم .

‐ بناء الأنشطة على ما يسبقها .

‐ دعم التفاعل مع أقران الدراسة لبناء المعرفة اجتماعيا، وإنجاز المهارات المعرفية المعقدة، والتى تتطلب مستويات تفكير عليا .

ويمكن إجمال مخرجات التفاعل التى تستهدفها النظرية فيما يلى:

‐ زيادة المشاركة والانخراط فى عملية التعلم .

‐ زيادة الانخراط الاجتماعى مع أفراد المجموعة لتطوير التواصل، وتلقى التغذية الراجعة .

‐ تعزيز عملية إضافة التفاصيل الضرورية للتعلم، والمحافظة على الروابط الكائنة.

‐ دعم ضبط التعلم الذاتى .

‐ زيادة الدافعية .

‐ بناء فريق للعمل، وتعزيز مبدأ تفاوضيه الفهم .

‐ تعميق إسلوب الاستكشاف .

‐ تعميق الفهم المقصود .

‐ اكتساب الصلات الاجتماعية القوية، وتعميق القرب من الآخرين .

ويُعد تفاعل المتعلم - الكمبيوتر من أهم التفاعلات، وعلى الرغم من ذلك طُرحت محاولات قليلة جدًا لتصميم التفاعل بين المتعلم والكمبيوتر، من خلال تصميم واجهة " سهلة الاستخدام " وفى نفس الوقت متمركزة حول التعلم، وتتسق مع أساليب تعلم وخلفيات مختلفة لشرائح متنوعة من المتعلمين، حيث قد يكون مستخدم الواجهة فرداً أو مجموعة، كما أن هناك تحدياً آخر هو اختلاف وجهة نظر المصمم التربوى الذى يهتم بالمحتوى أكثر من سهولة استخدام واجهات

المستخدم، وعلى العكس من ذلك يهتم مصممو الواجهات على تصميم الواجهة متجاهلين مشاكل التصميم التعليمى، ومن ثم هناك ضرورة ملحة للتكامل بين الفريقين واستخدام مداخل متنوعة لمقابلة تلك الإشكاليات.

8- التصميم التعليمى للنص الفائق والويب:

بأسلوب مماثل للشبكات العصبية بمخ الإنسان، يمكن عمل نص فائق Hyper text (HT) ، وهو مادة دراسية معقدة تتضمن وسائط متعددة تشعبية تتكون من روابط متداخلة على الويب، والتى تصمم بحيث تُنتج روابط تفاعلية متداخلة بين عدة موضوعات داخل المنهج الواحد، وتؤكد ليزينبى" Lazenby " على أهمية احتواء النص على خرائط للمفاهيم لمساعدة المتعلم على التجول داخل المقرر، بما توفره من ملامح عامة تخطيطية توضح أى النهايات الطرفية تم استخدامها، وكيفية الوصول إلى رابط معين.

ويختلف النص الفائق كثيرًا عن العرض السردى " narrative presentation " الذى يتسم به النص التقليدى، وأثناء قراءة النص يبنى المتعلم نموذجاً فكرياً لبنية النص وملامحه تساعده فى التوصل إلى فهم أفضل لمحتواه. حيث تتسق بنية النص مع البنى الفكرية للمتعلم وأساليب تمثيل المعرفة .

وهناك تأكيدعلى أن أسلوب تمثيل المعرفة فى صورة شبكية يعد عنصرًا هامًّا مكملاً للهياكل التنظيمية الفكرية التى يستخدمها الأفراد، ويتضح ذلك مما يلى:

- تماثل الملامح البنائية والوظيفية للنص الفائق والوسائط المتعددة فائقة البنية ووظيفة العقل الإنسانى .
- يتسق النص الفائق والوسائط المتعددة الفائقة مع الأسس التعليمية للتنظيم الذاتى، والتعليم البنائى .

- يتسق النص الفائق والوسائط المتعددة الفائقة مع مبادئ الأساليب المتعددة لصور تمثيل المعرفة .

كما يؤكد البحث العلمى على تفضيل العقل لبيئة تعلم غنية تتصف بالمرونة، وتنطوى على مداخل فكرية توجه البحث المعرفى من خلال تضمين خريطة للمفاهيم (لاخطية) وقائمة بالمحتويات (خطية) ، والنقاط النشطة " Hot Spots" لتقديم معلومات إضافية ؛ إذ تقوم بنفس وظيفة الهوامش / الحواشى فى المادة المطبوعة، مع الاهتمام بتحقيق التوازن بين تحكم الطالب فى تعلمه ونظام بنية النص الفائق الذى سيسترشد بها المتعلم فى تصفح قواعد البيانات.

وتتفق بنية " HT " مع التوجه الذى ينادى بالتخلى عن النظم المفاهيمية المرتكزة على أفكار المراكز والأطراف ، والترتيب الهرمى، والخطية، وإحلال النظم المفاهمية المرتكزة على الخطية متعددة الأبعاد " MULTI LINEARITY "، "والنهايات الطرفية "، والروابط، والشبكات محلها، ولقد تمكن علماء معمل (CERN) بجنيف من اختراع أداة الويب عام1989 ؛ لعرض المعلومات فى شكل متشعب ؛ حيث تتصل محاور المعلومات بمحاور أخرى تنطوى على معلومات ذات صلة. ويعد هذا التوجه تحولاً فارقا فى الشكل والمحتوى معا، وهذا يؤدى بدوره إلى ثورة فى قواعد التفكير، فالهدف إذًا هو استخدام " HT " كأداة للتفكير الاستراتيجى والنقدى، وتوفير بيئة تمكن المتعلمين من الاستثمار الأمثل للمعرفة، والتوظيف الفعال للذكاء الجمعى.

كما لا يفرض النص الفائق على المتعلم أسلوب المؤلف / المعلم فى تنظيم المعلومات، بل يعكس بنية المعرفة لدى المتعلمين، التى تركز على إمكاناتهم وخبراتهم الشخصية، وتدعم الأساليب الفردية التى يفضلها كل متعلم فى النفاذ إلى

المعلومات ومعالجتها . وتؤكد الدراسات على أن تلك المزايا يستثمرها الطلاب ذوو مستوى الإنجاز العالى، ولديهم معرفة سابقة عن المحتوى.

ويُقدم النص الفائق فى سياق بيئة الويب، وعليه تعد القضية المحورية فى هذا الصدد هى كيفية تصميم بيئة الويب بأسلوب ييسر للمتعلمين إيجاد حالة من التلاحم والدمج بين ما تعلموه وبين البنيات المعرفية الجديدة . ويطرح كانوكا "Kanuka" رؤية لتصميم النص الفائق تسهم فى تحقيق حالة من التلاحم والدمج هذه تتلخص فى: كلما زاد جمود بنية النص الفائق، قل احتمال استدماج المتعلمين ما تعلموه سلفا، وبدون تنظيم واضح لتلك البنية، يواجه المتعلمون صعوبة فى اكتساب المعرفة الجديدة . كما يؤكد على أن استعداد وقدرة المتعلمين على حسن توظيف بيئتهم المعرفية لاستيعاب المعرفة الجديدة يعتمدعلى الفروق الفردية بدرجة كبيرة.

ومن ثم، يتطلب التصميم التعليمى للويب تحليلاً متعمقاً لكيفية استثمار ملامح الويب بالاتساق مع أسس التصميم التعليمى المرتكز على نتائج البحث العلمى، ونظريات التعلم وليس إمكانات التكنولوجيا . والملاحظ ارتكاز معظم المداخل المستخدمة فى هذا السياق على المدخل البنائى لتأكيده على مبدأ تحكم الطالب فى تعلمه، حيث لا يُجبر المتعلم على اتباع مسارات بعينها، وهذا بدوره يتطلب توازناً دقيقاً فى عمليه التصميم بحيث توفر الويب معلومات تتناسب مع احتياجات المتعلمين ومتطلباتهم، فالمتعلم يكون أحيانا مستهلكاً للمعلومات، وأحيانا أخرى منتجاً لها، وعليه يُؤمن البعض بأن تكون نقطة الانطلاق هى تحديد مخرجات التعليم المرغوبة، وهذا لا يعنى أن تبدأ عملية التصميم دائماً من مخرجات التعلم المقصودة، على الرغم من أن منطق التصميم التعليمى ينطوى على أهميتها كمنطلق .

9- التصميم التعليمى وسياق التعلم:

يهتم التصميم التربوى الصحيح بالسياقات المحيطة بالمتعلمين وتأثيرها على تعلمهم ؛ حيث لا تنفصل الملامح المعرفية عـن الملامـح النفسية والاجتماعيـة لبيئات التعلم، فعملية الارتبـاط بالمصادر والإمكانات التى تقدمها الويب تُعد مكوناً أساسياً فى التعلم الإلكترونى، فالويب ليسـت مجرد أداة لتقديم التعليم، بل هى سياق له تأثيراته الهامة على ملامـح و أبعاد أخرى مـن حيـاة الطلاب.

10- التقارب الاجتماعى فى بيئات التعلم الإلكترونية:

يُمثل التقارب الاجتماعى ملمحاً هاماً لأى نشاط تعلم ناجح بصفة عامـة، وتـزداد أهميتـه بالنسبة لبيئات التعليم الإلكترونية بصفة خاصة، وإذا كنا بصدد تصميم بيئات تعلم إلكترونيـة فعالة، فلا مفر من تحديد وفهم العمليات النفسية التى تتم أثناء التعلم، فالتقارب الاجتماعـى "Social Presence"، وفورية الحوار ومباشرته "Immediacy of dialogue"، ومثابرة المـتعلم "Student tenacity" تمثل أساساً هاماً لبناء بيئة تعلم فعالة. وقد أكد جاريسون على أن العملية التربوية ما هى إلا إعادة بناء للخبرة قائم على الشراكة و التلاحم بين البعدين المعـرفى والاجتماعى. وحـدد ذلك بتبنيه لمقولة "ديوى":

" للعملية التربوية جانبان - الجانب المعرفى، والجانب الاجتماعى، ولا يصح أن يكون أحدهما عنصراً مساعداً للآخر، أو إهماله، وإن حدث، فسوف يستتبع ذلك نتائج عميقة " .

إن التقارب الاجتماعى " هو درجة الوعى، والشعور، والإدراك، ورد الفعل المتعلـق بكون الفرد مرتبطا بكيان فكرى آخر أثناء تفاعل ما، ومـا يترتب على ذلك مـن تقديـر للعلاقة الشخصية، كما يُمثل تواصل الفرد مع غيره على الرغم من وجود هـؤلاء الأفراد

فى أماكن مختلفة، حيث يتم الاتصال عبر وسائط إلكترونية، ويعكس التقارب الاجتماعى قـدرة الأفـراد على التعاون بفاعلية فى سياق أطر مكانية وزمانية مختلفة، وتُعـد اجتماعـات الفيـديو الحيـة " Video Conferencing " من أغنى صيغ دعم التقارب الاجتماعى قياسا بالتكنولوجيات الأخرى.

ويرى البعض أن التقارب الاجتماعى يُمكن تعريفه فى ضوء أُطر من العلاقات الاجتماعيـة، وأساليب الاتصال، وتحليل المهام، ومستويات التغذية الراجعة وفوريتها، ويمكن وصف التقارب الاجتماعى بأنه المدى الذى يستطيع به المتواصلون عن بعد وصف ذاتهم للآخرين باستخدام أى وسيط تكنولوجى .

* * *

الفصل الثامن

المناهج لتنمية الأخلاق وتربية الأعماق

1 - المناهج وأنسنة الإنسان.

2 - المناهج وحرية المتعلم.

3 - المناهج والتدريس التقدمى.

4 - المناهج والمسئولية الأخلاقية.

المناهج لتنمية الأخلاق وتربية الأعماق

أولاً- المناهج وأنسنة الإنسان:

تزداد قيمة النزعة الإنسانية فى عالم اليوم شماله وجنوبه علـى حـد سـواء، حيـث تسـوده قسوة الهيمنة الأمريكية الضاغطة على كل جبهات الرفض والمقاومة والاختلاف الثقافى، وحيـث تسود نزعة عسكرة العولمة وتوحشها، ويقوى كل ذلك ترسانة فكرية تحاول تأسيس المشروعية لهذه النزعة، وحيث تضع الإسلام والعروبة فى مواجهة أسلحة حديثة متطورة للدمار بعد إلصاق الإرهاب والعنف بسماء الشرق مهبط الديانات السماوية والحضارات وهذه المعطيات تضغط بشدة علـى التربيـة قبل التعليم فى إطار الـدعوة لتأهيل المجتمـع العربى الإسلامى بمراجعة الخطاب الدينى والمقررات الدراسية لتخفيف عناصر الهوية وخلخلة الذاكرة الوطنية العربية.

وهنا لابد من أهمية طرح النزعة الإنسانية باعتبار أن معرفة الإنسان وفهمـه هـى محـور العمل التربوى ونقطة البداية والوسط والنهاية ليصب هذا المسعى فى محيط الجهـود التربويـة والتعليمية ومسيرة تطوير التعليم المتنامية بجناحيها الجامعى وما قبل الجامعى.

إن ما يتوجب علينا أن نلتفت إليه وندعمه فى برامجنـا التعليميـة والتربويـة هـو أنسـنة الإنسان والسعى لمصالحة الإنسان مع نفسه بطريقـة عمليـة تتحـد سياسياً وتتجسد فى نظام أخلاقى معاش على أرض الواقع كما تجسد فى نظام اقتصادى قوامه العدالة والمساواة. إن النزعة الإنسانية التى ننشدها فى تعليمنا تؤمن بقدسية الإنسان وكرامة الإنسان، وقد أغنى الإسلام النزعة الإنسانية بإيلائه الإنسـان مفهومًا وكيانًا ومسئولية وحمايـة أولى فى أولوياتـه الكبرى والحاكمة.

النزعة الإنسانية التى يجب أن نضغط عليها فى مسيرتنا التعليمية هى بُعد محورى فى التفكير والاعتقاد، وجدل مستمر يحتوى داخله وجهات نظر مختلفة فى نطاق موضوعات التفكير حول استكشاف الإنسان لنفسه وإثراء الخبرة الإنسانية، ويصبح الحوار الأسلوب المنهجى الغالب على الجوانب المختلفة للخبرة الإنسانية، كما تتضمن الحوارات القناعة بأن الفرد الإنسانى ذو قيمة فى حد ذاته، وأن احترام هذه القيمة هو مصدر كل القيم الأخرى. إن هناك مبدأين رئيسيين فى الإنسانية: الأول أن غاية التربية هى تنمية كل القدرات لدى الإنسان، والثانى أن الطريقة الأساسية لتحقيق ذلك هى إقامة علاقات إنسانية بين المعلم والمتعلم. ويترتب على ذلك أن نسأل أنفسنا نحن التربويين هل يمتلك الفكر التربوى والتعليمى الذى نقدمه للنشء والشباب الوسائل العقلية والثقافية وكذلك الحريات والأطر التى لابد منها من أجل تشكيل فلسفة حديثة للإنسان؟ إن النزعة الإنسانية التى تغذى مناهجنا التعليمية تقوم على الأنسنة ، وهى فى حد ذاتها بداية جديدة تجعلنا أمام مدخل مزدوج لمفهوم الإنسان شقه الأول حيوى طبيعى والآخر نفسى اجتماعى وثقافى، وكلا المدخلان يحيلان إلى بعضهما البعض الآخر. إن النزعة الإنسانية تشكل شرطًا حاسمًا لتربية جديدة مؤسسة على ركيزة إنسانية تبين بجلاء كيف أن الحيوانية المبدعة والإنسانية تحددان معًا شرطنا الوجودى.

إن ثمة مشروعية للالتفات بموضوعية وحيادية إلى الفكر الإسلامى الحضارى التكوين لرد الاعتبار إلى الذات فى وجه حملات التشويه والتفكيك الغربية والأمريكية والتى دخلت منطقة العداء الصريح والتآمر المتعمد والتى تعززها ترسانة مسلحة حديثة وترسانة أيديولوجية تربط الإسلام بالإرهاب وتربط العروبة بالتعصب، ومحاولة فهم روافد الإسلام للنزعة الإنسانية معناه المساهمة فى إخصاب النزعة الإنسانية عالميًا وتصحيح المدرك المغلوط عن الإسلام والعروبة. إن المعطيات الجوهرية للرؤى الكونية للإسلام هى المصدر الأساسى لاستقامة

الحقوق الإنسانية، والتى يمكنها أن تسهم فى تأسيس نزعة إنسانية معاصرة تقوم على مبدأ وحدانية اللـه، وبالتالى تشتق منه مبدأ واحدية الكائن الإنسانى، ثم مبدأ كرامة الإنسان وخلافته للـه تعالى على الأرض، ومفهوم المساواة بين كل البشر، ومفهوم العقل أعدل الأشياء قسمة بين البشر.

إن التربية مطالبة باستيعاب الروافد الفكرية الخصبة التى تغنى نظريتها وممارستها اليومية، ونقد الروافد الإسلامية والاستفادة منها فى إغناء الفكر التربوى التعليمى، والعودة إلى الجهاز العقلى للفكر الإسلامى فى عملية نقدية واعية يترتب عليها إما أن يسهم المسلمون بشكل مبالغ ودون أى تحفظ أو رقابة قمعية فى التشكيل الجماعى لنزعة إنسانية كونية تسهم فيها تراثات الفكر وثقافات العالم، وإما أن تشهد تصلبًا أيديولوجيًا للعقل السياسى الدينى الذى يؤسس السياسة والخلاق على تصلب دجماطيقى لا يتعرض أبدًا لأى مناقشة نقدية أو مراجعة فكرية. وعليه فإن تعليمنا لابد أن:

— يقدم أفكارًا للنشء والشباب هى فى جوهرها مستقبلية تتخطى حدود الزمان وحدود المكان.

— يتجاوب مع همومنا العصرية، ويضيف إلى أسئلتنا نحو المستقبل شهوة التغيير، والتمرد على الثابت الجامد، والانفتاح على الماضى والآتى، فيها ما يمكن أن ينتقل بالإنسان من قيد التقليد إلى فاعلية الاجتهاد، ومن الانغلاق على النفس إلى الانفتاح على الآخر.

— يزود المتعلم بإرادة دائمة من خلال منهج معرفى يتحد بالتيارات العامة للأوساط الفكرية فى عصره، وبإرادة التغيير والقدرة على تذليل الظروف القائمة والعارضة فى مجتمعه.

— ويحصن المتعلم بنسق فلسفى مستقل يجعله صاحب موقف فلسفى منفتح بفضل نزعة نقدية واضحة، يطرح الأسئلة التى تحاول هز الواقع وتبحث عن إجابات متعددة للمسألة الواحدة.

- ويدربه على فن السؤال، فالسؤال منهج تربوى غنى منذ سقراط وحتى اللحظة التربوية الحاضرة، فالسؤال يولد سؤالاً، والحوار يثرى العلاقات بين القضايا والأفكار. والسؤال منهج غائب فى تربيتنا وتعليمنا، حيث تسييد ثقافة التلقين والإجابات الجاهزة والعقول الاجترارية المتشابهة على المستوى العربى. وعليه فإن السؤال أداة ضرورية لتنشيط التعليم، وإحداث هزة حقيقية يمكن أن تخلص التعليم من بعض جوانب أزمته.

- مناهجنا لابد أن تقوم على الإنسان، وعلاقة الأنا بالآخر وصياغة معادلة مشتركة للتعايش بين الإنسان وأخيه الإنسان دون النظر إلى عنصريات وثنائيات آن لها أن تسقط وتزول.

- ومناهجنا لابد أن تؤكد على أرضية مشتركة للحوار الإنسانى الذى يفضى على شراكة خلاقة تقوم على احترام الإنسان بما هو إنسان، وتنتج حوارًا ثقافيًا لا صراعًا حضاريًا تصادميًا ونحن نعيش مناخ السخونة العسكرية التى تنتجها الهيمنة الأمريكية على مستوى العالم، وتوحش حركة العولمة التى تقوم بالإقصاء والتهميش للآخر اللاغربى.

- ومناهجنا لابد أن تقوم على الرؤية الفلسفية للنزعة الإنسانية لتسهم فى السعى المشترك لإقامة حوار بين الأمم والجماعات البشرية، وتعزز تربية أخلاقية، وتصور إنسانى للفرد يرد للإنسان اعتباره وماهيته العربية الإسلامية المفقودة ذلك إذا اعتبرنا التربية قوة المستقبل الأساسية، ورافعة التقدم الإنسانى والمعنية بتشكيل إنسان والتأسيس على ماهيته الإنسانية لأنشطة الإنسان العربى المسالم.

إن مدخل النزعة الإنسانية الذى يجب أن يقوم عليه تعليمنا لا يزال مهملاً بين مداخل عديدة تجريبية وتجريدية ونفعية، هو مدخل تربوى حضارى يتمثل فى مسعى التربية نحو تأسيس عقل جديد يقوم على احترام الإنسان وكينونته وحقوقه مما يخفف من حالة الاحتقان السياسى والحضارى المعاصر، وتأجج الفكر العنصرى

والمتعصب فى الغرب وأمريكا ضد الثقافة العربية الإسلامية والإنسان المنتمى إليها. واحتفال تعليمنا بالنزعة الإنسانية يؤكد بوضوح على مدخل فكرى فى التنشئة وتبنى ثقافة السؤال والتربية القائمة على الحوار والعقل النقدى.

إن مجال العمل التربوى القائم على أنسنة الإنسان يشكل أحد جسور الحوار الثقافى بين أبناء الدول فى قرية صغيرة مسامية الجدران، وبالتالى فإن التعاون الدولى فى مجال التربية يسهم فى التخفيف من الصراع الحضارى المستمر. وهذا التعاون ينطلق من الإطار القومى العربى إلى الإطار الجغرافى الإفريقى، والروحى الإسلامى ثم يمتد إلى الإطار الإنسانى مع الآخر الغربى، كما يشمل مختلف المراحل والأنشطة، وهو دعوة إلى التفكير فى بعض المقررات والمدارس والكليات الجامعية المشتركة التى يمكن أن تمثل نموذجاً للحوار الثقافى بين المجتمعات المختلفة، كما يمكن للمنظمات الإقليمية والدولية أن تسهم فى هذا التبادل الثقافى. إن التأكيد على أن الإبداع المجتمعى وإطلاق القوى والطاقات لدى الأفراد يمتد من العام إلى الخاص، ومن المجتمع إلى التعليم، ولذلك فإن تعميق المشاركة السياسية والإصلاح السياسى والحقوق الديمقراطية فى المجتمع لا ينفصل عن التربية الإبداعية داخل أسوار المدرسة والجامعة.

إن النزعة الإنسانية فى التجربة العربية الإسلامية تقدم إمكانية خصبة لتطوير العمل التربوى نحو آفاق أرحب تتعلق بسمو الحرية والعقلانية، وتدعيم الرؤى الثقافية المتسامحة إلى الآخر الغربى وإبراز إمكانات الحوار بين الشمال والجنوب، وإدانة الهيمنة والعنصرية، وإغناء طرق التدريس بثقافة السؤال، والسؤال الفلسفى والأساليب الحوارية ومواقف الجدل فى مقابل التعليم القائم على الاستظهار والاجترار والتى تضعف روح النقد، ويمكن التوسع فى التعليم الحوارى فى مختلف المراحل التعليمية داخل الصف وخارجه، وهو ما يمكن أن يدعم قيم النسبية والتعددية واحترام الرأى المخالف. إن التركيز على تعليم جديد قائم على النزعة الإنسانية يحقق التكامل مع المتعلم إنسانية المعلم، وهو ما يعنى الرقى بالمعلم

إعدادًا وتدريبًا وممارسة، وتدعيم مكانته المهنية ومشاركته النقدية فى تطوير عمله ومهنته ومجاله الحيوى، وتشجيعه على السؤال المستمر والمتجدد حول طبيعة عمله ومنطق مهنته، وتشجيعه على القيام بالبحث العلمى النقدى، ويتمم هذا كله النظر بإيجابية فى المكانة المادية والاجتماعية للمعلم تحقيقًا لإنسانيته وتقديراً وتوقيراً لرسالته فى بناء البشر وصناعة الإنسان فى الألفية الثالثة.

ثانيًا - المناهج وحرية المتعلم:

إن ممارسة التدريس ترتبط بحرية الطلاب، كما ترتبط بالثقة فى الذات. وهذه الثقة فى الذات هى التى تعبر عن نفسها فى توكيد فعل أو قرار يتعلق باحترام الحرية واستقلالية الطالب، وقدرته على مناقشة مواقفه الخاصة، وفى انفتاحه على مراجعة ذاته والمواقف التى تمسك بها من قبل. وتتضمن السلطة الواثقة من ذاتها التى يتمتع بها المعلم الكفاءة المهنية. فلا سلطة للتدريس دون كفاءة، واختيار المعلم وممارسته الديمقراطية من الأمور التى تحددها الكفاءة العلمية. بمعنى أن عدم الكفاءة العلمية يدمر السلطة الشرعية للمعلم.

إن ما تتطلبه سلطة المعلم فى سياق حرية الطلاب هى التواضع والعطاء، وهو ما يولد مناخ الاحترام الذى يحقق العدل والجدية ، وهو المكان الذى يتحول فيه التعليم إلى خبرة تربوية حقيقية. كما أن البيئة المتسامحة تولد الإبداع وتنمى روح التذوق والمغامرة المحسوبة. والسلطة الديمقراطية المتسقة مع ذاتها التى تقوم على الحزم مع حرية الطلاب تكرس نفسها لبناء الانضباط. إن الحرية ضرورة وتحد دائم وحتى حرية التمرد لا يمكن النظر إليها على أنها إخلال بالنظام، لأن السلطة الديمقراطية المتسقة مع ذاتها تحمل اقتناعاً بأهمية الانضباط الحقيقى الذى يظهر فى أنشطة طلاب يواجهون التحدى، ومعلم يمتلك الكفاءة المهنية والفاعلية.

إن المهمتين الأساسيتين للمعلم هما: أن يحتفظ للطلاب باحترامهم وألا يفصل بين التدريس والتربية الخلقية، فالمتعلم لا يمكن أن يحيا بشكل أخلاقى دون الحرية، وأنه لا حرية دون مخاطرة. إن السلطة الديمقراطية المتسقة مع أنها لا تلوثها

اللامبالاة، إنها ترفض كبح حرية الطلاب وترفض أى كبح لعملية بناء انضباط جيد، أو ترفض بعد ذلك تقويم الطلاب للمعلم الأمر الذى يترتب عليه تطوير أداء المعلم، وأن يقرب بين ما يقوله وما يفعله، وبين ما يبدو عليه الآن وما سيصبح عليه غدًا. إن المعلم الديمقراطى يذكر أنه لا يعرف إذا كان لا يعرف. وهذا الالتزام بحقيقة عدم معرفته يمثل رصيدًا له عند طلابه، باعتبار أن هذا السلوك الصادق يمثل قيمة أخلاقية من ناحية ويدفع المعلم الذى هو فى موقف التعرض لكافة أنواع الأسئلة أن ينمى نفسه أكاديميًا وأن يكون مستعدًا لتزويد طلابه بإجابات صادقة عن أسئلتهم.

إن المعلم يبذل الجهد لتجسير الفجوة بين الثنائيات بين التدريس والتشكيل الخلقى، وبين الممارسة والنظرية، وبين السلطة والحرية، وبين الجهل والمعرفة، وبين احترامه لنفسه واحترامه لطلابه، وبين التعليم والتعلم. المعلم الديمقراطى يتعامل مباشرة مع حرية الطلاب ونمو استقلاليتهم، تلك هى الطريقة التى يحيا بها المعلم الديمقراطى مع نفسه ومع طلابه، والتى يحترم فيها حق إلقاء الأسئلة والشك والنقد، هو شاهد بصدق على ما يؤمن به وما يتحدث عنه. أما التحدث فقط فلا جدوى من ورائه، وتلك هى المسئولية الخلقية التى يحملها المعلم ويتحملها. إن التدريس الديمقراطى نص يجب أن يقرأه المعلم باستمرار ويفسره حتى يتحقق التلاحم بين المعلم والمتعلم فى استخدام مكان التدريس بشكل متبادل حتى تزداد إمكانيات حدوث التعلم الديمقراطى فى المدرسة.

إن وجود المعلم فى الفصل هو وجود سياسى، ولذلك توجب على المعلم الديمقراطى أن ينقل لطلابه قدرته على التحليل والمقارنة والتقييم واتخاذ القرار والتأثير والاعتراض، وقدرته على أن يكون عادلاً فى أقواله وأفعاله، وأن تكون له اختياراته على أن يبجل الحقيقة، لأنه إنسان أخلاقى يختار الممارسة منفتحة العقل يلتزم بها عند تنفيذه لأنشطة التدريس فلا تمييز بين المتعلمين على غير أساس موضوعى بل بين الطلاب على أساس قدراتهم وميولهم واستعداداتهم.

إن التربية خبرة إنسانية خاصة. والمعلم لا يكون معلماً إذا لم يدرك بوضوح أن ممارسته تتطلب منه تحديدًا لموقفه، وتخاصمًا مع ما ليس صحيحًا أخلاقيًا، وأن يختار فلا يمكن أن يضم المعلم الديمقراطى صوته لصوت صانعى السلام الذين يطالبون البؤساء والمقهورين بالاستسلام لقدرتهم. إن صوت المعلم صوت المقاومة والسخط وبه نبرة غضب للذين تم خداعهم، وصوت المعلم الديمقراطى يتحدث عن حقهم فى التمرد فى وجه الانتهاك الأخلاقى، إنه لا يتخلى أبدًا عن مصالح البشر عندما تهددهم قيم السوق قيم الربحية. إن موقف المعلم الديمقراطى يتسم بالشمولية وبإعداده الكفء الذى يكشف عن إنسانية موقفه موقف احترام للطلاب دون شروط واحترام للمعرفة التى لديهم، والمعرفة التى حصلوا عليها مباشرة من الحياة، وموقفه يتطلب اتساقه مع نفسه فى الفصل فيما يقوله وما يفعله، يقف فى صف الحرية وضد التسلطية، ويدافع عن الديمقراطية ضد الديكتاتورية، ويؤيد النضال الدائم ضد كل شكل من أشكال التعصب، وضد السيطرة الاقتصادية وأفراد أو طبقات اجتماعية، تملؤه روح الأمل على الرغم من كل ما يثير التشاؤم، ويفخر بجمال تدريسه، المعلم الديمقراطى هو المحارب الصامد الذى لا يستسلم والذى يحقق علاقة متوازنة بين السلطة والحرية التى ترسم لها حدود، وبدونها تتحول الحرية إلى فوضى وتتحول السلطة إلى تسلط. إن التحدى الأكبر أمام المعلم صاحب العقل الديمقراطى هو كيف ينفذ إلى الإحساس بالحدود التى يمكن أن تتكامل أخلاقيًا مع الحرية نفسها. والمعلم الديمقراطى يدرب طلابه على خبرة اتخاذ القرار وخبرة تحمل نتائج هذا القرار، فليس هناك قرار لا نتائج له، سواء أكانت متوقعة، أم شبه متوقعة، أم غير متوقعة. وهذه النتائج هى التى تجعل من عملية اتخاذ القرار عملية تتسم بالمسئولية. ومن المهام العلمية أن يوضح المعلم لطلابه أن مشاركتهم عملية اتخاذ القرار ليست تطفلاً، بل هى واجب ما دام ليس فى نية المعلم اتخاذ القرار نيابة عن طلابه وتكون مشاركة المعلم على أكمل وجه ممكن عندما تتمثل فى مساعدة الطلاب على تحليل النتائج الممكنة للقرار المزمع اتخاذه. إن

موقف المعلم هو موقف القادر على أن يتقبل بتواضع دور الناصح لطلابه باعتباره ناصحًا، فإنه لن يفرض قرارًا ما أو يغضب، لأن وجهة نظره الأبوية لم تحظ بالقبول. إن ما هو ضرورى وجوهرى هو أن يتحمل الطالب قراره أخلاقيًّا وبمسئولية وهذا ما يحقق استقلاليته، فالاستقلالية هى نتيجة قرارات متعددة لا تحصى.

إن تعليم الاستقلالية يجب أن يرتكز على التجارب التى تثير اتخاذ القرار وتحمل المسئولية والتى تحترم الحرية، والتى تركز على اتخاذ القرار الواعى والمعبر عن الضمير الحى. إن للصمت أهمية فى عملية التواصل، فهو يتيح الفرصة للإصغاء للتواصل اللفظى، ويسمح أن يدخل المتعلم فى الإيقاع الداخلى لفكر المتحدث وخبرته، ويجعل المتحدث متواصلاً حقيقيًّا عند الاستماع إلى السؤال والنقد والمداخلات. وما يهم هو العلاقة النقدية البناءة والتحدث مع الآخر ثم التواصل الحوارى، حيث إن لدى المعلم ما يقوله وإن لدى المتعلم ما يقوله أيضًا؛ أى لديه فضول لابد أن يؤكد عليه المعلم هو استثارة الطالب ليصبح متواصلاً مشاركًا. إن إصغاء المعلم للطالب هو الذى يعلمه التحدث معه، وهو الذى يجعل المعلم يحث الطالب على التواصل دون تحامل على ما يقال دون تسلط مع الانفتاح على التفكير النقدى والتقييم لأفكار واردة من ثقافات أخرى، ويتم ذلك فى تواضع واحترام للثقافات الأخرى وتسامح وترحيب بالتغيير، والمثابرة فى النضال، ورفض الحتمية، وروح الأمل، والانفتاح على العدالة، ودون ذلك لن يكون التعلم ديمقراطيًا، ناهيك عن فهم المختلف وتقبله دون تمييز أو قهر لرؤية الطالب، ذلك أن التربية هى مفتاح التغير الاجتماعى.

المعلم الكفء والمتسق يمتلئ بالحياة وبالأمل، ولدية قدرة على النضال واحترام الآخر. إنه إذا كان الحلم الذى يلهمنا حقًا هو حلم ديمقراطى يقوم على أرضية متماسكة، فلن يكون ذلك بأن نتحادث ونتحاور مع طلابنا من علٍ كما لو كنا نمتلك الحقيقة، ذلك أن المعلم الذى يمتلك القدرة على محاورة طلابه هو ذلك المعلم الذى يصغى بصبر وبنقدية، وحتى عندما يضطر إلى التحدث ضد أفكار

وقناعات الآخر فعليه ألا يخنق الحرية ولايقتل الإبداع والمغامرة المحسوبة، وعليه ألا يضفى طابع البيروقراطية على العقل، حتى لا يصبح الطلاب مجرد وعاء لما ينقله المعلم إليهم. إن ما يجب عليه عمله هو تحدى الطلاب، وإفساح المجال أمامهم بالأسئلة الكاشفة التى تساعدهم على إدراك ذواتهم كبناة للعمليات المعرفية الخاصة بهم.

إن التعليم يتم بشكل نقدى وحينئذٍ يلتزم المعلم بالمحاولة المشروعة التى يقوم بها الطالب لتحمل مسئولية أن يكون ذاتاً عارفة، بل أكثر من ذلك، حيث تتضمن مبادرة المعلم الملتزم بمغامرة توليد شخصية الطالب وكيف يتعلم بنفسه وكيف يمارس الجرأة فى السؤال والمداخلة والقبول والرفض وطرح البدائل المختلفة للسؤال الواحد.

إن القضية المهمة فى التعليم هى الدفاع عن المصالح المشروعة للإنسان المتعلم والانشغال بالطبيعة البشرية، للمتعلم طبيعته الباحثة المتسائلة وله خبراته وله ميوله وله مشكلاته ومهاراته وقدراته واستعداداته، ويمكنه تعلم أى شىء وتذوق ونقد واختيار، واختبار ما يتعلمه، وأنه يدرك أن هناك كثيراً لا يزال عليه أن يستوعبه. هو منفتح على الدنيا ومنفتح على الآخرين لا يخجل من وجود شىء لا يعرفه. كل ذلك الفهم لطبيعة المتعلم يتوجب على المعلم الديمقراطى أن يسلم بها وأن يبدأ منها ويبنى منظومة التعليم والتعلم عليها ويقيم عليها علاقة حوارية مع المتعلم عبر السياق الاجتماعى والثقافى والمحلى الجغرافى للمتعلمين، وعلى المعلم الديمقراطى أن ينفتح على عالم الطلاب الذين يشاركونه المغامرة التعليمية التعلمية، ليدعم حقهم ويسد الفجوة بين واقع المتعلمين وما سيصلون إليه ويحصلونه ولمساعدتهم على سرعة الاكتساب والتعلم، ولإخضاع سطوة وسائل الإعلام لمناقشات جادة، وحتى يتم التعليم فى فصل بلا جدران ويصبح التعليم أداة ترجمة متفائلة بقدرات الإنسان وطاقاته.

ثالثًا - المناهج والتدريس التقدمى:

إن التدريس التقدمى معناه خلق إمكانات بناء وإنتاج المعرفة، لا مجرد الانخراط فى نقل المعرفة، ذلك أن معلم الألفية الثالثة شخص منفتح للأفكار الجديدة، منفتح للأسئلة، منفتح لفضول الطلاب، هو واع بأنه ذات نقدية باحثة فى مهمته التدريسية، يربط بين النظرية والتطبيق فى بناء المعرفة منخرطًا عمليًا وفعليًا فى بناء المعرفة مشركًا الطلاب فى هذا البناء.

من هنا تصبح لدى المعلم القدرة على الإقناع. ولأن المعلم صاحب عقلية ناقدة فهو لا يتوقف عن كونه مغامرًا مسئولاً ميالاً لتقبل التغيير والاختلاف، ولأن المعلم يعترف بحدوده كإنسان توجب عليه الإلمام بأشكال المعرفة الأخرى التى نادراً ما تكون جزءاً من المنهج وطريقته فى الحياة هى مثال للبحث الدءوب الباعث على الأمل، والذى هو بمثابة ثمرة من ثمرات النقص لدى البشر، تبدأ كمعرفة ثم مع مرور الوقت تتحول إلى حكمة. ليضع المعلم التقدمى فى اعتباره الانفتاح على الفضول كى يبحث ويستمتع معًا.

إن المعرفة الضرورية للممارسة التربوية هى المعرفة المتعلقة باحترام استقلالية المتعلم سواء أكان هذا المتعلم طفلاً أم شاباً. هى معرفة تؤكد احترام المعلم لذاته. مبدأ بتعلق بقضية المضامين الأخلاقية، فاحترام استقلالية وكرامة كل شخص أمر حتمى أخلاقيًا وليس معروفًا نقدمه للآخرين. فالمعلم الذى لا يحترم فضول الطلاب فى تعبيراتهم الجمالية واللغوية ويستخدم السخرية فى وضع استفسارات مشروعة هو لا يحترم خبرة الطالب التربوية وينتهك مبادئ أخلاقية للإنسان المتعلم.

وفى هذا السلوك يتساوى كل من المعلم المتسلط الذى يخنق الفضول الطبيعى والحرية الطبيعية للطلاب والمعلم الذى لا يضع أية معايير. إنهما يتساويان فى عدم احترامها لخاصية إنسانية أساسية للمتعلم باعتباره إنساناً. وفى هذا السلوك أيضًا تصبح إمكانية الحوار الحقيقى الذى تتعلم فيه الذوات المتحاورة من الطلاب وتنمو

فى مواجهة الاختلافات بينها مطلبًا متسقًا ذا طابع أخلاقى، وقطعًا للعلاقة مع التفكير الناقد. إن المعلم التقدمى يلغى فى تعامله كل أشكال العنصرية والتمييز على أساس الجنس أو الجنسية أو اللون أو الدين أو الانتماء فكل أشكال التمييز غير أخلاقية، والنضال لمناهضتها واجب المعلم التقدمى أياً كانت الأحوال التى عليه أن يواجهها. وفى هذا النضال وهذا الواجب ذاته كل سحر، بل جمال إنسانيتنا، فمعرفة المعلم بأن عليه احترام استقلالية وكرامة المتعلم تتطلب منه سلوكًا وممارسة تتسق مع هذه المعرفة وتترجمها إلى واقع حياة.

المعلم التقدمى يمتلك حسًا مشتركًا مع الآخرين وإحساسًا بسلوك طلابه الأمر الذى يحتم عليه تنفيذ واجباته كمعلم كفء يتقبل التفسيرات المقنعة لطلابه. إن الحس السليم الذى يمتلكه المعلم التقدمى هو الذى يخبره أن ممارسته لسلطاته فى الفصل من خلال القرارات التى يتخذها، والأنشطة التى يواجهها، والمهام التى يفرضها، والأهداف التى يضعها لكل متعلم أو لمجموعة المتعلمين ليست دليلاً على التسلط، وحتى نحل المعضلة التى تنشأ بين السلطة والتسلط والحرية والاستبداد والتسامح والقمع.

إن تعاطف المعلم مع آلام ومشكلات الطلاب تتطلب نقدًا موضوعيًا مقبولا ومشاركة إحساسه بالألم إذ وجه إليه نقد جارح. ذلك أن المعلم التقدمى لا يحتاج إلى قراءة كتاب فى الأخلاق ليخبره ويتعلم منه فحسه السليم يكفيه.

ولا يقتصر دور هذا المعلم على صناعة العلماء والمفكرين فحسب، بل هو معنى بتنمية اتجاهات متماسكة وفضائل متسقة وممارسات واعية، وكلها مطلب أساسى فى مهنته. لا يكفى أن يكون المعلم متحدثًا لبقًا عن الديمقراطية وعن الحرية وفى ذات الوقت لا يتسق سلوكه مع حديثه وتأتى تصرفاته تتسم بالتكبر والعجرفة وكأنه يمتلك الحقيقة المطلقة ويعرف كل شىء ، فذلك هو ما يقتل فى الطلاب قدراتهم الابتكارية والإبداعية والنقدية.

إن تربية الأعماق وتنمية الأخلاق بالقدوة والمثال بالممارسة المنهجية وتهيئة بيئة تعليمية تعلمية فيها البهجة والتسامح والحرية والتساؤل والمقارنة والشك والتقدير والإثابة ، بل بأن نجعل الطلاب فضوليين فاعلين يمتلكون حسًا سليمًا. وإذا كان الحس السليم غير كاف لتوجيه تحركات المعلم فإنه مع ذلك يمكن أن يحافظ على دور فاعل فى تقويم الواقع مع المضامين الأخلاقية المتكاملة معه، حيث إن الحس السليم سيقود المعلم إلى معرفة نقدية إلى التنبؤ وانفتاح العقل للشك والتواضع أو امتلاك الحقيقة، والاعتراف فى ذات الوقت بقدرة المعلم والطالب على حد سواء حيث لا يستطيع المعلم أن يجرد نفسه من شروط بيئته الاجتماعية والثقافية والاقتصادية التى هى مصدر قيمه وأخلاقه ومصدر ثرى لخبراته التى يحضرها معه إلى المدرسة والتى يتوجب على المعلم أن يهذبها ويعدلها وينميها ويصقلها، فالمعلم أمام مهام ثلاث هى: أن يضيف وينمى، وأن يستبعد ويحذف، وأن يعدل ويغير. وكلما زادت دقة منهجية ممارسة المعلم زاد لديه احترام المعرفة الأولية لدى المتعلم، فهذه المعرفة الأولية هى نقطة البداية التى ينطلق منها فضوله المعرفى ليؤدى إلى معرفة علمية نقدية. ومن خلال تأمل المعلم فى واجبات مهنته التى أولها احترام كرامة المتعلم واستقلاليته وهويته يتقدم المعلم نحو تطوير ممارسة تربوية تحوّل المعرفة إلى سلوك وعمل وحياة فى إطار يقظة نقدية دائمة بالنسبة للمتعلمين. وهنا يصبح من الأجدى أن تكون آلية التحسين والتطوير عاجلة وآجلة يشارك فى بنائها المتعلم والمعلم معًا حتى يخلق الدافعية لدى المتعلم المشارك فى إنجازها حيث تكون لها معنى ومغزى فى مسيرته التعليمية التعلمية، بل إن استخدام التقويم النقدى للممارسات التى ينجزها المتعلمون تكسبهم سلسلة من الفضائل التى بدونها لا يمكن أن يوجد تقويم حقيقى أو تعلم حقيقى يحقق احترام استقلالية المتعلم وحريته وكرامته وهويته. إن هذا كله يعنى للمعلم التقدمى جهدًا متواصلاً متراكمًا يفرضه على نفسه فى تقبل حتى تضيق المسافة بين ما يقوله المعلم وما يفعله. ويصبح

فن ممارسة التدريس - وهو فن إنسانى رفيع - عملية تشكيل عميقة وعملية أخلاقية يتحلى فيها المعلم بالاستقامة والعدل.

إن تقويم المتعلمين للمعلم باعتباره إنسانًا أخلاقيًا وصاحب مهنة أمر واقعى علمه المعلم أم لم يعلمه فلا يمكن أن يمر حضور معلم فى الفصل دون حكم للطالب عليه، وأسوأ حكم يمكن أن يكون هو اعتبار هذا الحضور غيابًا. وسواء أكان المعلم متسلطًا، أم غير منضبط، كفئًا أم غير كفء، جادًا أم غير مسئول، مهتمًا ومحبًا لطلابه وللناس وللحياة، أم باردًا ساخطًا، بيروقراطيًا أم مفرط العقلانية أيًا ما كان المعلم، فإنه لن يمر عبر فصل ومتعلمين دون أن يترك بصمته على طلابه. من هنا تبدو مهنة التعليم جد خطيرة فى تشكيل المجتمع وبناء الإنسان وتنميته، ومن هنا يمسى المعلم مؤثراً فى مسيرة التعليم والمعرفة، والتى تتأثر بوضوح مهنته، وموازنته بين الحقوق والواجبات، بل إن كل ما يعيشه المتعلم فى المدرسة يتعلم منه: المكان الصحى والملائم فيزيقيًا، والبيئة الجمالية الثرية بالمثيرات التعليمية التعلمية الغنية بمصادر التعلم الورقية والكمبيوترية، بل ونظام إدارة المدرسة ورجال الصف الثانى والعلاقات البينية بين كل هؤلاء والآباء، حتى كأن المدرسة بما فيها ومن فيها مزرعة للفكر البشرى ومصنع لبناء البشر.

وإذا كان هذا كله هو نضال يتحمله المعلمون فلابد من النضال من أجل المعلمين يتمثل فى احترامهم واحترام التعليم نفسه، ومن أجل رواتب يستحقها المعلمون، ورعايتهم صحيًا واجتماعيًا ومساندة حقوقهم من أجل إضفاء الكرامة على ممارسة مهنة التدريس من قبل الآباء وقيادات التعليم والسياسيين والاقتصاديين ومن يقومون على نقاباتهم.

إن المعلم غالبًا لا يعيش قناعته بأن يقول ما يعتقد فى صحته سياسيًا وما يرى أنه حق بل هو موقف حيادى لا وجود له أصلاً وفى الوقت ذاته يتقبل حق الطلاب

فى المقارنة والاختيار والخلاف واتخاذ القرار، وهو ينسحب سياسيًا ليكون منفتحًا على عملية المعرفة، وحسابًا لخبرة التدريس باعتباره فنًّا وعلمًا له أصوله وعليه أن يشيع البهجة والأمل فى مناخ تعليمى، وأن يكون منفتح العقل لا يخشى الجديد، وأن يكون مفكرًا تقدميًا يؤمن بأن التغيير ممكن.

رابعًا- المناهج والمسئولية الأخلاقية:

إن القضية المحورية فى مسيرة تطوير التعليم هى المعلم الذى يمتلك قناعات راسخة بالنسبة لموقفه من طلابه، مزدريًا كل توجه نحو التسلط وامتلاك الحقيقة القطعية فى السياسة والمعرفة. إن ما يجعل المعلم معلمًا هو مسئوليته الأخلاقية فى ممارسة مهنة التعليم، والتى يجب ألا تختزل فى صورة تدريب، بل ترتبط بجذور التشكيل الأخلاقى للذات الإنسانية والتاريخ الإنسانى، وهى شرط من شروط المكونات المركبة لقضايا تربية الحرية، والمسئولية الأخلاقية ضرورة عند ممارسة المهنة التعليمية. إنها ليست أخلاقيات السوق، بل هى أخلاق إنسانية عالمية، لا تخشى المناورات التى تحيل الإشاعة إلى حقيقة، والحقيقة إلى إشاعة، ومن شجب صناعة الأوهام التى يصبح عن طريقها غير المؤهل محاصراً بلا أمل والضعيف ومن لا مدافع عنه فى حكم المدمَّر.

إن المضامين الأخلاقية التى هى ضرورة للممارسة التربوية يهينها التمييز العرقى أو الجنسى أو الدينى أو الطبقى، إنها أخلاق إنسانية لازمة لجميع المتعلمين بصرف النظر عن أعمارهم وإن أفضل طريق للنضال من أجل هذه الأخلاق هو أن يحياها المعلم فى عمله التربوى، وفى علاقاته بطلابه، وفى الطريقة التى يتعامل بها مع المادة الدراسية التى يقدمها لطلابه، إن الطبيعة الأخلاقية يجب النظر إليها باعتبارها نشاطًا إنسانيًا مَحْضًا يتصف به الكائن البشرى دون غيره من المخلوقات، خاصة وأن أخلاقيات السوق هى التى تسود كافة المؤسسات فى دول كثيرة.

وما يجعل المعلم معلمًا بعد ذلك هو نهج الممارسة الديمقراطية فى سياق تربية الحرية أسلوبًا للحياة. إن خيار الديمقراطية هو فى قلب الحرية ويتمثل ذلك فى العملية التعليمية التى هى التعليم التحررى فى مقابل التعليم البنكى، ففى تعليم المقهورين تختبئ السلطة من خلال العنف الرمزى. ففى عملية التدريس يمثل المعلم فى الطريقة البنكية مصدر المعرفة الوحيد، وكأنما التلاميذ ليس لديهم أى معرفة أو خبرة، وهو الذى يتكلم ويشرح وهم يستمعون وينصتون، وهو الذى يودع المعرفة فى عقولهم، وعليهم أن يختزنوها، وهو الذى يسأل وعليهم أن يجيبوا من مخزون ما أودعهم من رصيده المعرفى، ومن ثم فإن موقف التدريس فى الفصل وفى غيره مما يسود جو المدرسة من أوامر وعلاقات تسلطية أحادية يتحرك من أعلى إلى أدنى، ومن ثم يعكس نمط العلاقات السياسية غير الديمقراطية فى المجتمع ويؤدى إلى ترسيخه وإعادة إنتاجه. لابد هنا من تنمية روح الاستقلالية لدى المتعلم، واحترام ما لديه من معرفة. وهذا يقتضى أن تقوم عملية التعليم على أساس المنهج الحوارى لا الصورى بين المعلم والمتعلم، وعلى ممارسة التفكير النقدى فى فهم الواقع المعيش، والاستقلالية فى اتخاذ القرار، والتساؤل الفضولى. إن هذه قدرات لا تنمو وحدها، بل تتبلور نتيجة عوامل شتى تؤدى إلى النضج السليم أو تؤدى إلى التشويه أو الكبت لهذه القدرات الإنسانية.

إنه لا يصبح المتعلم ناضجًا فجأة، بل مع كل يوم يمرّ عليه. إن الاستقلالية عملية نضج، وهى رهينة بالخبرات التى تثير اتخاذ القرار والمسئولية. وعليه فإن تعلين الاستقلالية يرتكز على حق الحوار والتحادث مع الآخر وليس الحديث إلى الآخر، وحق التساؤل مدخل للتعبير عن الذات الفاعلة، وهدف للديمقراطية الصحيحة، وهى سبيل التواصل بين المتعلمين والمعلم، ومن ثم أصبحت شرطًا لازمًا كى يتبلور المجتمع الديمقراطى الإنسانى فى المدرسة.

المعلم يصبح معلمًا مهنيًا بعد ذلك إذ اتصف بالشجاعة، وهى من سمات الوعى بوجوده كإنسان، وهى التى تجعل المعلم مسئولاً يعى ما يحيط به من

صعوبات وعقبات ويدرك أنها ليست سرمدية، وأنه متداخل مع العالم، وهو ذات فاعلة مؤثرة، وهو يغضب من الواقع ويتمرد عليه، وهو يغامر ويخاطر ليصنع إنسانًا أفضل من خلال الالتزام واختيار المواقف المتسقة مع الطبيعة الأخلاقية التى تخاصم ما ليس صحيحاً أخلاقيًا. وتتضمن المواقف التى تتطلب الشجاعة صورًا متنوعة، منها أنه يؤكد على أن الفكر الصحيح هو العمل الصحيح، وأن ينظر إلى العالم باعتباره حلمًا يستحق النضال من أجله، من أجل تغيير الأشياء، ومن الضرورى أن يتجاوز المعلم الغضب وأفعال التمرد إلى موقف نقدى وثورى، موقف لا يقتصر على شجب الظلم بل هو إعلان عن مدينة فاضلة جديدة حيث يغرس فى طلابه الأمل والحماسة والتصميم على تجاوز العقبات وطرح البدائل والحلول.

إن امتلاك المعلم المسئولية الأخلاقية، ونهج الممارسة الديمقراطية، والشجاعة هو ما يحقق تربية الحرية فى الحياة التعليمية من أجل تشكيل صناع الحلم بمجتمع جديد يقوم على رؤية الإنسان وقدرته على أنه صانع مستقبله بيديه ، وأنه قبل ذلك كله هو صانع تاريخه أكثر مما هو صنيعه.

إن أهم المواقف والقناعات التى تشكلها المبادئ والمعتقدات التى يتوجب على المعلم أن يؤمن بها ويسلك وفقًا لها هى أن القيام بالممارسة التربوية بشكل عاطفى وببهجة لا يحول دون القيام بالتربية الجادة العلمية، أو دون تشكيل وعى سياسى واضح لدى المعلم. إن الممارسة التربوية تشمل كل ما تتضمنه العاطفة والبهجة والجدية العلمية والخبرة الفنية فى خدمة التغيير وأيضًا خدمة الحفاظ على ما هو مقبول من الوضع القائم . وفى هذا السياق العولمى ليس المطلوب من المعلم الرغبة فى تغيير العالم، بل عليه أن يتقبله وأن يكيف نفسه له فهو خبير بسرّ الصنعة، إنه يغير نفسه ذاتيًا من خلال خبرة نضالية حياتيه وتربوية. إن عليه أن يحل مشكلة العلاقة المتوترة بين السلطة والحرية، لأنه تعرض لسيادة تراث من التسلطية المنتشرة. إن

التحدى الأكبر للمعلم صاحب العقل الديمقراطى هو كيف ينفذ إلى الإحساس بالحدود التى يمكن أن تتكامل أخلاقيًا مع الحرية ذاتها. وكلما اقتربت الحرية بوعى حدودها الضرورية زاد امتلاكها للسلطة من جهة أخلاقية لمواصلة النضال باسمها. أما الفصل بين الحرية والسلطة فيعنى لدى المعلم التحريض على مخالفة أحدهما أو كليهما، فليس من الممكن أن تكون هناك سلطة دون حرية. المعلم منشغل بهموم الإنسان، وهو الذى يصنع حضارته، وينشئ أجياله الحالمة الناقدة الواعية بالاختيار الحر الصحيح لإنجاز مهمات المجتمع الجديد الفاضل التى تطّرد اكتمالاً مع مسيرة العمران البشرى. إن المعلم العربى لابد أن يتجاوز تربية المقهورين إلى تربية الأمل إلى تربية الحرية. وعلى المعلم العربى أن يقول نعم للحياة، نعم لكل ما فيها، لنشارك فيها بمرح وتواضع وتمرد، ونقرّ بفضل النضال المغامر لنجعل عالمنا عالماً متميزًا بإنسان جديد لألفية ثالثة جديدة، ولنؤكد على أن الموضوعية تحمل فى طياتها دائمًا بعدًا من الذاتية، ومن ثم فهى جدلية، وأن المعلم لا يمكن أن يقوم دون جرعة مناسبة من النقد الذاتى والشك والتفنيد، وأن الخطاب النقدى والتفنيدى هما فى الغالب تلويث للموضوعية فى العلوم التربوية، ولابد من النظر إلى المعلومات فى ترابط للحصول على قراءة للعالم أكثر نقدية، وأن المعلم لابد أن يلقى الضوء على المعارف الأساسية الأخرى التى يجب أن يتمكن منها زملاؤه، فالتدريس يتطلب اعترافًا بأن التربية ذات طابع أيديولوجى، وأن التدريس يتضمن دائمًا الأخلاق، ويتطلب القدرة على أن يكون نقديًا، ويتطلب الاعتراف بحدودنا ويتطلب التواضع ويتطلب التأمل النقدى، وأن المعارف الأساسية الأخرى ضرورية من أجل تطوير قراءة نقدية للعالم، تتضمن فهمًا ديناميًا بين أقل إدراك متسق للعالم، وأكبر فهم متسق للكلمة.

إن المعلم صانع المستقبل عليه إقامة علاقات الثقة بينه وبين الإداريين والطلاب، واحترام الطلاب وما يعرفونه بالفعل، وعليه غرس القيم الإنسانية

بطريقة غير قمعية، ونشر الوعى النقدى، وأن تكون التربية محور أى نشاط للاستكشاف الذاتى، يحاول الطالب اكتشاف ذاتيته الخاصة، والأخذ بفكر جديد يتمثل فى الفصول المفتوحة، والمناهج التى يشكلها الطلاب، وذلك لأن التربية فعل إنسانى خاص للتدخل فى العالم يقوم على التعليم الحوارى الذى يهدف إلى التغيير للفرد والمجتمع، فالتربية تحدث عندما يكون هناك متعلمان اثنان يشغلان مكانين مختلفين وهما فى حوار مستمر يضعان المعرفة على هذه العلاقة لاستكشاف ما يعرفه كل منهما، ويمكن أن يعلمه الواحد منهما للآخر مع تعزيز التأمل فى الذات باعتبارها فاعلاً فى العالم نتيجة للمعرفة التى تم التوصل إليها. إن المعلم إنسان مثقف ينخرط، مثل الطالب فى إنتاج المعرفة انخراطًا مستمرًا، غير أن خلق معرفة جديدة يدخل المعلم والطالب فى موقف التعلم ولديهما معرفة سابقة، وإن كانت من مصادر مختلفة. فالطالب يدخل الموقف ومعه خبرات حياته وما تعرض له فى حياته المدرسية سابقًا واللحظة المهمة فى موقف التعلم هى التى يقوم فيها الطالب بتقويم نقدى لما يعرفه ليجعل المعرفة متاحة فى عملية إنتاج جديد للمعرفة والتأمل هو المناسبة التى يتدخل فيها الطالب فى اختبار وتغيير الحياة. إن هذه الأفكار تعطى مزيدًا من الرنين فى آذان المعلمين على امتداد الأرض العربية ليشاركوا فى صناعة الغد من منظور تربية عالمية جديدة .

* * *

قائمـــة المـــراجع

أولاً- المراجع العربية:

1- إبراهيم عيد: **الهوية والقلق والإبداع**، دار القاهرة، القاهرة، 2002.

2- إبراهيم عيد: رؤية فى الإبداع، التوجهات المعاصرة فى تنمية الابتكار، القاهرة، دار المنار، 2006.

3- أحمد إسماعيل حجى: **إعداد المعلم العصرى، الواقع والطموح دراسة مقارنة**، مقدمة لمؤتمر تطوير إعداد المعلم وتدريبه، المركز القومى للبحوث التربوية، القاهرة، 1995.

4- أحمد زايد: **سيكولوجية العلاقات بين الجماعات قضايا فى الهوية الاجتماعية وتصنيف الذات**، عالم المعرفة، العدد 326، المجلس الوطنى للثقافة والفنون والآداب، الكويت، 2006.

5- أحمد زويل: **رحلة عبر الزمن .. الطريق إلى جائزة نوبل**، ترجمة مصطفى محمود سليمان، مركز الأهرام للترجمة والنشر، القاهرة، 2003 .

6- أحمد زويل: **عصر العلم**، ط 3، دار الشروق، القاهرة، 2006.

7- ألن جلاتهورن: **قيادة المنهج** (ترجمة سلام سيد أحمد وآخرين) الرياض، جامعة الملك سعود، 1992م.

8- أنور عبد الملك: **من أجل استراتيجية حضارية**، دار الشروق، القاهرة، 2005.

9- أنور محمد الشرقاوى: **علم النفس المعرفى المعاصر**، القاهرة، مكتبة الأنجلو المصرية، 2003م.

10- حامد عمار: **مشكلات العملية التعليمية، دراسات فى التربية والثقافة**، الدار العربية للكتاب، القاهرة، 1996.

11- حسين كامل بهاء الدين: **مفترق الطرق**، الهيئة المصرية العامة للكتاب، القاهرة، 2003.

12- الدمرداش سرحان، ومنير كامل: **المناهج**، القاهرة، مكتبة الأنجلو المصرية، 1972م.

13- ديفيد رزنيك: **أخلاقيات العلم (مدخل)**، ترجمة عبد النور عبد المنعم، العدد 316، سلسلة عالم المعرفة، المجلس الوطن للثقافة والفنون والآداب، الكويت، 2005 .

14- زكريا إبراهيم: **كانط أو الفلسفة النقدية**، مكتبة مصر القاهرة، د.ت.

15- ستانيلاف جروف، وهال زينا بينيت: **العقل المحيط** (ترجمة ثائر ديب) القاهرة، دار العين للنشر، 2005م.

16- طارق البشرى: **فى المواطنة والانتماء والدولة، منهج النظر فى تشكيل الجماعة السياسية**، الكتب وجهات نظر، العدد 70، السنة السادسة، القاهرة، الشركة المصرية للنشر، نوفمبر 2004.

17- طلعت عبد الحميد: **التنمية الذهنية لمعلم المعلم وإشكاليات ما بعد الحداثة، مؤتمر كليات التربية الحادث والمستقبل**، المؤتمر الخامس عشر، رابطة التربية الحديثة، 17، 18 يوليو، القاهرة، 2000 .

18- عادل العوا: العمدة فى فلسفة القيم، دمشق، دار طلاس، 1986.

19- عبد الرحمن الإبراهيم، طاهر عبد الرازق: **تصميم المناهج وتطويرها**، القاهرة، دار النهضة العربية، 1996م.

20- عبد الستار إبراهيم: **الإبداع قضاياه وتطبيقاته**، كتاب التأصيل، القاهرة، جماعة التأصيل الأدبي والفكري، 1999.

21- عبد القادر حسن خليفة، رقية محمد عبد الله: دور التعليم فى تغييب الـوعى السياسى دراسـة حالـة، **مجلة مستقبل التربية العربية**، العدد 26، المجلد الثامن، القاهرة، المكتب الجامعى الحديث، يوليو 2002.

22- عبد القادر حسن خليفة: مستقبل **التعليم العربي فى عصر العولمة**، فلسفات غائبـة وتحديات غالبـة، دراسـة نقدية، مكتب التربية العربي لدول الخليج، الرياض، 2005.

23- عبد الله عبد الدائم: **عطاء المثقف العربي وضغوط المجتمع**، مركز دراسات الوحدة العربية، بيروت، 1995.

24- عبد المالك التميمى: بعض إشكاليات الثقافة والنخبة المثقفة فى مجتمع الخليج العربى المعاصر، **مجلة المستقبل العربى**، العدد 134، مركز دراسات الوحدة العربية، بيروت، 1990.

25- عدنان الأمين: **سوسيولوجيا الفرص الدراسية فى العالم العربى**، شركة المطبوعات، بيروت، 1993.

26- عزيز حنا داود: **التربية النضالية ضرورة للشعب العربى**، فى مجلة التربية المعاصرة، العدد العاشر،مركز التنميـة البشريـة والمعلومات، الجيزة، 1988.

27- عصام الدين هلال، محمد المنوفى: **التنشئة السياسية للطفل المصرى**، الدولة والمواطن، سلسلة الدراسات التربوية، دار فرحة، القاهرة، 2003.

28- على أسعد وطفة، بنية **السلطة وإشكالية التسلط التربوى فى الوطن العربى**، ط 2، مركز دراسات الوحدة العربية، بيروت، 2000.

29- على ليلة: **الطفل والمجتمع، التنشئة الاجتماعية وأبعاد الانتماء الاجتماعى**، الإسكندرية، المكتبة المصرية، 2006.

30- نخلة وهبة: **كى لا يتحول البحث التربوى إلى مهزلة**، بيروت، شركة المطبوعات للنشر والتوزيع، 1998.

31- نخلة وهبة: **رعب السؤال وأزمة الفكر التربوى**، بيروت، شركة المطبوعات للتوزيع والنشر، 2001.

32- نخلة وهبة: **مسألة النوعية فى التربية**، نوفل للتوزيع والنشر، بيروت، 2003.

33- نل نودينجز: **تعليم بلا دموع، السعادة والتربية**، ترجمة فاطمة نصر، القاهرة، دار سطور، 2007.

34- هناء عودة خضرى: **إطار فكرى تربوى مقترح للتعليم الإلكترونى**، رسـالة ماجسـتير غـير منشـورة، كليـة التربيـة، قسم أصول التربية، جامعة عين شمس .

35- وزارة التربية والتعليم: **المعايير القومية للتعليم فى مصر**، القاهرة، مطابع الأهرام التجارية، المجلد الأول، 2003م.

ثانيًا- المراجع الأجنبية:

36- Adriana Araujo De Souza Esilva , **" From Multiuser Environments As (Virtual) Spaces To (Hybird) Spaces As Multiuser Environments"** Ph.D. Dissertation ,Rio de Janeiro, Federal University of Rio de Janeiro, School of Communications ,2004.

37- Andrew Ravenscroft, "Designing E-Learning Interactions in the 21st Century: Revisiting and Rethinking the Role of Theory", **"European Journal of Education"**, Vol. (36), Issue (2), 2001.

38- Barbara J. Klopfenstein, **"Empowering Learners: Strategies for Fostering Self-Directed Learning"**, M.A. Thesis، Alberta, University of Alberta , Department of Elementary Education, 2003.

39- Barney Dalgarno , "Constructivist Computer Assisted Learning: Theory and Techniques", a paper presented at **"The (ASCILITE) Conference"**, Adelaide, (Australia), University of South Australia, Dec. 2-4, 1996.

40- Barry Wellman and Milena Gulia, "Net Surfers Don't Ride Alone: Virtual Communities as Communities", in Peter Kollok and Mark Smith (Eds.): **"Communities and Cyberspace",** New York, Routledge, 1999.

41- Berman Sheldon: The Development of Social Responsibility, Ph.d, Harvard University, U. S. A. 1993.

42- Biswanath Dutta, "Semantec Web Based E- Learning", a paper presented at the proceedings of **"The DRTC Conference on ICT for Digital Learning Environment",** Bangalore, Jan., 2006.

43- C. Candace Chou,"Model of Learner- Centered Computer- Mediated Interaction for Collaborative Distance Education" in Simonson, Michael; Crawford, Margaret and Lamboy, Carmen (Eds.). **"Annual Proceedings of the National Convention of the Association for Educational Communications and Technology",** Georgia، Association for Educational Communications and Technology, May 8-10, 2001.

44- Keng – Soon Soo; Curt J. Bonk , Interaction: What Does It Mean in Online Distance Education?",
a paper presented at **"The World Conference on Educational Multimedia Hypermdia and Telecommunications",** Freiburg ,(Germany), June 20, 1998.

45- Marios Miltiadou and S.Maria McIsaac,"Problems and Practical Solution of web-Based Courses :Lessons Learned from Three Educational Institutions, a paper presented at **"The 11th International Conference of Society for Information Technology & Teacher Education",** San Diego, 2001.

46- Mark Halstead And Terence; **Education in Morality**, Routledge, U. S. A, 1999.

47- Mary Thrope, "Rethinking Learner Support: the Challenge of Collaborative Online Learning", a paper presented at **(SCROOL); A Networked Learning Symposium**، Galasgow, University of Galasgow, Jan 11 – 14, 2001.

48- Michael Moore," Three Types of Interaction", (Editorial), **"The American Journal of Distance Education",** Vol. (3), No. (2), 1999.

49- Miyoung Lee, " An Instructional Desgin Theory for Interaction in Web – Based Learning Environment ", in Michael Simonson , Marqaret Crawford and Carmen Lamboy (Eds). **" Annual Proceedings of the National Convention of the Association for Educational Communications and Technology",** Georgia, Association for Educational Communications and Technology , 2001.

50- Mohamed Ally, " Foundations of Educational Theory for Online Learning" in Terry Anderson, and Fathi Elloumi (Eds.**). " Theory and Practice of Online Learning",** Alberta, Athabasca University Press, 2004.

358

51- Mohamed Ally," Using Learning Theories to Desgin Instruction for Mobile Learning Devices", in Jill Attewell and Carol Savill – Smith (Eds.). **"Mobile Learning Anytime Everywhere",** London, Learning and Skills Development Agency, 2005.

52- Morten Flate Pualsen, " The Hexagon of Cooperative Freedom: A Distance Education Theory Attuned to Computer Conferencing" **The American Journal of Distance Education**", Vol. (3) , No. (2), 1993.

53- Perkins, D,: Smart School, From Training To Education mind, the Free Press New Yourk, 1992.

54- R. Reiser, " ٥What Field Did You Say You Were in? Defining and Naming Our Field, in R. Reiser and J. Dempsey (Eds.). **" Trends and Issues in Instructional Design and Technology",** (New Jersey, Prentice Hall, 2002).

55- Soonkyoung Youn, **"Situated Learning in Cyberspace: A study of an American Online School",** Ph.D. Dissertation, Ohio, Ohio State University, Graduate school, 2005.

56- Steve M. Jenkins *et al.*," Matching Distance Education with Cognitive Styles in Various Levels of Higher Education" in Frank Fuller & Ron McBride (Eds.): **"Proceedings of Society for Information Technology & Teacher Education International Conference",** Orlando (Florida), 2001.

57- Steve Wheeler," Creating Social Presence in Digital Learning Environments: A Presence of Mind , A featured paper presenteel at **"The (TAFE) Conference",** Queensland, Moolodaba Campus, Nov . 10 – 11, 2005.

58- Susan Johnson: Attachment Process In Couple and Family Therapy, Macmillain Press, New York, 2003.

59- Terry Anderson, "Toward a Theory of online learning", in TerryAnderson , and Fathi Elloumi (Eds.). **"Theory and practice of online Learning",** Alberta, Athabasca University Press, 2004.

60- Terry Evans and Daryl Nation, Globalization and the Reinvention of Distance Education", in Michael Grahame Moore and William G. Anderson (Eds .): **" Handbook of Distance Education "** , New Jersey , Lawrence Erlbaum Associates Publishers , 2003.

61- Walter C . Buboltz Jr . *et al.*, " Learner Styles and Potential Relations to Distance Education in , Frank Fuller & Ron McBride (Eds.) **." Proceedings of Society for Information Technology & Teacher Education International Conference",** Orlando (Florida), 2001.

62- Wardeker. Willem: **Moral Education and the Construction of Meaning, Educational** Review, Vol (56), No (2), Francis Group Journals, 2004., U.S.A.

63- Wilky Mlickra: **Education For Citizenship, Moralphilosophy in Education**, Conference 22-26 Augest, UNESCO. 1999.

64- Wilson, John: **Practical Methods of Moral Education**, London, Macmillan Press, 1972.

* * *

Printed in the United States
By Bookmasters